U0016791

毛澤東和他的女人們

京夫子著

序言　還毛澤東為人

研究中國當代歷史，一個重要課題，應研究毛澤東。研究毛澤東，首先又要打破毛澤東迷信，把「魔」還原為「人」，或者說，把「神」還原為「人」。透過「人」的毛澤東，更能客觀地看到當代中國歷史饒有興味的真實一面。

人有七情六慾。毛澤東非正人君子。觀其一生，正是七情六慾都十分旺盛。從來帝王皆風流，自古美人慕英雄。毛澤東本人及其追隨者們，無論怎樣年復一年、日復一日地呼風喚雨，高築思想的祭壇，建造主義的神殿，但是物質不滅，生命之樹常綠。做為「神」，毛澤東終歸虛妄，荒誕；做為人，毛澤東才算真實，可信。

研究「人」的毛澤東，從來就是中共的一大禁忌。研究毛澤東的性史，更是要冒「天下之大不韙」。然而西人弗洛依德氏有言：性乃人的基本出發點，我國老前輩孟夫子亦有教誨：食色性也。我們雖然不敢完全苟同兩位前賢的高見，但透過毛澤東與一系列女子的性關係，即俗稱「風流史」的，或許更易於達到把毛澤東從高居著的神殿上請下來，做一個凡胎俗骨，再到人間紅塵走一遭。

那麼，我們或許先要問上一聲：毛澤東是個甚麼樣的人？

可以說，毛澤東原是個激烈的封建主義的造反者，卻又不自覺地成為了封建主義的衛道者。毛澤東原是一個矢志摧毀封建王朝的革命家，卻又不自覺地建立了自己的新王朝。他奮鬥一生沒能戰勝、超越他為之深惡痛絕的封建主義，封建主義卻以三千年的文化根基戰勝了他，塑造了他。他從來就不是一個什麼社會主義者，馬克思主義者。中國自古以來就是小農經濟閉關自守的王國。他的基本素質是小農經濟的產物——帝王思想加上些許詩人的浪漫氣習。正是這帝王思想和詩人氣習，決定了他和許許多多女人的奇妙關係，也決定了他和他的同事們，治下黎民們的大悲劇式關係。

這就是歷史的毛澤東現象。或可稱為毛澤東所屬的時代的不幸。我們這樣來討論毛澤東。決無貶低其地位、價值之意，亦不會有損他多姿多彩、玩世不恭的一生。

因之筆者著作的，不是一部披露政治人物隱私、祕辛之類的閒書。介乎正傳與野史之間，或可稱為別傳、外傳吧。書中所涉毛澤東的私生活種種，包括性生活種種，雖多屬海內外尚未有所聞所傳者，但絕不流俗。相信讀者閱後，自有明鑒的。筆者唯一需要保留，是盡量避免提及有關的材料來源，以策眾多朋輩的家室安寧。

是為序。

人面只今何處去？桃花依舊笑春風。

毛澤東的私生活，雖然至今視為中共的特級絕密，在今後五十年內外難以坦誠相識；但跟毛澤東有著超越「同志關係」的女人，實在多於過江之鯽。其中的名女人即有十幾位之眾。其中與毛澤東相從最久、影響最深的則是四位：

楊開慧、賀子貞、江青、張毓鳳

其餘的那些一夕風流、數夕雲雨的無名女子，在毛氏的生活激流中，自然是些匆匆過客，甚至是些稍縱即逝的浪花了。

在本書中將要敘述到的名女子還有：

——長沙一師才女陶斯咏，話劇演員吳廣惠，華僑美女馮鳳鳴，周恩來乾女兒孫維世，電影明星上官雲珠，雜技之花夏菊麗……

然而本書的女主人公不是楊開慧，不是賀子貞，不是江青，而是那位自一九五八年夏季起即工作、生活在毛氏身邊，從毛氏的生活護士而生活祕書，從生活祕書而政治祕書，最後晉陞為中共政治局機要祕書的神祕女郎張毓鳳。

為了給讀者一個完整的、由遠而近的清晰印象，本書在敘述毛氏與神祕的張毓鳳小姐的主要故事之先，要依時間順序，一一介紹其餘的十幾位名女人與毛氏的關係。或許，讀者將通過本書，領略到一幅幅波瀾詭譎的歷史圖畫，而飽嚐了眼福呢。

再為序。

目次

第一節　毛澤東氏的第一個女人

一八九三年十二月二十六日，毛澤東出生在湖南省湘潭縣韶山沖一個擁有大小十六間房、二十二畝稻田的富農家庭。父親毛順生是一個只學會了算帳數錢的文盲，農忙種田，農閒做穀米生意。像所有閉關自守，剛愎自用卻又家道日昇的富裕農民那樣，只敬財神菩薩灶王爺，而不崇信至聖至尊的孔夫子，甚至十足地看不起五穀不分、四體不勤的讀書人。且讀書人常常都是些妖言惑眾的「亂黨」。母親文其美，是位典型的農家婦女，養豬打狗，生兒育女，伺奉丈夫。據毛澤東本人回憶，母親為人慈祥，很會飼養母豬，並以豬娃放債。少年時代的毛澤東，曾代表父母到貧窮的村鄰們家裡，去催討米債豬債。依毛氏後來奉行不貳的階級鬥爭學說，應該算作從小參與了家庭的剝削活動。

毛順生是毛澤東最早的生活導師，教育方法無外是喝罵加巴掌棍棒。毛澤東六歲就被趕下田間勞動。而且他父親竭力反對兒子讀書識字，認定了「讀書無用論」。十三歲上，更強迫毛澤東中止了學業，回家種地。十四歲上，身體早熟的毛澤東已長成一個小伙子的高大模樣了，遵父母之命，媒妁之言，他娶了一位溫良馴和的李姓女子為妻。毛澤東是長子，父母親執意讓他繼承家業，早生子嗣，為富農之家傳宗接代。

據說這李姓女士長毛澤東六歲。以當時毛氏家族的經濟條件，在當地的社會等級，娶李女士為媳，這兒媳肯定是位面目姣好、命相主子、頗為性感的鄉村小婦人。

毛澤東卻對他的第一任妻子永無好感，甚至很少提及。一九三七年在延安的窰洞裡，他對美國記者斯諾口授「自傳」時，也只是以不屑一顧的口吻談到過這第一次婚姻。後來出版的《毛澤東同志青少年時代的故事》（蕭三著）、《毛澤東同志的初期革命活動》（李銳著）、《毛主席青年時期的故事》（周世釗著）、《我與毛澤東行乞記》（蕭瑜著），則都是諱莫如深，未提及毛澤東的第一次婚姻。

李姓女士成了毛澤東生活中的一個謎。毛澤東從小記恨自己的父親，而依戀自己的母親。每當提及父親毛順生時，總是把他描述成一個靠巴掌拳頭維持其專制家長統治的「暴君」，毛澤東從小缺乏的是對人的同情、寬恕、容忍。抵制乃至反叛奉「暴君」父親之命而成的第一次婚姻，冷落乃至拋棄第一位妻子李氏，對於性格如父親一樣固執倔拗，且一心嚮往著走出韶山沖，到山外邊去上學堂闖世界的毛澤東來說，自是不難解釋的了。他一生憎恨自己的父親，卻又從父親身上繼承了專制強橫剛愎自用的秉性。

可是各種版本的關於毛澤東生平的著作都說：毛澤東少年時代早熟，十四歲上已長得高高大大，一個小伙子模樣。湖南地處亞熱帶，莊稼四季生長，草木終年常綠。早熟早婚，正是那個地區子民們的生理使然。毛澤東十四歲時已是一九〇八年。從一九〇八年娶李氏為妻，到一九二〇年與北大教授楊昌濟的遺孤楊開慧女士同居；毛澤東與李氏有過長達十二年的夫妻名分。這也就是說，毛澤東從十四歲長到了二十六歲。正是一個正常男子由性能力成熟到性能力極旺盛的時期。即便是說毛氏因極端仇恨自己的父親而刻意冷淡與李氏的關係，但在長達十二年的火一樣的青春歲月裡，李氏又不是妖魔鬼怪，小夫妻間能無床笫之事？毛澤東從小喜讀雜書，終生性慾極盛，能與李氏同榻而眠竟水火無侵？按照常理，他便是出於對父親的報復心理，也會在青春妙可的李氏身上尋找發洩的。後來的無數事實證明，許多女人，都只是毛澤東發洩性慾的工具而已。

一九四九年之前，在韶山沖的老一輩男人們中還有一個傳聞，即毛澤東在長沙上學期間，回家時發現過自己的父親和自己的妻子之間的不潔關係，稱為「扒灰」——這在當時中國鄉村流行的大婦小婿婚姻常要造成的亂倫悲劇，從而使得他深惡痛絕，記恨終生。

毛澤東的第一次婚姻沒有留下子嗣，卻是不爭的事實。大約也是他後來對李氏不置一詞的原因之一。李氏是從何年月起被毛澤東休棄的？她見到了毛澤東的第二次婚姻嗎？她

第二節　毛澤東的第一個戀人

毛澤東的第一個戀人不是楊開慧女士。

楊開慧女士的父親楊昌濟先生，湖南長沙板倉鄉人氏，是一位學貫中西的大儒。楊先生受聘北京大學教授之前，曾在毛澤東就讀的長沙第一師範執教。其時他門下有三位傑出的男弟子和三位傑出的女弟子。三位男弟子是：蔡和森、蕭瑜、毛澤東；三位女弟子是：陶斯咏、向警予、任培道。蔡和森後來成為中共的早期領導人之一，蕭瑜則是中共著名詩人蕭三之兄長，後客居海外，長期服務於聯合國文化機構；向警予後來成為蔡和森夫人，留學法國參加共產黨，為中共早期著名女革命家，一九二八年國共分裂後被槍殺於漢口；任培道女士一直從事教育工作，據說至今健在於中華民國治下的台灣省。

毛澤東的第一位戀人為陶斯咏小姐。

陶斯咏，湖南湘潭人，出身名門，大家閨秀。跟毛澤東正是同學加同鄉了。其時正值「五四」運動前後。西風東漸，青年知識分子們掀起了反封建文化、反封建婚姻，求民主自由、求個性解放的時代大潮。個性解放的一個主要方面就是知識青年的性自由。在得風氣之先的大中城市，男女自由戀愛、非婚同居一時成為社會新潮。

據毛澤東第一師範的摯友蕭瑜稱：陶斯咏小姐是他一生中所認識的最溫良、最文秀的女子之一。她於一九一四年即參加了毛、蕭等人創辦的進步學生組織「新民學會」，是少數早期會員之一。約在一九一九年至一九二〇年前後，毛澤東與陶斯咏在長沙共同開辦了一間書店進行革命活動，名為「文化書店」。兩人深深墮入了愛河中。

毋庸置疑，兩位志趣相投、深深相愛的知識青年，在那個追求個性解放、倡行男女自由的年代，能逃得脫夏娃、亞當均未逃脫的上帝的禁果的誘惑？且毛澤東又是結過婚的健壯男子，早解床笫之娛。陶斯咏小姐年齡跟毛澤東不相上下，亦正值青春盛期。兩情相悅，心心復心心，結愛務在深，還能不蜂狂蝶亂，得成比目何辭死，願作鴛鴦不慕仙的？

應當說，青年學生時代的毛澤東，因經濟拮据，是生活簡樸，勤學向上的。他並不是個放蕩形骸的絝袴子。對待男女性事，那時他尚是嚴肅的罷。

只可惜他們好情不長。彼此間因志趣而結合，因政見而分離。大約在一九二〇年夏天，陶斯咏女士實在忍受不了毛澤東激烈的造反思想和暴力革命的主張，加上相處日久，毛澤東所顯露出來的專橫殘忍的性格，離開了長沙，使她離開了毛澤東。陶斯咏小姐去了上海，創辦了一間名為「立達書院」的學校，從事教育工作。紅顏薄命，陶斯咏於一九三二年去世，享年三十餘歲。

毛澤東卻沒因初戀的失敗而氣餒，陶斯咏小姐離他而去的那年夏天，楊開慧小姐即進入了他的生活。極有可能，毛澤東、陶斯咏、楊開慧之間有過一段短時間的三角關係。毛澤東感情不專，或許也是出身名門、心性高傲的陶斯咏小姐棄他而去的原因之一。毛澤東跟楊開慧結合五年之後，住在長沙清水塘，已經生下了岸英、岸青兩個兒子，還奸汙了同住在一座院子裡的中共另一位早期領袖、朋友李立三的妻子，也就不足為怪了。李立三後來敗在毛澤東手下稱臣，直至一九六七年於毛氏文化大革命初期慘死。

第三節　毛澤東認可的第一位夫人楊開慧

我失驕楊君失柳，楊柳輕颺直上重霄九。問訊吳剛何所有？吳剛捧出桂花酒。
寂寞嫦娥舒廣袖，萬里長空且為忠魂舞。忽報人間曾伏虎，淚飛頓作傾盆雨！

這首為悼念楊開慧而作的「蝶戀花」，是毛澤東所有詩詞中，最富感情色彩，也最具人情味的一首。事出一九五七年五月，長沙市一位中學女教師名叫李淑一的，前去北京紫禁城看望權傾一國、至高無上的毛澤東。李淑一的丈夫柳直荀，是毛澤東於二十年代中葉在湖南從事農民運動的戰友，擔任過湖南農民協會祕書長，一九二七年被軍閥許克祥下令槍殺於長沙。事隔三十年之後，戰友的妻子李淑一尚屬半百年華，自己的愛妻楊開慧卻早離了人世，毛澤東有感而發，才寫下了這首曾被人廣為傳唱的「蝶戀花」。

楊開慧又名霞，字雲錦，一九〇一年農曆九月二十六日生。板倉鄉鄰們稱她為「霞姑」。

中共文化大革命期間，板倉公社一度改名王「飛霞」公社，以示紀念。文革之後，才恢復板倉鄉原名。

楊開慧的父親楊昌濟，又名懷中，清末民初湖南著名學者，曾留學日本、英國九年。他於辛亥革命之後的一九一三年回國，當時的湖南督軍譚延闓曾聘任他為省教育廳長，他辭謝不就，而選擇了湖南省立第一師範執教。從一九一三年至一九一八年，楊昌濟先生在長沙執教的五年，亦是毛澤東來到長沙求學的歲月。毛澤東跟隨高年級的蔡和森、蕭瑜等人經常出入楊先生家高談闊論，還不可能跟年歲尚小的楊開慧談戀愛。且毛澤東的父親因反對兒子在外讀書惹是生非而斷絕了經濟支給，生活正陷入極度的困頓，全靠家境富裕的學友們資助或作些臨時工度日。

一九一八年春天楊昌濟先生受聘北京大學倫理學教授，楊開慧隨父母遷居北京。同年八月，毛澤東為籌辦「新民學會」會員赴法勤工儉學事務也來到北京。他因缺少路費，英文太差，加上他立志在國內成就一番事業，沒有赴法讀書，而由楊昌濟教授介紹到北京大學圖書館當了一名圖書助理員。其時北大校長為蔡元培先生，北大圖書館館長為李大釗，都是知識界風雲人物。

楊開慧與毛澤東戀愛，最早亦應是一九一八年來到北京之後。楊父是毛澤東的恩師，追求恩師的年逾十七的愛女，當是可以理喻的事。但根據毛澤東同代人的各種版本的回憶錄來看，其實楊開慧並未看上落魄的毛澤東，至多是有些好感而已。且毛澤東因在北大圖書館職卑位低，很不得志，而於一九一九年初憤然離開了北京①，似未向楊昌濟教授一家辭行，隨赴法同學到了天津，南下浦口、上海，而由上海回了長沙。毛澤東在北京最多只住了半年之久。回到湖南，毛澤東便如魚得水，重新結集「新民學會」舊友，主辦刊物《湘江評論》，展開他的革命活動。正是這時，他和陶斯咏小姐開辦了長沙「文化書店」，雙雙墜入愛河，時間至少有一年。

一九二〇年一月十七日，楊昌濟先生於北京病逝。不久，楊開慧隨母親回到長沙，就讀於美國教會學校「湘福女中」。其時，父親生前甚為倚重的一批湘籍高足蔡和森、蕭瑜、陳昌、向警予等等都遠赴法國，留在長沙的只剩了一位呼風喚雨的毛澤東。楊開慧看上毛澤東，也就不足為怪了。在毛澤東方面，恩師謝世，留下師母、師妹，出於念舊之情，常到楊家走動，進而移情相戀，背叛了陶斯咏的一脈深情，進而於一九二〇年夏秋間形成毛陶楊三角關係。最後以陶斯咏小姐離開長沙了局。

毛澤東長楊開慧八歲。大男人總是喜歡小女子。小女子溫順可人，惹人憐愛。不似那

①見毛澤東本人口授，美國記者筆錄的《我的自傳》一書。

年紀、學識跟自己不相上下的大女子，處處要求平等、自主的權利。楊開慧跟毛澤東於一九二〇年冬或一九二一年春結婚。此後數年一直相隨毛澤東奔走革命，既做一個激進的女革命者，又做傳統文化上的賢妻良母。她對毛澤東照顧得無微不至，夫妻恩愛。

一九二二年十月，楊開慧生下長子毛岸英。一九二三年，楊開慧生下次子毛岸青。一九二六年生下第三子毛岸龍。單從楊開慧的生育情況看，雖處在朝不保夕的大動盪年月，毛氏的夫妻生活還是十分和諧的。其間，毛澤東奔走於上海、廣州、長沙之間，參加了中共的第一次黨代會，參加了一九二四年國共兩黨的第一次合作，當過國民黨的中央委員，並自稱當過那時的國民黨的中央宣傳部長。

大約在第三子毛岸龍出世前後，毛澤東又有過一次喜新厭舊的移情別戀，楊開慧跟他狠狠地鬧過一次家庭矛盾。插足他們家庭生活的第三者為誰，又是同住長沙清水塘院內的李立三太太？唯毛澤東本人九泉之下有知了。毛澤東曾於一九七五年間的《詩刊》雜誌上發表過一首作於一九二三年的舊作：「賀新郎」

揮手從茲去，熱淚欲零還住，人有病，淒清如許，要似崑崙崩絕壁，更那堪淒然相向，知誤會前翻書語。天知否？汽笛一聲腸已斷，又恰似台風掃環宇。苦情重訴，過眼滔滔雲共霧，今朝霜重東門路，從此天涯孤旅，重比翼，眼角眉梢都似恨，算人間知己吾和汝。照橫塘半天殘月，凴割斷愁絲恨縷，和雲翥。

一九二七年四月，國共兩黨分裂，蔣介石先生發起了清黨運動。八月一日，中共紅軍創始人周恩來領導「南昌起義」，以武裝鬥爭對抗國民黨。同年九月，毛澤東領導湖南農民「秋收暴動」，拉隊伍上井崗山搞武裝割據。楊開慧則跟隨母親，帶著三個孩子，隱居長沙板倉老家苦渡歲月。她不埋怨丈夫，並想盡一切辦法跟上井崗山的「共匪頭目」的丈夫取得聯繫。

一九二九年冬，楊開慧連同三個兒子，被湖南軍閥何鍵逮捕入獄。楊昌濟先生生前的一些同事門生中不乏具政治經濟影響力者，在長沙展開了一場挽救楊開慧女士的活動。活動頗有成效，省長何鍵答允，只要楊開慧登報申明跟「毛匪澤東」脫離夫妻關係，即准予交保釋放。

可是楊開慧在獄中堅貞不屈，她忠於自己的丈夫，忠於自己的主義信仰，寧可失去年輕的性命，也要保住她跟毛澤東的夫妻名分！她，以死來酬謝對於毛澤東的真摯愛情。

一九三〇年十一月十四日，何鍵下令處決了楊開慧。死時年僅二十九歲。三個兒子岸英、岸青、岸龍也從此流散民間。

再看看井崗山上的毛澤東吧！一九二七年秋天上井崗山建立游擊根據地不到兩個月，即與江西永新縣一位年僅十七歲的「漂亮女同志」賀子貞同居了！並於第二年即生下了他們的第一胎女兒。而楊開慧女士卻是三年之後的一九三〇年十一月，才為著不肯公開申明跟毛澤東斷絕「夫妻關係」而被槍決！

天若有情天亦老。毛澤東大約內心裡也有些負疚，才於一九五七年五月寫了那首「蝶戀花」。一九六二年十一月，年逾九旬的楊母於長沙仙逝，毛澤東唁函中仍稱其為岳母大人，稱楊開慧為「親愛的夫人」。

第四節　先亂後棄的紅軍美女賀子貞

應當專門為賀子貞寫一部書，來敘述其人生的傳奇悲劇。

賀子貞為江西永新人，一九一〇年生。其父是個具有進步意識的小地主兼商人。在永新縣城裡，賀子貞的父親及她兄妹三人，全都參加了共產黨領導的「農民自衛隊」，是一個「革命家庭」。

永新縣位於井崗山西麓，跟湘東地區的茶陵、攸縣毗鄰。卻說這井崗山區，自古民風強悍，男女性事亦十分開放。每逢夏日黃昏，家家戶戶的男子、女子，便會各自提一桶溫水，光赤了身子，在街巷上洗浴，嘻哈說笑，卻又是各不相犯的。當地還流傳著「女兒大方」之類的歌謠。直到一九六四年，中共在井崗山地區推行「社教運動」，從省城一汽車一汽車地運來「社教工作隊員」。不久，這些「工作隊員」便又被一汽車、一汽車地遣送回省城去了。因為他們下到各家各戶之後，很快被房東家的女子們勾搭成奸，犯了男女關係的錯誤。純粹是當地風俗使然。

賀子貞少女時代即已成為一個美人兒，明眸大眼，膚色潔白，身材苗條，性格活潑，加上一副天生的甜嗓子，使人一見而生甜蜜之感。她十五歲時即任縣城中學的團支部書記，十六歲時加入共產黨。具演說天才，富煽動鼓惑力。十七歲時，即一九二七年「四・一二事變」之後不久，便率領永新縣共產黨人，聯絡井崗山上土匪王佐、寧崗縣土豪袁文才①等，舉行了「永新起義」，一度佔領了永新縣城。比毛澤東領導的湘東農民「秋收暴動」，時間上早了三個多月。

一九二九年九月，毛澤東率領湖南農軍退向湘贛邊界山區，與賀子貞、賀學敏兄妹的永新農民自衛軍會合，共同創立了「井崗山根據地」。應當說，賀子貞與毛澤東同為最早的中共「中央蘇區」的開創者。且賀子貞是本地人，毛澤東是外來者。外來者自然要在最初階段倚重本地人，才能爾後吞併本地人，取代本地人。毛澤東造反，從來只求目的，不擇手段，他上井崗山後與本地女首領採取了「肉體結合」的方式。

---

①後均被毛澤東槍殺。

據《我與紅軍》一書的作者龔楚先生憶及：

「七月中旬②……他（指毛澤東）帶著我們及一連兵來到永新，開展蘇維埃運動。到達永新後，我們住在縣政府內，永新的地方同志，都來見主席，其中一位女同志賀子貞，漂亮而活潑，和主席談得很投機。那天晚上她送了兩隻雞、兩瓶酒給主席，主席留她一起吃飯。他倆談得更親密。第二天晚上，主席召開永新黨團會議……這位女同志發言最多，而且又有見解。深夜十一時才散會。會後，毛主席便請那位女同志稍候片刻，說有要事同她談談。那晚上賀同志單獨同毛主席在臥室裡密談了很久。次日早飯後，賀同志又來了，陪著毛主席工作了一整天，晚上也沒有回去。第二天的早上九時才起床。毛主席洗過臉後，喜氣洋洋、滿面春風的對我們說：『我和賀同志兩人相愛了，由同志的愛轉變為夫婦的愛，這是我們革命鬥爭、共同生活的起點』。那時賀子貞站在毛主席的左邊，帶著羞人答答的笑容……」

根據這一親眼所見、親耳所聞的憶述，可以看出，毛澤東與賀子貞的「由同志愛轉變

②龔記述的應是農曆，即公曆九月中旬左右。

為夫婦的愛」，前後不過兩天時間。頭天晚上見面就留飯，相談甚歡；第二天晚上散會後，兩人即在臥室裡作深夜密談；第三天晚上則乾脆住下不走了。足見第二天晚上已起了質的「轉變」。毛澤東有家室子女，與賀子貞何來「夫婦的愛」？不過草莽式的偷情通奸罷了。其時，毛澤東三十四歲，湖南老家的妻子楊開慧正領著三個兒子在板倉鄉下「躲難」，他何曾有過一星半點的為人夫、為子父的道義感？賀子貞呢，年方十七，年齡上正好比毛澤東小一倍，且明知對方有妻室兒子，而甘願與之同居，融革命激情與生理慾於一體，卻不能不說是當地鄉俗在男女性事上極為開放使然了。

賀子貞雖然是井崗山上馳名的女響馬、雙槍將、武裝造反派，但在從屬毛澤東之後，便回歸傳統，做了賢妻良母型的女人。出於愛情，她像楊開慧一樣，在生活上無微不至地照顧毛澤東。她比楊開慧更善於烹調，能為毛澤東做以酸辣為主要特色的湖南風味菜。像大多數湖南人那樣，毛澤東一生都喜愛吃紅辣椒，特別是賀子貞燒的酸辣湯。

從一九二七年秋在井崗山上，賀子貞與毛澤東相識同居，到一九三七年秋賀子貞被毛澤東逐出延安，他們共同生活了十年。這十年，正是井崗山上的「中央紅軍」被圍剿了五次，最後被迫放棄了「中央蘇區」進行軍事大潰退的「二萬五千里長征」，最後到達陝北的十年。在中共歷史上，這是最艱苦、最危急的十年。亦是毛澤東在中共紅軍裡地位極不穩固、幾起幾落的十年。

從毛澤東同代人的回憶文章中可以統計出來，在這十年期間，賀子貞為毛澤東生過六胎。特別是在紅軍二萬五千里長征途中，在爬雪山、過草地，前有險阻、後有追兵的兩年多的時間裡③，毛澤東竟然使賀子貞懷孕了三次，生育了三次！

槍林彈雨，朝不保夕，生死未卜，毛澤東卻仍然有著旺盛的性慾，不時找自己的女人發洩，全然不顧亡命途中女人的難處。他嘴上講的「同志之愛」加「夫婦之愛」，骨子裡卻缺乏對於女性應有的人格尊重和道義責任。賀子貞事實上淪為他的洩慾工具，成了性犧牲品。

問題是賀子貞歷盡生育折磨、千辛萬苦，於一九三六年到達陝北之後，年僅二十七歲的賀子貞，已經瘦弱疲病，人老珠黃，不復當年紅軍美女的風采。毛澤東卻在軍事政事稍稍安定的同時，連續幹出了幾件風流私案，怎能不惹得賀子貞大動肝火？一個從九死一生的長征路上熬過來的女戰士，怎能忍得下這口惡氣？這期間，賀子貞脾氣變壞了，對毛澤東不再溫順遷就，而是大吵大鬧，甚至相互大打出手。賀子貞曾經對人說：「毛澤東對我不好。我們倆吵嘴，他拿板凳，我就拿椅子！唉，我和他算完了！」

③據中共史載：一九三四年「蘇區紅軍」參加長征時，達三十四萬之眾。而於一九三六年抵陝北時，只剩下兩萬餘人，足見行程之苦，死亡之眾。

一九三七年夏天，延安的窟洞裡來了兩個風采別具、渾身洋味的青年女子，一個是從北京來的學生領袖吳廣惠小姐，一個是美國女記者史沫特萊。正是這兩位解放型女性的插足、介入，摧毀了賀子貞勉為其難維護著的家庭生活。紅軍女英雄賀子貞忍無可忍，威脅著要派自己的警衛員去槍決兩個騷貨、妖精。

做為賀子貞丈夫的毛澤東，在處理自己的風流事件，卻表現出了「無毒不丈夫」的大智大勇。他不是收斂自己的荒誕行徑，向妻子道歉，認錯，而是下了逐客令。一年之後，他對來訪的美國作家斯諾說：

去年，我下令從延安驅逐了三個女人。三個女人是：吳廣惠、史沫特萊，加上賀子貞！事實上，毛澤東要驅逐的，只是賀子貞。

起初毛澤東安排的是讓賀子貞去上海「治病」。賀子貞大約憶起了毛澤東在井崗山時濫殺了數萬「AB團」無辜的兇殘秉性，去到上海必然落在地下黨手裡，甚至被出賣給國民黨的特務組織，會死得不明不白……她到了西安之後，毅然違抗了毛澤東的安排，繼而無視毛澤東的電報勸阻，而選擇了取道新疆赴蘇聯「讀書、養病」。其時她身上還懷著第六胎。至此她生下的兩男三女，都在長征途中病死的病死，送人的送人，失踪的失踪，竟無一個留在她身邊。真正的夫離子散了。

抵達蘇聯首都莫斯科之後，賀子貞於一九三八年春天生下了一個男孩。當時，第二次世界大戰已迫在眉睫，莫斯科的戰爭氣氛已日趨緊張，加上物質的極度匱乏，賀子貞帶著嗷嗷待哺的嬰兒，真是進退維谷，渡日如年。不久，延安傳來消息，喪盡天良的丈夫毛澤東已經迷戀上了從大上海來的電影明星藍蘋小姐，鬧得「革命聖地」滿城風雨了。

賀子貞是得到現世現報了。一九二七年，她以十七歲少女之身，在井崗山上與毛澤東姘居時，毛澤東老家的妻子楊開慧女士正領著毛氏的三個兒子，躲在板倉鄉下含辛茹苦地渡日，為毛澤東守著貞節，直到一九三〇年底才被槍決；十一年後的今天，輪著她賀子貞被毛澤東趕到這又凍又餓的異國他鄉，歸國無期……毛澤東則在暖呼呼的延安窰洞裡摟上了溫香軟玉的電影明星！

一九三八年冬天，莫斯科城冰天雪地，氣溫下降到了零下三十幾度。賀子貞唯一的精神寄托，未足週歲的寶貝兒子患了肺炎，得不到及時的醫治死去。賀子貞孤苦伶仃，一把血、一把淚，把兒子送到莫斯科郊區的公墓去埋葬……

一九三九年，賀子貞一再寫信，拍電報，請求延安的「中共中央」准許她回國。她的信件和電報都落在了毛澤東手裡，成了家務事，被按下不表。這位井崗山根據地的最早創建者，紅軍女英雄，就像古代的失寵嬪妃，被發落到數萬里之遙的冷宮裡。當初是以黨中央的名義派她出國學習的，如今要回國了，卻成了毛澤東的家務事。當年井崗山上的戰友們也竟無一個肯為她抱不平。毛澤東畢竟老謀深算，十分高明，對她使了個緩兵之計：你不是孤身一人在莫斯科十分寂寞嗎？把你寄養在延安鄉下一位老鄉家裡的唯一的女兒嬌嬌，送來莫斯科交你親自哺養好了，算你的天倫之樂吧。

賀子貞不能回國，三歲的女兒嬌嬌卻很快被送到了莫斯科。她把整個的母愛都給了女兒。第二次世界大戰開始後，由於中共方面不再承認賀子貞是毛澤東的夫人，蘇聯當局便只把她們母女當作了普通的中國寄居者對待。又是一年冬天，嬌嬌在保育院裡患了重病，尚未斷氣，卻被毫無人性的醫生丟進了太平間。賀子貞把女兒從太平間裡撿了回來，跟保育院長大鬧了一場，竟被認作「瘋子」，而被強行關進了瘋人院，達六年之久！真是共產鐵幕，滅絕人性了。

這期間，毛澤東已經戰勝了所有的黨內對手，上昇成中共黨內、軍內的第一號領袖。對於有過長達十年之久的「同志愛」加「夫婦愛」的賀子貞，在蘇聯被關進瘋人院的事，毛澤東卻佯裝不知，不予聞問。連一點起碼的憐憫同情都沒有，心如鐵石、蛇蝎了。直到一九四七年，曾任中共駐莫斯科共產國際代表的王稼祥及其夫人來到莫斯科，在一個偶然的機會聽到賀子貞的消息，路見不平，才通過與蘇聯當局交涉，把她從瘋人院裡營救了出來。

這時，毛澤東不得不同意賀子貞回國。一九四七年，賀子貞回到哈爾濱，出席了中共的「全國職工代表大會」。一九四八年，賀子貞到了瀋陽。一九四九年，到了天津。可是不准許她進北京，而被送去上海「繼續治病」。在天津小住時，賀子貞托人把女兒送去北京，交給毛澤東，以期毛澤東能一念舊情，動動惻隱之心。毛澤東卻把女兒嬌嬌留了下來，交給江青哺養。江青讓嬌嬌改姓了自己的姓氏，取名「李敏」。賀子貞得到的只是毛澤東的一紙便箋：

自珍：向您問好：嬌嬌在我身邊很好。我喜歡她。望你保重身體，革命第一，身體第一，他人第一，顧全大局。

毛澤東有意識地把子貞寫成「自珍」。從這項「最高指示」裡，可以看出來毛澤東是如何的獨裁霸道，又工於心計了。據說一九五〇年毛澤東南巡上海時，曾召賀子貞見過一面，彼此都十分冷淡。之後賀子貞一直被軟禁在上海一座禁衛森嚴的花園別墅裡，渡過她孤苦寂寞的冷宮歲月。

一九五九年七月上旬的「廬山會議」期間，江青在杭州游山玩水。毛澤東大約到了賀子貞的家鄉江西地界後，良心偶有萌動，讓江西省委負責人祕密接賀子貞來山上見面。這是毛、賀二人的最後一次見面。毛澤東是背了夫人江青而跟前妻見面的。賀子貞剛進大門，就聽見彭德懷和毛澤東在用雷鳴般的聲音爭吵……後彭德懷走了出來。賀子貞走上前去，彭德懷忙不迭伸出一雙大手，兩位井崗山時期的老戰友緊緊握手，但彭老總什麼也沒有說……賀子貞在毛的住處，第一次見到了風韻可人的張毓鳳小姐，明眸大眼，膚色白嫩，梳著兩根黑油油的粗辮子……

毛、賀在廬山會晤，被江青獲知。待江青從杭州匆匆趕上山時，賀子貞已經下了山。一九七六年九月九日，毛澤東去世，江青禁止賀子貞前去北京吊唁。直到「四人幫」倒台，江青被捕，賀子貞才來到北京的「紀念堂」裡，透過水晶棺看到了那折磨了她大半生的負心漢。

賀子貞於一九八四年四月十九日病逝。

第五節　女作家丁玲憶當年風流

丁玲原名蔣冰之，湖南臨澧縣人，一九〇六年生。一九二六年後以〈莎菲女士日記〉等小說馳名文壇，為一代追求個性解放的女作家的姣姣者。曾在北京與沈從文、胡也頻同住，後與胡也頻結婚。一九三一年胡在上海被國民黨處死，她加入共產黨地下組織，並主編「左聯」機關刊物《北斗》雜誌。一九三三年被捕，關押在南京監獄。獄中與一「特務」同居，並生下一個女兒。一九三六年夏獲釋，旋即赴中共主力紅軍所在地的陝北瓦窰堡。

正是在瓦窰堡，丁玲與毛澤東相識，並達成短暫的親密情誼。其時，周恩來、毛澤東率領的「中央紅軍」完成了「二萬五千里長征」，熬過了最艱苦的歲月，住在瓦窰堡休息、整頓。其時，舉國上下，民眾要求抗日、反對內戰的浪潮，風起雲湧。其時，毛澤東的妻子賀子貞則住進了老鄉家裡，去生第五胎——女兒嬌嬌，即後來的李敏。毛澤東是個無論公事、私事均慾望極強、難耐寂寞的人。他利用賀子貞生育的這個閑暇，而與其他女性作「超越同志感情的交往」。下面，引述丁玲女士本人晚年的一段回憶。

晚年的丁玲，是個一改她年輕時節風流浪漫品德，思想意識十分馬列主義的老作家。可以說，她一生中最美好的二十多年歲月（一九五五—一九七九），都是在中共的監獄裡及勞改地裡渡過的。她是知識分子被中共洗腦成功了的典型。可是一九八一年，她接受美國愛荷華大學國際寫作計畫的邀請，到北美訪問旅行了近半年，真正呼吸到了人間的自由空氣，並無形中受到感染。一九八二年春天她回到中國大陸後，思想上也一度呈現過「解放狀態」，或稱「資產階級自由化」。

該年盛夏，她來到渤海避暑勝地大連，跟一位愛好文學的中年科學工作者同住一所療養院裡。清爽的海風，金色的沙灘，婆娑的綠樹，難免勾起了飽經滄桑的老人的無限情懷，往事回憶。其中不乏對毛澤東的楚楚哀怨。

他是個帝王思想很重的人。那時候的紅軍隊伍，中央機關，駐紮在陝北瓦窰堡，可不像後來的這樣風光排場。經過了二萬五千里長征，九死一生，剩下來的人，兵殘將敗，慘不忍睹。無論是高級領導人還是普通士兵，個個破衣爛衫，面黃肌瘦，四散在當地老百姓家裡，懶懶散散地進行整休。

這就是我一九三六年離開南京監獄，到陝北來投奔中央紅軍時看到的樣子。

在瓦窰堡，我第一次見到「毛委員」。他瘦高瘦高的個子，頭髮也很長，衣服很舊，褲子上打著補丁。那時大家還不稱他為「主席」，熟人們都喊他的原名「潤之」。他大約原先也聽過我的名字，曉得我也是湖南人。所以見了面很隨和，親熱，愛開玩笑：「久聞不如一見，你就是鼎鼎大名的丁玲啊？」他問了我許多上海、南京的情況，特別是魯迅和「左聯」的情況，為什麼要有「國防文學」和「革命大眾文學」這兩個口號的爭論等等。

有三天三晚我們都在一起。後來話講得多了，他便說起一些跟革命毫不相關的事來。他拉住我的手，扳住我的指頭，一個一個地數起三宮六院七十二嬪妃來。他封賀子貞做皇后。「丁玲，你就封個貴妃吧！替我執掌文房四寶，海內奏折。但我不用你代批奏折，代擬聖旨……那是慈禧幹的事，大清朝亡在她手裡……」接著，他又封了其他的一些紅軍女性做六院貴妃。再後，他和我數起七十二才人來。可是，瓦窰堡地方太小，又窮又偏僻，原有居民不過兩千人，加上中央機關幹部，警衛部隊，也不過四、五千人，是一個以男人為主體的世界。把瓦窰堡地方上稍有姿色的女性算在一起，也湊不齊七十二才人。還包括了幾個沒來得及逃跑的財主家的姨太太呢。

他是個很風趣的人。在他最落魄的日子裡，也沒有忘記做皇帝夢。他扯著我的手說：「看來瓦窰堡民生凋敝，脂粉零落，不是個久留之地，嗬嗬嗬……」

丁玲老人是帶著一種批判意識憶及這段甜蜜的往事的。事後，她又大約覺得說漏了嘴，對「偉大領袖」大不敬，很有些後悔。她嚴肅地告誡那位中年科學工作者，偉大領袖的這類開玩笑的事，不應再傳給第三個人聽，誰傳了誰負責任。中年科學工作者見老人一片至誠，當然答應保密。為免事端，兩人相互敬而遠之，不再往來。

再說當年丁玲隨中央紅軍抵達延安，便先在周揚為副院長的魯迅藝術學院小住過一些日子，並繼續寫作。那時丁玲才三十出頭風華正茂。其時已發生過「西安事變」，國共兩黨達成第二次合作，共同抗日。毛澤東則正式坐上了「中央軍委主席」的交椅，取代周恩來執掌著兵權。風姿綽約的北平女子吳廣惠、金髮洋女史洙特萊亦來到了延安，步入了毛澤東的生活圈子，自然把個好惹事生非的女作家丁玲置之腦後了。毛澤東只是鼓勵她到八路軍抗日根據地去看看，深入民眾，體驗生活，搜集創作材料。丁玲依言到了山西太行山的八路軍總部。據說她最初追求過八路軍副總司令彭德懷，後又追求總參謀長劉伯承，均未獲結果。於是重返延安，在「紅軍大學」任教，並主編《解放日報》文藝副刊。後與她的秘書，小她十四歲的戲劇家陳明結婚。

一九四二年三月，她在延安《解放日報》上發表了著名的〈三八節有感〉，道出了「革命聖地延安」婦女們生活苦悶的真實狀況，加上該報發表的另一篇散文〈野百合花〉（王實味作，後王實味竟被康生下令槍決），引起賀龍等一批前線軍人的憤怒，指文化人在後方妖言惑眾，動搖軍心，聲言要斃了這些搖筆桿的。毛澤東為著安慰前線軍人，〈三八節有感〉、〈野百合花〉等，納入整風內容，進行了嚴厲批判。抗戰勝利後，丁玲去了華北，參加農村土地改革，很快寫出一部長篇小說《太陽照在桑乾河上》，經中共推薦，獲一九五一年度「斯大林文學獎金」二等獎。

中共建政北京後，丁玲歷任中共中央宣傳部文藝處處長，中央文學講習所所長，《文藝報》主編，中國作家協會副主席，中國文學藝術聯合會副主席等，紅極一時。她跟中共的另一員文藝大將周揚卻宿怨新仇，關係日趨緊張。

一九五三年夏天，毛澤東忽然念及舊情，約請丁玲在中南海裡划過一次船。玉液泛舟，眷顧隆恩。小船上只有毛澤東和丁玲兩人。毛澤東自然是親自掌舵了。敘舊之餘，毛澤東忽然問：冰之，你工作有什麼困難？你覺得周揚這人怎樣？丁玲見主席又親切地喚起了自己的小名，一時便忘乎所以，半嬌半嗔地把歷年來心中積下的對周揚的怨恨，一古腦列數出來：周揚有十大問題……丁玲太過天真，太過事業心，政治化了。她原該繞開毛澤東的話題，說些開心的有趣的事，逗毛澤東快快活活的，使得毛澤東喜歡她的知識和智慧，為日後的幸遇舖平道路。可是共產黨人的鬥爭哲學使她執迷，只急於告御狀而不揣摩毛氏的帝王心理，從而犯下了她一生中最大的失誤……毛澤東認真地聽著，凝視著丁玲的面龐。此時的丁玲年近半百，身子發福，頭髮有了雜色，臉上有了皺摺，徐娘老矣，不復當年風韻……毛澤東耐心聽她講完，倒真的笑了：你講周揚有十大缺點，我倒是覺得周揚還有兩個優點，他的馬列水平算可以……

此後，毛澤東再沒有單獨召見過丁玲，覺得是個乏味的女人。

一九五五年，在「文敵」周揚主持下，呈報毛澤東，丁玲以「丁玲、陳企霞反黨集團」一案被捕，一九五六年獲釋，鬧翻案。一九五七年，經毛澤東親自批示，將丁玲定為「資產階級右派分子」。丁玲被流放到東北中蘇邊界的「北大荒農場」勞動改造。在「北大荒」，她還曾經上書毛澤東，請求幫助。毛澤東已在感情上、政治上均丟棄了她，自然不再理會了。一九六六年文化大革命初起，丁玲被再次投入監獄，直到一九七三年獲釋，但政治上並未平反，繼續下放到山西農村勞動。一九七九年，她才以病老之身，回到北京，重新當上了「中國作家協會副主席」、「全國文聯副主席」。令人深思的是，歷盡三十年的政治苦難之後，她仍然保持著共產黨人的傳統的左傾意識，對新進的中青年作家及其作品，指責多於鼓勵，且多是政治上的指責。

一九八六年三月初，丁玲於北京病逝。直到臨終前，她仍在為自己一九三六年南京監獄的「變節」一事奔走，以求歷史的清白。中共總算為她做了徹底的「改正」，她才結束

第六節　延安史沫特萊之謎

史沫特萊出身美國南方一個貧窮的勞工家庭。受家庭影響，從小同情和嚮往激烈的工農革命。

一九三七年春天，史沫特萊以記者身分，來到延安，採訪「中國工農革命的傳奇英雄」。當時，她芳齡二十五歲左右。她像西方的大多數年青的知識女性那樣，正直熱情，富於幻想和冒險精神，追求熱烈而浪漫的感情。她美麗而活潑，不拘言笑，住窰洞，喝小米粥，啃窩窩頭，更穿一身八路軍制服，很能跟延安的軍民打成一片，自然也很快贏得了中共高層領導人物的好感。

這位金髮碧眼的洋女郎，在延安訪問的幾個月時間，即跟好色的中共領導人毛澤東鬧出了豔聞，當時風傳頗廣。可以肯定，史沫特萊和毛澤東之間，不存在什麼「同志之愛」，只是異國異種盛年男女的獵奇獵豔，彼此達成心理和生理的好奇滿足而已。史沫特萊大約是毛澤東生平中唯一的洋女子。

據一位不肯透露姓氏的中共老人於一次閒談中提及：在當年的延安，女同志都很土氣，衣寬褲肥，不事修飾。史沫特萊身上卻是曲線分明，最富性感的了。她跟「偉大領袖」交往，頭一回握手，第二回擁抱，第三回親嘴……使得毛身邊的工作人員，都大為驚訝這洋人的禮節……有一回，毛的一個警衛員偷偷跟自己的老鄉說：洋姑娘真好玩，俺主席每回去她的住處看望她，她摟著俺主席親嘴，都要親上半個時辰……

這是當年延安悄悄流傳著的一則小道消息。警衛戰士自然只有站在窯洞門外站崗的神聖職責，不經傳喚，是不能進入首長的工作場所的。但在中國人的時間觀念裡，半個時辰即是一個小時。男女間一個小時相互摟抱著親吻，自然有充裕的時間做完一些別的事情了。

史沫特萊與毛澤東之間，大約在行為上過於失之檢點了，使得毛澤東的妻子賀子貞忍無可忍，到了要命令自己的警衛員去「斃了那洋妖精」的地步。毛澤東也不想醜聞鬧得過大，才要求史沫特萊離開了延安，去到別的抗日根據地繼續採訪。食色性也，在毛澤東看來，男女歡娛，原是生活極普通的需要。

史沫特萊後來寫了多部記述中國工農革命、婦女解放的書，把她認知的中國介紹給西方的讀者。其中一部名為《革命的土地》的書，單是德文版就印行了五十萬冊。史沫特萊，是有深情厚誼於中國了。在中國大陸，史沫特萊、斯諾、露易斯・斯特朗，至今是三位著名的美國故友。

第七節　吳廣惠小姐之謎

美麗動人的吳廣惠小姐，在一九三七年的延安，是個曇花一現的人物。她的同代人似乎已經把她忘得乾乾淨淨，或是為領袖諱，刻意不再提及她。倒是美國作家斯諾的前任夫人韋爾斯，為我們留下了一段彌足珍貴的記實性文字：

「吳廣惠，一九一一年出生於河南，父親做過北洋軍閥政府的鹽務官員。除父母親外，她有兩姊兩妹一弟，她本人排行第三。學生時期，她深受一九二六年「五卅慘案」的影響，參與過眾多的學生運動，是激烈的學生領袖。大學畢業後，她曾在中華戲劇學校任教。一九三四年三月一日，她與北大一位畢業生結婚。婚後在丈夫的經濟支持下，負笈日本，在帝國大學攻讀。她的丈夫曾竭力反對她去延安。但直至她去了延安之後，兩人仍然保持著夫妻關係。據她本人說，她渴望到延安去，考察延安的新教育方法。一九三六年西安事變之後，她在西安參加過若干婦女運動。後來，她經一位和她住在一起而對政治有認識的女朋友介紹，認識了一個共產黨員，終於在一九三七年二月十九日被保送到延安學習。她上過博古、張國燾、毛澤東等人的課。但直至她離開延安時，她還沒有加入共產黨。

「她是延安的一位優秀的演員。她不但多才多藝，而且……有良好的教養，文靜有禮，嬌豔嫵媚……相當漂亮，長髮及肩，梳的是三十年代城市女性最時髦的髮型，跟延安其他婦女所梳的那種性別難辨的短直髮型，大大不同……吳廣惠和我是延安唯一的兩個卷曲頭髮及塗唇膏的女人。」

韋爾斯憶述道：

「當時，我並沒有想到她和毛澤東曾經發生過任何的通奸事件。以她的聰明和清高，她實在難於甘居『妾』的地位。何況她自身又已經有了丈夫。……當我獲知毛氏的妻子曾經認真地對待此事件時，我仍感到驚奇。在那個夏天，吳廣惠曾經拒絕了一切企圖向她求愛的人。她並向我表示，戀愛乃毒藥，她本人並無空閒浪費在這種事情之上。她的話既然那樣具有說服力，故此她要釣得最大的一條魚，把她的魚餌抛上『主席』，作最冒險的事，當時並沒有進入我的腦裡。……到底發生了什麼事情呢？一九三七年，毛澤東驅逐了三個女人離開延安。他驅逐了他的妻子和史沫特萊，但吳廣惠的事卻引起了一個問題。一九三七年五月卅一日，我應邀前往探訪住在山坡的寬敞窯洞裡的美國新聞記者史沫特萊。……

我在日記裡寫道，吳廣惠烹調胡椒雞蛋，史沫特萊從菜館叫人送來白菜湯。正當我們開始談話之際，毛澤東進來了。看樣子他是個常客。他在那個晚上，情緒暢旺。史沫特萊崇敬地瞧著毛氏。吳廣惠亦以崇敬英雄的目光瞧著毛氏。片刻之後，我吃驚地看到吳廣惠走過去，傍著毛澤東，坐在長櫈上，她十分溫柔地把她的手放在他的膝上。吳廣惠宣稱她喝酒太多，並裝出木訥的表情。當時我似乎只覺得那不過是一件很平常的事。我原應可以想起她是個職業演員。毛氏亦顯高興。他也宣稱自己喝酒太多。吳廣惠大膽地把手握著毛氏的手。當晚她不停地這樣重複著做。」

韋爾斯繼續記述道：

「當我在延安之時，曾經有人對我說，毛澤東的妻子曾經威脅，要派遣她的的衛兵槍殺史沫特萊。毛氏對她們兩人都大發雷霆。告訴我這事的人沒有說明原因。相信可能是由於史沫特萊曾經做過的事，過於妨害公眾，故此不久即不容於延安。估計她曾經引起毛氏和他的妻子之間發生麻煩。但我從來沒有想到吳廣惠曾經與這件事牽連在一起……當我在延安時，所有這些事情，在那裡都是保密的。……」

關於當年毛澤東曾經跟吳廣惠、史沫特萊有過多角關係，上面那位不肯透露自己姓氏的中共老人，是這樣憶及的：

吳廣惠女士比史沫特萊到達延安的時間，要早兩個月左右。文文靜靜，秀秀氣氣的。

開初一段時間，言行舉止，都很有教養。經過內部政治審察，她也沒有什麼複雜的背景。有關方面了解到她英語不錯，就把她安排在主席身邊做翻譯工作，還兼做主席的英語教員。主席一生都在學習英語，卻總也不見進步。一九三七年夏天，兩位西方女記者史沫特萊和韋爾斯，先後來到延安採訪，就都是由吳廣惠替主席擔任翻譯。

史沫特萊抵延安之前，吳廣惠行事規矩有禮，賀子貞對她印象不錯，喊她小吳、小吳的，經常派警衛員送些好吃的時鮮東西。當時延安的物質生活十分艱苦，只有主席等少數幾位最高領導人享有特殊照顧。問題出在史沫特萊抵達之後。西方的女子，在男女關係上，原是很開放的。不久延安的幹部中悄悄起了傳言，說洋姑娘勾上了咱主席。咱主席也喜歡洋姑娘。還說他們站著就怎樣怎樣，洋姑娘總是咬主席的肩膀。因為剛剛結束了長征，死了那樣多的紅軍戰友，大家都要維護主席的威信，這類傳言很快就被各級黨組織壓制住了。

為著工作方便，吳廣惠和史沫特萊同住一座窯洞。史沫特萊住裡間，吳廣惠住外間。主席跟史沫特萊有了那層關係之後，不免把妻子賀子貞的脾氣如何如何不好，常為些小事又哭又鬧，甚至動手動腳等等，都說了。這話，自然又都是由吳廣惠口譯給史沫特萊聽的。不覺地，兩位女士都對毛的不和諧的家庭生活寄予同情。史沫特萊是遲早要離開延安的，她和主席都很清楚，於公於私，彼此間都不可能保持長期的親密關係。史沫特萊是個很熱情並樂於助人的人，看著吳廣惠那風情萬種的嬌好模樣，又通英語，極有學問的，逐起了要撮合她與主席的念頭……

主席是何等聰明的人！百事明察秋毫。史沬特萊的美意，他還有不明白的？其實他早就喜歡著吳廣惠女士了，只是礙著賀子貞的哭鬧罷了。慢慢的，吳廣惠女士也動了心，她本來就是把主席當作當代一位大英雄來崇敬的……這以後，每逢主席來訪，史沬特萊不是插上門，躲在裡間打字寫文章，就是借故外出去訪問別的領導人，而讓主席和吳廣惠單獨留在窰洞裡，幹他們喜歡的事情。警衛員當然只能在窰洞外站哨，以防有人突然闖入，危及主席的人身安全。

主席和吳廣惠女士的事，終於傳到了賀子貞的耳朵裡。有天深夜，主席又留在吳廣惠的窰洞裡，兩人交談正歡，情意正濃，賀子貞卻悄悄尾隨而來，大聲拍打吳廣惠所住的外門。吳廣惠只好去開了門。屋裡卻沒有燈。賀子貞以手電筒照射，發現主席坐在黑角落裡，便控制不住自己，大怒了起來，又喊又叫，跳起雙腳哭罵。住在裡間的史沬特萊聽到哭鬧聲，便跑出來相勸，不料竟被賀子貞揮著手電筒毆打。因為賀早就恨她勾引了男人，如今又懷疑是她在吳廣惠和丈夫之間牽線搭橋……當時，真是鬧得有些不像話，堂堂中共中央領袖的住地，雞鳴狗盜的，影響不好……再怎麼著，史沬特萊也是位國際友人呀！你賀子貞是位女英雄，也不能用手電筒打國際友人呀，有本事，該打自己的尋花問柳的男人呀！當然，這些都不過是一個偉大人物的生活小節而已。許多高級將領都說：老子出生入死打天下，搞幾個女人，算啥？

夠了。綜上所述，當能清晰地解開毛澤東和史沫特萊、吳廣惠之間的多角關係的謎結了。結果是，解鈴還須繫鈴人，毛澤東動了龍威，下命將賀、吳、史三人趕出革命聖地，自行清了君側。女人又一次成了犧牲品。

需要補充一句的是：史沫特萊是個獨立感極強、極重人格、人權的美國新聞記者，吳廣惠也是位追求個性解放婦女地位的新型知識女性，她們真要是守身如玉，與毛澤東無染，一九三七年秋天，會那麼乖乖地服從毛澤東的命令，離開她們心愛著的延安？

第八節　可嘆可憐的女星藍蘋

綜觀江青女士的一生，可用「可嘆、可憐、可悲、可憎」八個字來概括。江青原姓李，名雲鶴，又名李青雲，藝名藍蘋，後又稱李進、峻嶺。一九一四年生，山東諸城人。中共情報系統的總頭領康生是她同鄉，對她的浪迹一生起了推波助瀾的作用。可是，成也蕭何，敗也蕭何，一九七六年，江青在毛澤東身邊生活了近四十年之後，康生卻在臨死前夕，委托毛澤東的親信侄女王海容向毛澤東告密：江青在歷史上是叛徒！演出了中共政治鐵幕內的一折活劇，自是後話了。

且說李雲鶴小姐面目姣好，體態婀娜，從小不愛讀書，而愛風流。從十四歲起，她開始在愛河裡摸爬滾打，跟一個接著一個的男人們糾纏不息。一位美國女記者，於中共文革後期採訪過她。根據她本人的口述，返回美國後寫過一本轟動一時的《紅都女皇》，那上面記述的有名有姓與她有過肌膚之親的男士，即有十幾位之眾。其中跟她正式結婚或公開同居過而值得記述一筆的，則是四位：

第一任丈夫——魏鶴齡，是她在山東省實驗劇院學習時的同學，婚後不久即被她拋棄；

第二任丈夫——俞啟威，即黃敬（後曾任中共天津市長）由同居而結婚不到三年時間，又因她愛上了別的男人而分離；

第三任丈夫——唐納，其時（一九三五年四月）她已經到了上海，進入電通影片公司，改名藍蘋。唐納是位頗能在電影界呼風喚雨的影評家。婚前，她亟需唐納的吹捧。婚後不到一個月，她又鬧開了婚變，追逐名導演章泯；

第四任公開的同居者——章泯，電影導演，有婦之夫。後由於「七七事變」爆發，全民抗戰開始，章泯離開了上海，她則遠走西安而分手。她經西安轉至「革命聖地延安」。

四位男士，都不是棄她而去，而是她離「家」出走，拋棄了他們。真可謂女中豪傑，脂粉英雄，造了傳統文化男尊女卑的反。

三十年代初葉，藍蘋混迹上海左翼影劇界的歲月，與之關係恩愛的男名士還有史東山、鄭君里、趙丹、金山、袁牧之等等。

藍蘋小姐抵達延安的時間，應為一九三七年冬。天賜良機，正是毛澤東下令驅逐了包括自己的妻子賀子貞在內的三個女人之後不久。其時，藍蘋才二十四歲，像一隻熟透了果子，嬌豔欲滴，加上從十幾二十位男人那兒得來的性經驗、逐歡技藝，正是百戰之身，風華浪漫，分外妖嬈了。

她初到延安時，在周揚主政的魯迅藝術學院任戲劇教員。不久即跟一位叫徐一新的上司熱戀起來。用一句上海影劇圈內的行話：「藍蘋戀愛，寬衣解帶」。徐一新留學蘇俄，是中共有名的「二十八個半布爾什維克」之一，為魯藝的訓育長。但經她室內室外地接觸過徐一新之後，發覺徐徒有虛名，銀樣蠟槍頭，政治上沒有多大的發展前途，與之戀愛，只是填補一時的心理、生理飢渴而已。她是個自十四歲起就隨時都需要男性愛汁滋潤營養的女郎。就在這時，她認識了一位改變了她一生命運的關鍵人物——中共情報首領康生。最初拉的是同鄉關係。康生當時已經四十歲，有家室，執掌著中共至為要害的「鋤奸部」，後稱為「社會情報部」。康生工於心計，出賣老上司王明而效忠毛氏，剪除異己，一輩子殺人不眨眼睛。延安上下，都稱他為「康部長」。

「康部長」第一眼便看中了藍蘋小姐：雖然頭戴八角帽，身穿列寧裝，仍然顯露出了挺俊高挑、亭亭玉立的身條；鵝蛋臉，白裡透紅，眼睛又大又亮，鼻子端莊，嘴唇豐滿。特別迷人的，是她一笑起來，雙頰上就現出兩個甜甜的酒渦……這不正是一個可以敬獻給「主席」的尤物？「康部長」透過厚厚的鏡片，心藏玄機。主意既定，面對「可餐秀色」，「康部長」也只能飽嚐眼福了。這回，得讓「主席」一輩子不忘自己的「紅娘」之功，嗬嗬嗬。

這年春節，藍蘋小姐參加中共中央機關的晚會演出。由延安的四大美女孫維世、馮鳳鳴、郭蘭英、張醒芳獻歌獻藝。毛澤東、張聞天、周恩來、博古、任弼時等領導人出席觀看。應當算是毛澤東與藍蘋的第一次見面。但這次的見面，她似乎並未留給毛澤東深刻的印象。多數時候，毛澤東的目光留連在孫維世、馮鳳鳴身上。

藍蘋小姐真正引起毛澤東注意，是一九三八年夏天，還是虧了「康部長」的耳提面命，刻意安排。那時節，延安有幾所著名的「大學」，除了「紅軍大學」——後更名「抗日軍政大學」、「魯迅藝術學院」之外，還有中共培養中、高級幹部的「馬列學院」等。毛澤東為了樹立自己的領袖形象，理論威望，經常輪番著去這些「大學」演講，並親自兼任這些大學的「校長」、「院長」。毛澤東以一口湘潭官話在這些「大學」演講時，其他學校的教職員工皆可以去聽講的。

漸漸地，毛澤東注意到了，每逢他在台上演講，第一排坐位上，就有一位年輕美貌的女同志，眼睛一眨不眨地望著他，充滿了敬慕之情。在一群土頭土腦的女八路裡，真是鶴立雞群了。且這年輕女同志還聽講特別認真，不時站起來提問，請「主席」解答。終於，毛澤東動心了。一次演講完畢，走到第一排座位來，跟年輕美貌的女同志握手、交談。康生立即予以介紹：她叫藍蘋，上海左翼電影界明星，來延安投奔革命，是個未婚青年。

毛澤東是心有靈犀一點通的偉人，當即表示，藍蘋同志，你還有什麼問題，歡迎到我的住處去討論呀！

「主席」召幸，還有不赴的？毛澤東自半年前一怒趕走了三個女人之後，正是曠夫難耐，空床寂寞。藍蘋小姐又是個一心向上的溫香軟玉，風流種子……速度比十一年前毛澤東在江西永新縣遇到賀子貞時更為快捷：第一次上門即留飯，低酌淺飲，親密交談，飯後即留宿了。藍蘋小姐自是渾身解數，風情萬種。她看得出來，毛澤東大約從來沒有這麼快活過。她自己也從來沒有這樣狂浪過。一夜戰鬥到天明。天亮時分，毛澤東才抱著她睡去。入睡前，還自我取笑說：從此君王不早朝……

由於遠在莫斯科的紅軍女英雄賀子貞，仍是毛澤東名正言順的妻子，這一回，毛澤東未能像十一年前那樣宣稱：他和藍蘋同志已由同志之愛轉為夫婦之愛。因此，藍蘋小姐跟他往來，只能明曰「求教」，共同研討馬列主義，暗行床笫之歡，男女之術。毛澤東在歡好之餘，對藍蘋吟誦開了《唐詩別裁》裡錢起的一首五言長律「湘靈鼓瑟」中的句子：「善鼓雲和瑟，常聞帝子靈，馮夸空自舞，楚客不堪聽，苦調凄金石，清音入杳冥，蒼梧來怨慕，白芷動芳馨，流水傳湘浦，悲風過洞庭，曲終不見人，江上數峰青。」毛澤東吟誦完畢，取其最後一句的首尾二字，把藍蘋改名為江青。藍蘋小姐於床笫間雖是高手，以她當時知識的貧乏，未必能明白「湘靈」為何物「蒼梧」為何處，與舜帝為何故事。

偷情的神祕感緊迫感，給了他們強烈的性刺激。不久卻出了事。一天大清早，藍蘋小姐鬼鬼祟祟地從「主席」窰洞前的柵欄門裡跳將出來，警衛戰士只見一個黑影，疑是行刺「主席」的奸細，便一個箭步撲上去抓獲了。藍蘋小姐跌了個狗吃屎，也不敢哭叫。還是「主席」警惕性高，聽見了外邊的響聲，連忙出來解了圍……

「藍蘋臭不要臉，勾引俺毛主席！」

消息不脛而飛，悄悄傳遍了整個延安城。中央機關的幹部戰士，幾乎人人都表示出了自己的憤怒。他們的同情心、正義感使得他們站在賀子貞一邊，賀子貞跟他們一道從雪山、草地九死一生爬過來，是真正的紅軍女英雄。

有句鄉間俗語說：笑貧不笑娼，罵女不罵男。中國歷來是個男性主宰一切的社會，中國臣民有著傳統的性心理，無論任何地方發生了男女偷情事件，包括女性觀眾在內所形成的社會輿論，遭到唾罵，指為不恥的，總是「淫婦」，而不是奸夫。對於那能把別的女人搞到手的漢子，反而人人心存敬慕，佩服他小子有能耐，好手段呢。

一九三八年時候的延安正是這樣。中共中央機關的幹部職工們，警衛部隊的指戰員們，大都是長征路上的倖存者，出身貧苦，文化水平低，階級感情純樸，對領袖崇拜，對革命忠誠。藍蘋小姐一時成了千夫所指，人人切齒的臭妖精，破壞「賀大姐家庭幸福」的罪魁禍首。工農紅軍戰士們大約很少想到，在這些男女偷情事件中，「毛主席」應負一份主要的責任。

一位知識分子出身的老紅軍幹部，憶及當年延安的這段風流公案時，頗有感嘆地說：

江青跟毛主席犯了男女關係後，可算倒了大楣，揹盡了罵名。那時駐延安的中直機關，學校、醫院、部隊，每逢召開支部生活會，黨小組學習會，眾口一詞，一個共同的話題，就是議論江青，謾罵江青，這個上海灘來的電影名星，資產階級臭妖精，勾引了咱毛主席，破壞咱子貞大姐的家庭……這隻千人騎的花狐狸！

江青真是滿身長嘴說不清，跳進黃河洗不清了。

有一回，這位知識分子出身的紅軍幹部，到中直機關醫務所排隊看病、取藥，江青正好排在他的前面。於是，親眼看到了紅軍醫生、護士們當眾羞辱她的一幕：

你叫什麼名字呀？

江青。

我們的登記簿上可沒有人叫江青的。

俺是叫江青呀。

喲，改名改姓啦？你不是演電影的藍蘋小姐嗎？

賀子貞大姐知道你改了名字嗎？

連封號都討著了！

這可攀上高枝兒，做了鳳凰了？

紅頭花色的，領啥子藥呀？是不是有了？

咱可不能亂給藥呀！

江青低垂著頭，脖子都脹得緋紅，滴下淚珠來……她再也忍受不住了！哭了起來，沒看病，沒拿藥，就一頭衝出門外去了！

紅軍醫生、護士們仍不肯放過她，衝著她的背影罵：

臉皮比瓦窰堡的土牆還厚，也曉得哭？

等賀大姐回來找你妖精算帳！

眾矢之的，江青很難在延安住下去了。便是毛澤東本人也很為難。因為中共的高級幹部、紅軍將領中，對他和江青的不正當關係，也頗多微詞。政治局內，更有他的對頭博古、何凱豐等人，利用這事冷譏熱諷，施加壓力。軍事將領中，則有賀龍、彭德懷等人，替賀子貞同志抱不平。

事情鬧到這份上，便是計多謀足的「康部長」，也無能為力了。

其時，毛澤東雖然掌握了中共軍事指揮權，當上了「中央軍委主席」，但中共最高領袖的地位，卻尚未穩固，亦未正名。總書記一職仍由張聞天擔任。毛澤東既愛江山，又愛美人。倘若需要在二者之間作出抉擇，他當然是要江山，而捨棄美人了。有了江山，何愁美色？在權衡了種種利弊之後，毛澤東終於作出了自己的英明決策，打發江青過黃河，到太行山八路軍總部去做些實際工作，鍛練鍛練，讓抗日戰爭的烽火洗滌掉身上的小知識分子、小資產階級氣習。

毛澤東又要從革命聖地延安驅逐第四個女人。

江青滿心委屈。她本是反對封建意識極為強烈的新女性，卻陷落在工農紅軍出身的幹部、戰士們的封建意識沼澤裡，做為犧牲品了。但她極不願離開延安，離開毛澤東。她知道自己一旦離開了，立即會有別的美人兒補上「主席」的床第空缺，自己再也回不來！她不肯罷休。好在延安地方，地瘠人貧，脂粉不盛，她卻已經是個大有名氣的美人，舉手投足，一顰一笑，比那些土裡土氣的長征過來的紅軍黃臉婆們，自要強出十倍百倍。何不去找找鄧大姐？找找周副主席，他們夫婦可是延安出名的大賢人，總是那麼親切和善，關懷人，幫助人。他們自己沒有子女，卻收養了這些紅軍的遺孤……

想到了這一層，可憐兮兮的江青彷彿看到了一線轉機。她不敢貿然行動，先去請教一下「康部長」。

「康部長」聽她講了一半，深藏在鏡片裡的眼睛笑了：

「雲鶴，你真聰明，我也正考慮到這一著……主席還只是給你透了個意思，沒下逐客令？好！事情還有回旋的餘地。我也怕我這紅娘做不成了呢，嗬嗬嗬嗬。快去快去，天不滅曹，周副主席剛從南方國統區回來……」

得到了康生的首肯，江青把自己裝扮得又素潔又嫵媚。見了周恩來副主席和鄧穎超大姐，就像一個受盡人間淒苦、委屈的孤女，好一番哭訴。

誰無憐香惜玉、關愛美人之心？周副主席滿口答應，替雙方都做些工作。子貞同志去了莫斯科，又是學習又是養病，三兩年內回不了國，毛澤東同志身邊也總得有個女同志照顧飲食起居。人非草木，總是有感情有需要的嘛。與其讓毛澤東同志去跟那麼多女孩子打游擊，不時傳出些緋聞來影響黨和八路軍的威信，不如讓毛澤東同志跟一個較為固定的女性打陣地戰，於革命於戰爭較為有利。

在井崗山上，周恩來深得蘇俄顧問李德的信任，全權領導紅軍，是毛澤東的上級。他跟朱德、陳毅等人一起，兩度撤銷了毛澤東的「紅軍政委」職務，並給予停止工作的處分。由於蘇俄顧問李德的瞎指揮，一九三四年中央紅軍「第五次反圍剿」戰爭失敗，三十萬紅軍大潰退，周恩來漸漸失去了指揮全軍的威信。完成二萬五千里長征到達陝北，特別是一九三六年十二月「西安事變」之後，他將軍事指揮權交給了毛澤東，並把自己擺在了毛的助手的位置上，事事聽命於毛澤東了。他把自己的膽識才學，過人智慧，投入到與各黨各派、各種人物的談判周旋上，終生樂此不疲。

這也是重新調整關係、消除舊怨的良好機會。

為了撮合「主席」和江青的好事，周副主席多次帶江青去延河邊上跑馬。跑馬是江青到延安後才染上的新嗜好，亦是戰爭歲月的需要。可是江青命相不吉，有一回，她跟周副主席的坐騎並排奔駛時，竟忘乎所以，放鬆了手裡繮繩，讓自己的馬頭去衝撞了周副主席的坐騎！坐騎受驚，把周副主席摔了下來……周副主席左臂嚴重骨折。延安的醫療設備甚差，不能治癒，周副主席轉道甘肅、新疆，去了蘇聯。可是路上耽誤太久，老大哥之邦的醫生雖然醫道不差，卻提出截肢。周副主席本人堅決反對，只好進行保守治療。從此，周副主席的左臂就端放在左腹上部，再沒有放下來過。

江青在延安揹上了新的罵名：臭妖精、騷狐狸、白虎星，掃把星！勾引了咱主席還不夠，又坑害咱敬愛的周恩來副主席折斷了左臂！

事已至此，大約是前世作了孽，今世來報應，還有什麼可說的？便是毛澤東本人，也下了狠心，打發她上路了。恰逢有一支小分隊要過黃河，護送幾位幹部去山西太行山八路軍總部。江青被編入這支小分隊裡，上前線去接受新的考驗。

臨行前的一晚，毛澤東親自安排了菜饌，為江青餞行。低酌淺飲，道不盡此別之後，各自珍重的話語，上了前線要好好鍛練，跟工農打成一片，做一名合格的革命戰士等等。眉目傳情，眼角堆恨，亦有一番世俗男女的離別之苦！兩人心裡都明白，烽火連天，哀鴻遍地的戰爭歲月，離多聚少，生死難卜，後會無期。這最後一晚，江青倒是出自真誠的奉獻，使出渾身解數，顛鸞倒鳳，鶯嬌燕喘，伺弄得「主席」一償神仙之夢。

第二天一早，江青聽軍號起床，去小分隊集合。主席自然不會來作長亭之別。她乖乖地隨著小分隊離開延安，也沒有一步三回頭。一腔淒苦，滿腹心酸，訴與誰人說？

部隊曉行夜宿，東行兩日到了黃河西岸。坐上羊皮筏，渡過濁浪滔天、吼聲如雷的黃河，便是「山西王」閻錫山的地盤了。

話說中共自第一次國共合作分裂之後，即採取了「武裝割據」方式與國民黨的中央政權相對抗。「西安事變」之後，國共第二次合作，更是將這「武裝割據」的局面合法化了。中共中央設在延安。延安要往遍於全國的各個「根據地」派遣幹部，或是中共中央要在延安召集各「根據地」的負責人會議怎麼辦？中共自有一套極端秘密又極端高明的地下交通網路，叫做單線聯絡，站點交接。即在日佔區、國統區內都設有秘密聯絡站，每站設地下交通員一名。中共的幹部便夜行曉宿，一站一站地由這些地下交通員往前送去。即使地下交通員被捕、叛變、投敵也損失不大，因他只知道前面一站的地點而已，別的則一無所知。且中共的地下組織會另設秘密交接站，委派新的交通員。

再說江青所屬的小分隊渡過黃河之後，恰好遇上了日本飛機的狂轟濫炸，把地下聯絡站炸毀，交通員也炸死了。小分隊的前路斷了線。小分隊所護衛的幾個重要幹部也去不了太行山八路軍總部，只好又西渡黃河，打道折回延安來！

對江青來說，正好應了前些時候「康部長」的那句話了：天不滅曹！

回到延安，江青一頭闖進「主席」的窰洞裡。「主席」正因江青走後落落寡歡，忽見江青像個夢中仙女似地出現在眼前，便一把抱住，再不肯放開。毛澤東對待生離死別從不落淚，這時卻眼含淚花說：天將汝賜我，奈何？

從此江青在「主席」身邊，做了一段時間的小鳥依人。

毛澤東也不再顧忌什麼了，公開與江青同居，生米煮成熟米飯，既成事實。一個重要原因，是江青於床笫之間，身手不凡，花樣良多，能夠給他以前所未有過的滿足。什麼陶斯咏、楊開慧、賀子貞、吳廣惠等等，她們就那麼幾下子，都不能跟江青相比。

毛澤東自認自己身上，兼有虎氣和猴氣，且以虎氣為主。在對待江青一事上，卻充分體現了他的猴氣。他不能為了一個女人犯了眾怒，而要做好各方面的工作，甚至做些必要的妥協讓步。美人失而可得，江山丟了難再。因江青而影響了自己的「最高領袖」地位，這事是斷斷做不得的。畢竟，賀子貞是名正言順的妻子，深得廣大紅軍將士愛戴同情的。

不久，周恩來從蘇聯養傷回來。周氏是個坦蕩君子，對江青毫無怨言，仍熱心撮合她跟「主席」的好事。加上一位幕後的「康部長」獻計獻策，毛澤東運籌帷幄，請周恩來做賀龍的工作，讓劉少奇說服了老鄉彭德懷副總司令，而讓張聞天、朱德、任弼時諸位去緩衝博古、何凱豐的非議。他本人則放出低姿態：同意由中央政治局對他和江青的特殊關係作出約法三章：

一、江青不可稱為毛澤東夫人；

二、江青只在生活上照顧毛澤東同志，不參與黨內政治活動；

三、下不為例。黨內其他同志不能沿用此例。

據稱，政治局的約法，是博古、何凱豐等人的勝利，形同一次對毛澤東的黨內警告處分。毛澤東、江青兩人都在約法上簽了字。當時只求能在一起，其餘都不及計較了。或許，毛澤東、江青其時都心照不宣，有了默契：一切留待時日。恩恩怨怨，二、三十年後圖報，不晚。可惜博古、何凱豐兩人去世較早，後來慘遭報報復的，為彭德懷、賀龍等人。

第九節　馮鳳鳴之謎

江青能夠跟「最高領袖」合法同居，取得夢寐以求的位置，她真正感恩不忘的，是同鄉「康部長」。在這件百年大事上，她和康生，真是互為需要，天作之合了。此後康生深獲毛澤東信任，終生恩寵有加。毛澤東則有了康生這位「情報部長」，剪除異己，如囊中取物了。

卻說江青生活在毛澤東身邊，初時不免處處小心，事事謹慎。生活上對毛澤東體貼入微。毛澤東喜歡跳舞，她成了毛澤東的舞蹈教師。毛澤東喜歡書法，她替毛澤東研墨，並跟著習字。毛澤東習慣晚上工作，白天睡覺，她跟著毛澤東晨昏顛倒……反正一切跟隨毛澤東，一切服從毛澤東，江青是女浪子回頭，想方設法做一名賢內助。

她深知「主席」好色不倦，最擔心「主席」移情別戀。在這樁煩惱面前，唯一可以討教、信賴的，又是「康部長」了。「康部長」總是誨人不倦：

雲鶴，我這紅娘，算是當過了。日後的事，就看你能不能跟主席建立起和睦穩固的家室了。

康老師，俺沒有把握……男人的心，杯水主義，易變的……

要穩住男人的心，說難也難，說易也易。

康老師，您是說……

你是聰明的小女子嘛。前年，你來見我的第二回，就善解人意的嘛！

康老師，不要開玩笑，我如今有主了……

對！我斗膽說一句，主席日理萬機，工作繁重，是不是？在私生活上，他若有什麼特殊的需要，你應盡量滿足他，而不是非難他……巧笑倩兮，美目盼兮，不過如此。你做個寬厚的賢內助。長久夫妻嘛，一定不要爭風吃醋，一定不要步賀子貞後塵。

康老師的意思……

得放鬆時且放鬆……雲鶴，以你的機靈，還用我說下去？

江青懂了。她恭敬地點著頭，對康老師充滿了感激和崇敬。難怪小的時候，就常聽諸城老家的街坊們說什麼「家花沒有野花香」啦，「端在碗裡，瞧著鍋裡」啦，「娃娃自己的乖，婆姨人家的好」啦。

這些日子，江青已深感到，「主席」確是個不同凡俗的英雄，軍機大事，運籌帷幄；

男女性事，慾望極強。他才四十幾歲，正是如狼似虎的年紀。康老師教導她要思想開通，不為別的女子跟「主席」嘔氣吵架，才能維持住長久的夫妻情分、婚姻關係……她從十四歲那年開始反對封建禮教，反男尊女卑。她的身子就是武器。她的主義是：男人可以玩女人，女人不也一樣可以玩玩男人？想不到，來到延安，攀上了高枝，做了鳳凰，卻終歸也逃不出封建夫權的巨掌。

江青是個深懂得厲害關係的人。她今日已有的，不論付出多大的代價，都不能丟失。於是，為了表現出她的不同於「主席」過去幾位人兒的雍容大度，乃投「主席」所好，做出一件最討「主席」歡心的事兒來。

其時延安有座平劇研究院。這平劇院卻不專演平劇，而是歌劇、話劇、京劇都演。革命的需要，中央領導人也各有所好，戲劇藝術不搞單打一。江青本人也曾在平劇院裡參加過演出。劇院裡有幾位女性名角：郭蘭英、孫維世、張醒芳、馮鳳鳴，稱為「四大美女」，其中又以馮鳳鳴為第一美女。

馮鳳鳴，原是一位南洋富商的千金，自幼受過良好的教育，天生麗質，心性高潔。是一位熱愛祖國的華僑青年。她因痛恨日寇的殘暴，老遠的跑回廣東，參加抗日。她先是投身在中共領導下的東江抗日縱隊，在一所幹部學校接受訓練，後被保送到延安「深造」。因年輕美貌，又具戲劇天才，先在「魯藝」學習了一段時間，分配在平劇研究院做演員。

江青算是「魯藝」戲劇系的教師，因之相互間早就認識了的。

江青陪毛澤東觀看過馮鳳鳴的幾次演出，如「林沖夜奔」、「三打祝家莊」等。演的都是配角，不是什麼重頭戲，因之毛澤東並無深刻的印象。一天晚上，他們又去「魯藝」禮堂觀看冼星海編導的三幕民歌劇「農村曲」。這齣戲的女主角是馮鳳鳴。歌喉婉轉，清亮甜潤，唱做俱佳。尤其是馮鳳鳴那楚楚動人、見而難忘的扮相、身段……這時江青不能不注意到，「主席」看得忘了形，著了迷，嘴裡不住地稱讚：小馮，小馮，強過郭蘭英……蘭英演什麼都是一個樣子，勁頭十足……鳳鳴卻是演什麼就像什麼……

江青看在眼裡，明在肚裡。「主席」真是懂得欣賞美人……她心裡頓時倒了一罐五味汁。但她記起了「康老師」的教導，一定要纏牢了自己的偉大的男人，叫他沒法擺脫自己。

當晚一起看戲的，還有朱德夫婦，劉少奇夫婦，李富春夫婦等。散戲後，江青拉上李富春的夫人「蔡暢大姐」，邀請漂亮的小馮同志一起去中央領導人的住地棗園吃宵夜。

馮鳳鳴跟著江青、蔡暢兩位大姐坐車來到棗園。這是她到延安後頭一回進棗園。平日，這裡警衛森嚴，不聽傳喚，縱是老紅軍幹部也難得進入的。她們一行到「中央首長」的小灶食堂吃點心。幾位「中央首長」都和氣地跟馮鳳鳴說說笑笑，誇她演得好。「主席」更是坐在她的對面，邊吃餃子，邊看她，對平劇院的工作作了一些指示。江青放下筷子在一個小本子裡記錄著，以便找機會去傳達。馮鳳鳴卻只是注意到，「主席」真能吃辣，菜裡湯裡，都放了紅辣椒。吃過宵夜後，別的首長及夫人、孩子都走了，江青也不知什麼時候先離開了。「主席」邀馮鳳鳴去隔壁的住處再談談文藝工作，回頭叫警衛處派車來送她回去。她乖乖地跟著「主席」來到一座寬大、暖和的窰洞裡，卻沒有見到江青大姐。「主席」的雙臂摟住了她，撫摸著她，任由她作著無力的掙扎……後來她放棄了抵抗，任由「偉人」剝光了她的衣物……她平日那樣尊敬、愛戴的人物，現在卻說著愛她、想她、要她等等話語，真使她精神上、肉體上都難以招架。她成了一座不設防的城……只不知別的女子，遇上她這樣的情形，會怎麼想、怎麼做？都逆來順受？「主席」平時找「魯藝」和平劇院的年青女同志來談工作，也都會這樣？江青大姐都能容忍？他們成了什麼樣的人？

事後，馮鳳鳴十分痛恨。對於自己所追求的人生理想，也產生了動搖。她開始懷疑延安的一切，這個世界上的一切。因為她是個血性女子。任是什麼「領袖」、「偉人」，不是她傾心所愛者，皆無法容忍。後來，她神秘地從延安失踪了。有人說她被「鋤奸部長」康生整肅了，罪名是「海外潛入特務」。也有人說她回到了海外，不知所終。她的結局，至今是個謎。又說是她留下了一本記述她延安生活的珍貴日記本。香港甚至有人找到了她的日記，整理成《狂飈時代》一書出版，風行過一陣。

第十節　人見人愛的孫維世

毛澤東跟江青結合之後，由於江青不在區區男女關係之類的小節上跟他胡攪蠻纏，使得他能集中精力，在黨內大展拳腳，分化瓦解政敵。從一九四一年起，他跟劉少奇建立了親密關係，他讓劉少奇做了「白區正確路線的代表」，他自己則是「蘇區正確路線的代表」，形成兩大股勢力的結盟。他依靠彭德懷、林彪、劉伯承、任弼時、羅榮桓，穩住了周恩來、朱德、賀龍、聶榮臻，中立了張聞天、陳毅、劉志丹、高崗、徐向前，孤立了張國燾、王明、博古、何凱豐，而於一九四二年開始了著名的「延安整風運動」，在全黨上下徹底清算張國燾、王明路線。

這時，毛澤東手上有了兩張王牌，一是掌握了中共軍隊的最高指揮權，二是通過康生嚴密控制了中共的情報保衛系統。毛澤東是在中共黨內搞政治運動的高手，大運動中套小運動，「延安整風運動」中套進了「黨內鋤奸運動」，「幹部搶救運動」。目的在於剪除張國燾、王明、博古等人的親信黨羽。康生這位中共的貝利亞，秉承毛澤東的旨意，肆意把鋤奸範圍擴大，把大批從全國各地投奔延安的熱血青年打成「特務」、「內奸」，嚴刑拷打，刑訊逼供。一時間延安鬧的雞飛狗跳，人人自危。直到一九四四年，毛澤東看看張王的黨羽已剪除得差不多了，張國燾本人已經潛逃，王明、博古已經俯首稱臣，才下令停止「內部鋤奸運動」。並召開大會，親自向被誤會、被關押、被吊打的同志們賠禮道歉，致以三鞠躬禮。一方面平息了眾怒，贏得了人心，另一方又保護康生過了關。

一九四五年，劉少奇首次提出「毛澤東思想為全黨工作的指針」，毛澤東則竭力推荐劉少奇的《論共產黨員的修養》一書為全體黨員的必備教材。於是，在距離中共第六次全國代表大會①整整十七個年頭之後，中共召開了第七次全國代表大會。這是一次對毛澤東歌功頌德、狂熱崇拜的大會，毛澤東被推上了中共至高無上的「偉大領袖」的地位，一身兼任了「中央政治局主席」，「中央委員會主席」，「中央書記處主席」，「中央軍事委員會主席」，「中央黨報編輯委員會主席」。自是過足了「主席」的癮。從此，毛氏開始

①中共第六次代表大會於一九六二年在莫斯科招開

了他的獨裁統治，大權獨攬，小權也不分散。

一九四六年，在美國友人的調停之下，國、共兩黨重開談判，協商民主建國。毛澤東飛抵重慶住了四十餘天，與蔣介石委員長簽訂了雙十協定。可是過了幾月，協定即被撕毀，進行全面內戰。一九四九年十月一日，毛澤東在北京宣佈成立「中華人民共和國」，中共取得了中國大陸的統治權。

由於中共從成立那天起，就是一個由蘇俄出錢出人、出槍出炮培養起來的馬列主義黨，奪取政權後，自然要尊蘇聯為「老大哥」，外交上政治上實行「向蘇聯老大哥學習、看齊」，「一邊倒」。一九四九年十二月，毛澤東親自率領中共代表團，親赴莫斯科拜會斯大林，並與會談。副團長為政務院總理周恩來。

毛澤東、周恩來一行乘坐火車專列從北京出發，馳過華北、東北平原，出滿州里，然後橫越西伯利亞大草原。全部行程需六天六晚。擔任代表團俄語翻譯組長的，是周恩來的養女孫維世。即當年延安平劇院四大美女之一的孫維世。後她被保送至莫斯科專修俄語。一九四九年學成歸國時，已是一位芳齡二十幾歲、風彩照人的大美人。

在馳往莫斯科的專列上，孫維世臨時充任了毛澤東主席的俄語教員。卻說這毛澤東氏，對中國古代的詩詞歌賦多有涉獵，尤其精習歷代帝王的禁宮權術。可是學習外語則天生一條笨蟲。在中學時代，他的英語就從未及格過；在延安時，雖經史沫特萊、吳廣惠等女士的多方調教，亦無寸進；後終生都在身邊設有英文祕書；文革時毛澤東已過古稀之年，仍由唐聞生、章含之等年青美女教授他英文……可說是終生都在學習英語。可也終生都像江青一樣，從未分清過「古德依勿寧」（Good evening）和「古德奶克」（Good night）的不同。

毛澤東臨時抱佛腳，快要拜見偉大的斯大林大元帥了，還沒有學會用俄語稱「同志」，道「午安」、「晚安」。孫維世天真浪漫，只好手把著手，一個字母、一個字母地耐心教授。

漫長的路程，無邊無涯的大草原，異國風光……毛澤東每天跟周恩來及一大班蘇俄問題專家聚會一次，研討中蘇兩黨兩國的有關問題，如蘇聯紅軍撤出東北地區問題，蘇聯歸還中長鐵路問題，旅順口海軍基地租借問題等等。其餘的時間，毛澤東就在自己專用的書房兼臥室的車廂裡，由美麗動人的孫維世一字一聲地教他俄語。一天傍晚，毛澤東捏著孫維世柔軟的手，心神不定，鬱鬱寡歡。孫維世以自己女性的細心，又是晚輩身分，原本又十分敬愛著偉大領袖的，便問「主席」有什麼不開心的事。「主席」便嘆著氣，將自己跟江青的不和諧關係，慢慢道了出來。江青跟他初結合那陣，表現是不錯，循規蹈矩的，做了幾年賢妻良母的……可是近兩年來，由於做了夫人，地位日尊，就忘乎所以，或者現出了本性，飛揚拔扈起來，動不動就哭哭鬧鬧，尋死尋活，糾纏不休……賀子貞同志到了天津，都不能進京。她要拚命……最近醫生給她檢查了，是子宮長了瘤子，不久也要去莫斯科，請蘇聯醫生做手術……夫妻關係也越來越淡了……自己的一言一行，又都代表著全黨全軍……因此十分苦惱，身邊少一個人……

孫維世作為一個及笄女子，感情極為豐富，聽著敬愛的「主席」的這番訴述，不禁又害羞，又同情。她是坐在馬背上、被紅軍戰士揹在肩背上，走完「二萬五千里長征」的。她受了紅軍叔叔阿姨們的影響，原本就同情賀子貞、討厭著江青的。現在偉大領袖向她吐露了心事，她不禁把手捏得更緊了。偉大的人物，也有自己的煩惱和不幸。當那偉大的身軀向她靠攏過來時，她也沒有退避。只是心口上一陣怦怦亂跳。她抬起明亮的大眼睛盯著「主席」，嘟起紅蘋果似的腮幫，彷彿在說：主席，您千軍萬馬都指揮了，江山都打下了，還不會處理自己的事……「主席」也眼睛一眨不眨地盯住她。「主席」的眼睛也很亮，也是好看的雙眼皮……她忽然起身要回自己的車廂去。但「主席」卻捏住她的手不放，請她再坐一會，不要離去，不要離去。好多話，還沒有說；許多事，可以從長計議……「主席」的手好暖和、溫存。車廂裡的暖氣開得真足……她跳了開去，快步走向房門。房門卻不知怎樣鎖上的，怎麼也打不開……只聽腳下的車輪，嘭咚，嘭咚，有節奏地滾動……一雙大手又摟住了她，撫摸著她。她渾身都顫慄著，很快就酥軟了……車廂裡暖氣開得真足，她身上本來就穿得單薄……她迷迷惑惑，像在做夢。痛苦的夢，快活的夢？一個由女子變成女人的夢……

這晚上，孫維世於昏昏糊糊之中，以純貞的處子之身，伺奉了「偉大領袖」。「偉大領袖」竟玩世不恭，說三大戰役，同登仙境。

第二天一早醒來，孫維世才明白自己睡在了誰的床上，發生了什麼事情。「偉大的人物」正在打鼾，連鼾聲都那樣響亮，不凡。她慌忙穿上了衣裙。渾身又痠又痛，兩條腿像受了傷似地，走路都困難。昨晚上怎麼也打不開的房門，這時卻一擰就開了，她逃了出來……

隔一個車廂，就是爸爸周恩來的書房兼臥室。爸爸的房門已經開了，爸爸正對著窗外飛馳而過的平原雪景做晨操。孫維世投進了爸爸的懷抱裡，痛哭了起來。爸爸不知出了什麼事，忙去關了房門，問了女兒好半天，女兒才抽抽噎噎，半吞半吐地把事情說了出來。

太不像話！太不像話了！是晚輩，我的女兒……紅軍遺孤，幹出這等事來！幹出這等事來……

爸爸恨得直跺腳，氣得煞白了臉。他用他的准安口音的普通話嚷了幾句。可是，聰明過人的孫維世，從來最怕的，就是惹爸爸生氣。她從小就熱愛著把自己當親骨肉養大的爸爸和媽媽……孫維世也懂得，自己的事，爸爸除了在心裡嘔氣之外，他能說什麼呢。去大鬧一場，去提出抗議，去撕破面？爸爸自一九三六年抵達陝北之後不久，就把兵權交給了「主席」，自己甘當助手、副手，凡事顧全大局，一切為了大局，一輩子服從大局……

對女兒，周恩來除了心疼，就是勸慰，忍讓，精神上吃啞巴虧。他有整整兩天都臉色不好。但照常工作，誰也不知出了什麼事。幸而這事並沒有影響到他和「主席」的關係。

從莫斯科回來後，毛澤東倒是認真考慮過跟孫維世的關係。但周恩來夫婦婉言相謝。理由是孫維世本人不同意。況且賀子貞的問題都還沒有解決，進不了家門，現在又添上一個孫維世？「毛主席」真是韓信用兵，不怕麻煩了。常言道，女大不中留。不久，由周恩來夫婦作主，把愛女孫維世嫁給了著名的戲劇藝術家金山。金山三〇年代在上海時曾跟江青同志有過枕蓆之歡，也算是一報還一報，達成一種平衡了。

江青於一九五〇年在莫斯科做了子宮摘除手術。她真怕成為賀子貞第二，被發落在蘇聯回不了國。她跟「主席」只生得一個女兒，取名「李納」。原想再跟「主席」生個男孩，是不可能的了。當然，毛澤東成為「偉大領袖」後，舉國上下，眾目睽睽，不能不檢點一下行為，各方面做個「表率」。所以江青比賀子貞幸運萬倍，不久即回到了北京中南海。但十分不幸的是，動過手術之後，生理上發生了變化，於性事上的興致漸漸淡了不說，竟然還掉落頭髮，乳房也日漸萎縮！她才三十六歲。

江青處在巨大的惶恐之中。日漸控制不住自己的脾氣，經常歇斯底里大發作。那醋意自然也越來越大。她明白，自己在黨內沒有任何名分、地位，誰也不把她放在眼裡，一旦毛澤東遺棄了她，她可能就真成了一隻破舊的布履。

所以她最恨孫維世這個小妖精。毛和孫的事已經傳到了她耳朵裡。孫維世年輕、漂亮、烈士後代，外語又好，莫斯科大學畢業，又是人見人愛的周總理的養女！且「主席」向來詩人氣質，於美女上是浪漫得很的！對於那些過眼烟花，一夕風流之類，只要對她江青的位置不構成威脅，她都睜眼閉眼，能忍就忍了。一國之君，男人要尋快活，讓他快活去。

孫維世，卻能構成最大的威脅，隨時可能取代她的位置。

但經過了延安時期的摔打，江青也學得了許多見識。她知道，毛澤東也顧忌著自己的名節……可惜康生老師回了老家，任山東分局書記。在孫維世的問題上，關鍵的人物，還是小妖精的養父周總理和養母鄧大姐。於是，她以看望鄧大姐為名，去到西華廳總理家，鼻涕一把、眼淚一把哭訴了一回……

周總理又能對江青說些什麼呢？凡事要顧全大局，顧全「毛主席」的威信，黨的威信。唯一的辦法，就是儘快把女兒孫維世嫁出去了事。

江青卻念念不忘孫維世。咬定牙關等待時機。且漸漸地以容忍「主席」的各種風流韻事作籌碼，跟毛澤東不時有小的鬥爭，要權要職，做為妥協。

江青最大的一次妥協，是於一九五八年夏天起，讓年方十八歲的哈爾濱姑娘張毓鳳做了毛澤東的貼身護士。毛澤東給予她的，是放她到中共的權力舞台上去小施拳腳。

機會終於來了！毛澤東於一九六六年夏季發動了以打倒劉少奇一大幫開國元勳為目的的「無產階級文化大革命」，竟任命江青擔任中共中央文化革命小組第一副組長！組長是陳伯達①，顧問是康生。「中央文革」是毛澤東用以取代原中央書記處的權力班子。江青是權傾一國了。連周恩來總理都要對她敬避三席了。

江青掌握著炙手可熱的中共大權，自然不忘舊恨。她立即與毛澤東最親密的戰友林彪副統帥的妻子、中共權力後院的另一隻母老虎葉群結成同盟，私下交換了彼此的仇人名單，相互替對方報仇雪恨。

一大批三十年代從事左翼電影、戲劇的傑出人士，有的僅是知道當年上海灘上藍蘋小姐的骯髒歷史，有的則是跟她有過肌膚之親的老牌名星，一夜之間全成階下囚，一個個先後死於非命。

死得最為淒慘的，又要數孫維世了。她在北京的一所監獄裡被單獨監禁，受盡酷刑。牢房裡只有一堆乾草。她被剝得一絲不掛，是遍體傷痕、光赤條條離開這個世界的，年僅三十幾歲。

孫維世的全部過失，只是被「偉大領袖」拐上了龍榻，破了處子之身。而那把她哺養成人的總理父親，其時正揮動手裡的小紅書，大會小會的呼喊著：向江青同志學習！向江青同志致敬！

①自一九六八年起，江青取代陳伯達任「中央文革」組長。

第十一節　彭德懷元帥獲罪毛澤東

一九五〇年秋天，中共建政不久，即爆發了「朝鮮戰爭」。

毛澤東秉承共產大家庭統領斯大林大元帥的聖旨，決定派遣「中國人民志願軍」出國參戰，跟武裝到牙齒的美國佬決一雌雄。抗美援朝，派誰掛帥領兵。毛澤東原來意屬心愛的大將，四野司令林彪上陣。林彪卻自知這場國際戰爭，兇多吉少，美帝國主義又佔盡了海空優勢，料難獲勝，便稱病溜號，二野劉伯承、三野陳毅?他們二位要坐鎮東南，隨時準備渡海作戰，登陸台灣，一野賀龍?西南匪患如毛，且正要進軍西藏。何況毛氏對賀龍、陳毅二位，一直心存戒備。井崗山時期，陳毅就在王明一伙的支持下，出面遞奪過自己的兵權。賀龍則是周恩來的親信，匪氣猶存。毛澤東倒是比林彪高明，他看準了，只要有軍力物力雄厚的蘇聯老大哥作後盾，只要美國佬不扔原子彈，就能打贏這場戰爭。因為地理優勢在自己一邊。中國跟朝鮮只隔著一條鴨綠江，而美國佬跟朝鮮則隔了一座太平洋……羅榮桓、葉劍英？從來只在參謀本部工作，而未獨擋一面作戰過。最後，毛澤東選定了他的湘潭老鄉、中國人民解放軍副總司令彭德懷。彭德懷忠心耿耿，功高望重，勇猛異常，足可號令三軍，威懾敵人。

彭德懷出身貧寒，自一九二八年領導平（江）、瀏（陽）暴動農軍上井崗山起，便擔任了「中國工農紅軍」的副總司令。他一生剛直不阿，只知領兵打戰，不知爭權謀利，為中共第一功臣、忠臣。在毛澤東的軍旅生涯中，幾次生死關頭，都是這位副總司令救了他的性命。大陸民間早有「彭老總四救毛主席」的傳說。毛澤東本人亦曾有詩云：

山高路遠坑深，敵軍縱橫馳騁，誰敢橫刀立馬？唯我彭大將軍！

可是，在整個「抗美援朝」戰爭中，這位出生入死，只知報效，不知自衛的彭老總，卻有三件事，惹惱了「偉大領袖」，從而種下了一九五九年廬山會議上挨批鬥、被削為布衣的禍根：

一是毛澤東的長子毛岸英，一九五〇年冬隨彭德懷赴朝作戰，官拜師政委，卻在一次戰鬥中被美國飛機扔下的炸彈炸死，據稱彭德懷未及時報告。毛澤東把喪子之痛，加恨在彭德懷身上。數年之後的一九五九年七月二十三日，毛澤東在廬山會議上聲色俱厲地批判彭德懷反對大躍進三面紅旗的罪行時，說著說著就說漏了嘴「……始作俑者，其無後乎！

我沒有後乎，一個兒子被打死了，一個兒子瘋掉了……」

二是彭德懷闖禁宮。一九五一年美軍於朝鮮半島的仁川登陸，截斷了業已進入南朝鮮的志願軍的退路。軍情十萬火急。彭德懷趕回北京搬兵，卻事事要由毛澤東本人批准。而毛澤東呢，又是晚上工作、娛樂，白天睡覺休息。任何人不准干擾他這生活習慣。一天上午，彭老總來到中南海豐澤園毛的住處[1]，被衛士擋住，不得進入。彭老總心急火燎地在會客室等待了一個多小時，仍不知「主席」何時可起床。他實在等不及了，一把推開阻攔他的衛士，大步闖入毛的寢宮，卻傻了眼：毛正摟著一個年輕女護士睡覺……彭德懷只得轉過身子去，讓毛和那美女穿上衣褲。他就是不肯離開。一旦離開，毛澤東會拒絕接見他。天啊！三個軍的幹部戰士被截斷在南朝鮮，美國人快過鴨綠江啦！你卻大白天的抱住小女人睡覺，搞腐化……

三是彭德懷下令撤銷「中南海歌舞團」。一九五三年，朝鮮戰爭打成平手，談判停戰後，援朝志願軍陸續歸國。其中，由一批漂亮女孩兒組成的「志願軍歌舞團」回到北京後，竟然隸屬於中央服務局，改稱為「中南海歌舞團」。一班純潔漂亮的姑娘，每晚上陪伴毛

---

①毛於一九四九年進入中南海後即與江青分居，毛住豐澤園，江青住靜園。兩園相距一百多米遠。

澤東等人跳舞。有時，跳一支曲子，毛澤東竟要換三個舞伴。其時，劉少奇、朱德、周恩來都家室正常，劉、朱更是兒女繞膝，享天倫之樂，周恩來雖無兒女，與鄧穎超卻是結髮夫妻，恩愛不移。唯毛澤東與江青各居一園，好色如故。歌舞團的女孩子一個個輪番著供他玩娛。有的女孩子忍受不了凌辱，偷偷跑到她們的老首長、老司令員彭德懷家裡去哭鼻子。彭德懷了解到這一情況之後，一怒之下，跑到毛的住處去問：

主席，這些孩子都是從朝鮮前線下來的，都是我的部下，你要留作後宮嗎？共產黨也興這個嗎？

隨後，彭德懷以國防部長的名義，下令撤銷了「中南海歌舞團」，給女戰士另行分配了工作。

第十二節　毛澤東和兒媳

毛澤東說：始作俑者，得無後乎！我無後乎，一個兒子被打死了，一個兒子瘋掉了……

毛澤東引用孔夫子的話，說倡導做壞事的人，是要沒有後嗣的！

其實毛澤東並沒有斷子，更沒有絕孫。詛咒和迷信，原都是不會應驗的。他跟楊開慧女士生有三個兒子：岸英、岸青、岸龍。岸英、岸青於母親楊開慧被槍決後，一度流落上海街頭。據說岸青被人以鐵器擊傷了腦袋，造成終生癡獃。兄弟倆後被中共地下組織送去延安，後又被保送到蘇聯讀書。小兒岸龍則由人寄養，後失去聯繫。「文革」中有傳說毛的接班人王洪文副主席就是毛岸龍，是正宗的龍種；毛氏跟賀子貞女士生育過六個兒女，也都在長征途中失落了，只剩得一個女兒，叫做李敏；他跟江青女士只生有一個女兒，叫做李納。他瘋了的兒子毛岸青有個後代，叫毛新宇，是個肥崽，據說體重超過了一百公斤。

至於毛澤東跟什麼張小鳳、李玉鳳、王玉鳳等等女士所生下的子嗣們，或稱為「小紅太陽」們，因系非婚生子，連中共當局都不好意思承認，我們也不便一一列舉。

毛澤東說自己絕了後，是太過悲觀了，也不符合事實。兩個女兒不算後代？太不尊重女性了。應當指出的是，在所有這些兒女中，毛澤東最得意最器重的，是長子岸英。岸英的長相活脫脫就是青年時候的毛澤東。且勤奮好學，謙恭守禮。一九四三年畢業於莫斯科大學。延安地區一度流傳著毛澤東將他送到一個勞動模範家裡去勞動鍛練、去讀「農業大學」的佳話。其實他是留在了中共中央機要局工作。

毛澤東決意把長子岸英栽培成棟樑之材，讓他去經風雨，見世面，並跟軍隊建立起牢固的關係。「槍桿子裡面出政權」，誰要坐江山，誰就要掌握軍隊。一九五〇年十月二十五日，首批志願軍部隊入朝作戰，毛岸英被任命為一名高級將領——師政委年僅二十九歲。由中央機要局一名普通青年幹部，越過班、排、連、營、團，一步登上正師級軍階，若非太子，誰能如此坐直昇飛機？

或許，作為志願軍司令員的彭德懷，為人太過忠誠，辦事太過認真，他沒有把毛岸英留在司令部裡重點保護，而是直接把他派到了火線，辜負了毛澤東的重托。但朝鮮半島畢竟是炮火連天的戰場。毛岸英赴朝參戰，當時只有中共最高層少數幾個人知悉。不管怎麼說，都是毛澤東的一樁義舉。赴朝前夕，毛澤東為兒子辦了婚事，兒媳姓劉，年方十七歲，是個高中生，並未達到當時中共法定的結婚年齡。

這兒媳小劉，父母均為中共老幹部。早在延安時期，毛澤東就認了她做「乾女兒」，常抱在膝蓋上耍笑逗玩的。小劉也從小就喊毛氏「爸爸」的，十分溫柔、恭順。

毛岸英婚後數天就走了。據毛氏兒媳後來撰文回憶：岸英是一天深夜走的。她已經睡下。岸英並沒有告訴她是去朝鮮打戰，而是在她耳邊輕輕說，要出一趟遠差，或許很快回來，或許要過一段很長時間才回來。他會按時寫信給她，讓她不要記掛……岸英到了朝鮮之後，很快給她來了信。但一句也沒有提到打戰的事，只說很想念她，記掛她，鼓勵她好好唸書，考上大學。而信都是由「爸爸」毛澤東轉交的，沒有封皮，也就沒有地址。她的回信也由「爸爸」轉寄。可是過了幾個月，岸英再沒有給她來信。她起了疑心，便去問「爸爸」。「爸爸」要她安心讀書，岸英很好，接受了重要任務，到了很遠很遠的地方去了。

面對著天真浪漫感情充沛的兒媳，毛澤東做到了面不改色。其時，他心裡承受著巨大的痛苦。岸英入朝不久，就在一次戰鬥中，被美帝國主義的飛機投下的炸彈炸死了。作為志願軍司令員的彭德懷，竟是事隔一個多月，於該次戰役結束之後，才將毛岸英犧牲的噩耗，報告毛澤東……也因為毛岸英身邊的戰友們，只知他是師政委，而不知他的真實身分。

兒媳不時地來向「爸爸」打聽丈夫的信息。毛澤東一次又一次瞞哄著自己的兒媳。但岸英為國捐軀的事，總要對兒媳作出交代。直到一九五二年底，朝鮮戰局漸趨穩定，雙方部隊膠結在三八線上打坑道戰。一天，毛澤東派人接來了正在高中讀寄宿的兒媳。她走進「爸爸」的書房一看，就覺得氣氛不對，但見劉少奇和王光美阿姨，朱德和康克清阿姨，周恩來和鄧穎超阿姨，李富春和蔡暢阿姨，還有董必武爺爺，徐特立爺爺……都是黨中央的大領導呀。只見「爸爸」和「媽媽」坐在大家中間，面色淒楚。由周恩來總理出面，告訴她，岸英同志，已經把自己寶貴的生命，獻給了偉大的國際主義事業……

她不相信。她撲到了「爸爸」身上去，要丈夫，要岸英……

把一班革命老同事都請來幫忙，安慰自己的兒媳，的確可以看出毛氏喪子之痛，以及他心靈上承受到的巨大壓力。

此後數月，毛氏經常請兒媳婦來中南海豐澤園吃飯，談心，共同懷念毛岸英。談到傷心處，兩人常摟抱著，哭在一起。以致江青看了十分刺眼、氣憤。江青則不同。岸英畢竟不是她親生的。且平日她懼怕的，也是這毛家長子。在許多家庭事務上，毛澤東又最聽長子的。如今對這兒媳，年輕的血肉之軀，從小被毛澤東摟抱、撫摸慣了的，也有了大猜忌。她採取了防範性措施，通過侍衛長，吊銷了兒媳的中南海特別出入證。

倒是毛澤東時常記掛著兒媳。一天，毛氏忽然想起，許多日子未見到兒媳了，就派車去接了來。一問，原來是中南海東門警衛室收走了兒媳的特別通行證。毛氏知道是江青幹的。但毛氏已懶得為這類小事跟江青吵架、嘔氣，反正江青在靜園住著，平日也只在吃晚飯時才見上一面，便重新給兒媳安排了出入證，囑咐今後不用去見江青，直接來見自己。

從來男女間的事，愈是有人監視，便愈是有一種反叛心理，一種神秘刺激，相互間的願望也就愈是強烈。

一九五三年九月的一天，正值秋高氣爽，毛氏又在豐澤園的書房裡跟自己的兒媳見面。兒媳成了他可以一吐苦衷的人兒。不覺地談到家室的不睦。比起劉少奇、朱德、周恩來諸位樂陶陶的家庭生活，天倫之樂，毛氏認定了自己的不幸，是個孤獨的人。兒媳知道「媽媽」的厲害，早就身心都向著「爸爸」了。他們又談起了共同思念著的人，忍不住相抱著落淚，很久。兒媳或許已經早就產生了錯覺，自己摟抱著的人，不是別人，而是自己的丈夫，男人。她的慾望，她的心願，就是要伺候自己的男人……「偉大領袖」自然也完成了人性的思辨，由愛子，轉而愛兒媳，需要兒媳。是相互的需要，相互的滿足，相互的慰藉……

恰在這時，江青一頭撞了進來，見了他們的模樣，頓時打破了醋罐子，歇斯底里大發作，又哭又鬧的，什麼難聽骯髒話，都罵了出來。

第十三節　毛澤東怒斥梁漱溟

毛澤東英雄蓋世，遇到家裡尋死尋活的江青，卻是束手無策，只會長吁短嘆。生悶氣。他的至高無上的名望、地位，使得他處理家庭問題時優柔寡斷，患得患失，也就得過且過。跟江青打離婚？黨中央主席、國家主席打離婚？毛澤東想都不願意想了。他不能因此損害了自己在全黨全國的崇高威信。可是，他心裡畢竟鬱結著窩囊氣。於是，他不自覺地把一腔腔從江青處得到的邪惡之氣，發作到家室外邊來，發作到公務場所來。

這就是江青誣他「扒灰」，趕走了心愛的兒媳之後，毛澤東在「中央人民政府」擴大會議上，討論農業問題時，不顧身分、不成體統地以鄉村潑婦的惡俗言詞，破口大罵他的老友梁漱溟先生的來由。

梁漱溟先生與毛澤東同齡，一八九三年出生於北京一個書香世家。祖籍廣西桂林，遠祖卻是元代入主關內的蒙古人。一九一八年，二十五歲的梁漱溟以一篇〈究元決疑論〉名滿京華，被蔡元培先生聘任為北大哲學系講師；而二十五歲的毛澤東，卻自認「懷才不遇」，衣食無著，靠了楊懷中教授的關係，才在北京大學圖書館謀得個月薪八元的圖書助理員職務。入不敷出，便經常投宿於楊懷中教授家裡。梁漱溟常到楊懷中家高談闊論，給他開門或關門的無名之輩便是毛澤東。梁漱溟自然沒有把他放在眼裡。後來梁漱溟去到山東的膠東半島上搞鄉村改造試驗，大獲成功，更使他成為國際知名的大學者。可是時隔二十年之後的一九三八年，毛澤東造反有成，做了稱雄一方的中共「最高領袖」，把他武裝割據的「陝甘寧邊區」變成了「模範邊區」，引得梁漱溟先生以無黨派人士身分前來考察。

二人再度見面，一個是政黨領袖，一個是中國農村問題專家，今非昔比了。但毛澤東表現出了「禮賢名士」的風範，在延安留客三日，討教中國農村問題。毛氏依據馬列理論，認定解決農村問題，只有經過階級鬥爭，打倒地主，平分土地；梁氏則認為，治重病，不能用猛藥，只有逐步推行經濟變革，振興鄉村教育，活躍鄉村經濟，提高鄉民文化素質，才是改造鄉村乃至整個中國的唯一途徑。兩人各抒己見，激烈辯論，通宵達旦，誰也沒有說服誰。兩人倒是約定，讓日後社會發展的事實來做結論。

一九四九年大陸政權易手，梁漱溟先生自認是毛澤東的「舊交」，留下來迎接新政。毛澤東帝業新基，對於社會賢達、學者名流的梁漱溟表示了許多關愛：安排梁氏擔任了全國政協委員，替梁氏全家在頤和園內找了個清靜住處，再又派梁漱溟去四川省參加土改。這一切，自然都是毛澤東的賞賜，皇恩浩蕩。梁漱溟從四川土改回京後，每隔一、兩個月，毛氏總要派車接他到中南海家中吃飯聊天，真是禮遇非凡了。

可是梁漱溟先生卻長有傲骨，對毛氏的隆恩不感激涕零，不歌功頌德，反而委員照當，房子照住，俸祿照領，請飯照吃，意見照提！一句話，不識抬舉。毛澤東看在眼裡。終於在一九五三年九月的一次由「中央人民政府」副主席高崗主持、毛澤東親自出席的農村工作討論會上，爆發了出來。梁漱溟先生經政務院總理周恩來點名發言，對中共的農村政策，特別是糧食統購統銷政策提出批評意見。毛澤東本來因江青胡鬧心情很壞，梁氏的發言更使他覺得刺耳。毛氏幾次示意主持會議的高崗打斷梁氏的發言。其時毛澤東甚為器重高崗，意在以高崗來制衡他的「宿仇」、廣結善緣的周恩來。高崗本已限定梁氏的發言時間，但梁氏口若懸河，不肯住嘴。高崗持權仗勢，竟責令梁氏退出會場。梁氏並不把高崗放在眼裡，而是直衝著主使者毛澤東說：

「主席，既是請人來開會，讓提意見，您就應當有點雅量，准許我把話講完啊！」

毛澤東一聽光了火，當即斥責道：

「梁漱溟先生把共產黨的農村政策描得一團漆黑，說的一無是處，就算我有這個雅量，不知今天出席會議的各位同事，有不有這個雅量?!」

毛澤東已經忍無可忍，咄咄逼人了。梁漱溟先生卻仍不識相，竟當眾頂撞說：

「主席，三軍可以奪帥，匹夫不可奪志！」

整個會場的氣氛，一下子緊張得使人喘不過氣來。

但見毛澤東雙眉打成了死結，眼睛瞇合了起來，臉色煞白，不緊不慢地站直了高大的身子：

「現在，我提議，付一次表決。同意梁漱溟先生繼續發言的，請舉手！」

整個會場上，只有毛澤東本人高高地舉起了一隻手。誰都知道這是怎樣一隻手。其他的人劉少奇，朱德，高崗，宋慶齡，劉瀾，李濟深等「副主席」，以及周恩來、陳雲、鄧小平、董必武、李富春等等，都鴉雀無聲了。誰敢像毛澤東一樣，舉起自己的手？

接下來，便是毛澤東的即興講話，聲色俱厲、劈頭蓋臉，把梁漱溟先生好一頓臭罵：

「蔣介石是用槍桿子殺人。梁漱溟是用筆桿子殺人。偽裝最巧妙，殺人不見血的，是用筆殺人，你就是這樣一個殺人犯。……梁漱溟反動透頂，他就是不承認。他說他美得很……你梁漱溟的功在哪裡？你一生一世對人民有什麼功？一絲也沒有，一毫也沒有。而你卻把自己描成了不起的天下第一美人，比西施還美，比王昭君還美，還比得上楊貴妃。

「梁漱溟這個人不可信任。……『羞惡之心，人皆有之』，人不害羞，事情就難辦了。說梁先生對於農民問題的見解比共產黨還高明，有誰相信呢？班門弄斧……

「梁漱溟是野心家，是偽君子。他不問政治是假的，不想做官也是假的。……為什麼他又能夠當上政協全國委員會的委員呢？中共為什麼提他做這個委員呢？就是因為他還能欺騙一部分人，還有一點欺騙人的作用。他就是憑這個騙的資格，他就是有這個騙人的資格……「梁先生自稱是有骨氣的人，香港的反動報紙也說梁先生是大陸上最有骨氣的人，臺灣的廣播也對你大捧。你究竟有沒有骨氣？……你跟韓復榘、張東蓀、陳立夫、張群究竟是什麼關係？向大家交代交代嘛！……傅先生（作義）在和平解放北京時，為人民立了功。你梁漱溟的功在哪裡？……」

毛澤東龍顏大怒，破口大罵了整整一個多小時，直到他罵疲了為止。他的這篇潑皮罵街之作，後被華國鋒的中共中央整理成文，收入在一九七七年版的《毛澤東選集》第五卷裡。梁漱溟先生呢？毛澤東倒是把他當作「反面教員」，資產階級知識分子的代表，保留了「全國政協委員」一職，受盡凌辱磨難。文革中更是全家被掃地出門，藏書被全部焚毀。這位中國當代的大儒不屈不撓地活了下來，直至一九八八年六月在北京病逝。享年九十五歲。

第十四節　「高、饒反黨聯盟」窺秘

毛澤東家室不睦、性生活失調，使他性格暴戾，喜怒無常。更加劇了他跟同事之間的勾心鬥角，不久即鬧出了「高崗、饒漱石反黨聯盟」一案。

高崗和劉志丹是紅軍時期陝西甘寧邊區的創立者。一九三五年，周恩來、毛澤東率領的「中央紅軍」長征北上，抵達的陝北，便是劉志丹和高崗割據下的地盤。故中共黨內、軍內都有「陝北救中共」的說法。劉志丹於一九四〇年犧牲之後，高崗成為陝甘寧邊區的首席代表。為人具組織領導才幹，卻年輕氣盛，野心勃勃。一九四九年中共的「中央人民政府」成立時，毛澤東任主席，高崗是六位副主席之一。但他並未來京主事，而任東北大區軍政委員會主任，工作開展得轟轟烈烈，極受蘇俄斯大林器重，被稱為「東北王」。東北幹部中，更有人高呼「高崗萬歲」。這不能不引起毛澤東等人的猜忌。

一九五二年十一月，高崗調北京專任中央人民政府副主席兼中央財經計畫委員會主席。毛澤東這樣安排高崗，完全是用以對付政務院總理周恩來。毛澤東念念不忘周氏是他井崗山時候的「宿仇」，極欲去之而後快。據傳毛澤東曾秘密授意高崗反周恩來，事成之後讓他取代周氏出任政務院總理。高崗恃才傲物，年輕氣盛，有毛澤東撐腰，便不避利害，積極進行反周活動。但他的反周活動受到了劉少奇、朱德、周恩來、鄧小平、陳雲諸大員的抵制，而不能得逞。到了一九五三年秋天，中共正在籌備第八次全國代表大會，要進行一次權力的再分配。而高崗到了此刻，仍野心勃勃，不知收斂，竟去找負責中央組織人事工作的陳雲談黨中央主席、副主席人選問題。陳雲問他有何高見，高崗自持有上方寶劍，說：主席自然是毛澤東，副主席嘛，劉少奇一個，朱德一個，我算一個，你陳雲也算一個……高崗唯獨沒有把周恩來算上一個。事後，陳雲覺得事關重大，立即去找周恩來。周恩來不失時機，去找了劉少奇、朱德，然後一起去找毛澤東匯報高崗的「野心家」問題。毛澤東見劉、朱、周、陳聯手反對高崗，見高崗已犯眾怒，自己不能硬保下去，否則有可能連自己跟高崗的「底細」都被透露出來，沒法收場，唯一辦法，是當機立斷，忍痛斬愛將，徹底剝奪高崗的發言權。高崗被定為反黨野心家後，才知道自己被毛澤東出賣，上當受騙，便憤而在批鬥他的政治局會議上拔槍自殺，未遂，不久便在獄中自殺身亡。

「高、饒反黨聯盟」的另一主角饒漱石，原為中央華東局書記、第三野戰軍政委、華東軍政委員會主任，亦是毛澤東麾下一員大將。毛澤東正是通過饒漱石，在新四軍內，後又在華東局第三野戰軍內，制衡並多次整肅周恩來派系的大將陳毅。陳毅本人，亦是毛氏在井崗山時期的「宿仇」。

一九五二年十一月，饒漱石與「東北王」高崗同時調進北京，出任中共至關重要的中央組織部長一職。饒漱石跟高崗是舊好。同在北京上任後，兩人經常相聚，議論「朝政」，並都視周恩來為自己仕途中的對頭。饒漱石認周恩來為陳毅後台老闆。老闆一倒，陳毅自然是「兔子尾巴長不了」。因之二人在對待周恩來的問題上，是休戚相關，利害一致了。

高崗問題被揭出後，周恩來、劉少奇自然要乘勝追查饒漱石，把高、饒問題扯在一起，叫做「反黨聯盟」。他們此舉的目標，自然又是暗中制衡毛澤東。

而毛澤東對於饒漱石，又有另一段難言之忍。皆因一九四〇年，第二次世界大戰爆發前夕，蘇俄斯大林政府為圖自保，與德國希特勒的法西斯政府簽訂了臭名昭張的互不侵犯條約。毛氏跟著莫斯科共產國際的指揮棒轉，在延安撰文為蘇德條約大唱讚歌。蘇俄靠攏德、日、意協約國組織，反對英、美；毛氏亦步亦趨，決定秘密聯手日本侵略軍，共同反對美蔣。毛氏派出心腹潛往蘇北新四軍地盤，找當時的華東局書記饒漱石，命其設法跟侵華日軍取得秘密聯繫，共同謀取軍事上的利益。饒漱石秘密派出的談判大員便是上海地下黨的潘漢年。但中共的代表未能獲得日軍司令部的信任，談判未有進展。不久，第二次世界大戰爆發，德、蘇成為開戰國，毛澤東跟日本侵略軍的秘密接觸也就戛然而止了。

毛澤東為保全自己的「千秋名節」，整肅高崗的同時，順水推舟，同意周恩來、劉少奇等人捎帶上饒漱石，稱為「高、饒反黨聯盟」，永絕後患。至於潘漢年，則早於一九五二年的「三反五反」中，以大貪汙犯罪名，被判罰死刑，緩期執行。後改判無期徒刑，被囚禁在湖南茶陵米江勞改茶場，於「文革」動亂中被折磨而死在那裡。直至一九八一年，中共中央才為其平反昭雪，摘去「大貪汙犯」帽子。而潘氏真正的冤情，自然要為著保全「偉大領袖」的「千秋名節」，繼續被中共當局欺瞞。

一九五四年初，中共中央召開「七屆四中全會」，處理「高崗、饒漱石反黨聯盟」一案，並將二人逮捕法辦。毛澤東沒有出席是次全會，他只是原則上同意了對高、饒的處理。並且說，「高崗、饒漱石反黨聯盟」沒有形成過文件，是思想上、行動上的聯盟。

剪除高崗、饒漱石兩員大將，真正的獲益者是周恩來及其派系。劉少奇也小有嶄獲，愛將安子文得到了中共中央組織部長一職。而周恩來的留學法國的小個子同事鄧小平，調中央任中共總書記，兼任國務院第一副總理；陳雲則當上中共中央副主席，執掌中共的計畫經濟；周恩來軍事上的得力助手陳毅元帥，亦調北京任國務院副總理兼外交部長。至於「高、饒反黨聯盟」一件，中共至今未予平反，亦至今拿不出任何罪證。

第十五節　毛氏第一文字大獄——「胡風事件」

歷史學家將很難解釋清楚，毛澤東何以要極端仇恨文藝知識分子，從小說家，到文藝批評家、戲劇家、詩人、電影導演、男性電影名星、男性舞台演員、畫家、音樂家等。每逢他發起一次新的政治運動，總是先拿這些人開刀，以收殺雞儆猴之效。而文藝知識分子呢？卻又早就對他頂禮膜拜，三呼萬歲，竭盡歌功頌德之能事，實為一群溫順的政治羔羊。

毛澤東於一九四九年入主中南海伊始，即頻頻過問，直接領導文藝工作。他指電影「清宮秘史」為賣國主義，指「武訓傳」替地主資產階級樹碑立傳，指《兒女英雄傳》為反動小說，愈有藝術性愈要批判。他授意夫人江青插手《紅樓夢研究》，組織文章圍剿北京大學著名紅學家俞平伯……弗洛伊德氏有言：文藝為人類剩餘情慾之發洩。毛澤東氏的情慾受到江青的諸多抑制，常借了出巡大江南北，恢復了游擊式的性生活，之後仍不滿足，於是他潛意識中，便找出了這「剩餘情慾之發洩」來發洩了。

正是通過上述一系列的文藝批判運動，毛澤東仍然懷疑：知識分子，尤其是文藝知識分子，不信奉馬列主義、不信奉毛澤東思想。他們兩面三刀、陽奉陰違、借古諷今、指桑罵槐、含沙射影，經常寫出或者演出些不三不四的東西來擾亂人心。他們決不像沒有文化的工人農民那樣頭腦純潔、思想忠誠。他認為：文藝知識分子隊伍裡隱藏著大批反革命。只有徹底清除了這批反革命分子，才能使得各行各業的知識分子老老實實，俯首稱臣。

毛澤東注意到了胡風這個人。胡風，四川成都人，著名文藝理論家，魯迅二、三十年代在上海領導左翼文藝運動時的得意門生之一（魯迅的另一得意門生馮雪峰亦後被打成大右派），是北京文壇理論權威，全國各地的追隨者甚眾。一九五四年，胡風曾上「萬言書」給毛澤東，對共產黨主政後的文藝方針政策提出了尖銳批評，主張創作自由、學術自由、思考自由，應當允許作家保持獨立人格等等。

就拿胡風開刀。毛澤東不動聲色，做了兩套手腳：一方面密令公安部門突擊搜查胡風親友、學生的家室，以及與胡風有過往來的作家、藝術家們的私人信件、私人日記本，封鎖這些人的消息，來做為胡風反革命集團的罪證；另一方面佈置中央宣傳部、文化部的周揚、林默涵等人在文化界開展「胡風文藝思想大討論」。毛澤東委託國務院總理周恩來具體處理此事。可見他把批判胡風當作了頭等大事。周恩來呢？這個自稱為胡風的「老朋友」，事到臨頭，卻不盡一點保護的責任，而秉承毛澤東的旨意，「上傳下達」，落井下石。他的原則是：我們只有一個毛主席，他的需要就是黨的需要，我們只有努力提供服務，包括私生活方面的服務。就在批判胡風的同時，周恩來以中共副主席、軍委副主席、政協主席、國務院總理之尊，給中共政治局委員、國務院副總理、大軍區司令、政委以上幹部，配設了「保健醫生、護士」。這些年輕漂亮的「保健護士」，實為首長的通房丫環，外室小妾。

另說當時的中宣部副部長兼文化部長周揚，二、三十年代在上海時就跟胡風有著「宿怨」。毛澤東下令批判胡風文藝思想，他正樂得「痛打落水狗」了。但文藝界畢竟是一些秀才文客，他們只是當作學術問題來討伐。直到有關部門整理出來「胡風集團的三批材料」——全部從秘密抄查胡風親友、學生的私人信件、日記中摘抄而來，交給中國作家協會機關刊物《文藝報》加按語後作為反面材料發表，再後由《人民日報》轉載告示天下。中國作家協會黨組不敢怠慢，召開緊急會議討論「按語」內容，決定由《文藝報》執行編委康濯執筆撰寫。康濯熬了一個通宵，寫出了「胡風集團的三批材料」的編者按語，送中宣部周揚審核。周揚不能作主，呈送周恩來審核。周恩來也不能作主，呈送給了毛澤東本人。

過了兩天，周恩來通知周揚，周揚通知中國作家協會康濯等人：《文藝報》呈送的關於「胡風集團三批材料」的編者按語，毛澤東主席親自審閱過了，不准用。胡風問題，怎麼是反動文藝觀、反動學術思想問題？胡風一伙是現行反革命，是明火執杖的叛亂集團！三批材料的按語，已全部由毛澤東同志親自重新寫過。他指出，胡風集團是一個長期隱伏在革命陣營內部，以顛覆共產黨領導、顛覆人民民主專政的反革命陰謀團伙，他們策劃於密室，點火於基層，他們一封封反動信件是射向共產黨的一粒粒子彈、手榴彈，他們是人民的最兇惡的敵人，應當立即在全國範圍內進行一次大清查，對他們實行專政……毛主席的按語及「關於胡風反革命集團的三批材料」，毛主席已交給《人民日報》去發表，你們《文藝報》可以轉載……。

中國作家協會的負責人及《文藝報》的編輯們聽了上述指示，人人嚇出一身冷汗。毛澤東的「按語」實際上是對他們的嚴厲斥責。他們只有深刻檢討錯誤，直接向毛澤東本人請罪，才能僥倖過關……於是一場全國範圍的清查胡風反革命集團的運動，一場現代文字大獄，就此展開。各行各業，凡跟胡風有過往來、通過書信，甚至只是聽過胡風演講、讀過胡風著作的人，通通被打成「胡風分子」，而被批鬥、被開除、被捕入獄。胡風一案，全國上下受害者達十幾萬人之眾，其中死亡的知識分子達一萬多人。

如果說，「高、饒反黨聯盟」拿不出任何文字來做罪證，「胡風反革命集團」的全部三批材料，都是中共公安人員非法查抄的私人信件、日記所得，且是斷章取義，加工編湊。難怪中共當局至今不承認聯合國的「人權宣言」，並說中國不存在人權。

一九八四年，中共給胡風①老人「部分平反」，意在毛澤東並無大錯，只是把學術思想問題當作現行反革命集團來處理，且「擴大化」了。

①胡風於一九八六年春去世，生前未獲徹底的平反昭雪。

貴之鄉。青島女子大都身材高挑，行止嫵媚，嗓音清純。因之中國的一些著名的歌劇院，舞劇團，都來青島地方招收藝術新苗。

五十年代的青島市歌舞劇團，更是花枝錦秀，美女成群。在該團的數十名女演員中，又以小芳、大玢兩位最為俏麗迷人。兩人同為二十芳齡，都是共青團員，身子成熟，思想純潔。因劇團規定女演員二十五歲前不准戀愛結婚，兩人都只是搞過「地下活動」，也就沒有未婚夫一說。更兼她們都是紡織工人家庭出身，祖宗三代苦大仇深，歷史清白。她們的父母親除了「感謝共產黨、熱愛毛主席」之外，別的話都是少說的。

小芳、大玢同住在歌舞劇團的一間宿舍裡。平日兩人同進同出，親如姐妹。有的流里流氣的男演員因吃不著葡萄，便說葡萄是酸的，以髒話傷害她們，說她們倆個晚上同床，相抱著親嘴解饞。要不然，沒有出閣的閨女家，不經人撫摸，她倆的乳房會那樣高聳、豐滿？流言蜚語，不堪入耳。

一天，市委宣傳部通知歌舞團，請大玢去市委小招待所做一次「個別談話」。因是光榮的政治保密任務，便是市委書記都不得打聽的。大玢在市委小招待所的一間小會客室裡，見到了一位兩鬢斑白的首長。首長操一口不甚標準的北京話。小會客室裡只有她和首長兩人。首長和藹可親，象大玢的父輩，微微笑著，先不開口，只是默默地地把大玢上上下下地打量著，不住地點著頭，像是挑選青年演員哩。大玢姑娘被打量得粉面飛霞，好不羞答。

過了一會，「首長」才請她坐下來，通知她：你是工人階級的女兒，出身好，社會關係也很乾淨，你本人又是共青團員，思想純潔，政治可靠。以上，我們都已經通過地方黨組織做過考核。大玢同志，祝賀你，你被選在中央領導同志身邊工作了！

「首長」並沒有徵求她的個人意見，就直截了當地宣佈了組織決定。共青團員理當絕對服從黨的需要，而不應有個人意願的。「被選在中央領導同志身邊工作」！大玢姑娘又驚又喜，激動得好一會都說不出話來。「首長」倒是個爽快人，讓她立即回家去跟父母親告別一下，就說調動工作了，仍在青島上班，不能隨便回家。其餘什麼都不要說，除了幾套換洗內衣，任何行李都不要帶。至於歌舞團方面，由市委的同志去通知，你本人任何話都不能對人說。記住，從現在起，你要執行的是黨交給你的光榮政治任務，而且是高度機密的任務。

「首長」看了看錶，說：給你半天時間，夠了吧？下午六時，仍在這間小會客室見面，有車來接。

真是喜從天降。大玢姑娘從來沒有這樣興奮過。她先回到劇團，只是跟小芳傻笑，硬是忍住了，什麼也沒有說。她回到家裡，父、母親都上工去了，不到天黑時分不得回來。她只好留下一個紙條，說黨組織派她新任務，要暫時離開劇團，但仍在青島等等。然後躲在自己的房間裡照鏡子。心口一直怦怦跳著。自己為何長成了這副美人胚子？父母親並不是長相出眾的人呀。她恍恍惚惚的，高興得想哭。她像在做一個玫瑰色的美夢……

下午六時，她準時到了市委小招待所。她坐上了一輛瓦亮瓦亮的黑色轎車。不久轎車就駛上了海濱大道，綠蔭裡，一棟接一棟的歐式別墅、日式別墅，在路旁閃過。另一邊是碧波蕩漾的大海。

大玢是在本地長大的姑娘，海濱大道一帶本來很熟悉的。可是坐上這轎車，飛快地在山崗上繞了幾個大圈，又是黃昏時分，她立即就分不清東西南北了。

她來到一座從未到過的幽深別墅。門口是大花園，由一圈一圈的各色鮮花構成了富麗的圖案。空坪裡則停著一長溜小轎車，軍用吉普，還有兩輛大客車。兩旁是蒼翠的山崖。白牆素瓦的建築物面海而立，陽台下邊是寂靜無人的金色沙灘，以及一望無垠的大海。遠遠地，似有漁火點點。

接待大玢的是兩位穿著白大褂的中年女同志，像是醫生，臉上沒有笑容，表情十足嚴肅。徐娘半老，年輕時節一定都是大美人。女醫生讓大玢做的第一件事，竟是領她去裡間洗浴。洗浴間十分寬大而明亮，也鋪著地毯，整面牆上都嵌著大玻璃鏡子。大浴缸上，香皂、香波、香膏，一任俱全。洗浴之後，兩位女醫生又進來了，不讓大玢穿上衣服，而是光赤著身子，站立在大鏡子前。大玢畢竟是姑娘，雙臂抱住了胸前，連脖子根都紅透了：這是做什麼呀？

兩位女醫生並不回答她的問題，而是繞著她赤裸著的玉體前後左右地觀看，低聲議論著她的三圍什麼的，還拿她去跟蘇州女子、杭州女子、哈爾濱女子、大連女子、兩湖女子做比較，說什麼數青島女子的身條好……隨後兩位女醫生領她到一張小平檯前，讓她平躺了上去。說是要替她做身體檢查。躺上去之後，她的眼睛被一塊白紗巾蒙上了，兩手也被套進了平檯邊沿的皮圈裡。她的兩腿被張開來，也被皮圈套住了，再動彈不得。只覺得女醫生在捏摸她的雙乳房。捏摸得很仔細，倒是不痛。大約是要看看裡邊有不有硬塊。她們怎麼沒有個夠？她忽然感到一陣鑽心的疼痛，大約是一根玻璃管子插進她身子裡邊去了，還左右撥動著……她哼了起來，喊痛。人家也不理會她，只是在相互間低聲商量著：很好，還沒有過……但已經破了……從小在劇劇團練功練的……很好，很好，什麼毛病都沒有……

大玢眼睛上的白紗巾被揭開來，她的雙手雙腳也被鬆開來。她眼睛裡熱辣辣的，一片模糊。女醫生拍拍她的肩膀，安慰似地說，起來吧，再去沖個澡，換上這套工作服。回頭會有人替你做頭髮。不用大驚小怪，每一個新來的同志，都要經過這些手續……

再次洗浴之後，大玢被領到理髮室做了頭髮。理髮師是位年過花甲的老大爺，不住地誇她漂亮，是個天仙似的人兒，大玢姑娘越來越糊塗，自己要做的是什麼工作？只感到這棟別墅真大，工作人員不少。所有的男工作人員都穿著白制服，女工作人員則穿著制服裙。到處都鋪著紅地毯，大家來來去去，一點聲音都沒有。直到晚上十一點多鐘，那位兩鬢斑人，來領她去值班。剛來第一夜，就輪著她值班。她跟著那醫生老大姐上了三樓。樓口有人坐在沙發上值夜，大約是衛士。她們在一道敞開著的門口脫了鞋，進到靠海一面的大套房裡。房間真寬大，一進三間，第一進是客廳，第二進是書房，第三進是臥室。臥室裡的地毯是紅色的，窗幔卻是黑色的。只擺了一張很大的床，兩邊是床頭櫃和落地燈，還有兩把藤椅，散亂地放著衣物。整個臥室顯得空蕩蕩的，並沒有見到主人。只聽見隔壁的浴室裡在嘩嘩地放水響。

醫生大姐讓她稍候，自己進那浴室裡去了。過了一會醫生大姐出來了，制服裙上濕了好幾處，對她輕輕說：

小同志，你可以寬衣了。好好服務吧。開水、茶葉、香煙都在書房茶案上。叫你進去哪……

醫生大姐說罷轉身退出去了。大玢姑娘頭皮一陣發麻，越加害怕起來了。天哪，這叫什麼工作呀？進浴室裡去？替人洗身子，她挪不動雙腳。不覺地眼睛裡滴下淚珠子來。渾身都抖索著。她一動不動地站在臥室中央，不知過了多久，直到有人從浴室裡走出……她真不敢相信自己的眼睛，走來的人，正是那每家每戶牆壁上，所有機關、學校的辦公室裡，都懸掛著他的畫像……他就是偉大領袖毛主席。比畫像顯老，額頭也沒有那麼光亮，頭髮已經花白……毛主席光著雙腳，穿一件直條紋的浴衣，身胚高大，很胖，站在她面前……毛主席肯定是不高興了，她沒有進到浴室裡去服務……

大玢姑娘不知是出於一種巨大的幸福感，還是摻雜著某種生理上的本能的恐懼，渾身抖索得更厲害了，竟控制不住自己，哭出了聲音。

毛主席就在她面前。一定是蹙起了眉頭……該死，俺為什麼要哭？還哭？為什麼不笑？笑起來才甜，才迷人。都說大玢的微笑最甜最迷人，毛主席老人家一定會高興……還哭！還哭！

小同志，多大歲數了，哪個叫你來的？還哭鼻子哪……

毛主席操一口湖南湘潭鄉音，數十年都不改的鄉音。

毛主席，我、我、我剛滿二十……

哦……不要緊。你是哪個單位的？

報告毛主席，市、市歌、歌舞團……

嗬嗬，文工團員，唱歌跳舞，還哭鼻子？

報告毛主席，我、我、我……

你害怕，是不是？不要緊，你回去吧。太晚了，我這裡不跳舞了。

不，不，我來陪您跳……

多謝多謝。我們改天吧。

不，不，我不敢……

走，我送你到樓口，會有人送你回去的。

說著，毛主席拉起了她的手，真的把她領到了外間朝樓口那值班衛士招了招手。

時間已是下半夜。又是那輛瓦亮瓦亮的黑色小轎車，送她離開這座她五、六個小時前才進入的禁地。路上，上了年紀的司機同志對她說了一句語重心長的話：姑娘，記住，今天任何事情都沒有發生過。

大玢回到了市歌舞劇團宿舍，從天堂返回到人間。這世界上，的確有著天堂、人間和地獄。她抱住同室的小芳又哭了起來，小芳都被她嚇著了。問她出了什麼事，她又不肯回答。直到小芳認真生了氣，嚇唬她要去把團領導喊來，大玢才止住了哭泣。她讓小芳起了誓，永守祕密，方把一天的奇遇說了出來。

小芳聽得瞪大了眼睛，張開了嘴巴。正是目瞪口呆。論長相，小芳跟大玢不相上下；論人品，小芳卻不如大玢沉穩，而顯得輕佻。大玢知道的，小芳已經暗中換了四個男朋友了。還跟其中的兩個做過那件事……小芳的豪言壯語是：他們想要耍我？我還想耍耍他們呢！對他們就是要拿得起，放得下。

小芳聽了大玢的奇遇，過了好一會才緩過勁來，頓開了雙腳：

大玢，你傻，你真傻！那是偉大領袖毛主席呀！全國人民的大救星，比過去的皇上地位還高呀……哎呀，天哪，你怎麼就這樣傻，這樣傻？你差點就跟了毛主席去北京，叫做進宮呀！

大玢對自己的舉止，是種說不清、道不明的感覺，一團亂蔴……可她又忍不住回嘴：你不傻，你去嘛。

我？我就留在哪兒啦……但會心甘情願伺候他老人家……

兩個女子的這番私房話，第二天卻成了事實。

第二天上午，小芳姑娘就被人接走了。大約除了大玢，誰都不知她上哪兒去了。她再沒有回歌舞團來。她比大玢有出息。

也是在這同一天裡，大玢也被人接走了。都沒有准許她回家去跟工人階級的父母親告別。她離開了青島，被送到遙遠的東北邊境，在小興安嶺的伐木場裡，當了伐木工人。允許她每隔兩月給青島家裡的父母親寫一次信。但需要先送交林場保衛科審閱，並代她郵出。信封上也沒有她的地址，只有一個信箱代號。一名青島美女，落到天荒地僻的小興安嶺，經受著風雪歲月的煎熬。她沒有結過婚，卻跟採伐場裡的許多單身漢睡過覺。採伐工人們還為她爭風吃醋，大打出手。她成了林場裡有名的禍水，蕩婦。後來她神經有了毛病，逢人只說一句話。我不該哭，不該哭……我為什麼沒有笑，沒有笑？

「偉大領袖」毛澤東於一九七六年九月九日去世。又過了兩年，青島市有關部門終於給她落實了政策，允許她返回青島，重新安排工作。條件仍然是：她必需忘記一切。一九七八年，大玢已經四十二歲。昔日的迷人風姿已經不復存在，且滿頭灰白，滿臉皺折，身子痀瘻，神思恍惚，言語含混，已經變成一個十足醜陋的老女人。

那個當年自願伺候「偉大領袖」的美女小芳呢？她還活在世上嗎？青島人只留下了關於她的種種傳說。有說她當年跟隨「偉大領袖」進了北京中南海，但被江青害死了；有說她一直被安排在北戴河行宮裡，要在哪裡終老；有說她跟一批同事在「偉大領袖」去世後，被送到海南島上五指山中一座與世隔絕的農場裡，以防洩露黨的機密……

第十七節　想做明君，卻是暴君

從一九五六年到一九五七年，是毛澤東頗為尷尬的兩年。

皆因蘇俄領袖斯大林於三年前去世後，蘇共黨內掀起了一場「非斯大林化運動」，反對個人迷信，批判領袖崇拜，倡導集體領導和黨內民主。在同年召開的蘇共二十次黨代會上，蘇共第一書記赫魯曉夫更是作了個祕密報告，把斯大林於一九三七年至一九三九年間實行黨內大清洗期間，先後處決了百分之九十以上的黨中央委員的血淋淋的老底細都兜了出來，被斯大林下令處決的，甚至包了斯大林的小同鄉、親戚朋友……赫魯曉夫的祕密報告，幾乎在一夜之間，把「偉大的無產階級領袖、慈父」的斯大林，還原為雙手沾滿鮮血、殺人不眨眼的共黨劊子手。以赫魯曉夫為首的蘇共中央，原旨在於總結歷史教訓。防止出現斯大林第二。

可是，波蘭共產黨出席蘇共「二十大」的代表，卻把赫魯曉夫的祕密報告透露給了西方報紙。於是在全世界範圍內，引發了一場政治大地震，共產主義的虛幻信仰，面臨著大崩潰。蘇共黨內揭出的空前駭人的殘酷醜聞，更是在共產國家內引起巨大的惶恐、震撼。

毛澤東自有其高明之處。他本與斯大林不和，一九四二年之前，斯大林一直不肯承認他的中共領袖地位。現在，他為了保障自己在中共黨內的獨裁地位，對斯大林倒是惺惺惜惺惺了。他親自拉起寫作班子，揮動羊毫，替《人民日報》寫下兩篇社論：「論無產階級專政的歷史經驗〉，〈再論無產階級專政的歷史經驗〉。這「兩論」的妙不可言之處，是代替蘇聯共產黨，蘇聯人民，對斯大林的歷史功過，作出了「三七開」處理，七分功績，三分過錯，功大於過。

毛澤東越俎代庖，干預他國內政，自然是為了穩住中共自身的陣腳。他心裡明白，他本人便是中共的斯大林。他與斯大林的獨裁權力，都是來自三個方向：一是執掌兵符，不准任何人側目；二是通過親信控制內務情報系統，嚴密監視上層一切領導人物的活動；三是推行愚民教育，製造政治迷信，大搞領袖崇拜活動，同時無情地鎮壓一切具獨立意識的知識分子。

毛澤東與斯大林相比，不同的只是，他比斯大林更具雙重，乃至三重四重人格。馬列主義的漂亮詞句，道德哲學，從來只對別人，不對自己。毛澤東比斯大林更不懂國民經濟為何物，且更剛愎自用，執意推行極端左傾的工農業政策。在個人生活上，毛澤東比斯大林要風流百倍。斯大林基本上不玩女人。毛澤東對漂亮女人則如韓信用兵，多多益善。且從延安時期起，他便酷好交誼舞，跳得十分穩健自如。坐鎮北京中南海之後，每逢外出視察，所到之處，必有美女伴舞。那些天真浪漫的女孩兒們，都以能夠陪「偉大領袖」跳舞為終身幸福。美女太多，他常常一支舞曲換三個舞伴。毛澤東還有個凌晨三時跳舞的習慣，然後上床。他在許多地方都撒下過「龍種」。

「老大哥之邦」批判斯大林個人迷信，無疑在中共黨內也產生了反響。中共一些較為務實的領導人，也力圖利用這一機會強調集體領導，推動黨內民主來限制毛澤東的獨裁權力。一九五六年九月，中共召開了第八次全國代表大會。大會根據德高望重的彭德懷元帥的建議，在新的黨章中刪去「毛澤東思想」一詞，以杜絕個人迷信的理論根源。面對著時尚潮流，毛澤東欣然接受了。而且會前會後，他口角噙香，妙語連珠，大力提倡什麼「百花齊放」、「百家爭鳴」，什麼「推陳出新」、「古為今用」、「洋為中用」，什麼「解放思想」、「破除迷信」、「學術自由」等等。巧舌如簧，天花亂墜，好像一下子又出現了諸子百家式的春秋鼎盛。一時間，中國出現了男子穿花襯衫，女子穿花裙子，周末到處有舞會、晚會等時髦現象。

毛澤東幾乎成為一代明君了。這期間，毛澤東還數度出巡，視察大江南北：他去了東北，視察了長春電影製片廠；他去了青島，游泳避暑；他去了成都，親自召集音樂工作者談話；他南下廣州，觀看戲劇演出。正是這一年的出巡，他認識了本書的女主人公——身材嬌小、溫順可人的專列服務員張毓鳳。

整個一九五六年加上一九五七年春天，毛澤東所到之處，無不號召大鳴大放，幫助各級黨組織整頓作風。並信誓旦旦地提出：知無不言，言無不盡，言者無罪，聞者足戒，有則改之，無則嘉勉。他針對著自反胡風運動之後沉寂無言的廣大知識分子，更是作出了神聖保證：不揪辮子，不打棍子，不扣帽子。稱為「三不主義」。

殊不知這一切，都是毛澤東替自己埋下的政治契機。皆因中共「八大」後，強調集體領導，反對個人迷信，使得毛澤東覺得自己被人架空了，大權失落了。他掛的僅是幾個空頭銜：黨中央主席，實權落到了劉少奇、鄧小平的中央書記處；國家主席、立法權落在了劉少奇為委員長的全國人大常委會，行政權落到了周恩來為總理的國務院；中央軍委主席，實權落給了敢言敢頂的國防部長彭德懷元帥。真是大江東去，浪淘盡千古風流人物……

且慢！毛澤東在「八大」會議期間，以退為進，替自己保留了最重要的幾手：一是重新起用情報頭子、中共的貝利亞——康生，出任社會情報部長，執掌中共用以內部控制的特務系統；二是親自控制中南海警衛部隊和北京衛戍區；三是大力提拔親信林彪元帥。在「八大」之後的政治局委員排名時，四兩撥千斤，將林彪的名字排在了鄧小平之後，領先於彭德懷。須知一九四九年之後，林彪就長期養病，很少參與過工作。但這一來，就為兩年之後，毛澤東晉升林彪為政治局常委、黨中央副主席，為最後解除彭德懷元帥的兵權埋下了伏筆。由此可以看出，毛澤東是如何地工於心計，深謀遠慮了。

話說回來，毛澤東四出煽風點火，鼓動大鳴大放，為的是引發社會混亂，用以打破中共集體領導的「無能局面」，而使自己重新君臨一切，大權獨攬，小權也不分散。

這時，東歐社會主義大家庭內，先後爆發的波蘭事件和匈牙利事件，招致了蘇聯坦克的血腥鎮壓①。共產世界的動蕩局勢亦為毛澤東重新獲獨裁權力製造了契機。一九五七年夏天，全國各地的大鳴大放運動轟轟烈烈，知識分子們的各種不滿言論、政治主張大膽發表了，「牛鬼蛇神」紛紛出籠了。對不起，毛澤東來了個一百八十度的大轉換，號召全國軍民「反擊資產階級右派份子的猖狂進攻！」他說他提倡大鳴大放是一個「陽謀」，為的是「引蛇出洞」！全國一百餘萬知識分子成為「右派分子」，一網打盡。

毛澤東對於他鎮壓知識分子，倒是坦誠相認。他在八屆二中全會上宣稱：「秦始皇算

---

①後中共曾坦誠：一九五六年爆發「匈牙利事件」時，中共中央派周恩來趕到莫斯科，說服赫魯曉夫派蘇軍坦克血腥鎮壓。

什麼？他只坑了四百六十個儒，我們坑了四萬六千個儒。我們鎮反，還沒有殺掉一些反革命的知識分子嗎？我與民主人士辯論過，你罵我們是秦始皇，不對，我們超過秦始皇一百倍。罵我們是秦始皇，是獨裁者，我們一貫承認。可惜的是你們說得不夠，往往要我們加以補充……」

第十八節　千呼萬喚張毓鳳

全國範圍的反右派鬥爭，是毛澤東對知識分子的一次毀滅性大清洗，是一次實施專制統治的政治大躍進。在這同時，他又決心實施他的軍事共產式的經濟大躍進。異想天開，妄圖靠他在戰爭年代行之有效的「人海戰術」，來大幅度提高鋼鐵產量和糧食產量，來超英趕美，短時間內實現他的原始共產主義的人間天堂。

為了克服阻力，他拿了主持經濟工作的國務院總理周恩來、第一副總理陳雲兩人來開刀。早在一九五六年秋冬間，周恩來、陳雲率領了一個人數眾多的黨政代表團，赴老大哥之邦蘇聯考察經濟工作，實際上是去取經學習。其時，蘇共領導人及經濟學者們，都告誡中國同志，搞經濟建設不是打人民戰爭，應當有計畫，按比例地進行，要特別警惕好大喜功、貪多圖快的左傾盲動思潮，蘇共在建國早期有過「農業公社」之類的沉痛教訓。周、陳考察團回國後，在中央政治局會議上作了匯報，又特別轉述了蘇共中央領導人的有關建議和勸告。劉少奇對周、陳的匯報做了很高的評價。毛澤東出席了匯報會，沒有表示異議。周、陳根據中共精神，為《人民日報》撰寫了一九五七年元旦社論，提出「反冒進、反左傾、實事求是，穩步前進」的經濟建設方針。這篇社論，實際上是劉少奇、周恩來、陳雲、鄧小平、鄧子恢等經濟務實派的治國大計。事隔不久，毛澤東卻開始在一些會議上公開點名批評周恩來、陳雲、鄧子恢等人的右傾思想，小腳女人，給蓬蓬勃勃的社會主義革命和社會主義建設潑冷水，束縛人民群眾的手腳。十分可悲的是，劉、周、陳、鄧等人從未敢聯手對付毛的左傾狂熱症，只要遇上毛澤東的蠻橫批評，他們便各自退縮，以圖自保。他們所畏懼的是毛氏手中的生殺大權和特務系統，加上浸透在他們骨子裡的忠君思想。跟斯大林生前在蘇共政治局內的情形同出一轍。這樣，中共高層便順從了毛澤東一九五八年的大瘋狂，任由毛氏高舉總路線大躍進，人民公社「三面紅旗」，加上「全民煉鋼」、「公共食堂」，勞民傷財，禍國殃民。事實上，劉少奇、周恩來、鄧小平等人都當過毛氏大躍進的吹鼓手。

然而，從來的帝王都坦誠自稱「寡人」。表面上頤指氣使，轟轟烈烈，骨子裡冷寂得要命。毛澤東氏無論是跟政治局的同事們相處，還是跟江青維繫著的那個不睦家室，他內心深處都陷入了孤獨。他也有幾個「右派朋友」，如梁漱溟、周谷城、章士釗等人，經過反右鬥爭後，關係也日顯疏淡了。

一切獨裁者，都逃不脫一個自欺欺人的規律，先是自我神化，自我迷信，自我崇拜，而後要求全國臣民把他奉為神明來狂熱崇拜、盲目迷信。獨裁者自身亦要付出代價：與人隔離，精神空虛，疑神疑鬼，自我恐懼。在他四周，只會麕集著一批須臾不可離開的馬屁精、應聲蟲。

「人民的大救星」毛澤東正是這樣，在舉國大躍進的頌歌聲中，卻孤獨到了身邊沒有一個可以一訴心曲的人，其時，他已經年過花甲，身體肥胖，且患有老年性中風症。於性事上，一朝一夕的風流仍不可少，卻也急需一個能長留身邊，而又不問政治、溫順單純的小女人。只照料他的飲食起居，而不要給他帶來任何麻煩的普通人家的女兒。毛澤東的感情需求，降低到了最低點。他已經厭透了那些在他眼前晃來晃去的男性服務員。

一九五八年六月，一條綠色巨龍——毛澤東的專用列車停靠在河北省衡水地區徐水縣城車站上。車站四周的道路皆被警衛人員封鎖了，原先一早一晚必過的客貨列車，也不知從什麼地方繞行了。

毛澤東習慣於坐火車出巡。他生平最討厭也最害怕乘飛機。坐火車出巡又安全又方便。十一節車廂一列編組，毛澤東擁有自己的書房、臥室、會議室、機要室、餐室、醫療室，可以帶上自己的祕書班子、警衛人員、醫生護士。吃住、工作，都在車上。因之專列成為一座流動的行宮。普天之下，莫非王土。任何時候，任何地方，想走就走，想停就停，想召幸什麼人就召幸什麼人。沿路一切車站、車輛、橋樑、隧道，都要為專列讓路，保障其暢行無阻。中共的鐵道系統為準軍事化組織，有獨立於地方的公安系統。毛澤東安排了他的愛將王震擔任鐵道兵團司令員兼鐵道公安部長。

當時的列車還靠燒煤的蒸氣機車頭牽引，且是以八小時路程為一站，每站換一次機車頭，將列車一站一站地送下去。每逢上級下達接送專列的政治保密任務，司機、副司機、司爐等，必定都是經過嚴格審查、忠誠可靠的；且規定車站的黨委書記必須親自在機車上值勤，直至完成指定的接送路程。當然，他們均不得過問專列乘坐的是哪位黨中央首長。當時中共擁有啟用專列出巡的人士只有中央政治局七位常委：毛、劉、周、朱、陳、林、鄧。

一九五八年六月，正是華北平原上的麥熟大忙季節。可是，從河北省委書記、衡水地委書記，到徐水縣委書記，接到中共中央辦公廳通知後，集中在徐水縣招待所內等候了三天三晚。白天不敢外出，晚上不敢入睡，只要電話鈴聲一響，他們便要前去「偉大領袖」的專列上，晉見「偉大領袖」，匯報省、地、縣大躍進的大好形勢。

可是，毛澤東的專列卻停在徐水縣城車站上三天三晚，像一條被太陽曬蔫了的綠色長蟲，一動不動，只苦了在車站四周封鎖道路、站崗放哨的警衛部隊。更苦了城縣裡的平頭百姓，他們的生活、勞動莫明奇妙地受到了許多限制。

原來是「偉大領袖」毛澤東連日來關在自己的書房裡生悶氣，發無名火。一時間，他的隨行人員、醫生護士都摸不著頭腦。第一天，毛澤東宣佈不接見當地幹部，不聽匯報、不開座談會；第二天，毛澤東只是坐在書房裡發獃，唉聲嘆氣，不肯進餐；第三天，毛澤東乾脆躺在床上不起來，男服務員給他端去的牛奶、燕窩湯、以及他最喜歡喝的洞庭君山銀針茶，都被他連杯子都摔了！

皇帝老子生悶氣，不吃不喝不說話，對於專列上的工作人員來說，真是連空氣都凝固了，地球都彷彿停止轉動了。大家只好把目光轉向中央辦公廳副主任、毛主席的衛士長汪東興。汪東興江西人，紅小鬼出身，毛氏最信任的人，也是唯一可以攜帶武器進入毛氏住處的人。但此時刻汪東興也是丈八和尚摸不著頭腦。事關重大呀，他為之焦頭爛額，憂心如焚。這天中午，汪東興趁毛氏睡著了，便悄悄進毛氏書房裡去查看，發現寬大的寫字檯上放著一疊《人民日報》。在其中一張報紙的空白天頭上，有一長排以鉛筆寫下的名字。正是「偉大領袖」的筆蹟：

張毓鳳，張毓鳳，張毓鳳，毓鳳，毓鳳，毓鳳，鳳，鳳，鳳……

汪東興一看這名字，心裡豁然一亮：老天爺，原來是為了她？這可好咧，有了……

第十九節　張毓鳳來了

汪東興悄悄離開毛澤東的書房，回到自己辦公的車廂，拿起電話就叫通了北京中南海內的中共中央辦公廳：請立即派出專機去哈爾濱鐵路局，接來列車服務員張毓鳳同志，送徐水縣主席專列。

你道這張鳳毓是位什麼樣國色天香的美人兒，使得「偉大領袖」忽然害起相思症，鬧得日不進食、夜不安寢？

原來神州大地，各個省區有各自引為驕傲的美女出生地。如陝西的米脂縣，湖南的桃花江，新疆的庫車，雲南的大理，廣東的潮汕，黑龍江的牡丹江等等都是。就全國範圍來講，以女子美貌而著稱的地方，又要數杭州、蘇州，青島，大連，哈爾濱五座城市。杭州、蘇州，自古以來風流薈萃，歌舞繁華；青島、大連、哈爾濱，則是中國早期的通商口岸，遠源交合，黃白混血，佔的是去劣存優的生命優勢。

平心而論，張毓鳳卻算不上傳統意義上「秀目含嬌、櫻桃小口」式美女，也不是明目皓齒、神采飛揚式現代大美人，只是一塊溫順純良的小家碧玉。她出生在哈爾濱鐵路工人家庭，初中文化，共青團員，熱愛新社會，熱愛毛主席。她身高一米六三，嬌小玲瓏，性格溫柔，笑容甜靜。她的最大優點，是善解人意，能一門心思地體貼人，關愛人。且任勞任怨，只知奉獻，而不計回報。

兩年前——即一九五六年，毛澤東乘坐專列視察東北時，年方十七歲的張毓鳳即被派到毛澤東身邊當過一段短時間的服務員。毛澤東當時擁有別的歡愛，並沒有把她放在心上。只是覺得，自這小服務員上了專列後，書房、臥室各處收拾得特別整潔。毛澤東體胖，喜歡出汗（對不起，那時中國大陸尚無空調設備）。來了這小服務員後，就在他的寫字檯上、沙發茶几上、臥室的床頭櫃上，以白瓷盤放了一疊雪白潮潤的小毛巾；毛澤東喜歡一支接一支地吸煙，所以他的寫字檯、沙發茶几上經常是煙頭狼籍，煙灰滿缸。來了這小服務員後，這些地方的煙灰缸總是即用即換，變得乾乾淨淨；毛澤東從青年時代起就不修邊幅，不講衛生，不愛洗澡換襯衫——他喜歡游泳池而討嫌浴缸，自來了這小服務員，每天傍晚就會拿著一疊洗熨得平平整整的裡衣裡褲，輕聲慢氣地提醒他：主席，請您睡覺時記得更衣……

這一類生活上的小支小節，大半生戰場馳騁的毛澤東從來不大講究的，大約江青也從未予關照過。這時刻卻使得偉大的毛澤東感到了女性的溫馨、親切。一次，毛澤東趁著毓鳳來整理臥具時，把她摟在了懷裡問：

你叫張毓鳳？毓鳳，我是隨便慣了，多謝你細心……

主席，能在您身邊工作幾天，是咱一生最大的幸福，光榮。

嗬嗬，我不信。

主席，咱是真的，真的……

嗬嗬，真的就真的，女同志都喜歡掉淚……小鳳，老家是哪裡人？

咱祖上黑龍江省牡丹江人。

牡丹江？好地方，好地名。人說洛陽牡丹名天下，可是洛陽地方不出美人。牡丹江美人名天下，可是牡丹江地方不產牡丹……

主席，您講話真好聽，真好聽。

嗬嗬嗬，這樣看來，你是想留在我這裡了？

咱願一輩子侍候主席。真的，咱是工人的女兒。父母親在老毛子、小日本時候，一直做苦力……咱全家感謝大救星……

好好，工人階級的女兒，好好。

當時，毛澤東抱住小服務員，只是又親又撫的，並無進一步的行動。而嬌媚的張毓鳳呢，落在偉大領袖的懷抱裡，心靈都為之悸動。日夜想念，歌頌的毛主席，工人階級的大救星，把她一個普通工人和女兒摟在了懷裡……她熱淚盈眶，渾身都被一股巨大的幸福激蕩著。即便是偉大的領袖有進一步的行動，她也會欣然受命，毫無保留。這就是領袖被神化之後，「翻身人兒」只知感恩載德，所生成的心身變態。

兩年的光陰過去。毛澤東於熱火朝天、萬馬奔騰的大躍進歲月中想起了張毓鳳。別的美女都是過眼烟花，他需要張毓鳳這樣的人留在身邊，給他溫柔體貼，照料他飲食起居。政治上他是主宰一切的偉大神明；日常生活中，他渴望著普通男女那真摯的柔情。

從來的官僚專制機構，為黎民百姓辦事，習慣於公文旅行，要死不活，如蝸牛行地，唯有執行上司指令，又特別是執行最高領袖的旨意，才會十萬火急，雷厲風行，且是不問手段，不擇代價的。

中共中央的專機連夜抵達哈爾濱。可是急壞了哈爾濱鐵路局黨委負責人。哈爾濱鐵路局管轄著近百萬平方公里範圍的鐵路交通，每天進出的旅客列車達一百多趟，長途的客運列車更有哈爾濱直達北京，直達上海，直達鄭州，直達西安、蘭州的！中央連夜派來專機，要接走該局一位女列車員，當然是最重要最光榮的政治任務，是黨中央對哈局十幾萬鐵路員工的最大信任和關懷，可是，該到哪條鐵路線上的哪一趟奔馳著的列車上，去尋找一個普普通通的女列車員呢？

整個哈爾濱鐵路局機關都被緊急動員起來了：找張毓鳳！總局首先找到客運分局，客運分局找客運列車段，客運列車段找乘務員大隊，乘務員大隊查中隊，中隊查編組，終於查找到，張毓鳳所屬乘務組正在前往牡丹江方向的直快列車上服務。

謝天謝地，列車員小張所屬的乘務組沒有西去蘭州，南下上海，而是在本局管轄的地段上。哈局黨委負責人抹掉了滿頭虛汗，叫通了牡丹江沿線所有火車站點的值班電話：命令二一六次列車乘務員張毓鳳同志立即返回哈爾濱，沿線所有車站、返程列車均應提供方便。

命令如山倒。第二天凌晨，張毓鳳回到了哈爾濱。其時她剛結婚兩個月。丈夫也是鐵路工人，上班時間也是「三班到」。小兩口跟父母同住。但休班時間很難湊到一起。她只來得及回到家裡取了兩套換洗衣服，跟父母親匆匆告別。她卻不能跟自己的父母親說自己上哪裡去。只說路局派自己出差，執行新任務。張小鳳的父母倒是心裡有數，女兒已經上過專列當服務員。雖然女兒的嘴巴很緊，從不肯說她服務過的黨和國家領導人是哪位。但露天電影上放映紀錄片時，不是毛主席，就是劉主席，朱總司令，周恩來總理……幾位偉人。老倆口以為，過些日子，女兒又會回來的。

再說這毛澤東的脾性好惡，一切都正好跟他自己擰著反著。他身胚高大肥胖（又稱為體魄魁偉），喜好的女子卻是身材苗條嬌小；他動作遲鈍、行走緩慢，卻喜歡身邊的人手敏捷，辦事俐落。延伸至政治，就要求各行各業打破常規，多快好省；他個性執拗，脾氣僵硬，卻喜歡下屬們溫文爾雅，百依百順；他好大喜功，貪高慕遠，卻喜歡周圍的人老老實實，謙虛謹慎；他傲視人寰，獨斷專橫，卻喜歡周圍的人俯首貼耳，搖尾乞憐；他不時引經據典，顯示風騷學問，卻喜歡周圍的人不學無術，認文盲可靠，大老粗忠誠；在男女性事上，他號令全天下男女從一而終，白頭偕老，自己卻喜歡美人常新，各異其趣……毛澤東是一個矛盾著的複合體。他倡導為人民服務，毫不利己，專門利人，骨子裡奉行的卻是曹操哲學：寧願我負天下人，不教天下人負我。

毛澤東的品德、性格的真實一面，卻被一層層虛幻迷人的光環包裹著，被鮮花、彩旗、頌歌深藏著。以至他自己都為這些光環、頌歌所陶醉，所迷惑，自認英明偉大，正確光榮。毛澤東就是中國共產黨，中國共產黨就是毛澤東。

此時刻，在華北平原小縣城徐水火車站上，毛澤東正斜靠著藤椅橫目立眼，生悶氣，害著凡夫俗子式的相思症……忽然，穿著一身整潔的鐵路制服，嬌小嫵媚的張毓鳳，出現在他的面前！他還懷疑自己是在做夢。

主席！咱來了……

小鳳？你是小鳳？

是，咱是小鳳……咱在哈爾濱就感覺到了，是您……

天哪，你是怎樣來的？天之降汝於我。

天亮之前，一架飛機把咱帶到了北京。下了飛機，又有一架汽車把咱帶到了您這裡……

毛澤東眼睛放亮了，心身都悸動了。他那曾經使千百萬人膽戰心驚的湘潭口音，此時卻顫抖了：

小鳳！好小鳳……這幾天，我都快成司馬相如了，一日不見如三秋兮，我們一別兩年……

張毓鳳已經是個女人。她不懂司馬相如是甚嘛傢伙，但她懂得偉大領袖也是個人，是個身體挺棒的大男人。她懂得男人的那種急不可待的需要，那叫「猴急兒」。能為偉大領袖服務，滿足他的任何需求，是張毓鳳這個普通工人女兒的最大幸福。試想，黨和國家的最高領袖，人民的大救星，他要什麼樣的美人兒沒有啊？天底下的美人兒，誰不願來到他身邊啊？自己雖然不是美人，可是偉大領袖偏偏選中了自己，出身好，思想單純，根正苗正……可是天底下像自己這樣條件的女青年多的是哩，只怕也是前世的緣分哩。毛主席是跟從前的皇上不同哩，喜歡普通工人家庭的女兒哩……何況，咱主席還真行呢，邊幹工作還邊拿咱開心哩，什麼肥郎甚重，使人不堪……是哪本老書上的話，小鳳光顧了跟著主席玩笑，都沒大聽清……說來奇怪，在主席面前，張毓鳳竟毫無拘束，也無羞澀……主席還很開心地告訴她，男為陽，女為陰，男為天，女為地，問她要不要做一回天，他要讓女同志翻身哩……後來主席累了，出汗了，躺下一動不動了。她扯了毛巾輕輕替主席擦著，有一種從未有過的滿足。她對主席充滿了敬意和謝意……她唯一感到有點歉疚的，是哈爾濱的那個只會做工，不會受用的男人，可憐的男人……

兩個小時之後，毛澤東主席已經眉開眼笑，滿面春風了。他回到了書房，按響了傳喚鈴。汪主任立即來到了。毛主席嚴肅地指示說：

春爭日，夏爭時，立即開會，通知省、地、縣的同志來談工作。明天上午，我們再去看看公社的棉花，麥子田……

第二十節　小小行軍床

在中國傳統文化的道德標準裡，思恩圖報，感恩戴德是最為重要的一環。每一世代的父母，都把這報恩觀念注入自己子女的心靈，使其代代相傳：報父母養育之恩，師長教誨之恩，上司提拔之恩，皇上不殺之恩，領袖解放之恩……報恩觀念是單向運動：由下至上，由幼至長，由民至官，由臣至君。報恩者沒有權利，只有奉獻。最為奇特怪異的，是皇帝老子動了肝火，下旨將某某推出午門斬首，那某某到了刑場被劊子手割下腦袋之前，還得面北跪下，三呼萬歲，謝皇上賜死的聖德。

報恩觀念的最高層次，是皇恩浩蕩。這一古老的承襲到了五十年代，即演變成了「天大地大不如黨的恩情大，河深海深不如毛主席的恩情深」了。張毓鳳來到毛澤東身邊，每天面對的就是這「天大地大」、「河深海深」的領袖隆恩。

中共中央辦公廳給她的正式名分是主席生活服務組護士。生活服務組共有醫生、護士、勤務員、炊事員、司機生等二十幾號人馬。組內氣氛嚴肅，紀律嚴明。剛來時，中央辦公廳首長就給她講了三條：一是在主席身邊工作，看到的，聽到的，想到的，都是黨和國家的最高機密，不能有任何一點洩露；二是儘量少給家裡的親友寫信，信的內容只限於致意問候，信封只寫郵政信箱，不寫地址；三是忠於領袖，服從命令，一切行動聽指揮。

這三條，自然都是張毓鳳不難做到的。她一個普通工人的女兒，能夠住在首都北京的中南海裡，生活工作在偉大領袖身邊，經常見到的，更是那些報紙照片上、電影上的黨和國家領導人，真是她從小做夢都沒有想到的呢！她是行了大運哩。

張毓鳳如今最擔心的，是怎樣面對主席的正房江青同志。她還沒有見過江青是啥模樣。主席也不跟她住一起。聽講她去莫斯科治過幾次病，開過刀，不能再跟男人有那個事。聽說她不常住北京，而住杭州西湖養病。聽說她脾氣大，人緣不太好。主席不讓她插手自己的工作。聽說還是在延安的時候——對不起，毓鳳還沒有出世呢，黨中央就作出了規定，要限制江青這個電影明星出身的人。

不知是有意安排，還是機會正巧，這年的八月，江青要回北京了，主席卻要到河南鄭州去召開黨中央全會，決定在全國農村建立人民公社的大事。人民公社實行黨政社軍四位一體，既是政權組織，又是生產組織，還是軍事組織，而由黨委領導一切。

中央全會在鄭州西郊一座巨大的園林裡舉行，稱為鄭州會議。參加會議的都是中央機關各部門首長，各省市自治區黨委第一書記，各大軍區司令員。大家都聽毛主席的。連劉少奇、朱德、周恩來這些中央領導人，都對毛主席言聽計從，畢恭畢敬。主席在會上談笑風生，提出全黨高舉「三面紅旗」，成立農村人民公社，公社辦公共食堂，可以考慮實行供給制、半供給制，吃飯不要錢；同時，今冬明春，書記掛帥，全黨動手，全民上陣，土洋結合，開展煉鋼煉鐵運動，為年產一千零四十萬噸鋼鐵奮鬥，十五年內超過英國，趕上美國……對於毛主席的雄心壯志，豪言壯語，中央委員們都鼓掌歡呼，對於毛主席所制訂的一天等於二十年的大躍進計畫，中央委員們都舉手通過，一致贊同。

張毓鳳日夜陪伴著毛澤東。使她頗不習慣的是，是主席臥室門外，書房牆根下的那張小行軍床。那小行軍床就是她的地位。可是，主席很少讓她睡那小行軍床。主席幾乎每晚上都要她做伴。主席習慣晚上工作，凌晨五點鐘左右上床，中午一時才起身。牆上的窗簾是黑呢絨，一絲亮光都透不進。主席真是精力過人，上了床就喜歡做那件事。喜歡叫她在上邊。而且總愛說那句笑話：肥郎甚重，使人不堪……主席是體貼自己？只怕也是有點發懶，他身子肥胖。他要自己舒服，也叫毓鳳消魂。到了最後那一忽兒功夫，才叫她下來，都側著身子。有時一早晨能兩回……主席不像她哈爾濱家裡的那男人，一完事就成了一灘稀泥似的。主席每回完了事，還摟住她不停地撫愛，說些古書上的事兒來聽。什麼「登子徒好色賦」啦，「鄒忌諷齊王納諫」啦，小鳳聽了半懂不懂的，只覺得主席為人風趣，有大學問……主席的身體關係到全國人民的幸福，有一班醫師、護士護理，自然要按時按量吃些她叫不出名字的補品。主席每天的小便、大便，也有人取了樣品去化驗，去分析成分，真叫科學……不然，六十幾歲人了，能比二十幾歲的小伙還行？

也有一樣事，毓鳳是看到眼裡的。有時主席書房裡來了漂亮的女同志，她就會自覺地到醫務組去幫著做些雜活，也是業務學習哩。她懂事，不到開晚飯時間，不到有鈴聲傳喚，她是不回去的。那晚上，主席就會很疲累，讓她睡到小行軍床上。唉，主席也有一般男人的嗜好，愛新鮮，愛漂亮的女人。小鳳也噘過兩回嘴，稍稍露出過不高興。主席也看出來了。

嗬嗬，江青是個老醋瓶，你是個小醋瓶了？

不是不是……咱是擔心您的身子……

我？老夫常發少年狂，好得很。

咱是怕有的人不乾淨，帶病……

嗬嗬，這個嚒，這個嘛，放心，我們的同志都很乾淨……

咱才二十歲，陪著您，還不夠？

毛主席把手指放在她嘴上，示意她住口。不過後來主席說了，別的人，他都離得了，就是離不開她毓鳳。這點她相信。經過了這些日子，的確只有自己，最會服侍主席的飲食起居，衣著穿戴使他清清爽爽，舒舒服服。

第二十一節　頂害怕彭德懷元帥

張毓鳳跟隨毛主席住進了中南海。過了許多日子，才明白，這黨中央、國務院的所在地，原是前清皇帝的花園，佔地廣大，大約是故宮、中山公園、勞動人民文化宮面積的總和。不同的只是中南海裡，有約略一半的面積是水面。為什麼叫中南海？原來她和北邊的北海公園水路相通，是一串三座人工湖。北海公園裡的湖泊叫北海。往南去，通過一座金鰲玉帶橋（現稱北海大橋），便是豬腰型的中海，中海再往南去，便是豬肚型的南海了。這中南海的圍牆也怪，南牆和西牆呈血紅色，北牆和東牆為鐵灰色。南門是正門，雕梁畫棟，金碧輝煌，稱為新華門。門口一左一右兩尊漢白玉石獅子，威風凜凜。門前是一杆五星紅旗，獵獵飄揚。有儀仗隊的士兵在門口站崗，英俊筆挺，紋絲不動。新華門外是車水馬龍的西長安大街。斜對過是人民大會堂。順著紅牆朝東走兩站地，便是莊嚴雄偉的天安門和天安門廣場。西門稱為西華門，門內是國務院辦公廳。西華門外是南北走向的府右街。北門即稱北門，門內是中共中央辦公廳所在。北門外是文津街，文津街對面是北京圖書館。東牆外是北長街和南長街。北長街對面是故宮博物院，南長街對面是中山公園。

「毛主席」、「朱總司令」、「周總理」、「劉委員長」、彭德懷元帥等領導人，都住在中海與南海交匯的東岸一帶，一座座皇家庭院。「毛主席」住的地方稱為豐澤園，是一座灰磚青瓦、古樸厚重的大四合院，大門朝向碧波蕩漾、柳絲拂岸的南海。西南邊便是著名的人工半島——瀛台，當年慈禧太后囚禁光緒皇上的地方。豐澤園的西北面不遠的地方是勤政殿、懷仁堂，為黨中央舉行重要會議、黨和國家領導人會見外國貴賓的所在。沿著豐澤園西牆外的一條林蔭路，朝北走個幾分鐘，可以進入一座由假山、小溪、花卉、朱樓組成的園林，稱為「靜園」，原為光緒皇后所住，現在理所當然地住了江青同志。

張毓鳳這才明白了，主席和江青名分上是夫妻，原來早就不住在一起。聽說江青患有婦科病開了刀，都割掉什麼東西了，脾氣很不好。常為些小事找主席又哭又鬧。主席的家庭生活不幸福。長子犧牲在朝鮮，兒媳婦改了嫁；次子是神經病，長期住在長沙去養病；只有兩個女兒，卻都姓李，也不知是那房太太所出，倒是常常來看望他。他身為黨和國家最高領袖，日子很孤獨。家庭生活最和睦的是劉少奇委員長，夫人叫王光美，大小七個孩子，全家敬老愛幼，樂陶陶的。他們家住的地方叫「福祿居」，離豐澤園不遠。毛主席喜歡傍晚時沿南海岸邊散步，劉委員長也喜歡牽了最小的女兒在黃昏時候散步。兩人常在散步的時候碰面，坐在湖邊的石墩上商量國家大事。劉委員長見了毛主席總是笑眯眯的，有時笑得滿臉都是皺紋。朱總司令一家也住的不遠，他年紀最大，兒孫滿堂，笑聲滿堂，最有天倫之樂。家庭生活最令人敬慕的是周恩來總理了，和鄧穎超奶奶（這稱呼使張毓鳳好彆扭）是結髮夫妻，自己沒有生養，卻收養過許多烈士的後代。他們家住的地方才叫西華廳。主席說他們是「舉案齊眉、相敬如賓」。

由於主席的關愛，毓鳳進中南海半年多了，還沒有跟江青見過面。大約主席也明白，她頂虛心的事就是如何跟江青同志見面。女人的醋意點得燃火，什麼事情都幹得出來的。

在她常見到的黨和國家領導人中，大約也都明白了她和主席的關係，小事一樁，心照不宣地予以了默認。這些領導人在主席的會客室、書房或餐廳等地方見了她，都是點點頭，笑一笑而已。她只覺得周總理可親，劉委員長①、朱總司令可敬，鄧小平總書記、楊尚昆②主任則對她恭恭敬敬。只有彭德懷元帥正氣凜然，使她怕怕。聽說彭元帥在戰爭年代，救

①劉少奇自一九五九年春天起才轉任「國家主席」，而由朱德任「人大委員長」。

②其時楊尚昆氏任中共中央辦公廳主任，直至一九六六年四月被毛氏唾棄，打成「反黨野心家、陰謀家」。

過幾次毛主席的命，性情粗爽，敢怒敢罵，是黨中央唯一敢於當面頂撞毛主席的人。

有一次，主席在懷仁堂開會，小鳳正要回豐澤園取紙巾——主席正換了一口假牙，常要抹口水。在過道上，她被彭德懷元帥叫住了：

小鬼！家裡什麼地方人？

張毓鳳報告首長，是黑龍江省牡丹江人。

在老家是做什麼工作的？成過家嗎？

張毓鳳報告首長，從十五歲起就在鐵路上當列車員。成過親。因工作需要……

這裡可是禁宮啊？進出都不方便。習慣了嗎？

張毓鳳報告首長，能在偉大領袖身邊工作，是她最大幸福。

真的？不想爸爸、媽媽？還有你的……噢，小鬼……

張毓鳳報告首長，想，有時想得掉眼淚。可是自己是工人階級的女兒，一切交給黨安排，服從革命的需要……

入黨了？

張毓鳳報告首長，剛宣過誓，是汪副主任、蕭副團長親自做介紹人。

彭德懷元帥皺了皺眉頭，嘆了口粗氣，囑咐她：既來之，則安之，要好好工作。

到了晚上，小鳳像隻小鳥一樣偎依在主席的臂彎裡，說出了白天彭德懷元帥問她話的事。

問起你來了？這個猛張飛，他是粗中有細啊……
主席心不在焉，伸出去床頭櫃上拿香煙。小鳳手快，遞上一支雲煙：
你總是抽這個牌子。
對了，還是雲煙好。出產在雲南玉溪縣。和貴州茅台一樣，進口純和，吸下後有勁。
你剛才說彭大將軍怎麼了？
他頂嚴肅……要我好好工作。
你不要怕。彭老總忠心耿耿，正派得很，什麼都掛在臉上，說在嘴上。就是功勞太大了，資格太老了，容易犯上。
什麼是犯上？
啪啪……就是愛提意見嘍。文死諫，武死戰。彭老總現在是文武兼備，不錯，不錯。
主席，犯上，是不是頂撞皇上？
嘀嘀……小鳳，你開始讀書了？有進步，有進步。
可是你沒回答咱問題呀？
小丫頭，把我當皇帝老子了？是秦始皇？劉邦？漢武帝，唐太宗，趙匡胤，還是朱元璋？我倒是比較喜歡朱元璋……是不是？可是我沒有殺功臣，也沒有搞後宮，只有一個張毓鳳，是不是？

不不不，主席是人民大救星，不是皇上，不是皇上。

嗬嗬。皇上就都那麼壞？《大學》上講，古之欲明明德於天下者，先治其國。欲治其國者，先齊其家。欲齊其家者，先修其身……來來，小鳳，管什麼齊家治國平天下，我們還是再來先修其身吧……

你壞，你真壞……讓咱渾身都癢癢……

小鳳，你淘氣……你知道你有個最大的優點嗎？

啥優點？咱從小幹活，好運動，身上肉緊……好羞人。

你是人小勁大，會夾人……，真是個好女子……

你喜歡？好，咱就用勁……

對對……好好，先歇歇……你知道在漢朝，四川成都地方有個卓文君嗎？司馬相如為了追求她，寫了首美人賦，在夜裡邊彈邊唱，硬是把卓文君迷住了，兩人私奔……去開了一家小館子，自己釀酒賣，叫做「文君酒」。由於卓文君人漂亮，服務態度又好，所以她的館子生意不錯……前些時，四川省委的同志，不是送來過一箱「文君酒」？

主席的思想總是那麼活躍，任什麼時候都不肯閑著。只是動作有些遲鈍，不急不忙。張毓鳳自然不懂什麼風流孀婦卓文君和浮浪公子司馬相如的故事。她只懂侍候男人。侍候到筋酥骨軟，欲仙欲佛。

第二十二節　「三天不學習，趕不上劉少奇」

一九五八年秋冬的大躍進運動，特別是全國上上下下的土法煉鋼，吃公共食堂，發射各種各樣的工業高產衛星，農業高產衛星，使得共產黨各級領導幹部中的浮誇風，虛假風、共產風大行其道，如一場不可遏止的瘟疫，遍及神州大地。

對於總路線，大躍進，人民公社，加上公共食堂，大煉鋼鐵，毛澤東主席一直親臨第一線，四出巡迴，與高采烈地給予倡導，熱情澎湃地發出號令：書記掛帥，全黨動手，全民上陣，大辦農業，大辦鋼鐵，出於一種對領袖的忠誠崇拜，張毓鳳暗中統計了一下，光是一九五八年的下半年，毛主席批示的各類文件、簡報、調查材料，從養蜂、養牛、養羊、養豬、養雞、養鴨，到植樹造林，與修水利，到交通運輸、幹部下放、教育路線，到「請鋼鐵元帥升帳」的小土群、小洋群①等等，竟有上百分之多。他強調反右傾，反保守，破除迷信；鼓動放膽放手，敢想敢幹用人海戰術，打人民戰爭，躍進躍進再躍進。

毛澤東的批示、號令所到之處，無不雷厲風行，貫徹到底。一時間，凡幹部浮誇虛報，迷天謊話，立功受獎；實事求是講真話者，則受到批判鬥爭，清洗關押。全國上下，各行各業，呈現出一種喪失理智的狂熱……直到一九五九年初，《人民日報》和「新華社」，向全世界公佈了湖南省宜章縣某公社發射成功畝產稻谷七萬斤的農業高產衛星，不久又公佈廣西某地發射出畝產十三萬斤稻谷的特大衛星，生性多疑的毛澤東才覺得有人在搗他的鬼。《人民日報》社總編輯鄧拓，新華社社長吳冷西，這兩個秀才吃什麼去了？秀才們對總路線、大躍進、人民公社三面紅旗不滿，就打著紅旗反紅旗？

一天，毛澤東坐在書房裡，拿著一隻大信封，擰著眉頭，面有怒色。原來是他青年時代的同學、某大學教授給他寄來幾張《人民日報》報導工農業戰線發射各種高產衛星消息的剪報。

小鳳，你來！

張毓鳳正在屏風後替他找一本古版書，應聲而出。

---

①均為城鄉民眾最普通磚塊砌成的煉鐵爐。

說來奇怪，張毓鳳一出現，他的手一伸過去，把人摟攏來，眉頭便頓時舒展了。

主席……該給你剪指甲了。

昨晚上，你痛了？

咱胸上長的也是肉呀，不是麵團……

好好好，莫嬌氣了，你給少奇同志掛個電話，通知他來一下……你說：三天不學習，趕不上劉少奇！

嘻——，不。咱不敢對劉委員長說笑話，咱只說您請他……

不一會，劉少奇委員長來了。劉少奇瘦高個，花白頭髮，衣著樸素，一年四季都穿布鞋。張毓鳳給劉委員長敬烟、上茶。退下。

毛澤東跟劉少奇談起《人民日報》、「新華社」濫發農業高產衛星消息的事，鄧拓、吳冷西一班人，利用黨的宣傳喉舌，在搗三面紅旗的鬼，打著紅旗反紅旗。我們黨中央的輿論陣地，能由這種人去掌管？

劉少奇說：已經找鄧拓、吳冷西談過話了，批評了他們利用宣傳工具助長浮誇風、虛假風。鄧、吳兩人表示願意深刻檢討。他們說，消息是值班副總編發的稿。他們不敢壓下這些消息。全國大躍進，人人怕右傾……他們都是老黨員了，建議黨中央注意大躍進運動中的不健康傾向，只有黨中央出面才能糾正……

毛澤東擰著眉頭吸著烟，停了好一會，才說：鄧拓倒是個人物噢，他在晉察冀邊區辦報，就很能寫兩下子……你和小平談過沒有，怎麼處理鄧、吳？

小平找我匯報過。他說要先聽聽主席的意見。

你自己的意見呢？

建議給鄧拓、吳冷西兩人改正錯誤的機會。鄧拓調離「人民日報」，去北京市委工作。他是彭真同志部下，華北局的秀才。至於吳冷西，一直在恩來手下工作，先找恩來談談再說……現在全國形勢大好，工農業持續大躍進，農村全部實現公社化。值得擔心的是，各地的浮誇風，虛假風、共產風、牛皮吹得太離譜，動不動畝產小麥幾十萬斤，一頭肥肉八千斤……我的個人意見，在充分肯定大躍進取得偉大成績這一前提下，為了保衛、鞏固三面紅旗，當前，是不是同時強調實事求是，講真話、辦實事的優良傳統？

毛澤東眼睛一直盯著桌上的一疊反映各省市大躍進成績的簡報，好一會沒有吭聲。張毓鳳悄悄地上去沏了茶。

劉少奇吸著煙，微笑著，等候毛澤東的回答。

這樣吧，以中央名義發個通知，告訴全黨同志，今後誰再講假話，搞浮誇，通知公共食堂不開飯，會計同志不發薪水！

劉少奇鬆了一口氣，笑了。張毓鳳也忍不住笑了。主席講話總是這麼風趣。

毛澤東也笑了。他看著劉少奇，瘦瘦的高高的個子，愛穿深色的中山裝，樣子像個師爺。他的東西在肚子裡……

劉少奇說：制止浮誇風的通知，不如以中央主席的名義，寫一封信給全黨幹部、全體黨員，用勸告的方式……在大躍進運動中，絕大多數搞浮誇的同志，出於革命熱情，好心辦了錯事。我們要保護他們的積極性。

毛澤東望著劉少奇，點了頭，又停了一會，說：

好吧，始作俑者，被你拉出來……回頭叫田家英他們先起個稿子……

劉少奇走後，毛澤東讓小鳳倚在自己膝頭上，撫著：

癢癢……嘻嘻，咱癢癢……你要的書，咱還沒找到哪。

噢……劉少奇，像不像個師爺？厲害呢！

以上，便是一九五九年三月，毛澤東以黨中央主席的名義，向全黨幹部、黨員發出的那封「黨內通訊」的來由。毛澤東在信中說：南方正在插秧，北方也開始春耕。訂計畫，搞指標，要講真話，量力而行……公共食堂，要節約用糧，計畫用糧，做到農忙吃乾，農閒吃稀，乾稀搭配……

農民的兒子，農民的領袖，想到的是農民的小家庭生活要解散，小鍋灶要打破，從吃到住，都過上準軍事化的集體生活——人民公社化。豬牛羊犬雞鴨六畜，也要由公社來集中餵養，叫做「萬頭豬場」，「萬隻雞場」。結果是農村六畜，先人而大面積死亡……

五月，在第二屆全國人民代表大會第三次會議上，毛澤東辭去國家主席職務，專任黨主席兼軍委主席，而讓劉少奇擔任國家主席，朱德接任人大委員長。當然，毛澤東早於去年即把自己的學生林彪元帥提拔為黨中央副主席、政治局常委，讓林彪去對付居功自大的彭德懷。從此，中國所有的報刊上，每逢元旦日、五一勞動節、十月一日「國慶節」，開始刊登兩幅並排的照片：毛澤東主席，劉少奇主席。

第二十三節　不識廬山真面目

整個一九五九年上半年，劉少奇、周恩來、鄧小平以毛澤東的這封「黨內通訊」做上方寶劍，在全黨上下做著「冷靜頭腦」的工作，力圖收縮、拯救一九五八年大躍進造成的經濟惡果。他們雖然積極參與了大躍進的鼓吹推行，但尚能承認惡果，勇於糾正。四月，毛澤東在上海主持中央工作會議，他延安時期的文字祕書、湖南省委第一書記周小舟，請他觀看了一場正在上海演出的湘劇高腔「生死牌」。毛澤東觀劇後大加讚揚，多次在中央工作會議上號召省委書記們學習海瑞，為民請命，共產黨員都要具備一點「海瑞精神」。

五月，在二屆人大四次代表大會上，毛澤東將「國家主席」一職讓位給劉少奇。這是毛、劉合作最密切的時期。人代會結束之後，劉少奇徵得毛澤東的同意，通知全國各省市自治區第一把手，準備好總結大躍進經驗及其問題的各項材料，於六月底上江西省避暑勝地廬山開「神仙會」，邊休息邊扯皮。毛澤東給大躍進運動訂的調子是：「成績偉大，問題不少，前途光明」。劉少奇給這次黨中央召集的「神仙會」訂的調子卻是：「成績講夠，問題講透。」

按照劉少奇、周恩來、鄧小平等人心照不宣的設計，將要召開的是一次糾左會議，給毛氏大躍進路線全面降溫。開會之先，在京的中央大員們分頭下到各省市自治區去，調查研究：

延安時期的中共總書記張聞天（中共「七大」後降為無實職的政治局委員、「八大」後更降為政治局候補委員、外交部副部長），回了江蘇老家，看到了大躍進、大煉鋼鐵的勞民傷財，得不償失。

國務院分管財經工作的李先念回了湖北老家，準備了全國財政經濟因大躍進運動引起的嚴重問題的材料。

國務院分管工業的薄一波回了山西老家，準備了一份全國工業生產因大躍進運動引起的嚴重浪費、損失巨大的材料；

國防部長彭德懷元帥則早於一九五八年秋冬之間便回了一趟老家湖南湘潭，視察了人民公社公共食堂，發現社員們都面有菜色，卻不敢怒，也不敢言。土法煉鋼破壞森林，青壯年男勞力都去煉鋼煮鐵，現成的紅薯、穀子都爛在田地裡。彭德懷元帥走一路，罵一路，敗家子！敗家子！他個大老粗憂心如焚、寫下了一首詩：

穀撒地，薯葉枯，青壯煉鐵去，收禾童與姑，

來年日子怎麼過？我為農民鼓與呼！

在舉國上下一派大躍進三面紅旗的狂熱頌歌聲中，彭德懷一直沒有機會講話。他幾次想找毛澤東主席談談，但毛澤東那樣自信，好大喜功，怎能聽得進不同意見？況且就連自己分管的軍隊工作，毛澤東也把個長期養病的林彪提拔成黨中央副主席，凌駕在自己頭上。毛澤東對自己，是越來越疏遠了。

一九五九年六月中旬，中國南方已是驕陽似火。彭德懷元帥率軍事代表團出訪東歐五國之後回到北京，一聽中央決心糾左，月底要上廬山開「神仙會」，便顧不上休息，立即下了湖南，拉著省委書記周小舟到瀏陽、湘潭幾個縣分搞實地調查，準備上廬山放幾炮。

就這樣，中共的各路諸侯紛紛出動，搞調查、整材料、響應毛澤東本人在上海會議上提出的號召，學習海瑞精神，為民請命。

第二十四節　毛澤東回家鄉

一九五九年六月下旬，毛澤東帶上張毓鳳，由公安部長羅瑞卿大將隨行，乘坐專列南行，抵達長沙——他青年時代求學並從事革命造反活動的省城。接著又在省委書記周小舟的陪同下，改乘汽車，回到了一別三十二年的湘潭縣韶山沖。這可成了韶山沖鄉親們歡天喜地的節日：毛主席回來了！毛主席回來了！四鄉八里的男婦老幼都湧向韶山沖的「毛澤東舊居」。婦女們自然是更想看看毛主席後來的「婆姨」（太太）江青。她們沒看到江青。江青大約避諱著楊開慧，才不肯隨毛主席回老家祭掃祖墳。她們只看到了一個面目十分姣好清秀的年輕女子，跟隨毛主席進進出出；聽講是個小護士，照顧毛主席飲食起居的。大約是通了房的了。

當天，毛澤東走訪了沖對面的一戶同姓鄉鄰，問了他們的生產生活情況，自然是一片感恩載德的頌揚；還去視察了韶山小學，跟一大群紅領巾後代們照了相。當然，韶山沖的鄉親們也注意到四處的路口、山頭都有解放軍把守著，保衛著毛主席的安全。而那些出身成分不好的人，三天前即被清理到沖外去了。

當晚，毛澤東就住在他出生的祖屋裡。那時韶山還沒有電燈。湖南省委專門從長沙運來一部柴油發電機。兩名政治可靠的青年工人。可是柴油發電機不爭氣，兩位工人階級政治可靠，技術卻不過硬，急的渾身油汗，也沒能給「偉大領袖」的祖屋送上電。倒是當時的湘潭地委書記華國鋒，為著「偉大毛主席」的安全，親自在舊居前的土坪上站了一通晚的崗。夜裡，毛澤東未能入睡。點了蚊香噴了藥水，家鄉的蚊蟲仍來親近他。好在有張毓鳳陪著，替他打著蒲扇。他思緒萬千，感嘆萬千。三十二年前──一九二七年八月，他一個農民的兒子，離開韶山發動秋收起義，拉隊伍上井崗山，搞「瓦崗寨」式武裝割據，被稱為「毛匪」；三十二年之後的今天，他作為中共的最高領袖、「人民共和國」的最高統治者，回到了生他養他的小山沖……可是物是人非，父母早已去世，六位弟妹也全部為革命獻身。祖屋成為「毛澤東同志舊居」（郭沫若題），成為供人參觀的革命紀念地……毛澤東秉燭而坐，苦苦吟哦，天亮時分，讓張毓鳳為他鋪紙研墨，寫下一首七律：

回韶山

別夢依稀咒逝川，　故園三十二年前。

農奴奮起紅旗戟，黑手高懸霸主鞭。
為有犧牲多壯士，敢教日月換新天。
喜看稻菽千重浪，遍地英雄下夕烟。

第二天一早，通宵未眠的毛澤東步出祖屋，由羅瑞卿、周小舟等人陪同，去到後山父母的墳墓前行了三鞠躬禮。墓地自然早經人修整一新。他終生紀念的是慈祥的母親，而記恨跟他性格一樣的父親。這時刻，大約也諒解了他的「第一位嚴酷的生活導師」父親罷。接著，周小舟向他一一介紹在場的省、地、縣黨政負責幹部。當介紹到身材魁梧、像貌忠厚的湘潭地委書記華國鋒時，周小舟特意說：國鋒同志昨晚上也一晚沒睡，一直在舊居前站崗到天亮。

毛澤東握了握華國鋒的手，詼諧地說：好啊，好啊，你個州官不放火，我可是點了一晚百姓燈！不錯，不錯。在我的老家做父母官，不容易啊。

這是毛澤東第一次認識華國鋒。才具平平的華國鋒，從此步步高昇，直到文化大革命中後期，被病魔纏身，性命垂危的毛澤東指定為他的接班人。

再說毛澤東回到長沙，住在省委蓉園賓館一號院。其時湖南省委正在召開省黨代會。周小舟思想活躍，是毛澤東十分器重的延安秀才之一。毛澤東到了長沙，自然是絕對保密的。周小舟作為省委書記，不免想請毛澤東接見一下省黨代會全體代表。毛澤東卻不願開這個先例。湖南省的黨代表接見了，以後別的省黨代會的代表接不接見？最後他答應跟地市委書記——「知府們」見一次面。地點就在蓉園。

於是，湖南省十二個地、市委的「知府們」，分頭接到了省委辦公廳的通知，到蓉園開會。但誰也不知要開什麼會。到了蓉園會議室，才得知是要見到「偉大領袖毛主席」！由於天氣熱，毛主席穿著襯衫，由身後一位年輕女子不停地遞給他紙巾擦汗、擦口水。地市委書記們都覺得毛主席老了，身體太胖，牙齒不大關風，愛流口水。但主席老人家講起話來，總是十分幽默。

由周小舟一一介紹每一位地、市委書記。每當介紹到某人時，那人便恭恭敬敬地站立著，回答「偉大領袖」的問題。值得一敘的是毛澤東問及郴州地委書記時的情形：

貴姓大名呀？

小姓陳，耳東陳，陳洪新。

哪個洪？

三點水加一個共字。推陳出新的新。

洪水的洪啊，你對黎民百姓可不要像洪水猛獸啊！

在場的人都忍不住笑了起來，只有規規矩矩站立著的陳洪新滿面通紅。毛澤東又問：

郴州有座蘇仙嶺，蘇仙嶺下有個「三絕碑」，你個知府大人知道不知道？

知道，知道……

請教何謂「三絕碑」？

報告主席，是巖壁上的一塊石刻，刻的是宋代秦少游的一首詞，蘇東坡的跋，南宋米市（芾）的字，稱為「三絕」。

不錯。大部分答對了。只是秀才認字認半截。米芾就是南宋的大書法家米南宮嘛。草頭下邊一「市」字，唸「符」不唸「市」。再考考你，秦少游的那首詞，會背嗎？

陳洪新的汗流夾背了。在當時的地委市書記裡，陳洪新算個有文化的人了，河北人，中學畢業，抗戰時的縣委書記。毛澤東說：

背不出？不要緊。做黨的工作，也要學點文學。特別是讀點古代詩詞。賜你坐下，坐下來我來替你背誦一回吧。秦少游的這首詞很有名，歷來都選進了《宋詞選》裡。

踏莎行　郴州旅舍

霧失樓臺，月迷津渡，桃源望斷無尋處。可堪孤館閉春寒，杜鵑聲裡斜陽暮。

驛寄梅花，魚傳尺素，砌成此恨無重數。郴江幸自繞郴山，為誰流下瀟湘去？

周小舟帶頭鼓掌，坐在毛澤東身後的張毓鳳跟著鼓掌。地市委書記們熱烈鼓掌。在場的人都為「毛主席」的大學問所折服，連北宋時的一首詞都倒背如流。怪不得只有他才配做「偉大領袖」。唯有那倒霉的郴州「陳知府」，一頭一頭地流著虛汗。

接下來，毛澤東從蘇門四學士之一的秦觀，跟著蘇東坡反對王安石變法，被宋哲宗皇帝流放到南蠻之地的郴州說起，說到總路線、大躍進、人民公社三面紅旗，也正是一種偉大的社會主義變革。在這場變革面前，我們黨的各級幹部，是站在人民群眾的頭上當官做老爺，指手劃腳，潑冷水呢？還是站在大躍進運動的第一線，帶領人民群眾乘勝前進？當然運動也出了些偏差，出了浮誇風，講大話，假話，要批評，要糾正。但三面紅旗是成績為主還是問題為主？是九個指頭還是一個指頭？是當前衡量一切共產黨人的試金石，是真假馬列主義的分水嶺。

毛澤東談到中央不久要在廬山開「神仙會」，少奇同志已經定了個調子：成績講夠，問題講透。這就是辯證法。全黨幹部，都要學點歷史，學點哲學、文學，當然主要的是學習馬克思列寧主義，學點唯物辯證法……

張毓鳳不停地給毛澤東遞上紙巾，讓他不停地擦著口水。「主席」剛換了一口假牙，一講話就流口水。「主席」額頭上的汗水，張毓鳳不得不從後面探出手去，替他擦掉了。「主席」講話的確吸引人，深入淺出，旁徵博引，不時引發大家的笑聲。

忙裡偷閒，趁著毛澤東還在長沙小住，白天聽匯報，批材料，晚上由湖南省民間歌舞團的美女們一一伴舞，休憩，還沒有上到廬山，我們先來說幾則廬山趣聞。

第二十五節　廬山趣談

廬山古稱匡廬，位於江西省九江市東側，北臨浩蕩長江，南瀕淼淼鄱陽湖，一山雄峙，壙壤獨立，終年雲纏霧繞，四時清爽宜人。而橫貫整個南中國的萬里長江。地處亞熱帶，中下游沿岸的幾座繁華都市如重慶、武漢、長沙、南昌、南京、上海、杭州，每到夏季便熱浪奔襲，酷暑蒸人，日間氣溫高達攝氏四十度，稱為長江流域「七大火爐」。因之匡廬之山便成了這些「火爐」間的清涼世界，避暑仙山。最早來到廬山避暑的古代名人，是晉代的那位不肯為五斗米而折腰的陶淵明，在山間結廬而居，悠閒避世，寫出了傳世名篇〈桃花源記〉。唐代大詩人李白游廬山，寫了一首七絕：「望廬山瀑布」：「日照香爐生紫烟，遙看瀑布掛前川。飛流直下三千尺，疑是銀河落九天」。最著名的廬山詩，卻是宋代文豪蘇軾的「題西林壁」：「橫看成嶺側成峰，遠近高低各不同。不識廬山真面目，只緣身在此山中」。

好個「不識廬山真面目，只緣身在此山中」！道出了廬山雲瀑霧雨，山崖隱浮，變幻萬千的景緻，更是道出了世事迷局的人生哲理，成為千古傳頌的名句。清末民初，始有富商巨賈在山上建造避暑山莊。北伐革命成功，中華民國政府定都南京之後，中央政府各部會以及英美法德等西方諸國駐南京的外交使團，更是在山上構築一棟棟西式別墅，尖頂闊窗，色瓦彩牆，點綴在萬綠叢中，雲來霧往，塵囂盡去，天高氣爽，真乃仙山瓊閣，迂迴人間了。那時。公路只通到廬山腳下。上山避暑者，無分官也商也，皆要坐滑杆由當地民伕抬將上去。

過去說，天下名山僧佔多。此後卻是天下名山官佔多了。

五十年代初葉，在中共江西省委治下，成立了「廬山管理局」。山上所有建築，統歸國有。每年盛夏，接待的自然是一批批新的達官貴冑了。為此，修築了南北兩條環山公路，南路專供上山，北路專供下山。因為新社會，工農乃是國家主人，官員乃是人民公僕，讓「主人」肩抬「公僕」上山避暑之類的事，斷乎做不得的。國家耗巨資修築公路，以汽車代步，免受滑杆顛簸之苦，能說不是社會主義社會的優越性？交通運輸事業的大進步。

話說每逢中共中央要在廬山上召開重要會議，整座廬山便被闢為軍事禁區而封山封路。會議期間，住在山上的升斗小民不得下山，山下邊的升斗小民更是不得上山去一享清涼了。

其間最為辛苦的，要數廬山管理局的工作人員。最難張羅的，是各種五花八門、違背時令的食品。中共大員們來到山上，各住一棟小別墅，各有各的生活習性，飲食嗜好：老子出生入死，流血流汗，打來了江山！國也家也，都是老子爺們的！享受各種待遇，是黨中央、國務院頒有明文規定的！於是這些「老子爺們」，有的喜小碗小碟，精料細作；有的喜整雞整魚，大吃大嚼；有的暑天七月要吃黃芽白，有的八月要喝冬瓜湯，有的要吃稻田裡的泥鰍黃鱔，有的要吃鄱陽湖裡的烏龜王八，有的要吃山林裡的山雞野味，有的要吃溪澗溝壑的泥蛙蛇肉……千奇百怪，不一而足。

有一回，少林寺和尚出身的中共著名將領、南京軍區司令員許世友上山避暑。廬山賓館的一級廚師出於一片至誠，使出渾身解數，製作出了一席小碗小碟的精美菜點，恭請許司令員享用。大師傅還站在餐室門口，淨了雙手，等候首長握手道乏。可是身胚粗胖的許司令員一到餐室，見了餐桌上的小碗小碟，便勃然大怒，一揮手，將滿席菜餵掃到了地下去，罵道：你們是要喂貓呀？叫俺來吃你們的貓食？罵罷一甩手回了房間，還氣不打一處出。倒是許司令身邊一位祕書模樣的人，忙向嚇壞了的賓館負責人解釋：許司令軍伍出身，習慣用大餐，菜不用多，整雞整鴨整魚就可以……

杯酒下到廚房裡，給在場的廚師們一一敬酒，握手致謝。但論起菜點來，總理卻是最講究的了，要求也最嚴格。有個規矩，每道菜須在上席前的三分鐘才可下鍋，精料細作，隨上隨吃，井然有序。其間還有個笑話。有一次晚餐，上湯之後，第一道菜便是爆炒鱔魚片，只需一條活黃鱔。自然又是由上海錦江飯店的法國菜名廚主理，而由廬山賓館的特級廚師充幫廚，剝葱剝蒜，管火爐。且上海名廚看不起江西名廚。可是上海名廚捋起衣袖，伸到水缸裡摸了整整一分鐘，都未能捉住一條渾身滑溜的活黃鱔！急出了一身大汗。天呀，這黃鱔還要開腔，還要切片，上汁，過油，下作料，最後明火爆炒……江西名廚卻樂得站在一旁看風景。哈哈，你也有今天！這爆炒鱔片是今晚的第一道菜，看你怎麼收場！上海名廚見案板上的鬧鐘已經過了一分半鐘，不能再拖延下去了，只好服輸讓賢：陳師傅，今天……請您主廚，請您主廚！嘀嘀，您肯打打下手？沒關係，都是革命工作，為首長服務，快請快請。江西名廚見上海名廚甘拜下風，便欣然領命。但見他一伸手，就從水缸裡掐出了一條又粗又長的活黃鱔，順勢在水缸沿上一摜，將其摜暈了，而後放在案板上，一手揿住了黃鱔頭，一手操刀在黃鱔身上一拉，一刮，去掉內臟，又是嗒嗒嗒一陣刀響，便切成了薄片……鱔片剛下鍋，總理夫人鄧穎超同志已經站在餐室門口，招手催促上菜了。江西名廚春風得意，將一碟鮮美香嫩的爆炒鱔片端了上去。總理一嚐，連聲誇獎……

當晚的六道主菜，一道飯後健胃湯，皆由江西名廚主理。上海名廚只得老老實實地剝葱剝蒜，洗菜切菜，並同時管理三隻火焰熊熊的煤球爐。江西名廚揚眉吐氣了。難得的是敬愛的周總理對每一道菜都大加讚賞，只對最後的健胃湯提了點小意見，稍嫌甜了點，還可酸一點。

飯後，總理夫婦一人端了隻玻璃杯，來到廚房裡向兩位大師傅敬酒致謝。特意問了江西名廚姓什麼？哪裡人氏？在什麼地方學的廚藝？家裡都有些什麼人？都住在廬山嗎？個人生活上有沒有困難？等等。江西名廚一一回答，感動得熱淚盈眶。

總理還指出：當總理，當廚師，只是分工不同，都是為人民服務，為中國革命和世界革命出力。中國菜，法國菜，是世界上最有名的兩大菜系。二位的高超廚藝，體現的就是這兩大菜系的精萃。今後，你們要互相學習。我，更要學習你們全心全意為革命工作的優秀品德……

第二十六節　廬山風雲

六月三十日，毛澤東的專列離開長沙，東行至南昌未停，折向北行，直馳九江市。而後改乘汽車，上了廬山，入住在牯嶺原先蔣介石的別墅「美廬」裡。「美廬」是一棟造在山坡下的西式雙層建築物，院子不大，卻有一條可供入住者散步的小徑。一棵粗大的長青樹下，斜突出一塊巖石，巖石上鑿了兩個大字、三個小字：「美廬　中正題」。表達的是蔣先生對夫人宋美齡的敬愛之意。今日「美廬」換新主，自是重新油漆、新舖地毯，並在屋頂及四周上舖設了電網。據說還是根據毛澤東本人的意思，床舖、桌椅、寫字檯等傢俱都不予更換，就用原先蔣先生和宋女士的舊物。原先蔣先生住在樓上，木頭床架，書桌上放著文房四寶，以及蔣先生某年壽辰時雲南軍人所敬奉的一枝足有一米長的大牙雕。如今是毛澤東住在樓上，坐蔣介石坐過的椅子，用蔣介石用過的寫字檯，睡蔣介石睡過的木架床。滿足了霸業者的佔領慾，原先宋美齡女士住在樓下，一應傢俱陳設，倒比樓上要洋派闊綽得多，如今只好留著，等江青同志來住。江青仍在杭州養病。她在黨內沒有職務（她在文化部電影局掛了個藝術顧問，頂多算個處級幹部，還要受到周揚、陳荒煤、袁牧之一流人物的冷落，她早恨死了），你們鬧鬧哄哄地開神仙會，老娘才不要來看風景呢。不如留在西子湖畔，白天划划船，晚上看越劇演出，聽浙昆、評彈。悶了，就召上海的老朋友鄭君里們來談談……

張毓鳳的小行軍床仍是擺在主席的臥室門口。

在長沙熬了好些天的酷暑，上了早晚都要穿夾衣禦涼的廬山，滿眼青山綠樹，滿耳百鳥喧啼，溪流叮咚，張毓鳳真如上了神仙之鄉。

毛澤東好游泳。廬山上有座小湖泊，稱為廬湖，水太涼江西省委方志純等人考慮得十分周到，早已在離「美廬」不遠的開闊地帶，面對著廬湖，修建了「廬林一號」大院，內闢恆溫室內游泳池，專供「偉大領袖」午睡及下午游泳。晚上，返回「美廬」住宿。

是夜，毛澤東早早地睡下了。他讓樓下的值班秘書謝絕了一切拜會、求見，包括少奇、朱德、恩來在內，統統不見。鄧小平小個子打檯球折了腿，留守北京，不上山了。這山上氣候，真如蘇東坡所言，高處不勝寒了。關閉了門窗睡覺，還要蓋青布印花被褥。

主席，您身上都是痱子，咱替你撲點粉？

小鳳悉聽尊便……

看看都燒襠了，怪你太胖。

啊啊，多有不便，是不是？

咱啥時要過你，都是你自己龍威虎猛的……

好，龍威虎猛這個成語用得好……過兩天，我要安排一個人上山。

誰？

紅軍女英雄……賀子貞同志。

張毓鳳明白了，主席想見自己的前夫人賀子貞。說是由於江青同志每逢聽到「賀子貞」三個字就又哭又鬧，吵個沒完，攪得主席心神不安，所以賀子貞自一九四九年從蘇聯回國之後，一直進不了北京，只好住在上海養病，跟主席也只見過一面……毓鳳懂得主席的苦衷，他要掌管全軍全國的大事，不能為了這類家庭小事而影響了自己的威信。毓鳳偎依在主席的身邊。她柔軟的手指，傳達出溫馨的訊息：主席，你生活也真不容易，咱小女子，只給你溫存、體貼，咱什麼都不圖，咱什麼都滿足你，只要你生活得輕鬆、自如些。

過了兩天，中央工作會議開幕之前，毛澤東讓秘書找來江西省委書記方志純，委托他去辦一件私事，特意說明：不要對外張揚。說著毛澤東把一封信交給了方志純。方志純抽出信箋匆匆一看，立即明白了，讓他去接賀子貞上山。

中央工作會議的第一階段是分組討論。按大區分成西北、東北、華北、華東、中南、西南六個大組。黨中央負責人也都分頭下到各組去，放言高論，頗有一點大鳴大放的氣氛。毛澤東本人是很少下組去參加討論的。有時大會都不參加，交由劉少奇他們去主持。他一般上午流覽各組的發言簡報了解會議動態，中午睡覺，下午游泳，晚上跳舞。跳舞真是個活動身骨的好節目。廬山地方也真不錯。還有那麼多美女，都爭著跟他「偉大領袖」跳舞。有位身材高䠷的美女甚至在他耳邊說：跟您跳一次舞，是我這一輩子的幸福。自然，跳舞之後，「偉大領袖」便拉了那美女去休息室個別談心。

張毓鳳有個最大的長處，就是從不知有嫉妒。她也很明白，自己的職務只是主席的生活護士，沒有資格爭風吃醋。又過了些天，她慢慢察覺到，每到上午，主席看過秘書組呈送上來的各組發言簡報，就面有慍色，甚至大為惱怒。七月十四日，主席收到了彭德懷元帥的一封厚厚的信。這一來，主席更心緒不安了。有一回，甚至把她拉了過去。

小鳳，看看，各路諸侯要造反了……總路線，大躍進，人民公社，加上大煉鋼鐵，公共食堂，是鬧得人神共憤，怨聲載道了……農村在餓死人，城市供應短缺，知識分子牢騷滿腹，民主黨派壓而不服……本人這回是四面楚歌，快要走麥城了！

張毓鳳不懂何謂「四面楚歌」，何謂「走麥城」，只知道都是不祥之物。

主席，甭急，甭急，咱工人農民擁護您，跟了您……

是啊，曾經滄海難為水，除卻巫山不是雲。我不相信各路諸侯就能成什麼氣候……你叫田家英通知康生，來我這裡一談。

張毓鳳立即去樓下打電話找田家英。她很尊敬田家英副主任，又年輕又英俊，又有學問。她不喜歡主任楊尚昆，方頭方腦，笑笑眯眯的後邊總像是隱藏著兇狠勁。

張毓鳳十分懂事，凡是主席找重要人物來談話，她上過茶之後，便退到外間去。黨和國家的機密大事，她自覺地與之規避。她已發現，凡在主席身邊工作的人，都有這個自覺。

她內心裡十分討厭康生，又有些害怕康生。康生的長相就像個奸臣，尖下巴，翹下頷，苦瓜臉，奔額頭，金魚眼上架一付厚眼鏡，整個臉塊比一般人要長出四分之一，平日總是陰沈沈。每回到主席這裡來匯報工作，卻會佝僂著身子，滿臉塊堆起了笑容。可是他一笑起來，兩邊的眼角上，就會扯起幾條深深的魚尾紋，直拉到耳朵根上去。

人不可貌相。這樣一個人，聽講還是理論權威，中國共產黨內唯一見過革命導師列寧的人。毛主席很是器重他，總是交給他最要害的工作。

這天，康生向主席匯報了許久。鈴聲響了，張毓鳳進主席的書房裡去添茶水。主席身邊的茶几上放著一疊文稿。主席已在文稿的第一頁上批示了一行字：彭德懷同志意見書，印兩佰份，分發與會同志，七月十六日。

康生手捧著筆記本，見張毓鳳進來，便停止了匯報。主席催促說：

繼續講下去。這是我的小張……我這裡不至禍起蕭牆吧。

康生透過厚厚的鏡片，看了看張毓鳳。張毓鳳只顧著添茶水，倒煙灰缸。他們吸煙吸得真厲害。只聽康生操著略帶山東口音的普通話說：

近些日子，常到彭德懷同志住處聊天，聊到深更半夜的有周小舟、周里、滕代遠、賈拓夫、李銳……張聞天同志也參加了兩次。前天，在彭德懷同志處議政的，又增加了黃克誠總參謀長……

哦，對了，黃克誠大將也上山了。原先是留他在北京看家的。他是自己要求上山的。好嘛，國防部長，總參謀長，省委書記，我的工業秘書，都是我的湖南老鄉嘛！加上張聞天，他們搞到一起去了……他們晚上不去跳舞，而熱衷於搞軍事俱樂部。

是的，主席明察秋毫，一眼洞穿，他們就是搞軍事俱樂部，文武合璧……主席剛才提到禍起蕭牆。李銳可是在主席身邊工作的。還有喬木、家英這些秀才們，最近私下裡也有不少高論……

毛澤東擺了擺手，有些不耐煩了。

康生察言觀色，住了口。

你在那個大區參加討論？

華東組。

你到西北組去幾天吧。那裡最熱鬧了，彭德懷、張聞天，都在西北組嘛。張聞天一次發言三小時！比他在延安當總書記、發瘧疾時候講話還多。這些天來，我是硬了頭皮，聽任各路諸侯們放言高論，把大躍進三面紅旗說得一團漆黑，罵得體無完膚……好在自信人生四百年，會當擊水三千里，廬山不會陸沈，地球不會停止轉動……謝謝你閣下的系統還在為黨工作。記得延安時，我就跟你講了，向蔣委員長學習，我也要有個戴笠，搞一個內務系統……果然有用。

康生收住了臉上的笑意，忠誠地望著毛澤東說：

自我接手社會情報部那天起，就隨著準備著為主席，為黨的安危粉身碎骨，死而後已。

毛澤東一動不動地看著康生，眼神裡有讚許，有企望：

好，好。在階級消滅、國家機器消滅之前，也只好如此了。列寧手下有捷任辛斯基，斯大林手下有貝利亞。列寧死後，捷任辛斯基被謀殺，歷史很可疑。斯大林一死，赫魯曉夫一夥上台，首先對付貝利亞。放心，只要我在，就決不允許中國黨出赫魯曉夫，走蘇聯黨的老路……你看，你看彭德懷、張聞天、黃克誠他們的背後，還有沒有大人物？

恕我斗膽……我不敢說。

恕你無罪，但說無妨。

不說為妙，不說為妙。

康生同志，你還跟我賣關子？嗯？為我謀，而不忠乎？

我、我斗膽說一句，要有的話，就是我們的另外那位主席同志。他給本次會議定的調子：成績講夠，問題講透……我只是一種直覺。我參加黨三十多年了，當然不希望……

他？不可能。今年五月分，我才舉荐他取代我當了國家主席嘛。毛澤東思想這名詞，是他最早提出的……當然，我也提議你擔任黨中央《劉少奇選集》編輯委員會主任，看來，倒是個適當的人選了？

第二十七節　元帥之怒

七月十七日這天下午，會議秘書組將剛剛印製出來的「彭德懷同志意見書」，分發給各大區討論組。

「意見書」在西北組會議室裡分發時，彭德懷傻了眼：怎麼回事？怎麼回事？這是六月底上廬山之前，自己把回湖南鄉下調查到的情況，大躍進、煉鋼鐵、人民公社、公共食堂出現的種種問題，寫了出來，作為私人信件，呈送給毛主席作參考的呀！如今這麼一封私人信件，毛主席沒有給自己打任何招呼，就作為會議文件印發？並冠以「彭德懷同志意見書」幾個大字！

停止！你們搞的什麼名堂？做的什麼手腳？誰批准的？

彭德懷元帥衝著會議秘書組的工作人員大聲喝斥了起來。他雖然是個粗人，可大半生戎馬生涯，黨內殘酷鬥爭經驗，使他感到十分突然，事態嚴重。

彭總，我們也搞不清楚……您應該能明白……

秘書苦笑著擺了擺手。

停止！停止！我現在就去問毛主席！

康生坐在一旁，手裡挾著煙卷，若無其事地翻閱著「意見書」。

張聞天坐在會議桌的另一端，手裡捏著「意見書」，哭喪著臉。

黃克誠手捏著「意見書」，就像被人敲了一悶棍似的，神色發木。他可是自己跑上山來開這個會，並作了支持彭老總的發言。

已經到了散會的時候。彭德懷元帥手拿一份意見書，像頭憤怒的獅子，大步出了會場。他的秘書想勸他一下，都沒能趕上。

彭德懷元帥在一條緊傍著山溪的石板路上急匆匆地走著。就像當年在戰場上，軍情緊迫，銳不可當。

他來到廬林別墅一號院大門口。毛主席的那輛黑色防彈大轎車還停在門口。他站在黑色大轎車前。主席的司機、警衛員們向他敬禮。他只是點了點頭，而不像往常那樣親切地跟大家說笑，聊聊家閒。

不一會，毛澤東出來了，身上穿著直條紋的浴衣。後邊跟著張毓鳳等幾位工作人員。

彭德懷元帥迎了上去，盡量穩住自己的情緒，可仍是顫著粗重的聲音說：

主席！我想同你談幾句……只有幾句。

毛澤東站在台階上，稍稍一驚，然後自上而下、笑笑微微地望著他：

啊，彭老總？什麼事這樣急？艾森豪威爾要扔原子彈？

毛氏以一黨之尊，總是愛開玩笑，尋開心。

主席！我的信，是寫給你私人做參考的！沒有徵求我本人的意見，怎麼就作為會議文件印發了？

嘀嘀，大兵壓境，這麼嚴重？今天散會了，明天我們再好好談談，如何？

不！主席，你現在就給我解釋……

不吃飯了？不跳舞了？不看劇了？不睡覺了？我說明天吧。

說罷，毛澤東揮了揮手，下了台階，進了轎車後座。司機、警衛員、張毓鳳都進了車子。汽車發動了。

彭德懷真是頭又犟又倔的大黃牛，終於壓不下心頭怒氣，竟不避厲害，不計後果，一不做二不休地擋住在了黑色大轎車前，大聲叫著：

主席！我跟了你幾十年了，我不怕！你要給我講清楚！講清楚！

毛澤東坐在轎車後座裡，陰沉著臉，一聲不吭，一動不動。

主席！我跟了你幾十年了！跟了你幾十年了，怎麼可以這樣對待人……

毛澤東仍是一聲不吭。

於是一個暴跳如雷，一個穩於泰山。兩下裡僵峙著，真不成體統。國防部長攔住了黨中央主席的座車，不讓開走。毛澤東不急不躁，彷彿有意讓大家看個真切，看個夠。站在四周的工作人員都傻了眼。

後來還是毛澤東的衛士長拉來了兩位中辦副主任，邊勸慰著，邊拉扶著，把彭德懷元帥勸到了一旁，讓開了路。黑色轎車緩緩開了過去。

彭德懷元帥衝著轎車大叫：

你要講清楚！你要講清楚！你不要又搞陽謀！陽謀！陽謀……

晚霞夕照下的座座青峰，堵堵崖壁，都在迴蕩著彭德懷元帥的怒吼，一個從井崗山武裝割據初期就擔了「中國工農紅軍」副總司令的、忠心耿耿、無私無畏的老軍人的怒吼。

第二十八節　賀子貞來見負心漢

第二天上午。

當年井崗山上的紅軍美人賀子貞，年不滿半百已經滿頭霜雪、未老先衰的賀子貞，四九年之後一直被打入上海「冷宮」裡的賀子貞，上了廬山，進了「美廬」，來見偉大的負心人。在「美廬」，賀子貞見到的第一個人，卻是張毓鳳。她不認識張毓鳳。張毓鳳卻知道她老前輩是誰。不免有些惺惺惜惺惺。讓進客廳裡坐下，泡上廬山雲霧茶。一老一小，相對無言。賀子貞的眼睛依然很銳利，彷彿已經看出了小女子的身分：跟自己當年一樣，妻不妻，妾不妾，名不正，言不順。至多二十來歲吧，侍候著六十六歲的毛澤東。真是江山易改，卻改不了他那好色的本性……

這時，毛澤東的書房裡傳出來激烈的爭吵聲。雖然幾十年沒有見面了，仍然一聽就分辨得出，是彭副總司令粗重的吼聲。

張毓鳳吐了吐舌頭，又搖了搖頭，尊敬地望著賀子貞。賀子貞卻十分吃驚地側過了身子去。

我調查過，我有發言權。我回了湘潭老家烏石鄉，親眼看到大煉鋼鐵、吃公共食堂是怎麼回事，得不償失，小資產階級的狂熱性！

老彭，依你高見，黨中央的路線方針錯了？三面紅旗全錯了？

為什麼不敢承認？為什麼不能檢討？

是啊，你高明，比我們所有的人都高明。去年春上的成都會議你為什麼不提出？八月的北戴河會議是專門研究人民公社問題的，你為什麼不提出？

主席……近幾年來，你已經聽不進另一些話了。

德懷同志，你太固執了，容易犯錯誤！犯錯誤！

主席，我是犯過錯誤，而且不止一次。我們黨內，誰沒有犯過錯誤？特別是主觀主義的錯誤，左傾的錯誤……這回，我調查了，鄉下，確是餓死人了！

依你高見，我們該怎麼辦？

事情都明擺著，該怎麼辦，就怎麼辦！

一棵樹總難免有一張、兩張枯葉。你總不能為了這一兩張枯葉，就把樹鋸斷了！把三面紅旗統統拔了嘛。看問題，要顧全大局嘛！

不管怎麼說，當前農村工作的一套做法，是勞民傷財，得不償失，我堅決反對！老百姓在挨餓，在餓肚皮！有的地方，已經死人了！我有調查。不信，主席可以派人去落實……主席，現在是一批吹牛皮、講大話的人圍著你轉……

賀子貞、張毓鳳足足聽彭老總跟毛澤東爭吵了半個多小時。之後，爭吵才慢慢平息了下去。毛澤東在輕輕咳嗽，在踱著步子。他讓步了？接受彭老總的意見了？

彭德懷走了出來。毛澤東沒有出門送客。看來是不歡而散。彭老總臉膛仍紅紅的，還在激動著。

賀子貞從沙發上站了起來，走上前去，喊了聲「彭總……」

彭德懷一愣，但立即認出了是賀子貞，忙不迭地伸過來一雙大手。兩雙手緊緊握著，沒有說話……他能說什麼呢？全黨都服從著一個人。弄不好，自己也要像老戰友賀子貞一樣，被發落到什麼地方去，被死不死活不活地養著……

賀子貞發現，彭老總鐵骨錚錚一條漢子，眼睛有些潮潤。

彭老總握住賀子貞的手不放，感慨萬千地點著頭，想說句什麼話，大約因為有張毓鳳在場，就又停住了。

彭老總離去了，帶走了一聲沉重的嘆息。

賀子貞由張毓鳳陪著，進了內廳。她先看到的是毛澤東的背影，仍在踱著步子。回過頭來時看到了賀子貞。兩人卻愣了一下，幾乎是同時脫口喊出。

潤之！

自珍！

張毓鳳懂事地退了出去。

毛澤東抑止住自己的情緒，盡量平靜地說：

自珍，你終於來了……我們，我們見面不容易。心裡一直覺得，虧待了你……是我不好。那時太年輕，任性。記得一九三七年離開延安時，你本來是安排我去上海治病的，是我自己拗著去了莫斯科……

後來美國的那個朋友寫書①，說是我把你和另外兩個女人一起驅逐出延安的，一派胡說。

現在，我可是在上海久住了。

怎樣？想換個地方？

不不，在上海住慣了，有花園，院子不錯……過去的都過去了。我們之間之事，我們自己心裡，比誰都清楚。我現在也想通了，一點都不怨你……真的，只是記掛你，穿的，

①大約是指美國記者斯諾所著《西行漫記》一書。

吃的，身邊的人是不是實心實意……

自珍！自珍……

三十多年前的一對戀人，戰友，伉儷，多少話要傾訴，多少事要提及。但時間呢？十年難得一次召見。總算他還記起了從前的人，費盡苦心做出這次的安排。賀子貞畢竟是個老戰士，她沒有忘記自己的責任。她一路上都想著要說些最重的話，有關鄉下農民的疾苦……一個大躍進，把全國上下攪成了什麼樣子？終於，她直截了當地說：

剛才我看見彭老總了，他好像很傷心……

他是個痛快人，就是這裡轉不過彎子來。他說我不謙虛，犯了急躁驕傲、好大喜功的毛病。真難得他能夠說這個話。我說，我還是我，不是李世民。你老彭，想當魏徵嗎？

潤之，國家大，人口多，這個家是不好當……但你作為最高領袖，是要多聽些不同的意見，全面了解情況。俗話講，與其多個馬屁精，不如多個長舌婦。古書上說，有了魏徵，唐開盛世……

你不在中央，不知道情況。老彭他們都反對提毛澤東思想……

潤之，古書上講，民為重，君為輕……我也想匯報點鄉下情況。

噝噝，讀了不少書了？最近身體好了些，生活上有什麼困難沒有？

毛澤東有意繞開了話題，關心起她養病的種種事務來。

二十二年不相處了，賀子貞覺得毛澤東的　脾氣越發厲害了。許多事，明明錯了也不肯認帳，犟得九頭牛都拉不轉。

賀子貞在山上只住了一天。江青突然從杭州來了電話，說杭州天氣悶熱，她要來廬山清爽清爽。誰走漏的消息？康生？

為了不惹麻煩，毛澤東安排賀子貞下了山，送了她一筆錢。

第二十九節　廬山大陽謀之一

「彭德懷意見書」分發後的第二天，七月十八日，彭德懷即公開要求收回自己給毛澤東的信。毛澤東不予理會。大丈夫一言既出，駟馬難追，你彭德懷想收回就能收回。

毛澤東沒有料到的是，「彭德懷意見書」分發下去之後，並沒有引起大多數與會者的批判，反而使得張聞天再次破門而出，在華東組作了長達三小時的發言，跟彭德懷相呼應，大談三面紅旗、大煉鋼鐵所引起的嚴重問題，國民經濟所面臨的嚴峻形勢。也有批評彭德懷的聲音，卻非常微弱：康生在西北組有一次旗幟鮮明的發言，柯慶施在華東組也有一個發言，都沒有擊中要害……人數眾多的省市委書記們的發言呢，大都雞毛蒜皮，隔靴搔癢，甚至東拉西扯，言不及義。毛澤東明白，他們是在觀望，還不能適應會議從反左改為反右這一大方向的轉變。

最使毛澤東難堪，突顯孤立的，是劉少奇、朱德、周恩來、陳雲、林彪五位黨中央副主席的沉默。他們各有心事，都不願帶頭批判彭德懷？天啊，這算個什麼局面？

張毓鳳留意到，毛主席近兩天看過會議簡報後，時而悶悶不樂，時而凝神靜思。下午仍去游泳，晚上卻沒去跳舞。他睡不好覺。有時一晚上要起來吃兩次安眠片。張毓鳳感到了事態的嚴重。她知道主席已經發出了「批彭」指示，中央委員們原該熱烈響應、堅決貫徹的！可是現在一反常態，竟出現了一派冷漠的沉默。對於黨的最高領袖來說，是十分可怕的沉默。這局面隨時可能演變成一次黨的大分裂……看來彭德懷元帥的「意見書」頗得人心，他並不孤立。康生又來向主席報告：黃克誠、周小舟、周里、李銳等人，晚上仍然在彭德懷的住處相聚……李銳年輕氣盛，甚至提出和周小舟一起，找毛主席辯論！倒是被老成持重的黃克誠總參謀長勸住了。

張毓鳳這可明白了，康生這人的「工作」，是替主席當「耳線」、「眼線」，叫做「內務」。

小鳳！

毛主席手上捏一支香菸，佇立在窗前，觀看著窗外山頭上翻滾著的雲團霧氣。

張毓鳳連忙拿上火柴，給主席點菸。她發覺主席額頭上的皺折舒展開了。

妳知道有句成語，叫做「解鈴還需繫鈴人」嗎？

張毓鳳緊靠住主席站著，小鳥依人。她明白，這是主席在思考，在自我問答，並不需要她出聲。只讓他的手，一下一下撫在她身上，就得。

替我記下來三件事：下午三時，請恩來陳雲過來一談；七時，請少奇同志和我一起吃晚飯；晚上十時，請彭德懷同志再來談談。他還在頂牛，固執己見，我要做通他的工作。

主席，要我寫下來嗎？

不要，不要。三件事，你去口頭通知田家英，由他去安排。

張毓鳳立刻執行任務。她現在兼任了主席的「傳話人」。她的最大優點，便是頭腦單純、感情純潔，工人家庭的女兒，對領袖無限忠誠。她沒有什麼非分之想，胡思亂想。她甚至都沒有想到主席已經「略施小計」，擬訂了全面出擊的戰略方針了：

找周恩來、陳雲談話，說服他們批彭，在政治局內就可構成多數。周恩來跟賀龍、陳毅、聶榮臻、劉伯承、徐向前、葉劍英諸位元帥重臣，交誼至深。周恩來帶頭批彭，元帥們自然跟上。還有李富春、李先念、譚震林、薄一波諸位副總理，也是跟周恩來的。陳雲是中央組織部老部長，四九年後一直協助周恩來主持經濟工作。五七年初點名批評了他和周恩來的求穩怕亂，右傾保守，恩來很快做了檢討，他卻一直保持著沉默。這次會上，他仍可能沉默。沉默就沉默。在批彭問題上，陳雲沉默，就是默認了。

找劉少奇來，共進晚餐。氣氛融洽。如今是兩個主席，一套班底，風雨同舟了。自一九四五年延安「七大」上，劉少奇提出「毛澤東思想是全黨工作的指針」後，毛澤東已讓他擔任了黨的二把手，授權他主持黨中央的日常工作。他的優點是，工作深入細緻，能以身作則，謙虛謹慎，任勞任怨。跟二十幾個省市自治區的黨委書記們建立了親密的工作關係。劉少奇手下更有幾員得力大將：一是北京市市長彭真，列席政治局常委會議；一是組織部部長安子文；一是國務院秘書長習仲勳；一是公安部長羅瑞卿大將，統籌負責黨和國家機關的安全保衛，當然也包括了目前廬山會議的警衛工作。

毛澤東暫時沒找朱德總司令。朱總司令年高德劭，幾十年來跟彭德懷生死與共。批彭的事，他這一關最難過。難得的是總司令自延安「七大」之後，樂於充當和事佬，不再掌實權。他是個老實本分人，最後會服從政治局常委多數同志的決定的。當後，過些天專門安排一次晚餐，恭請朱總司令，請董必武、謝覺哉、徐特立幾前老前輩來作陪。

毛澤東沒有找林彪。他對林彪最放心。自井崗山武裝割據時候後，林彪就是毛澤東最信賴的戰友和學生。經毛澤東次第提拔，從一名連長而成為「紅一軍團總指揮」。林彪也爭氣，抗日伊始，中共紅軍接受國民黨中央政府改編為「八路軍」，林彪任一一五師師長，就在平型關打了個漂亮仗，殲滅了日軍一個師團。後毛澤東安排他當了幾年「抗日軍政大學校長」。一九四五年抗戰勝利之後，更讓他率領十萬幹部去東北，依靠蘇聯紅軍建立鞏固的東北根據地。好傢伙，短短三、四年時間，由蘇聯紅軍老大哥提供裝備，他在東三省收編、發展起了第四野戰軍，雄師近百萬，後來從黑龍江一直打到了海南島。而在一九五六年的「八屆一中全會」上，決定中共中央政治局委員排名時，毛澤東四兩撥千斤，把林彪的名字勾到了彭德懷的前面，成為政治局常委之後的第一名政治局委員。隨後又在一九五八年的中央全會上，毛澤東提議補選林彪為黨中央副主席、政治局常委。現在批判彭德懷，正好由林彪來接替國防部長，主持中央軍委的工作。毛澤東排斥彭德懷，真可謂機關算盡。

這次廬山會議，在如何看待大躍進三面紅旗問題上，還有兩位有可能跟彭德懷沆瀣一氣的人物沒有參加，一是「中央書記處總書記」鄧小平，一是「元帥外交家」陳毅。兩人都是軍閥脾氣。幸而他們兩位都被留在北京「看家」了。

一切停當。當晚十時正，彭德懷應約來到了「美廬」。

張毓鳳在門口迎著：

彭總！主席請您上樓。他等您好一會了。

小鬼，還有別的人？

沒有。就主席一個人在樓上……

張毓鳳陪彭德懷元帥上樓，習慣地要牽扶一下。彭德懷擺了擺手。樓上的書房兼客廳裡，果然只有毛澤東一人。

毛澤東迎上來熱情地握手。

德懷！這兩天一直想找你好好談談。我們不吵架。要吵你就吵，我掛免戰牌，如何？一句話，說得彭德懷都忍不住笑了。毛主席主動示好，給了他面子。在一旁沏茶的張毓鳳也笑了。緊張的氣氛，頓時緩解許多。

當晚，毛澤東的談話，的確動了感情。談到井崗山搞割據，談到富田事件有人要逮捕毛澤東，要不是紅軍副總司令彭德懷鼎力相救，毛澤東何能有今天？談到長征路上，遵義會議後，張國燾另立黨中央，派兵追殺毛澤東等人，要是沒有彭老總的紅一方面軍紅三軍團將士浴血苦戰，黨中央何能安全抵陝北？談到抗日初期，八路軍副總司令彭德懷將軍在華北平原發起「百團大戰」，威震日寇，談到一九四七年胡宗南二十萬大軍進攻延安，黨中央撤守，而由彭德懷指揮延安保衛戰，救毛澤東於水火，功標青史；談起一九五〇年「抗美援朝」，又是彭老總不避艱險，率志願軍出國作戰，跟武裝到牙齒的美帝國主義打成平手，在三八線上停下來和談……

彭德懷是個吃軟不吃硬的武夫。他聽毛澤東主席列數他幾十年的戰蹟，肯定了他的歷史貢獻，那一肚子的頂牛情緒，就烟消雲散了。

毛澤東接下來說：一九五八年的大躍進、大煉鋼鐵、公共食堂，情況明擺著，是出了不少問題。黨中央是要解決這些問題。可是，在本次會議上，六個大區，幾十路諸侯，各吹各的號，各唱各的調，政治思想上再難形成高度的集中統一。黨中央已經面臨分裂的威脅。自己年紀大了，搞不好可以下台，也應該下台。可是個人下台事小，黨的分裂事大呀，鬧下去，我們辛辛苦苦、流血犧牲打下的這個江山，也可能毀於一旦呀……所以想來想去，只能請你彭老總幫個忙，做個典型。為了維護黨中央的團結，不得不求助於你同志。

說著說著，毛澤東掉了淚，談到了兩人幾十年的生死交誼，甚至談到了鄉誼，都是湘潭鄉親，一個韶山沖，一個烏石鄉，相隔不過二十幾里旱路。……這回，你老總要你黨中央一個台階，也是給我黨主席一個台階。在全會上做一個公開檢討，然後散會。散會後，自己退居第二線，不再過問工農商學，林牧副漁，而由少奇、恩來，小平他們去改弦易轍，調整政策。鄉下的那些事，都會按你「意見書」上提出的辦……

彭德懷也感動得哭了。他是個粗人，只是認死理，沒想到黨主席面臨著這麼大的難處！他向來忠介耿直，為同志肝膽相照，為事業兩肋插刀。為了黨的團結，為了黨主席的威望，他個人做個檢討，受點委屈，何難？

彭德懷是個痛快人，當即眼睛一抹，說：

主席，放心，只要中央不再搞大躍進，不再大煉鋼鐵，不再趕老百姓吃公共食堂，我明天就檢討！然後上交元帥服，辭掉一切職務，回湘潭鄉里去種田……

毛澤東心頭一鬆，滿意地點了點頭。也覺得彭德懷這人粗中有細，為了換取他一個檢討，而毫不含糊地提出三大條件。

兩位湘潭老鄉，一直談到深夜兩點。

送走彭德懷之後，毛澤東心裡一塊石頭落地。他一邊踱著步子，一邊叫來了張毓鳳：

小鳳，去伙房裡看看，有什麼下酒的？不要驚動旁的人……我們還有紹興花雕嗎？一起暖了來……

張毓鳳好生奇怪，主席喜歡深夜換舞伴，卻很少喝酒的呀，他又酒量不大，平日只喝低度酒。不像周總理，有海量，喝貴州茅台，也從沒見醉。

張毓鳳悄悄去樓下伙房裡，找出一罐紹興花雕，一罐湖南豆鼓辣椒，一碟湖南烟熏臘肉，一碟油炸花生米。對了，還有主席最喜歡吃的長沙火宮殿特製臭豆腐！

主席讓小鳳陪著他喝。邊喝酒，邊給她講諸葛孔明的故事。

喝了個半醉。上床後，龍威虎猛。張毓鳳笑他，許多日子沒有這樣英勇過了。

主席，您饒了咱吧？咱，好像有了……是您的骨血……

毛澤東楞了一楞，蹙了蹙眉頭，說：

鳳鳳，不是時候……我安排人送你去南昌一轉……

第三十節　廬山大陽謀之二

七月二十三日上午，彭德懷元帥在中央工作會議上作了第一次檢討。他違心地承認自己犯了右傾機會主義的錯誤，他的「意見書」是反三面紅旗的。他眼含淚水，呼籲大家要團結在黨中央的周圍，同心同德，克服國民經濟的暫時困難，關心人民群眾又特別是廣大農民的疾苦……彭德懷越講越激動，檢討了二十多分鐘，就泣不成聲。主持會議的劉少奇，只得讓服務員扶他回住處去休息，休息好了，再寫書面檢討，這幾天的大會小會，就暫時不要參加了。

整個會場都沉寂了。參加會議的「各路諸侯」，一時就像吃了一悶棍似的，被打暈了頭。

彭德懷剛離開會場，毛澤東主席出現在主席台上。他彷彿根本不知道有彭德懷作檢查這回事，坐下之後，只跟主持會議的劉少奇打了個簡單的招呼，即開始講話。一次語無倫次、顛三倒四的即興講話，卻也是一次十分精采的講話。摘要如下：

你們講了那樣多，允許我講點吧，可以不可以？吃了三次安眠藥，睡不著覺。……不分甚麼話，無非是講一塌糊塗。這很好，越講的一塌糊塗越好，越要聽。我們在整風中創造了「硬著頭皮頂住」這樣一個名詞。我和有些同志講過，要頂住，硬著頭皮頂住，頂好久？一個月，三個月，半年、一年、三年、五年、十年八年，有的同志說「持久戰」，我很贊成，這種同志佔多數。

在座諸公，你們都有耳朵，聽嘛！無非是講得一塌糊塗，難聽是聽，歡迎！你這麼一想就不難了。為甚麼要讓人家講呢？其原因，神州不會陸沉，天不會塌下來。因為我們做了些好事，腰桿子硬。我們多數同志腰桿子要硬起來。為甚麼不硬？無非是一個時期蔬菜太少、頭髮夾子太少、沒有肥皂、比例失調、市場緊張，甚麼人都緊張，以致攪得人心緊張，我看沒有甚麼緊張。我也緊張，說不緊張是假的。上半夜你緊張，下半夜安眠藥一吃就不緊張。

……這種廣泛的群眾運動，不能潑冷水，只能勸說，同志們，你們的心是好的，事實難以辦到，不能性急，要有步驟。吃肉只能一口一口吃，要一口吃成一個胖子是不成的。林彪一天吃一斤肉還不胖，一年也不行。總司令和我的胖，並非一朝一夕之功……聽不得怪話不行要養成習慣，我就是硬著頭皮頂住聽，無非是罵祖宗三代，這也難怪我少年中年時代，也是聽到壞話一肚氣，人不犯我，我不犯人，人若犯我，我必犯人；人先犯我，我後犯人！這個原則到現在也不放棄。

……一個生產隊一條錯誤，七十幾萬個生產隊，七十幾萬條都登出來，一登到頭，登得完登不完？還有文章長短，我看至少要一年。這樣結果如何？我們的國家就垮台了，那時候帝國主義不來，國內人民也會起來把我們統統打倒。你辦那個報紙天天登壞事，無心工作，不要說一年，就是一個星期，那也要滅亡的。……假如辦十件事，九件是壞的，都登在報上，一定滅亡。那我就走，到農村去，率領農民推翻政府。你解放軍不跟我走，我就去找紅軍。我看解放軍會跟我走。

……食堂問題。食堂是好東西，未可厚非，我贊成積極辦好，自願參加，糧食到戶，節約歸已。……食堂可以多一點，再試他一年、兩年，估計可以辦成。人民公社不會垮台，現在沒有垮一個……始作俑者，其無後乎！我無後乎，一個兒子打死了，一個兒子發瘋。大辦鋼鐵的發明是柯慶施[1]還是我？我說是我。我

①柯慶施：原中共北方局負責人，劉少奇下級。四九年之後狂熱追隨毛澤東，任華東局第一書記，兼上海市市長。

和柯慶施談過一次話，說六百萬噸。以後我找大家談話，鄧小平也覺得可行。我六月講一千零七十萬噸②，後來去做，北戴河搞到公報上，少奇建議，也覺得可以，從此闖下大禍，九千萬人上陣。所謂始作俑者，應該斷子絕孫。搞了小土群……

……說始作俑者，其無後乎，一個是一千零七十萬噸鋼，是我建議，我下的決心。其結果九千萬人上陣，九百億人民幣，「得不償失」。其次是人民公社，人民公社我無發明之權，有建議之權。我在山東，一個記者問我：「人民公社好不好？」我說「好」，他就登了一報。小資產階級狂熱性也有一點；以後新聞記者要離開。

我有兩條罪狀，一條叫一千零七十萬噸鋼，大煉鋼鐵，你們贊成，也可以給我分一點，但始作俑者是我，推不掉，主要責任在我。人民公社全世界反對，蘇聯老大哥也反對。還有總路線，是虛的。實的，你們分一點，見之於行動是工業農業。至於其他大炮，別人也要分擔一點……我也放了三大炮：公社、煉鋼、總路

②中國大陸一九五七年鋼鐵產量為五百三十五萬噸。一九五八年六月毛澤東號召翻一番，土法上馬，全黨動員，全民上陣。

線。彭德懷說自己粗中無細，我是張飛粗中有點細。人民公社我說集體所有制。我說經過集體所有制到共產主義所有制的過程，兩個五年計畫太短了一點，也許要二十五年計畫？……

彭德懷的公開檢討，毛澤東的批彭講話，使得整個廬山會議的形勢急轉而下，且是一邊倒了：由原來的反左批左，轉為反右批右。

毛澤東講話之後，劉少奇等人不敢怠慢下去，紛紛起而批判彭德懷。劉少奇作了批判彭德懷右傾機會主義錯誤的長篇發言。其中竟有如下肺腑之言：怎麼輪得到你彭德懷來反對毛澤東同志？如果可以反的話，我劉少奇早反了。唯毛主席毛澤東思想是中國社會主義革命和社會主義建設的指路明燈嘛！

接著是周恩來揭批彭德懷錯誤思想的歷史根源，長達四個小時。把彭德懷的錯誤定為反黨性質；

還有林彪、賀龍、劉伯承、葉劍英、羅瑞卿一班元帥大將們，

還有彭真、柯慶施、李井泉、陶鑄、宋任窮一批黨政大員們……

如萬箭齊發，萬炮齊轟，落井下石。倒是真有炸平廬山，停止地球轉動之勢。彭真緊跟劉少奇，在批彭德懷問題上很得毛澤東歡心。頗為耐人尋味的是：中央工作會開成了第八屆第八次中央委員會全體會議，原先一些並未上山的中央委員也都上了山，白天激烈批

鬥彭德懷，晚上照舊一一摟著姑娘們跳交誼舞。大多數人只會跳獃板的慢二步、慢四步，只有毛澤東、劉少奇、周恩來少數偉人能摟著美人兒跳華爾茲，乃至探戈。

彭德懷落進了圈套裡，跳進黃河洗不清，滿身長嘴洗不清了。他一下子成了「政治瘟神」，原先的老同事們甚至老部下們，都斷絕了跟他的一切往來，徹底劃清界線。他的錯誤越批越嚴重，最後由八屆八中全會定為「彭德懷、黃克誠、張聞天、周小舟右傾機會主義反黨集團」、「軍事俱樂部」，是一次「有組織、有綱領、有預謀的篡黨奪權的罪惡活動！全會對彭、黃、張、周等人作出了組織處理，撤銷黨內外一切職務，交全黨全軍批判，卻均未開除黨籍。彭德懷，甚至名義上還給保留了中央政治局委員的席位。

在一九五八年毛氏悍然發動大躍進運動，造成國民經濟大潰敗的事實面前，劉少奇退卻了，周恩來轉舵了，朱德持中立態度，但擁護中央決議。至於其餘大員們，「各路諸侯們」，更不再力圖批左糾左，而大張旗鼓批右反右，去繼續擴大毛氏大躍進的惡果，以數億人民群眾的飢餓為代價，順從了毛澤東一人的旨意。「毛主席萬歲」、「毛澤東思想偉大紅旗」之類的頌歌，越加沸揚於餓殍遍野的神州大地。

廬山會議，是毛澤東自一九五七年反右鬥爭「引蛇出洞」之後，又一次十分成功的政治大陽謀。在這次鬥爭中，獲益最大的是林彪、彭真、柯慶施、康生、陳伯達、羅瑞卿諸人，他們都官晉一級了。

一九五九年盛夏，盧山會議上表現得較有骨氣的，是跟彭德懷並無淵源的黨中央副主席陳雲。唯他在整個批彭案中一言未發。

第三十一節　盧山大陽謀之奇人奇事

盧山大陽謀中，有幾件奇人奇事值得一敘。他們是：

中共大將黃克誠，前總書記張聞天，湖南省委書記周小舟，賀龍元帥，羅瑞卿大將，以及毛澤東秘書田家英、李銳，妻子江青。

黃克誠：湖南永興人，中共軍隊有「十位元帥」、「十個大將」，他是「大將」之一。亦是彭德懷的愛將。官拜「總參謀長」、「中共中央書記處書記」盧山會議期間，他本像鄧小平、陳毅一樣，是留守京師的大員，無須上山開會。可是他作為軍機重臣，竟於毛澤東決心解決彭德懷問題的前夕，上盧山來找彭德懷匯報工作，從而犯了毛澤東的大忌諱，認定他是來參加「軍事俱樂部」謀反的！於是他成了「右傾機會主義反黨集團」的第二號人物，遭到長期軟禁、關押。事後有人稱他是在劫難逃，自投羅網。直至一九七九年後平反復出，曾任「中共中央紀律委員會常務書記」，雙目失明，卻仍頑強維護毛澤東思想之崇高地位，維護毛澤東主席之「歷史功蹟」，以證明他一生忠於黨，忠於毛澤東思想。他晚年最仇恨作家白樺所著電影「苦戀」；

張聞天：中共著名理論家。自一九三五年中共遵義會議起，任中共總書記，直至一九四五年中共「七大」（在此之前，中共未設過「主席」，總書記即為最高領導人），毛澤東自封黨主席獨攬大權為止。在陝北十年間，一直由他主持中共中央日常工作，對毛澤東的獨斷專横作風，多有批評、制肘。因之兩人結下芥蒂。中共「七大」之後，他即將降格為一名無實職的政治局委員，被排除出權力核心。一九四九年之後，掛名為國務院外交部副部長。一九五六年中共「八大」之後，他再次降格為政治局候補委員，仍掛名國務院外交部副部長。廬山會議上，他曾就國民經濟存在的嚴重問題跟彭德懷交換過意見，取得過默契。他是在毛澤東印發「彭德懷意見書」、發出批彭信號之後，憤而作了長篇發言，表現了他的憂國之思。毛澤東領頭批鬥彭德懷之後，他自知災禍難免，多次要求跟毛澤東個別談談。毛澤東卻不肯接他打來的電話，也不肯召見他，更不肯放過他，而於八月二日，給他寫了一封信，龍飛鳳舞，頤指氣使，極盡幸災樂禍、嬉笑怒罵、人格侮辱之能事：

洛甫①兄，怎麼搞的，你陷入那個軍事俱樂部去了？真是物以類聚，人以群分。你這次安的是甚麼主意？那樣四面八方，勤勞辛苦，找出那些漆黑一團的材料，真是好寶貝！你是不是跑到東海龍王敖廣那裡取來的？不然，何其多也！然而一展覽，盡是假的。講完後兩天，你就心慌意亂，十五個吊桶打水，七上八下，被人們纏得脫不開身。自作自受，怨得誰人？我認為你是舊病復發，你的老而又老的瘧疾原蟲還未去掉，現在又發寒熱症②了。昔人吟瘧疾詞云：「冷來時，冷的冰凌上臥；熱來時，熱的蒸籠裡坐；疼時節，疼的天靈蓋破，顫時節，顫的牙關銼。只被你害殺人也么哥，只被你害殺人也么哥，真是寒來暑往人難過！」同志，是不是？如果是，那就好了。你這個人很需要大病一場。昭明文選第三十四卷，枚乘〈七發〉末云：「此亦天下要言妙道也，太子豈欲聞之乎？於是太子據几而起曰：渙乎若一聽聖人辯士之言，涩然汗出，霍然病已。」你害的病，與楚太子相似，如有興趣，可以一讀枚乘的〈七發〉，真是一篇妙文。你把馬克思主

①張聞天紅軍時期之別名。
②張聞天在延安時曾患瘧疾，毛澤東故此取笑。

義的要言妙道通通忘記了，於是跑進了軍事俱樂部，真是文武合璧，相得益彰。現在有甚麼辦法呢？願借你同志之箸，為你同志籌之，兩個字，曰：痛改。承你看得起我，打幾次電話，想到我處一談。我願意談，近日有些忙，請待來日。先用此信，達我悃忱。

毛澤東以一種大贏家的心態寫了此信，一洩心頭的宿恨。真是君子之仇，二十年不晚。早年在延安時，毛澤東好引經據典，賣弄學問，曾受到飽學之儒的張聞天的尖銳批評，稱他為「半桶水，七上八下」。如今權勢顛倒，輪著毛澤東來冷嘲熱諷，直把張氏罵作兒子（太子），而自己儼然以聖人老子自居。

寫成此信之後，毛澤東十分快意，恰逢張毓鳳剛從南昌做過墮胎手術返回山上，便令其坐在自己膝上，一邊撫摸著，一邊以朗頌古文的抑揚頓挫聲調，讀將出來。張毓鳳自去年來到毛澤東身邊，做了他的人，就將整個身心都交給了「偉大領袖」，憂主席所憂，憎主席所憎，樂主席所樂。主席贏了，她也就幸福了。

毛澤東的信，逗得張毓鳳嘻嘻笑：真會挖苦人哩！咱牡丹江老家地方人發瘧子，就是那樣子哩！就是太尖酸了些……你這些天，想咱來著？看看你的手……咱都濕了，癢了……

兩天之後，毛澤東的這封信，附上西漢散文家枚乘的〈七發〉原文，作為八屆八中全會文件，印發給每一位中央委員。於是廬山會議在批判鬥爭「彭黃張周反黨集團」的同時，又大學起枚乘的這篇〈七發〉來。狗屁不通的，一知半解的，不懂裝懂的，痛心疾首的，不倫不類，不三不四，紛紛大讚起毛澤東的信和枚乘的〈七發〉。有人甚至問：七發，是不是古人枚乘同志的七根頭髮？亦有人回答：不不，枚乘這傢伙帶兵打戰，不辭辛苦，七次出發上前線！

倘若「枚乘同志」地下有知，他的這篇辭賦於兩千餘年之後，竟會在中共高官會議上紅極一時，廣為傳誦，他一定啞然失笑，並榮幸之至。

張聞天於毛氏文化大革命初期受盡肉體折磨，一九七一年慘死在北京監獄。臨死前，不知他痛悔過青年時代狂熱追求的共產革命否？

周小舟：湖南瀏陽人。毛澤東在延安時的文字祕書之一。其人頗有文才，為毛氏所器重、賞識。據傳是毛氏重要著作《實踐論》、《矛盾論》的真正撰稿人之一。一九四九年之後，毛澤東將他放了外任，回湖南擔任省委第一書記兼省軍區第一政委，並許諾：先交給你一個省做試驗，管好了，另給你更大的責任。頗有日後再予提拔重用之意。皆因他知識分子出身，害上了憂國憂民症，毛氏大躍進運動後，號稱中國魚米之鄉的湖南省，同樣民不聊生，餓殍遍地。上廬山之前，他陪同彭德懷元帥下湘東北數縣調查研究，體察民間疾苦。他跟彭德懷達成了一致意見，決心上山後，向毛澤東進諫，求勞民傷財、得不償失大躍進運動得以終止。他自恃毛氏信任他，關愛他，當能聽得進他反映的實際情況。可是毛澤東高高在上，驕奢淫逸，枉顧下情而一意孤行。他幾次求見，均被婉拒。他遂與彭德懷商量上萬言書。彭德懷敢作敢擔，萬言書只署了自己一人的名字。在山上，他常與毛氏祕書班子中的老同事如田家英、李銳等人相聚，對毛氏的工作作風及生活作風，包括好色不倦之類的私生活等等，多有微詞、非議。又都為康生的「內務系統」所竊知。毛澤東恨其不忠，怒其叛逆，便毫不容情地將其打入「彭、黃、張、周反黨集團」，為第四號人物。他被撤銷了黨內外一切職務，發配到廣州軍區某陸軍野戰醫院「半工作半休息」，實為軟禁，與外界斷絕了一切聯繫。毛氏文革初期，他又被揪了出來，殘酷批鬥，後被投入監獄，據傳是自殺而死，年不過五十。死前，當能省悟：一介書生求報國，誤入共產迷魂途？

賀龍元帥：湖南桑植人，中共十大元帥之一。靠兩把菜刀起家。北伐時已任國民革命軍軍長。他於中共最危難、「革命處於最低潮」的一九二七年，大批共產黨員被捕被殺，或退黨脫黨之際，在周恩來、朱德等人的影響之下，率部舉行「八一南昌起義」，並經周、朱二人介紹入黨，實為中共紅軍的創始人之一。此後一直受周恩來擺弄。一九五九年廬山會議期間，他又受周恩來影響，昧著良心激烈批彭。一九六六年，他卻因周恩來態度曖昧，而未肯跟隨毛澤東、林彪，參與倒劉少奇密謀，而陷大禍，被誣為「大土匪」、「大軍閥」、

「野心家」，關押在北京西山，受盡凌辱死去。據說臨時前，對其妻子薛明說，自己的一生，唯一的一件虧心事，是一九五九年在廬山，不該跟著他們，批鬥了彭德懷副總司令。

羅瑞卿：四川南充人，中共「十個大將」之一。井崗山時期為林彪紅一軍團保衛處長，延安時期任毛澤東的中央警衛團團長，一九四五年後任華北野戰軍羅耿兵團司令員，四九年後任中共國務院公安部長，北京衛戍司令。深獲毛澤東信任，戲稱「羅長子」。一九五八年夏，毛澤東欲往長江三峽游泳，以創駭世豪舉。羅瑞卿率領一個先遣小組，往三峽試水。羅氏為表忠貞，於三峽三次躍水，幾被淹死。後給毛澤東回一急電：主席，三峽灘險流急，不宜暢游……一九五九年毛澤東回韶山，他親任警衛，甚為盡力。之後毛澤東將他提拔為：中央政治局委員，中央書記處書記，國務院副總理，解放軍總參謀長，中央軍委祕書長，仍兼公安部長，負責京畿防衛。集黨、政、軍、特於一身，權傾一時了。可是一九六二年後，毛、劉分裂，明和暗鬥。他倒向劉少奇、彭真一派，成為劉、彭在軍中支柱。一九六五年秋冬之際，毛澤東決意打倒劉少奇，首先拔除他這顆「釘子」，於該年十一月將其祕密誘捕，遞奪了兵權。一九六六年五月，更將其打成「彭、羅、陸、楊反革命陰謀集團」，為第二號人物。一九六七年夏，因不堪毛氏紅衛兵凌辱，而從關押的三層樓上跳樓自殺，未遂，只跌斷一條腿。後被長期囚禁在秦城監獄。秦城監獄是他於五十年代公安部長任內，請蘇聯特工專家設計的中共高級政治犯監獄。他自己蓋的高等監獄，輪著他這等囚犯住上了。他的女兒後來有一篇回憶文字提到：他被囚禁在秦城時，總是聽到隔壁有人大喊大叫，不知是個甚麼人物。因這單間號子，採用的是蘇聯老大哥無產階級專政的高級智慧牆壁、門窗、桌椅、床舖、浴缸、抽水馬桶等，皆為海綿膠皮包裹，且各有單獨的放風天井，絕無跟其他囚犯見面的可能。後因羅氏在秦城關押久了，便是看守人員也知他是公安部的老部長，他才打聽出來，隔壁號子裡關押著「右傾機會主義反黨分子彭德懷！」他大惑不解，並認為是奇恥大辱，找監獄看守人員抗議：怎麼可以把我跟彭德懷關押在一起？他有什麼資格住秦城？他是廬山會議上的反黨分子！我忠於偉大領袖毛主席！忠於偉大統帥毛主席……

羅瑞卿於一九七八年重獲自由，官復原職。一九七九年病逝於北京。去世之前，對毛澤東，對彭德懷，對自己，以及對於秦城高等政治犯監獄，有否較為客觀的認識？嗚呼！

田家英：最年輕的中共中央委員，中央辦公廳副主任，毛澤東最賞識的秀才。中共黨內一度傳聞，他將成為毛澤東的政治接班人。廬山會議上，他認清了毛澤東的為一己私慾而殘害忠良的德行，大為失望，痛心疾首。據他的好友李銳後來撰文回憶，他一度有過站在廬山錦繡谷的懸崖上輕生的打算，後來爲李銳悄悄勸止。其時，他對李銳說：伴君如伴虎，難得糊塗，度日如年……一九六六年初，毛澤東又為一己權慾，不顧國計民生，不惜生靈塗炭，而調兵遣將，悍然發動文化大瘋狂的前夕，這位有才華、有抱負、有歷史感，在毛澤東身邊工作了二十餘年的中年知識分子，終於萬念俱灰，回天乏力，憤而自殺，向毛澤東進行了最後一次「死諫」。他死後，毛澤東絲毫不為所動，斥之為「小叛徒一個」。

李銳：湖南平江人。為中共「文死諫」之典型人物。頗有湖南人的俠義氣質。十七歲大學未畢業，即投奔延安，在胡喬木手下從事文字工作。不久，毛氏開展排除異己的「延安整風」，毛氏的情報頭領康生發起「鋤奸運動」，李銳被疑為「敵特」被關入「窰洞監獄」。他的妻子為延安地方幾位美人之一，亦被毛氏秘書鄧力群找去訊問，令其揭發丈夫的問題，後竟遭姦汙…一九四九年後，李銳任中共湖南省委宣傳部長。任上，著有《毛澤東同志的青年時代》一書。一九五七年，調「毛澤東辦公室」工作，任毛氏工業秘書。先後數度陪同周恩來、毛澤東等人視察長江三峽，他激烈反對三峽建壩。一九五九年六月末上廬山開會，他晚上不跳舞，而常跟彭德懷、黃克誠、田家英、周小舟、周里等幾位湖南老鄉聚在一起，議論毛氏大躍進之功過得失。彭德懷案發之前，他竟然要拉上周小舟一同去毛澤東住處找毛氏本人當面辯論，卻被老成持重的黃克誠勸阻。黃克誠天真地認為：不要再去激怒主席了，大家做個檢討過關算了。其實，他和田家英等人的言行，都在毛氏掌握之中，只是念其年輕，憐其有才，放他們一馬罷了。一天，由劉少奇主持中央委員會議，聽周小舟作檢查。周小舟被連日批鬥後，精神上完全垮了，做檢查時，竟把田家英、胡喬木、李銳等人私下議論毛澤東私生活的種種，都要兜底交供出來。李銳不是中央委員，只是坐在後排列席而已。當他聽周小舟的檢查涉及到了田家英等人，連忙站起來大聲說：

小舟同志！你記錯了，那些話，是我李銳講的，跟田家英無關，你不要冤枉人了……

周小舟的檢查被打斷了。周小舟亦自知失言了。在風聲鶴唳、人人自危的批鬥場上，李銳此舉，自然使得那些明哲保身、但求無過中央委員們大為驚訝。更使得主持會議的劉少奇十分氣憤。素以「修養」著稱的劉少奇竟一拍桌子，大聲喝斥：

李銳！你出去，你不是中央委員，沒有資格參加會議，更沒有資格發言！離開離開，這裡沒你的事！

劉少奇聲色俱厲，實際上卻是保護了李銳、田家英。

廬山會議後，李銳被調換中央辦公廳，到化工部當一名副部長，後又到水電部任副部長。一九六四年，中共高層內部鬥爭日趨激烈，李銳被下放到安徽省一座偏遠農場「勞動鍛練」。一九六七年秋天，毛澤東的文革大將陳伯達、康生想到了他，對於打倒劉少奇有用處，便派專機把他從安徽逮捕回北京，投入秦城監獄。他沒有交代出多少有用的東西。因為他只做過毛氏的工業秘書，而非劉少奇的工業秘書。他後來說：

寫檢討，揭發這玩意，你檢討越徹底，揭發越深入，你本身的問題越嚴重。只能淺嚐輒止，多一事不如少一事，少一事不如根本沒那回事……

他好讀書，好書法，好做舊體詩。也好罵娘。在秦城監獄，享受單獨監禁。囚犯不准有紙筆，寫檢討用過的紙筆要如期如數上繳。只給一套紅寶書《毛澤東選集》四卷，日夜研讀，改造罪惡。後來他身上長了疥瘡，問醫務人員要了一瓶龍膽紫汁（俗稱紫藥水）。塗抹過患處之後，他忽然發現紫藥水可以用來當墨水做詩，小棉簽則可以權當筆使。紙呢，只好委屈於《毛選》四卷的天頭地角了。於是紅寶書的天頭地角，被他密密麻麻地寫滿了舊體詩，感時嘆世，內容隱晦。起初看守人員還以為他在寫學《毛著》心得，表揚過他。後來發現他在寫字句整齊、艱澀難懂的東西，便把他的《毛著》四卷、紫藥水、小棉籤，悉數沒收了，而另發一套嶄新的《毛著》。

一九七六年毛澤東去世，四人幫被捕之後，李銳恢復了工作，歷任中央委員、水電部副部長、中央組織部副部長，在胡耀邦手下大膽平反全國冤假錯案，不遺餘力。他仍然保持著「直言犯上」的習性。鄧小平、陳雲、胡耀邦均不喜歡他，六十七歲即退休，掛名「中央顧問委員」。但他仍然不甘寂寞，憂國憂民，而著書立說，繼續反對長江三峽建壩工程。中共領袖們歷來好大喜功，一意孤行，於一九八四年決定成立「三峽省」，以備大興三峽工程。李銳不避利害，給中共中央「六位常委」寫信，質問：難道你們要犯毛主席都不敢犯的錯誤，遺禍子孫嗎？三峽工程因海內外反對者甚眾，至今仍僵持中。再說他在秦城監獄被沒入的那套「毛著」，後退還了他，他也將上邊的舊體詩摘抄下來，編成一集，交由他家鄉的湖南人民出版社出版，曰《紫龍膽集》。他還著有《廬山憶舊》等書。只可惜他的共產黨人的思想局限，及個人安危的憂慮，他沒有寫出一九五九年發生於廬山上的那場鬥爭的真相，那場導致中共從強盛走向衰敗的毛澤東大陽謀的歷史真實一面。

江青：江青於廬山會議的後期才上山。她跟毛澤東早已經達成妥協：不翻臉，不離婚，保持夫婦名分。她曾於七月中旬給毛澤東掛電話，揚言要上山避暑。後獲知毛的前妻賀子貞只在山上過了一夜，就匆匆下山了，她也就樂得在杭州「山外青山樓外樓」了。

江青從杭州帶上廬山的，是一整車攝影器材。她不能參與黨中央的政治生活，而迷上了曾被毛澤東斥為「玩物喪志」的攝影藝術。這一次，毛澤東沒再讓張毓鳳回避夫人江青，妻、妾倆個總要見面的。

你倒好！把我發落在杭州，你在山上任風流……

看看，看看，是你自己要到西湖去養病的嘛。

總理走了沒有？真想跟他跳跳探戈！

走了，他太忙，回北京了。想跳舞，不早點上山？

我上山來礙手礙眼嘛，前妻，新妾，都養在山上嘛！

沒有心事跟你胡纏。彭、黃、張、周的問題，差點把我搞的焦頭爛額……失街亭，走麥城，你以為戲那麼好唱？來來來，介紹一下，這位是張毓鳳，這位是我夫人江青。我也年近古稀了，今後身邊只有你們兩位，希望以大局為重，和睦相處，同舟共濟。

毛澤東嚴肅地盯住江青說。江青自然感覺得出其中的分量。張毓鳳則漲紅了臉，向前移了兩步。江青只隨隨便便地瞄了她一眼，沒有向她伸出手來，而是迎著毛澤東的目光，頭一昂：

潤之，好了，好了。反正你總要當贏家。老娘這回認了！只此一位！聽著，只此一位！

毛澤東看了可憐巴巴的張毓鳳一眼，心頭一陣輕鬆。他的確不能為了些雞毛蒜皮的兒女私情，影響了他的黨和國家領導者的重任。這次雖然打敗了彭、黃、張、周諸人，但更嚴重的權力挑戰還在前頭。

毛澤東讓江青住在「美廬」樓下，原先宋美齡女士的房間裡。張毓鳳則白天過來上班，晚上回廬林一號去住。

為了酬謝江青對於張毓鳳的「默許」，毛澤東陪江青去遊「仙人洞」、「錦綉谷」、「天池」等地，並合影留念。照片洗了出來，毛澤東特別欣賞仙人洞那幾張，答應今後為其題絕句一首，留誌佳境。

第三十二節　赫魯曉夫來訪

一九五九年十月一日，是毛澤東的國慶十周年紀念日。

為了迎接這「國慶十周年大典」，自一九五六年起，北京開始興建十四大建築，並拓寬、修整天安門廣場。十四大建築中，有九座建築物被安排在橫貫北京市中心的東、西長安大街兩側：北京火車站，北京飯店新樓，中國革命歷史博物館，人民大會堂，北京市電報大樓，民族文化宮，中央人民廣播電台，京西賓館，革命軍事博物館，加上釣魚台國賓館，北京展覽館，首都體育館，中國美術館，東郊農業展覽館。這些中西合壁的宏偉建築物的建成、啟用，為古老的北京城添新姿，增了異彩。

毛澤東心裡有數，剛剛結束的廬山會議，雖然終於去掉了彭德懷這塊「心病」，但對於自己在全黨、全軍、全國人民心目中的威望，不能不有某種程度的損害。彭德懷畢竟是為民請命、直言犯諫而獲罪。彭德懷成了共產黨內的包青天、海瑞。為了造成民族團結、國泰民安的景象，毛澤東跟劉少奇、周恩來商量，十月一日起全國放假三天，普天同慶，各地都搞慶祝遊行。天安門廣場白天大閱兵，先是陸、海、空三軍，接著是首都民兵師，再接著是體育健兒，文藝大軍，以及各機關、學校、工廠的革命群眾隊伍；晚上則在天安門廣場上放焰火，唱歌跳舞。誰上天安門城樓閱兵？周恩來呈報上來的名單裡，有全體政治局委員、候補委員，十位元帥，各民主黨派領袖、少數民族代表等等，自然也就包括了彭德懷、張聞天；在晚上登天安門城樓觀看焰火的名單裡，周恩來周到地在毛澤東的名字旁邊打了個括號，添上了江青的大名。名單經劉少奇復審，劉少奇在彭、張二位的名字下添了個問號。最後呈毛澤東決審。毛澤東用鉛筆把彭德懷、張聞天、江青三個名字一起圈掉了，卻在劉少奇的名下添了王光美，周恩來名下添了鄧穎超，朱德名下添了康克清，並批了一句話：你們的夫人行，江青不行，毓鳳也不行。毛澤東經常玩世不恭，給劉少奇、周恩來們出這類難題。劉、周、朱自然不能越禮，各自苦笑了笑，把各自夫人的名字劃掉了。

九月三十日晚上九時，在人民大會堂舉行盛大的國慶招待會，宴開五百席，黨和國家領導人，各國貴賓，軍政機關、各人民團體負責人，勞動模範，戰鬥英雄，各行業知識分子代表，五、六千人濟濟一堂，真正的火樹銀花不夜天。金樽美酒食膏粱了。

最有趣的是蘇共中央總書記赫魯曉夫，於前一天在美國紐約曼哈頓的聯合國大會上，脫下牛皮鞋猛敲講台，大罵萬惡的資本主義和帝國主義，而於這天的傍晚，乘專機降落北京機場，並直接奔赴張燈結彩的人民大會堂宴會大廳。自然是掌聲雷動，歡聲四起。在主席台前的毛澤東、劉少奇兩人的巨幅畫像下，赫魯曉夫跟毛澤東、劉少奇、周恩來、朱德四巨頭一一熱烈擁抱，互致同志問候。毛澤東特意把鄧小平介紹給赫魯曉夫：

這位小個子，是我們的總書記！

赫魯曉夫俯了身子。看了一眼比他矮了整兩頭的鄧小平，心中略感不快：毛澤東同志這是什麼意思？自己是蘇共堂堂第一把手，兼部長會議主席，而這個侏儒般矮小的鄧小平，不過是你們黨的書記處的總書記，在黨裡排名第七！

其時，毛澤東已跟赫魯曉夫有過多次衝突，彼此都心存芥蒂。其實這中蘇共兩黨巨頭，脾性倒是十分相似：兩人都好大喜功，聞過則怒，專斷蠻橫，在各自的黨內頤指氣使，以「偉大領袖」自尊。且又心照不宣地爭奪著斯大林死後空缺下來的世界共運領袖地位。不同的是：赫魯曉夫勇於改革，熱情澎湃，打破斯大林迷信，改無產階級政黨、國家為全民黨，全民國家。取消階級鬥爭，提倡和平競賽，和平過渡，和平共處，認同議會道路。這實際上形成了對於毛澤東的巨大挑戰，尤其是對毛式人民公社三面紅旗的直接挑戰。赫魯曉夫決意改革的，取消的，幾乎全部都是毛澤東賴以安身立命的「要言妙道」，又稱為三大法寶：階級鬥爭，無產階級專政，統一戰線。在幾個具體問題上，更是創下了兩人之間的裂痕：一是如何評價斯大林，赫魯曉夫認為是蘇共內政，毛澤東則認為斯大林屬於社會主義大家庭、國際共運；二是蘇聯把東北的中長鐵路、旅順口海軍基地交還給中國時，幾乎拆走了所有的機器設備；三是去年（一九五八年夏）蘇聯外長葛洛米科訪問北京時，讓他給赫魯曉夫帶回一個口頭建議：中國可以把美國軍隊引誘進中國腹地，然後由蘇聯扔原子彈予以消滅。葛洛米科當場就搖了頭。據說後來被赫魯曉夫譏為發瘋，神經有毛病。赫魯曉夫進一步嘲笑毛氏的人民戰爭思想在核子武器面前不過一團人肉，搞人民公社吃公共食堂是喝大鍋清水湯，是三個人共一條褲子的原始共產主義。

當然，在當天晚上的盛宴上，毛、劉、周、朱、陳、林、鄧，向老大哥之邦的最高領導人赫魯曉夫同志，一次又一次的舉杯敬酒，信誓旦旦，相互保證：中蘇兩黨、兩國人民的兄弟友誼，以蘇聯為首的社會主義大家庭的革命團結，牢不可破，萬古長青！整個宴會大廳裡，一次又一次地響起「中蘇兩國人民的堅強團結萬歲」，「偉大的蘇聯共產黨萬歲」，「赫魯曉夫同志萬歲」的口號聲。不用說，更有「毛主席萬歲、萬萬歲」的歡呼聲。甚至還有人第一次呼喊了「劉主席萬歲」！

劉少奇當場出了一身冷汗，沒可奈何地望望毛澤東，彷彿用眼神表情請求他不要介意似的。赫魯曉夫則大約十分奇怪：中國同志原來這麼喜歡高呼萬歲。他來到這裡，也享受到了「萬歲」的殊榮。哈哈，中國人從前就是這樣稱頌封建皇帝的！

毛澤東出席這類宴會，從來都要提早退席。他酒量不大，興趣也不大。把赫魯曉夫留給劉、周、朱三位去料理。他回到了中南海豐澤園，有張毓鳳料理。他已經須臾離不開張毓鳳：

毓鳳，你猜今天的招待會哪個來了？

中國還沒有電視，電台也沒有現場轉播，張毓鳳守在豐澤園裡，能知道都有誰來了？

蘇聯的那個煤炭工人，頓巴斯的礦工同志。

啊，知道了，蘇聯的總書記。昨天報紙上還說他在美國哪。

他傢伙大鵬展翅，日行兩萬……他脫了皮鞋罵美帝國主義倒是罵得痛快，但我不同意他反斯大林。斯大林在世，他喊慈父、恩人。斯大林一死，他打倒斯大林，掘墳墓……我擔心我們這裡，會不會也出他這樣的人？

不會的，不會的，主席是人民的大救星，大恩人。

我的稱呼也都跟斯大林一樣……我是中國的斯大林，遲早也會被人掘了墳……

不信，不信，就是不會……主席，你喝多了？

反正我信。來來，幫我去了這身討嫌的禮服。

第三十三節　大飢荒，毛澤東處驚不亂

一九六〇年，從東海之濱，到帕米爾高原，從白山黑水，到錦繡江南，神州大地上終於爆發了大飢荒。不是天災，而是人禍，中國有史以來面積最大，死人最多的一次災難。正是一年大躍進，三年大飢荒，完全是毛澤東大躍進失敗後繼而反右傾，倒行逆施造成的惡果，除中華民國治下的台灣省外，中國大陸二十九個省市自治區餓死人口達六至七千萬。中共後來公開承認餓死人口二千二百萬。

實際上是從一九五九年冬天開始，各省市自治區即在深揭狠批「彭德懷惡毒攻擊三面紅旗、誣蔑人民公社大好形勢的反黨罪行」的同時，陸續向「中共中央」呈報各種縮小了的災情。連歷史上號稱「湖廣熟、天下足」的湖北、湖南、廣東、廣西四省區，都向中央告急：人民公社食堂嚴重缺糧，搞瓜菜代，百分之七十以上的社員群眾患有水腫病①，許多人全身浮腫死亡……更不用提安徽、山東、山西、陝西、貴州、甘肅、青海、內蒙、遼寧這些歷史上的缺糧省了。許多地方更是發生了大隊武裝民兵集體搶劫國家糧庫的惡性事件，發生了人肉相食的慘劇。

這些災情報告，大都經中央書記處總書記、副總理鄧小平轉呈國務院總理周恩來，周恩來轉呈國家主席劉少奇。劉少奇沒有轉呈毛澤東。他對毛澤東歷來畏懼三分。劉氏於建政之初即提出了「新民主主義新階段論」，主張先發展資本主義，後實行社會主義，反對加速農業合作化，有一套較為適合中國大陸國情的經濟建設構想，但都為毛澤東嚴詞否決。毛澤東於一九五〇年利用電影「清宮祕史」批判賣國主義，一九五一年利用電影「武訓傳」批判改良主義，一九五二年批判「資本家剝削有功論」，一九五五年批判農業合作化運動中的「小腳女人」，矛頭都是直接指向劉少奇的。毛澤東亦深知劉少奇於經濟建設、治政治國很有一套，周恩來、陳雲、陳毅、李富春、鄧子恢也比自己有經濟頭腦。但他絕不允許同輩們對自己的經濟決策權提出挑戰。

這是當代中國的政治悲劇，亦是中共重蹈封建帝制舊轍的歷史悲劇。自一九四五年中

---

①一種由飢餓引起的併發症。

共「七大」樹立了毛澤東的最高領袖地位後，毛氏即以霸主自居，獨攬了黨、政、軍、文、財。一九四九年入主中南海之後，更是大會小會，指名道姓地批評劉少奇、周恩來、陳雲、鄧小平這些人。他高高上，卻十分講究批評藝術，有時是玩笑式，有時是規勸式，有時是明裡表揚某位、暗裡批評某位。毛澤東說話慢慢吞吞，幽默風趣，加上引經據典，玩世不恭，頗為動聽。他盡力做到「喜怒不形於色」，很少在公共場合動怒，罵人。——一九五三年九月在國務會議上侮罵老朋友梁漱溟先生算是例外。他甚至力避在會上跟同事公開爭論問題。他的策略是「會上談不成，會後自己幹」。他以中共皇上自居，卻經常半開玩笑半認真地問人：這麼大的事，我都不知道，是哪個皇帝決定的？

再說劉少奇壓下了各省市自治區呈報上來的災情，是要等待毛澤東在嚴酷的現實面前自省。因為毛澤東自一九五六年執意推行農業合作化、私營資本主義工商業國營化之後，一直沉緬於他的那套烏托邦式的經濟大躍進、快速進入共產主義的美妙圖景裡。他一直未能理解：人民公社公共食堂有甚麼不好？農民打破小鍋小灶過上集體生活，各家各戶不再每天都為油鹽柴米操心，不是極大地解放了農村的生產力？農民的子弟都願意進軍營當兵，人民公社為什麼不能辦成農村的平時能生產，戰時能打仗的准軍事化組織？

一九六〇年，在全國一片飢饉聲中，北京召開了兩次全國性歌功頌德大會，一為第三次全國文代會，一為全國社會主義建設群英會。繼續高舉三面紅旗，為毛澤東思想大唱讚歌。毛澤東仍不能自省：他已經被供奉在中共政治的神殿上，嚴重脫離了社會，脫離了民眾。他已墮落為中國歷史上最大的一位瞎指揮者，一位不懂裝懂的自大狂，權力狂。兩次大會的閉幕式上，毛澤東都讓嬌小的張毓鳳吊在自己的胳膊上，接見與會的全體代表。這是張毓鳳的頭一兩回在公開場合露面。毛澤東和張毓鳳的身後，才是劉、周、朱、陳、林、鄧等等。他們自然不能效法毛澤東，在各自的臂彎裡吊上一個年輕妙可的小美人。被接見的大會代表們當然不能了解內情，他們在熱淚盈眶地呼喊「毛主席萬歲」、「黨中央萬歲」的同時，只能猜想：毛主席老了，出門動步，身邊要個小護士照顧了。

劉少奇明哲保身，按下了全國各省區的災情不報，而只是夥同周恩來、陳雲、鄧小平、彭真數人去做一些以不觸怒毛澤東為原則的「政策調整」。他等待的是毛澤東自我認錯，自動下台。那麼，毛澤東本人是怎樣了解到全國大飢荒災情的？此事，還需提及當時的中央辦公廳副主任、中南海警衛團負責人汪東興。汪東興是井崗山根據地出來的「紅小鬼」，十幾歲起就在毛澤東身邊當書童、通訊員，延安時期昇了衛士長，是毛澤東最忠誠的隨身衛士。一九六〇年九月的某天，毛澤東坐在南海北岸的石欖上，聽汪東興匯報中央警衛團戰士、幹部的思想情況，又特別是警衛毛澤東本人的全連戰士的生活、學習情況。毛澤東倒是要求汪東興在任何時候、任何情況下都要對他講真話，報告事情真象。性命攸關矣！汪東興恭敬地望著毛澤東，據實報告說：

全連戰士、幹部一百九十三人①，都從家中來信中得知家鄉的災情。親人得水腫病，死亡，生活有困難的，有一百五十四人，佔全連人數的百分之七十九點八。

戰士董方會說：毛主席住在北京，知不知道農民生活？糧食打那麼多都到哪裡去了？戰士許國亂說：叫人們吃菜是不是毛主席下的命令？中南海修建工人每月六十斤糧食還沒勁呢，農民光吃菜和白薯，吃不到正糧。不能不管老百姓的死活。人民內部是有矛盾的。他說，電影「萬水千山」我也看了，那時生活是苦，但現在農民的生活比那時還苦。戰士張立臣說：現在農村老百姓吃的連狗都不如，過去狗還能吃到糠和糧食，現在人餓的沒勁，小豬餓得站不起來。社員們反映說：毛主席是不是叫我們都餓死……

毛澤東愣住了。真是晴天霹靂。他是第一次聽到農村的這些情況。但他沉得住氣，見汪東興不再匯報下去，便說：

小汪，多謝你。我是被蒙在鼓裡了。我相信，戰士們講的都是真話，真實情況……我想找他們本人再談談。

---

①毛澤東的警衛連為加強連，人數和裝備均超過正規部隊一個排。

報告主席，他們發言後的當天，就都調離中南海了。

不要為難他們，要保護一下講真話的人……請你通知一下伙房，從明天起，停止我的肉食。另外，替我搞幾把鋤頭來，豐澤園裡那麼多空地，我們可以種些瓜菜……

毛澤東起身回院子裡去了。汪東興望著他的背影，激動得眼裡泛起了淚花……原來是一天前，朱總司令、劉主席、周總理三位老首長一同找他小汪談話，懇求他把農村的大飢荒狀況，以匯報警衛連戰士思想動態的方式，報告偉大領袖毛主席……汪東興當時感動極了，給三位老首長下了跪！

毛澤東回到豐澤園書房裡，丟魂失魄的，精神一下子垮掉了。張毓鳳一見嚇壞了。主席向來有中風的老病，莫不是又犯病了？她正要掛電話傳值班醫生，毛澤東朝她擺擺手，又招招手。

張毓鳳坐到毛澤東身邊來，用手掌試了試主席的額頭，只有冷汗，沒有燒。她的手，被主席緊緊抓住了：

沒有病，鳳鳳，不要離開我，任何時候都不要離開……

主席，不離開，不離開，我是你的人，只要活在這世上！

鳳鳳鳳，我闖了大禍了……鄉下鬧飢荒，在死人，會出李自成……說著，毛澤東眼裡溢出了兩滴淚珠。

主席，不要緊，不要急。國家大，人又多，難免有些災害。

張毓鳳盡力勸慰著，毛澤東渾身發瘧疾似地打著冷噤，只好扶他到長沙發上去躺下，蓋上毛巾被。她急的手足無措，滿頭大汗。毛的手又緊捏住她的胳膀不放，她連個電話都打不出去。她想起了沙發背後有個緊急傳呼的電鈴，便按了按。一位值班秘書聞聲而來。張毓鳳示意不要出聲，而在一張便箋上寫了六個字：劉周朱，陳林鄧。

一個鐘頭後，劉少奇、周恩來、朱德、陳雲、林彪、鄧小平來到了毛澤東的書房裡。毛澤東已經服了鎮靜劑，心情平穩了些，但仍是一臉的沮喪。他沒有責備劉、周、朱、陳、林、鄧諸位，只是很傷心地把汪東興的匯報，復述了一遍。他說：

晚上開個常委會，把彭真也請來。我先向各位同志做檢討。鄉下大飢荒死人，我擔第一份責任。再研究國民經濟怎麼調整。這事一定要抓緊。不要忘記，明末李自成是怎麼起事的……

劉少奇、朱德、周恩來三位都舒了一口氣。毛澤東見大家仍是你看看我，我看看你，便又說：

少奇，朱總司令，對付鄉下的飢荒，有什麼緊急辦法沒有？

朱德忠厚地搔了搔頭上稀疏的灰白頭髮：

民以食為天，開倉賑災吧！

劉少奇望了周恩來一眼，跟著說：

恩來，我們全國的戰備儲備糧，大約是多不多？

周恩來面色肅穆，想了想，才說：

可供全國人口一年零七個月。

劉少奇點著頭，對毛澤東建議說：

救災如救火，我同意總司令的意見，開倉賑災。自古以來，封建時代，遇上大災荒，都是這麼做的。

劉少奇的話分量很重。毛澤東心裡不是滋味。他沒有直接回答，只是用眼睛望著鄧小平、林彪二位，然後問：

小平，你是總書記，也是大管家，腦子好用，有什麼高見？

鄧小平平日總是楞頭楞腦的，少說話，多幹事。他先尊敬地看了看劉少奇和朱總司令，然後看著毛主席，毫不含糊地說：

這次的災荒來勢很猛，面積很大，不是一兩年的問題……我看還是先放寬政策，讓人民群眾自己動手，豐衣足食！

開不開倉？毛澤東問。鄧小平捏著雙手巴掌說：

我們有五百萬軍隊要吃糧，還有八百萬幹部，五千萬職工，一億多城市人口……鄉下農民還有野菜野果樹皮草根，我們的軍隊和城市職工，卻是連樹皮草根都吃不上。所以我說，開倉賑災要慎重。國庫一直不富裕，也不可能從國外買進大筆糧食……話說到底，我們黨和政府，無產階級專政，就是建立在總理所指的這一年零七個月的戰備儲備糧上。

鄧小平這矮個子，看問題總是這麼直接了當。毛澤東又看了看林彪、陳雲二位。林彪說：開倉不開倉，我都同意，只要五百萬人民解放軍有充足的糧食供應……真的出了李自成，也要靠解放軍去解決。總司令，你說是不是？

陳雲，你的高見呢？毛澤東問。陳雲半閉著眼睛回答：事已至此，有哪樣話好講？趕快研究國民經濟的收縮、調整吧！解散食堂，恢復自留地，開放農村集市，救命要緊。

劉少奇和朱德一直在交換著眼色。朱德忍不住說：我們打算先餓死多少農民？天下可是農民打下來的。

毛澤東臉色越來越蒼白，額角上又冒滿了汗珠子。他又躺了下去。但嘴裡仍在說：少奇，總司令，小平，先開一部分倉，主要放發種子，加兩三個月的度荒糧……具體的，你們去定……

周恩來見毛澤東病的不輕，忙站起來說：晚上的常委會，仍由少奇同志主持吧。你身體欠安，就不必參加了。我們會盡快作出決議，調整各方面政策，放手發動群眾，搞自力更生，生產自救。也好。少奇，你是能者多勞，拜託拜託。總司令，你是大老實人一個。小平，你是言必有中，乾脆俐落。還有陳、林兩位……我是快見馬克思的了，今後，一切拜託各位。

同事們走了，毛澤東又拉住張毓鳳的手淚落。他很感激張毓鳳，跟他身相隨，心相通。張毓鳳問他還想見誰？找江青同志來？毛澤東搖搖頭，又用力捏了捏她的手說，江青、醫生統統不要見。他們只會鬧亂子，幫倒忙。

晚餐時，毛澤東吃得很少。而且只吃蔬菜，辣椒，不吃腥葷。飯後由張毓鳳扶著回到書房，忽然說，給林彪掛個電話，叫他晚上散會後，再來我這裡一下。

政治局常委會由劉少奇主持，彭真列席參加，田家英、胡喬木、陳伯達三位任記錄，決議立即向全黨全軍全國人民起草一封「關於農村人民公社當前政策問題的緊急指示信」，先用電話迅速下達至全國各地，內容十二條，農業方針全面退縮，堅決制止「一平二調共產風」。

凌晨一點，常委會散會。林彪單獨來到豐澤園毛澤東的書房裡。毛澤東的情緒已經穩定了。張毓鳳給林副主席上了茶，便退到屏風外。主席說：

林老總，我們可能要打敗仗了……你估計，這回，陸海空三軍，會不會迎接彭德懷？

林彪笑起滿臉皺紋，當然懂得軍委主席指的是什麼。於是，他匯報起軍隊工作來：

當前，全軍戰士、幹部，正在深入揭批彭德懷、黃克誠反黨反毛澤東思想錯誤言行的基礎上，大力開展學習運動，讀馬恩，讀列寧斯大林著作，又特別是讀毛主席的著作。《毛選》四卷，是軍隊政治思想教育的基礎教材。毛主席的書，不但戰士要讀，幹部更要讀。軍隊工作，千頭萬緒，一定要堅持政治掛帥、思想領先、黨指揮槍的原則……

張毓鳳一次又一次給他們上茶。她發現，聽了林彪的匯報，主席的氣色好多了，臉上有了笑容。他仍像往常一樣，慢慢吞吞地說：

幹部、戰士，讀馬列、讀毛著，要有區別。戰士文化水平低，可以選些內容淺顯、易懂易記的文章來讀，比方說〈學習白求恩〉、〈為人民服務〉、〈愚公移山〉之類。連、營、團三級，可以要求讀《矛盾論》、《實踐論》，師以上高級將領，應當規定他們讀幾本厚一點的，如《反杜林論》。當前，連隊戰士的學習，尤其要抓緊，要啟發他們憶苦思甜……

他們一直談到凌晨四時。林彪告辭時，毛澤東只坐在沙發上伸了伸手：很好很好。軍隊由你主持大學習運動，我放心了。明天，我還要找康生談談……

張毓鳳去給林副主席開門、關門。她真佩服偉大的毛主席小事馬虎隨便，大事卻毫不含糊，思想敏切，處置縝密。

第三十四節　毛澤東檢討

一九六〇年，對於中共來說，是形勢極為險惡的一年。國內，數億人口掙扎在大飢荒的生死線上；國外，又跟老大哥之邦的蘇聯鬧翻了臉，中蘇共兩黨公開決裂。蘇共以老子黨自居，乘中共經濟面臨大崩潰而施加強大壓力：撕毀一百三十六項重點工程援建合約，撤走在中國大陸工作的數萬名科學技術專家、工程師，索討「抗美援朝」戰爭期間中共向蘇聯購買武器裝備的巨額欠款。蘇共領袖赫魯曉夫妄圖以此壓服毛澤東就範，直至造成中共黨內分裂，讓親蘇派將毛派趕下台。

赫魯曉夫同志差矣！以他一個頓巴斯礦工式的政治蠻幹，哪裡是集三千年帝王文化於一身的毛澤東同志的對手？他是低估了中國古老文化的智慧與力量了。他恰好幫了毛澤東的大忙。毛澤東立即抓住赫魯曉夫的「背信棄義」，落井下石，來大力激發中國臣民的偏於狹隘的愛國熱情，仇外情結，來同仇敵愾，矛頭向外。從而使得毛澤東能夠把他的致命傷—經濟大崩潰的直接責任，化解成為三大部分：自然災害，蘇修逼債，政策偏差。

當然，即便於此，毛澤東仍不能完全迴避或轉嫁他自身的錯誤問題。一九六〇年九月十月，毛澤東在自己做不做檢討，如何檢討這件事上，猶豫了整整兩個月。但他從來沒有想到過引咎辭職，相信黨內亦無任何人敢於公開請他引咎辭職。無產階級的政黨領袖，決不玩弄資產階級政客的那套玩藝。至於檢討，自我批評，自然是可以作作的。為此，毛澤東分別徵求了劉少奇、周恩來、朱德、董必武、吳玉章、徐特立、謝覺哉等人的意見。而對於陳雲、林彪、鄧小平三位，毛澤東從來視他們為小一輩分，又是做具體工作的下級，故不大在意了。

劉少奇說，還是以黨中央集體名義做檢討比較妥當，錯誤責任不在黨主席個人嘛。

毛澤東卻看出來劉少奇的良苦用心。以黨中央的名義做檢討，等於公開承認黨的過度時期的方針政策全錯了，工業農業全搞糟了，三面紅旗也從此壽終正寢了。今後再無回旋餘地……劉少奇真有水平、厲害呀。

周恩來說，要檢討，他國務院總理首先檢討，因為他是在第一線總管經濟工作的。

毛澤東很欣賞周恩來，黨內黨外，都是外交幹才，這時刻勇於承擔責任，才是真正的聰明人。

朱德說，錯了，就承認吧！人非聖賢，承認錯誤，反而會提高領導威信。還有彭德懷同志的問題，應該重新考慮。彭態度不好，但他是誠心誠意，實事求是的。

毛澤東對於朱總司令，向來懷有三分敬意，也很放心。大老實人一個，無才便是德，朱德是最無野心的。朱總司令是個招牌，黨和軍隊團結的象徵，毛澤東任何時候都不能丟了這招牌。

至於董必武、吳玉章、徐特立、謝覺哉四位，毛澤東尊為「中央四老」，向來以長者相敬，尤其是吳、徐二老，他更是敬為師長。四老都勸他做個檢討，但適可而止，目的在於扭轉局勢，穩定黨心軍心民心。彭德懷給不給予平反？放一放吧，各省市自治區黨委，全國所有地區、縣級黨委剛剛大張旗鼓地深入批判了「彭黃張周反黨集團」，層層都抓了他們的右傾機會主義路線的追隨者、代理人，若中央又給他們平反，下面的幹部們怎麼做人，怎麼轉彎？

毛澤東尊重「中央四老」的意見。且四老皆是規矩安分之人，從來只給毛澤東以扶助，而不給他以非難。他本來也想找陳雲、鄧小平二位談談。但陳、鄧二人自廬山會議後，就對他有些敬而遠之了，沒再單獨找他匯報過工作。尤其是鄧小平，耳朵又不好，開會時卻坐到角落去。小個子聰明、能幹，是個帥材，但個性太強，脾氣太硬，學養不足，愛打橋牌，今後對他也得有所提防。

這是毛澤東從事革命活動幾十年來，第一次需要在黨中央的會議上公開檢討錯誤。井崗山時期，他受王明路線的排擠（包括朱德、周恩來、陳毅三位都是王明軍事路線的推行者），被撤銷了黨內、軍內職務，但他沒有做檢討，因為他沒有錯。至於在紅軍內部濫殺AB團，也不是他一人幹的，事後一筆糊塗。延安時期，他指示康生的社會情報系統在黨內搞「鋤奸運動」，的確錯整了許多同志，連在重慶工作的周恩來，在北方局工作的劉少奇，在太行山八路軍總部的朱德、彭德懷，都提出了意見，甚至是抗議，他才命令康生緊急剎車，釋放所有被捕的同志，並主動召開大會，向被整肅的人鞠躬賠禮，公開道歉。但那不算做檢討，而是自己擺了高姿態，效果很好。

這次，是因為推行大躍進運動出了大毛病。鄉下大鬧飢荒，在餓死人。連忠誠的警衛戰士，農村來的純樸青年，都知道責任在他毛澤東身上。他明白他的領袖威信已經降到了最低點。鄉下農民都在為彭德懷抱不平。他要是真如他在廬山會議上威脅的，「下鄉去發動農民推翻政府」，或「上山去找紅軍」，農民未必會再餓著肚皮跟他走了。農民會跟彭德懷走？會跟劉少奇走？農民或許一時還摸不准，但是在黨、政幹部隊伍裡，劉少奇的威信是越來越高了。從去年國慶節開始，連「劉少奇萬歲」這類口號都有人呼喊了。

毛澤東深居簡出，居然在豐澤園的院子裡種了些南瓜、紅薯、辣椒，表示他要帶頭搞「瓜菜代」，過「苦日子」。幾個月下來，他人老了許多。也不像往常那樣怡然自得，談笑風生。不再拿一些最嚴肅的話題來說笑，玩世不恭。

有天，他忽然問張毓鳳：

鳳鳳，你看過一齣叫「霸王別姬」的戲嗎？

張毓鳳搖搖頭。她只看過一本小人書。她家鄉只有「二人轉」，沒有大戲。

毛澤東把張毓鳳拉到跟前來，給她講了楚漢相爭的歷史掌故，之後說：

當然，我不是項羽，你也不是虞姬，江青也不是。我只是項羽的老鄉，楚國人。也還沒有鬧到「四面楚歌」的田地吧？倒是有點像劉邦、朱元璋。劉邦連韓信大將軍都殺了。我只是整了高崗、饒漱石，加上彭德懷、黃克誠……

毛澤東自言自語，自問自答。張毓鳳不出聲，只用身子偎依著他，用雙手撫摸著他，使他平靜、舒服。

十一月三日，中共中央正式發出文件：「關於農村人民公社當前政策問題的緊急指示信」，共十二條，明確提出反左，反「一平二調共產風」，規定現階段人民公社為「三級所有，隊為基礎」，一下子從毛氏的半全民性質的公社所有制，退回到初級社所有制，使公社、大隊二級成為空架子。劉少奇、鄧小平的這一步棋，對於拯救業已全面崩潰的農業，起了關鍵作用。

十一月中旬，毛澤東在中央工作會議上做了檢討，要求與會的各省、市自治區第一書記回去後在黨內傳達。事後，大部分省市自治區都未敢傳達毛澤東的檢討。因為毛澤東只承認「國民經濟遇到了暫時困難，有些東西搞多了，搞快了」。言下之意，總路線大躍進、人民公社三面紅旗沒有錯，廬山會議批判，幫助彭德懷同志沒有錯。而且，毛澤東對於當前國民經濟嚴重困難的成因，一方面強調建設社會主義是一項全新的事業，缺少經驗，黨和國家都需要付學費；另一方面則推給了蘇聯逼債，推給了赫魯曉夫修正主義。他繼而大談古代的哲人們如何謙虛謹慎，虛心聽取不同意見。子路聞過則喜，禹聞善言則拜。共產黨員要向子路、大禹學習。他還提到唐、宋的諫官制度：我的同行白居易，就當過唐德宗皇上的諫官嘛！但他就是絕不提及彭、黃、張、周因反對大躍進左傾蠻幹而獲罪的事。他號召全黨全軍全國人民團結起來，同心同德，咬緊牙關，勒緊褲腰帶，度過難關。他表示帶頭不吃肉食，請求減低口糧供應，並已在住所的院子裡種植蔬菜，跟全國人民一起過苦日子，搞瓜菜代。他再次表示，自己要真正退居二線，潛心研究馬列理論，不再過問黨、政、軍的日常事務，特別是不再插手國民經濟方面的工作。在這方面，劉少奇、周恩來、陳雲等同志，都比自己高明。今後，一切交由他們去分兵把口。相信道路曲折，前途光明，勝利一定屬於自力更生、艱苦奮鬥的人民群眾！

毛澤東確是個高明的政治家、演說家。他說得不少與會者都紅了眼睛，動了感情。特別是他談到自己停止肉食、要求降低口糧標準、在自己住所裡種蔬菜搞瓜菜代時，真比越王勾踐臥薪嚐膽的決心還大，還要催人淚下了。「偉大領袖」聞過則喜，則改，全黨有福，人民群眾有福了。

在「中央工作會議」上做過檢討之後，毛澤東渾身輕鬆。他決定暫時讓賢，離開北京，到南方去過冬天。仍是坐專列，身邊只帶一個張毓鳳。到了江南，何愁佳人？他對張毓鳳說：

彭德懷說他無官一身輕。我現在也是一身輕了。你跟著我，都去做陶淵明。陶潛居士你曉得嗎？他不肯為五斗米而折腰。他很會生活，選了廬山那樣一個地方結廬而居。你我選上海西郊、杭州西湖、武漢東湖、廣州小島、南寧明園而居，如何？採菊東籬下，悠然見南山。他寫得最好的，是〈桃花源記〉、〈歸去來辭〉。

第三十五節　毛澤東游江南

人人都道江南好，遊人只合江南老。

一九六一年，正是主持中央日常工作的劉少奇、周恩來、陳雲、鄧小平、陳毅、李富春諸人為拯救被毛澤東搞得一團糟的、處於大崩潰中的國民經濟，而忙得焦頭爛額的一年。他們夜以繼日地召集各種會議，聽取各方面意見，起草各類文件，緩和各方矛盾，糾正黨內「五風」：浮誇風、共產風、貪污風、吃喝風、腐化風。劉少奇負總責，周恩來、陳毅安撫國內知識界，陳雲負責經濟收縮調整，鄧小平則組織人馬調查研究，起草各種文件、條例。其中，以陳雲、李富春在經濟領域的主意最高，貢獻最大：低出高進，貨幣回籠，降低標準，發放票證，緊縮開支，計畫供應。實為一次控制性通貨大膨脹。當然經驗是現成的，把蘇聯老大哥於二十年代經濟極當困難時期行之有效的那一套，悉數搬了過來。

這一年，最為忙碌的可能要算小個子的書記處總書記鄧小平。在劉少奇的直接領導下，由他主持起草的「中共中央」糾左文件有：「農村人民公社工作條例」（通稱「農業六十條」），「工業七十條」，「高教六十條」，後來還有個「文藝十條」。當時中央書記處的各個文件起草小組有句笑話：有人到處拉，我們到處抹。

心照不宣，這個「有人」，自然指的毛澤東了，好大喜功，剛愎自用，領導國民經濟建設形同兒戲，就像大小便失禁者隨地拉撒。依劉少奇、鄧小平的設想，本來還要起草組織工作條例管幹部，財貿工作條例管經濟，科研工作條例管自然學科的學術自由，等等，使整個國家的領導工作有章可循，從此避免領導人因頭腦發熱而想當然，再搞左傾蠻幹，瞎指揮。但不久這項工作即受到毛澤東的嚴辭斥責：搞那麼多的條例框框，束縛人民群眾的手腳？你們想奉行新的教條主義？條條專政就是資產階級專政，我第一個反對。

在中共黨內，毛澤東可以反對一切，誰都不敢反對毛澤東。毛澤東雖說做了檢討，退居二線，可牢牢抓住情報系統和軍事指揮權不放。劉少奇、鄧小平諸人只求自保，俯首貼耳罷了。

一九六一年一月中旬，劉少奇主持「八屆九中全會」，制定「調整、鞏固、充實、提高」的全面收縮國民經濟的八字方針，對毛澤東一九五八年以來的狂熱經濟政策緊急剎車，竭力挽救全國數億餓殍於水火。

毛澤東未出席此次會議。他帶著張毓鳳去到了華中重鎮武漢，住在東湖賓館養病，欣賞湖北雜技之花夏菊麗獻演的絕技：「頂碗」、「彩碟」。夏菊麗年輕美貌，窮苦出身，自是衷心熱愛毛主席。毛主席則對她的柔若無骨的腰肢大有興趣，並親手摸觸著問過：怎麼練出來的？小夏的交誼舞也跳的不錯。她的水靈靈的大眼睛一眨不眨地看著偉大救星毛主席。跳舞也是熱身運動，兩人的毛汗都貼到了一起。跳到情濃處，兩人更是進到室內泳池去游泳。小夏水性也不差，跟偉大領袖「打水仗」，之後再一起躺到池邊的毛巾被裡去休息。……東湖水面開闊，風光如畫，勝過杭州西子湖。毛澤東在北京發過誓，過「苦日子」不吃豬肉，並不妨礙他天天都食武昌魚。他從來也沒說過自己在「三年經濟困難時期」不食魚。正是推卻萬般煩惱事，朝朝酣睡，夕夕歌舞，溫香軟玉，山外青山樓外樓，楚天舒闊賽杭州了。

毛澤東在武漢東湖小住半月，繼續南行。他才不會把東湖當作中南海，做南宋偏安一隅，沒有出息的趙構皇上呢。毛氏此番南行的專列上，除了那節裝滿古籍的書房車，還特掛了一節「戰備車」，一座小型高效的軍事指揮系統。張毓鳳頗為吃驚地發現，毛主席從來不讀馬列的書。在武漢東湖時，湖北省委第一書記王任重來拜望他，兩人津津樂道討論的也是《資治通鑑》，毛主席表揚任重同志讀得不錯，頗有心得呢。張毓鳳初中沒畢業，只會寫簡單家信，由毛主席替她改錯別字呢。她才不管什麼司馬光不司馬光，《資治通鑑

》不《資治通鑑》。她真誠崇拜有大學問的人。

在南行的專列上，毛主席忽然心血來潮，要她讀一本線裝書：《素女經》。毛主席主張她讀一點「雜書」。許多「雜書」都是「禁書」。「雜書」最有學問了。《金瓶梅》就大有學問，但不能讓老百姓讀此。此禁一開，幹部工人士兵都亂搞男女關係，還得了?可是張毓鳳哪能讀得懂直行印刷、又不斷句、又是繁體字的文言?毛主席便手把手地教起來，並給她講解說：

我們中國人，不是都自稱為炎黃子孫嗎?原來在最古老的時候，形成統一的華夏古國之前，有三個部落社會，一個是北方的黃帝部落；另外兩個是南方的，一個叫炎帝，就是嚐百草訂農桑的神農氏，一個叫蚩尤，是個妖孽。先是黃帝和炎帝相聯合，打敗了蚩尤。後來黃帝又打敗了炎帝，北方統一了南方，第一次建立了統一的國家。

黃帝信奉道教，喜歡童女。有個叫彭祖的人，是位性學專家，傳授給黃帝三十七套男女之術。於是黃帝的本領就大了，最後帶了十一個處子昇天了。也有說他帶到天堂去的不只十一個美麗的處子，而是一百一十個。還有的說他帶走了一千一百個。不管究竟有多少，黃帝對於漂亮的姑娘，是韓信用兵，多多益善了。

黃帝昇天之前，把王位傳給了自己的兒子顓頊，這就開了一個很壞的頭。在南方的炎帝的後代，名叫共工，帶兵起事，跟黃帝的兒子顓頊爭奪王位。可是南方打不過北方，共工氏屢戰屢敗，最後怒而觸不周之山，把撐著天和地的柱子都撞倒了，於是闖了大禍：地裂開一個大口子，冒出洪水來，天也塌下一大塊，噴出大火來！水火無情，把天下生靈都燒死了、淹死了。後來，出了個女中豪傑，叫女媧氏的，日日夜夜煉五色石，硬是把個塌了的天補上了，又斬了海邊巨鱉的足，把不周山的天柱重新撐了起來。最後，又動手用泥巴捏人，分出了男女……女媧氏了不起吧？婦女最偉大吧？女媧氏之後，中國出了三個好皇帝，堯、舜、禹……

張毓鳳聽得出了神。每回聽毛主席給她講這類典故，她總是由衷地崇拜，覺得自己是世界上最幸運、最幸福的人了。只是一次也沒有對她講過馬克思、恩格斯、列寧、斯大林。那些，大約都是留作開大會小會作報告才講的。

主席《素女經》上的三十七種招式……

就是三十七種男女之術……可惜年紀大了，就看你的了。

主席，老百姓能看這種書嗎？

那是陸定一、周揚他們的事。反正我們能看。

你壞，你壞……主席，輕點，咱，好像又有了……

甚麼，又有了？我還不錯吧？你沒按時服那些方子？

是的，咱真想替您……

鳳鳳，聽話，現在可不行，今年不行……懂嗎？今年麻煩太多。或許過一兩年，能行。會給你安排最好的醫生。

咱怕離開您。咱不離開您……

我也是。別的，都是過眼烟雲。只有你一個是穩定的。陪我到老，是不是？

這年的三月，毛澤東帶著張毓鳳到了廣州，住在小島林園，趁便參加了一次「中央工作會議」，正式通過「農業六十條」，一切由劉少奇去攬總。鄧小平卻不太像話，許多重要的議題，比如下令解散人民公社公共食堂這樣的大事，不請示、不匯報，就擅自作主。毛澤東不能不點他一下：「哪個皇帝決定的？沒有調查就沒有發言權！」

事實上是毛澤東本人與社會現狀嚴重脫節。神州大地上，數億人口在大飢荒中掙扎，許多地方的人民公社食堂，不是劉少奇、鄧小平下令解散的，而是粒米無存，早就不起火、不冒烟了。

毛澤東沒在廣州住多久。他不喜歡廣州。廣州商業氣息太重，各方面的耳目甚多，情況複雜。中南局第一書記陶鑄成了劉少奇、鄧小平的紅人，活躍得很。他也不喜歡粵劇，拿腔拿調的。就一個紅線女還不錯，舞步輕盈。但聽說是在香港出生、長大的，還是湖北的小夏比較純潔。

毛澤東從廣州到了南寧，住在明園別墅。他喜歡南寧，喜歡明園。明園有山有水，有小禮堂可以看戲。南寧還有座西園，就在邕江邊，江水清得發藍，水又暖和，冬天都可以游泳。「廣西王」韋國清同志說了：以後每年都請主席來邕江冬泳，派男女游泳健兒陪同。廣西民風純樸。西園景色不如明園。說是胡志明同志喜歡西園而不大喜歡明園。兄弟之邦領導人各有所好，求同存異了。僮族的民間歌舞也不錯，一齣「劉三姐」，唱得名滿天下。那唱劉三姐的僮族姑娘黃婉秋，歌喉婉囀，麗若天人。很純樸。來陪過兩次舞，跳得不太好。但愛笑，愛紅臉，害羞，笑得很甜，很燦爛，像一朵含苞欲放的山茶。

本來想從南寧去昆明。昆明四季如春。昆明有五百里滇池，能不能游泳？滇池邊上有座大觀園，大觀樓上有一付天下第一長聯，清人的作品，很有氣派。四六年在重慶談判的時候，聽張治中、郭沫若介紹過。他把這天下第一長聯背了下來。雲南省委的同志到北京迎請過，說西山溫泉別墅造好了，溫泉對治療他的風濕痛有奇效。

辦公廳的隨行人員和衛隊負責人，卻都不同意去昆明。去昆明坐飛機比較方便。但毛澤東已決意此生不再坐飛機。他有高血壓，醫療組的大夫們也反對。況且前不久文化部鄭振鐸等人就是坐蘇聯的「圖一〇四」出事的，摔在帕米爾雪峰上了，屍骨都撿不回。坐專列不能去昆明？要過貴州省，高山大嶺，路況不好？國民黨留下的武裝匪特還沒有清剿乾淨？毛澤東對於自身的保衛工作，一向很尊重衛隊負責人意見的。他說：

也好。孔子西行不到秦。孔夫子也沒有到過昆明。七擒孟獲，諸葛亮倒是在那一帶用過兵。此回從孔聖人罷，昆明四時皆宜，以後再去。

整個一九六一年，神州大地上的飢荒鬧得最酷烈、餓死人口最多的一年，毛澤東有多半年時間都在南方各地巡視，指點江山，笑談古今。各省市替他營造的行宮、別墅工程，非但沒有停工，反而在加速進行，以便他能早日臨幸。他和劉少奇、周恩來各搞一套。政策由他們去調整，局面由他們去應付。他只保留最後的裁決權。有戰備情報列車專列行動。鐵路公安系統有愛將王震坐鎮，確保安全萬無一失。

沿途，他也看各地的簡報，聽一些省、地幹部們的匯報。許多省、地幹部們繼續向他報告大好形勢，形勢大好。問他們今年夏糧生長如何？他們說，長勢良好，豐收在望！農民吃得飽肚子嗎？沒問題，人民公社抗拒自然災害，一大二公。社員群眾還擁護三面紅旗嗎？三面紅旗是偉大領袖親自舉起的，誰想拔都拔不倒！解散公共食堂農民滿意嗎？黨中央英明決策，我們堅決執行！鄉下有人替彭德懷鳴冤叫屈嗎？那是地、富、反、壞的反攻倒算，我們堅決鎮壓！問問農民，蔣介石要是現在反攻大陸，他們跟誰跑？放心，我們的黨團員、武裝民兵會用鋤頭、梭標，先把地、富、反、壞統統幹掉！

毛澤東將信將疑。但省、地幹部的這些大話，假話、空話，倒是有利於他的內心平衡。他一直懷疑，形勢果如劉、周、朱、陳、鄧諸位估計的那麼壞？天要塌下來？山東要出黃巢，陝西要出李自成，四川要出張獻忠，洞庭湖要出楊么？他不相信。共產黨才搞了十來年，老百姓還不致揭竿而起。老百姓是擁護「人民大救星」的……有時，他也想聽聽下面的幹部對他講真話。不能總是聽假話、大話、空話。聽久了，腦袋會被搬了家。需要聽聽真話。最好是真假參半，真假互見。免得真的搞到腦袋搬家。在北京，現在能保證沒有人想搞掉他？他心裡有數。幾千年的歷史說明了，天災人禍，正是角逐權力、改朝換代的大好時機，充滿血腥氣的大好時機。

謝天謝地，在河南許昌專區，他終於聽一個叫紀登魁的地委書記講了真話。

全專區十來個縣分，百分之九十的人家已經斷了糧，百分之七十的男勞力外流了，到兩湖兩廣地方逃荒去了，人口在迅速減少，全專區四百多萬人口，已減少了七、八十萬……

專列停靠在離許昌市火車站不遠的一條支線上，匯報就在專列上進行。紀登魁還是耍了個字眼，把「餓死」變成了「減少」。毛澤東明察秋毫。站在一旁的河南省委書記滿頭冒汗，直朝自己的下級使眼色，想制止。毛澤東正色道：

紀登魁？好名字！講真話很好。共產黨員死都不怕，還怕講真話嗎？小紀，今後，我們倆個就是好朋友了。現在要提倡講真話。全心全意為人民，共產黨員要五不怕，一不怕丟官、二不怕開除、三不怕離婚、四不怕坐牢、五不怕殺頭。有這五不怕，保你闖天下！小紀，我會在鄭州停兩天，希望能見面再談。

毛澤東講話，從來說一不二。不久，紀登魁陞任了河南省委副書記，主管農業。一九六九年，文化大革命中期，毛氏更是把他調到中央，進了政治局，那是後話。

這一年，毛澤東最注意兩方面的「動態簡報」，一是中央軍委林彪呈送上來的，有關全軍幹部戰士深入學習毛主席著作，大搞憶苦思甜的回憶對比、階級教育，爭做五好戰士的匯報；一是康生、謝富治的系統呈送上來的各類密報，掌握了這兩方面的情況，又放任劉、周等人去調整政策、緩和矛盾，黨和國家渡過大飢荒，大約是不成問題的了。

第三十六節　一班秀才謀批毛

中國的知識分子，具有憂國憂民的歷史傳統。

讀書人以清高自詡，講求做人的風骨。他們好清談，好借古諷今，議論朝政，針貶時弊；直至舞文弄墨，著書立說，為民請命。

毛澤東深知知識分子的這些癖好、惡習。自一九四九年起，便念念不忘知識分子的洗腦筋問題。「洗腦筋」一詞是毛氏本人的發明，見諸於他無數次內部講話。他的「聖手書生」陳伯達大約也覺得「洗腦」一詞不雅視聽，才請示毛氏統一稱之為「知識分子思想改造」。皆因五十年代初葉，知識分子的大部分人都還不習慣將毛氏當作神明來朝拜，來稱頌。還不時有人對他評頭品足，贅疣微言。於是毛澤東一九五〇年借電影「武訓傳」批判陶行知的改良主義思想；一九五一年借電影「清宮祕史」批判賣國主義；一九五三年借批判梁漱溟先生而警告知識分子要像狗一樣把尾巴夾緊在雙腿下面；一九五四年借俞平伯的《紅樓夢研究》批判唯心主義、形而上學；一九五五年鎮壓文藝界的「胡風反革命集團」及「丁玲、陳企霞集團」，接著批判北大校長馬寅初的「新人口論」；一九五六年號召大鳴大放「引蛇出洞」，而後於一九五七年的反右運動中幾乎把全國稍有良心的大小知識分子一網打盡。

前國民黨廣東省主席陳銘樞先生，在一九五七年春天的「大鳴大放、百花齊放」中，有過一篇十分坦誠而尖酸的言論，來評述毛澤東。

凡是舊創造者，執國政治者，是公平正直，絕無偏見，明察秋毫，謹慎將事，精誠坦白，亦不裝假，豁達大度，為國家不為名利。並有功成身退者。如美國的華盛頓然。偉大的毛主席，不是如華盛頓然，而是與德國的俾斯麥、日本的伊藤博文相似。政治修養上熱而不淡，疾而不舒，躁而難寧，察而不週，自然為黨見與感情所沸動，生出浪潮，好大喜功，難以制止……好好的一個優良國家，純樸的民情，去搞俄式的清算鬥爭，三反五反，弄到中國八年來混亂不清，天天忙於鎮反肅反，已不成為國家政治……」

陳銘樞先生斗膽發表這個高論時，毛澤東還沒有動手抓右派，還沒有發動大躍進，成立人民公社，命令五億農民吃公共食堂，還沒有大煉鋼鐵大放衛星，還沒有上廬山整肅彭、黃、張、周，中國大地上也還沒有發生三年大飢荒。可是，陳銘樞先生，早就把毛澤東由表及裡看了個透。毛氏雖然終生不忘對前國軍高級將領統戰，但陳銘樞先生道出真言，終未能逃脫反右運動佈下的文字大獄。

毛澤東曾於一九五八年八月在廬山會議上鬥爭彭德懷之餘，對其親信秀才，《毛澤東著作》的主要撰稿人陳伯達說：最不放心的，還是知識分子啊！因之一九六〇年在全國範圍內批判「彭德懷右傾機會主義反黨路線」的同時，開展了全國知識分子的「向黨交心運動」，另又由劉少奇出面，提出知識分子應做「黨的馴服工具」。一個下命夾緊雙腿間的尾巴，一個倡導「馴服工具論」，中國知識分子確如社會主義裡的牲口了。

但知識分子的社會良心歷史道義感並沒有完全泯滅。一九六一年，中共黨內的一批飽學秀才，面對一年大躍進、二年反右傾造成的國家民族的空前劫難——三年大飢荒，再不能保持沉默。最具代表性的人物，有戲劇家田漢、周信芳，史學家剪伯贊、吳晗，文論家鄧拓、廖沫沙。

這裡單說鄧拓、吳晗、廖沫沙。三位都是以彭真為首的中共北京市委、市政府的大員。鄧拓原為《人民日報》總編輯，一九五九年被撤職，老上級彭真借重其才學，拉來北京市委當了書記處書記；吳晗為著名明史專家，北大教授，北京市政府副市長；廖沫沙為中共北京市委宣傳部長，市委機關刊物《前線》雜誌主編。

首先是鄧拓以筆名為馬南邨，自一九六一年三月起，在《北京晚報》上逐日撰寫「燕山夜話」，文章旁引博徵，說古道今，針貶時事，才情橫溢。其中一篇〈王道和霸道〉便說：「所謂王道者，可以做一種解釋，就是老老實實的從實際出發的群眾路線的思想作風；而所謂霸道，如可以做一種解釋，就是咋咋呼呼的憑主觀武斷的一意孤行……不顧一切，依靠權勢，蠻橫逞強，頤指氣使巧取豪奪……」筆者有意，讀者有心，聯想到一九五八年的大躍進，一九五九年的反右傾「偉大領袖」的所作所為，筆鋒所指，是清楚不過了的。

到了同年的八月末，鄧拓請吳晗（劇本《海瑞罷官》已發表於一月號《北京文藝》雜誌）、廖沫沙在北京飯店吃過一次飯，也是書生議政，三人商定以「吳南星」為筆名，在市委機關刊物《前線》半月刊上合寫「三家村札記」。「三家村札記」中有一篇〈偉大的空話〉，有著特別尖銳的現實針對性。自一九五七年反右運動之後，毛澤東親自帶頭，在一切大會小會上講話，必先講一通世界革命的大好形勢，後講一通中國革命的大好形勢，強調「東風壓倒西風」，「敵人一天天爛下去，我們一天天好起來」。風氣所及，省、地、縣、社，以至生產大隊、生產小隊的幹部們，也都八哥學舌，每會必談大好形勢，從世界談回中國，談回省裡，談回本地、本縣、本公社、本大隊、小隊都是一派大好形勢。但是所有這些，都不能填充公共食堂空空如也的糧櫃油缸，不能填充公社社員的轆轆飢腸，全是假話，大話，空話，屁話。

有的人擅於說話，可以在任何場合，嘴裡說個不停，真可比之懸河，滔滔不絕。但是，聽完他的說話之後，稍一回想，都記不得他說的是甚麼了。說了半天還不知所云，越解釋越糊塗，或者等於沒有解釋，這就是「偉大的空話」的特點。……如果把它普遍化起起，到處搬弄，甚至於以此為專長，那就相當可怕了。假如再把這種說空話的本領教給我們的後代，培養出這麼一批專家，那就更糟糕了。

文章還借用一個鄉下兒童的口吻，寫了一首「野草頌」：

老天是我們的父親，
大地是我們的母親，
太陽是我們的褓姆，
東風是我們的恩人，
西風是我們的敵人！

對於「偉大領袖」，真是極盡明諷暗喻之能事了。

「燕山夜話」和「三家村札記」，分別在《北京晚報》和《前線》半月刊上，連載到一九六二年八月，一篇〈三十六計〉收場。公平地說，所有文章都是善意的進諫，並無「惡社武裝民兵所支撐著的無產階級專政。

意攻擊」、「瘋狂詆毀」，更談不到顛覆毛澤東的以上千萬的解放軍、公安警察部隊、公社武裝民兵所支撐著的無產階級專政。

康生和謝富治主持著黨的內務系統及公安情報系統，一直密切注視著京津地區黨、政、軍機關，學校，人民團體，新聞輿論的各種動向。困難時期，政策寬鬆，毛主席、黨中央糾正工作偏差，地主、資產階級必然要在黨內尋找他們的代理人，地、富、反、壞、右、牛鬼蛇神，必然趁機紛紛出籠，頑強地進行表演，以跟台灣蔣委員長的「反攻大陸」遙相呼應。

「凡要推翻一個政權，必先造成輿論」。這是毛澤東敏感的警覺。一九六一年前後大為盛行的還有海瑞戲、包公戲、鬼戲，加上什麼越王勾踐、竇娥冤、關漢卿，嬉笑怒罵，借古諷今。更有一齣「李慧娘」，冤魂化厲鬼，張牙舞爪，撲向共產黨的英明領導，撲向優越的社會主義制度。

大飢荒的一九六一年，共產黨也是在臥薪嚐膽，苦渡難關哪。西北、西南、中南的許多省分都發生過災民暴亂，但都由解放軍部隊趕去毫不容情地鎮壓下去了。

所以，自「燕山夜話」和「三家村札記」見諸報刊不久，即為康生手下的文化鷹犬高度靈敏的嗅覺所跟踪，祕密紀錄在冊，留作日後算帳。

第三十七節　七千人大會

到了一九六一年底，劉少奇、周恩來、陳雲、鄧小平等人主持糾左防左、調整政策工作，已經初見成效，全國的大飢荒高峰已過，經不起飢餓的數千萬人口已經死去，整過局勢已趨於穩定。痛定思痛需要繼續放寬管制，緩和矛盾，安撫人心。劉、周、朱、陳、鄧建議召開一次擴大的中央工作會議，來總結慘痛的經驗教訓，確立今後的路線方針。毛澤東從年青時候起就是個拗相公，慣於獨斷專行。這回他卻拗不過劉少奇他們。大躍進帶來經濟大崩潰，餓死人口幾千萬，共產黨的江山卻險些兒完了蛋，還有甚麼話可說？他同意了他們的建議，於一九六一年一月，把全國兩千兩百多個縣分的主要負責人都請到北京來，加上地、省、市、中央以及同一級別的重點工礦企事業單位的黨委一把手，總計為七千餘人，稱為「七千人大會」。劉少奇說，要開成一個出氣會、舒心會、團結勝利的會。

毛澤東看在眼裡，明在心裡，自己的這位同鄉大人，總是有他的一套。治國齊家，都日漸顯得比自己高明。

其時，在中央機關，確有一批深知毛氏為人心性、品德學養的秀才，在蠢蠢欲動，以各種明的暗的、半明半暗的方式，在放出各種信息：劉公！黨心、軍心、民心，現在都是請毛主席退位的最佳時機……不去慶父，魯難未已。廬山會議本也是個好時機……再不抓住，時不再來矣！

劉少奇卻要堅持他的「修養」。他不能帶頭反毛。別人反毛，轟毛下台，他來收拾局面都可以。他要光明正大，照章出牌。他要發揮集體領導的智慧和力量，來制約毛澤東的為所欲為。同時，他和恩來、陳雲、小平，包括朱總司令，也都是相互防範著，擰不成一股勁。而且大家都自覺地不過問軍隊事務，不過問康生、謝富治的系統，免得毛澤東主席多疑。他們都心存僥倖：經過一年大躍進、三年大飢荒的慘痛教訓，毛澤東同志該會聽得進不同意見了，不再頭腦發熱，不再把國民經濟、天下蒼生當兒戲了。

由劉少奇代表黨中央、國務院在七千人大會上做工作報告，強調農業要退夠，工業要退夠，各業各業都要繼續貫徹「整頓、充實、鞏固、提高」的國民經濟八字方針，繼續緩和國內外矛盾，正確處理人民內部矛盾，繼續貫徹百花齊放、百家爭鳴的文化科學方針，切實保證學術自由，造成一個既有紀律、又有自由、人人心情舒暢的生動活潑的政治局面。

毛澤東則在大會上作了關於健全黨內民主生活、完善民主集中制原則的「重要講話」，稍帶著又作了一次文過飾非、避重就輕式自我批評，提倡開黨內批評與自我批評風氣，重申不打棍子、不扣帽子、不揪辮子的「三不主義」。然後大談一道籬笆三棵樁、一個好漢三個幫，以及一個臭皮匠，頂一個諸葛亮的「同志哲學」。言下之意，他雖犯有錯誤，但仍是好漢，諸葛亮，其他的人則仍是臭皮匠。

七千人大會人多嘴雜，分組討論，議論紛紜。一個重要的話題：要不要替反對大躍進的「彭、黃、張、周反黨集團」平反，要不要替全國範圍內、上百萬的「右傾機會主義分子」平反。結果達成「中庸之道」：給地、縣、社三級犯有右傾機會主義路線錯誤的幹部進行一次甄別，恢復黨籍，重新安排工作。至於省級和中央機關的犯有右傾機會主義錯誤的同志，包括彭、黃、張、周四人在內，先改善他們的生活待遇，政治甄別仍要放一放，以避免造成「反右傾機會主義運動」大翻案。黨中央將另行召開專門會議，重新審查彭、黃、張、周四位同志的問題。真是層層設防，轉彎抹角，用心良苦。但顧全毛澤東主席的面子，就是顧全黨中央的面子，顧全黨的團結。廬山會議上，誰沒有批鬥彭德懷？光是毛澤東、柯慶施、彭真、康生諸位，就批鬥得起來？黨中央人人都有分嘛。

七千人大會對於劉少奇的報告，毛澤東的講話，反應十分熱烈。毛澤東甚至深入到每一個省區討論組去接見地、縣、市三級的幹部代表，跟每一個人握手，集體照像。幾天下來，他也手指都被大家握腫了。

劉少奇的大會報告卻十分富於感情色彩。通過近兩年來的經濟大整頓，他跟各大區、各省市的黨委書記們（即毛澤東常說的各路諸侯），建立了融洽、信賴的工作關係。威信如日中天。他坦誠三年災害，實際上是三分天災，七分人禍。是全黨在經濟建設工作上犯下嚴重錯誤造成的惡果。他坦誠全國範圍內發生了有史以來的大飢荒餓死了數千萬計的人口。我們愧對祖先，尤其是愧對人民的信任。他說，我們要永遠牢記這些錯誤，決不允許這些錯誤重演。我們甚至應當把我們所犯的錯誤、沉痛教訓刻成碑文，立在每個公社門口，縣委門口，立在每個地委、省委的門口，甚至立在中南海的大門口，讓子子孫孫記住我們這一代人的歷史教訓！

劉少奇是個講求「修養」、治身嚴謹的人，這次卻也真沒給毛澤東面子。七千名與會者對於他的報告，報以長時間暴風雨般的掌聲，多數代表感動得熱淚盈眶，高呼「黨中央萬歲」、「劉主席萬歲」。

又出現了「劉主席萬歲」的口號聲。這回，劉少奇再沒有手揑兩把冷汗，而是安之若素了。

毛澤東卻如刺鯁喉，如芒在背。

他不動聲色，在主席台上跟劉少奇熱烈握手，跟周恩來、朱德、陳雲、林彪、鄧小平一一握手，道辛苦。象徵黨中央的堅強團結。他甚至對陳雲開玩笑說：

陳雲同志，你五九年在廬山上就有氣，現在該消氣了吧？我們已經下到溝底了，可以開始考慮上坡了吧？

陳雲抬了抬頭，笑著說：

我們還沒有退夠。現在還不能算下到了溝底。

大家都明白，國民經濟情況一有好轉，毛澤東主席的頭腦就又可能發熱膨漲。劉少奇在旁提醒說：

陳雲同志是黨的經濟專家，我們大家都尊重他的意見。

散會後，毛澤東回到中南海豐澤園書房，才叨唸出一句話來：

司馬昭之心，路人皆知！司馬昭之心，路人皆知！

張毓鳳給他上茶、遞菸，見他臉色不好，溫存地問：

主席，您說甚麼了？咱沒聽懂……

一句成語，你不一定要懂。

毛澤東心不在焉。他陷入了沉思：

決不能給彭德懷一夥平反；

應當開始考慮劉少奇這個老朋友的問題。他的黨羽已豐？他一向以謙虛謹慎、任勞任怨的自我修養著稱……如果有人把我當作中國的斯大林，他將會扮演誰？

第三十八節　上宮雲珠妙哉

七千人大會之後，毛澤東帶著張毓鳳到了上海，住進西郊賓館一號院。十分有趣，許多海濱療養地、風景名勝地為「中央首長」新建築的度假別墅，都分別為一號院、二號院、三號院、四號院、五號院、六號院、七號院。七位政治局常委七座庭院。而且唯獨毛澤東所住的一號院，從門窗到房間、陽台、到書桌、床鋪、浴室的規格，又都比其餘的六座庭院要寬大。

中國大陸二十九個省市自治區的省會或風景名勝地，均分別有一至三處專為「中央首長」建築的這類保密行宮。每當「首長」外出療養，這些行宮便會大大熱鬧一陣。因為「中央首長」帶來夫人、子女、女婿、媳婦以及孫兒孫女，加上隨行文字秘書、機要秘書，加上醫療組、生活服務組、警衛班，多則四、五十人，少則二十餘人，他們自辦伙食，物資由當地無償供奉。他們離去時，自是分文不交，一毛不拔，帶走的只是整箱整箱的特產禮品。也有少數首長為人師表，會按規定照人頭每人每天留下伙食費一角伍分錢（兒童不計），一日三餐（宵夜不計），山珍海味，每人每餐合人民幣伍分錢。社會主義制度確是優越無比了。「首長」及其隨行人員入住各地「行宮」，自然從無住宿費一說。那麼這些「行宮」的巨額開支從何而來？原來中共國務院每年均會撥下款項「專款專用」，實施包幹制。比如廣西南寧市的「西園賓館」，一九八五年前每月的庭院修理費一項就達二萬元；湖南長沙「蓉園賓館」，則享受年度財政津貼，一九八五年前每年高達二百萬元；湖北武昌「東湖賓館」每年的財政津貼更是高達三百萬元之巨。在物價如此低廉的中國大陸，這些巨額津貼自然包括了「行宮」內的人員薪金支出、花木支出、各類設備維修支出，直至「中央首長」及其眷屬、隨行人員的伙食津貼，宴請支出、禮品支出等等。

話說回來。上海西郊賓館是一座佔地廣大的園林。園內百花鬥豔，林木競翠。離虹橋機場不遠。毛澤東的專列停靠在機場外圈的鐵路支線上，便於安全警衛。

毛澤東頗為喜歡上海。上海是他蒞臨次數最多的都市。

上海人口最多，工業基礎雄厚，科學技術發達，大專院校林立，每年的經濟產值佔全國國民經濟總產值的八分之一。還是全國最大的貨運碼頭。有人說，只要穩住了北京、上海兩地局勢，就穩住了中國大陸的局勢。

上海得天獨厚，地理位置十分優越，東北面是萬里長江的出海口；朝西南方方向車行三小時，是天下名勝杭州城；朝西北方車行二至三小時，是太湖之濱的兩座溫柔之鄉、歷史名城：蘇州和無錫。

上海市委第一書記兼華東局第一書記柯慶施，是毛澤東的親密戰友。上海的音樂、舞蹈、戲劇、電影，也是全國首屈一指。上海的影劇界更是明星薈萃，美女如雲。

毛澤東歷來關心文藝工作。每次來上海小住，總要接見一兩次文藝界的代表人物，特別是舞蹈、戲劇、電影界的女星們。女星們最大的幸福則是有幸跟「偉大領袖」共進晚餐，然後陪領袖跳舞。他從未召見過文學界人士。他討厭作家和詩人，不管怎樣改造他們，都是一批搖唇鼓舌的不安定分子。

唯一被他忘記了的，是一直住在上海一棟高牆深院裡養病，實為被軟禁著的前妻，當年的紅軍美人賀子貞。有時偶爾記起了，才會派秘書送一筆零花錢去，以示關懷。

在上海的電影明星中，他認為最有風韻的美人不是秦怡，不是王小棠、王丹鳳、王文娟，更不是白楊、張瑞芳，而是上官雲珠。他的眼力很準。其時上官雲珠三十幾歲，正值新寡，帶著個獨生女兒過日子。她身材高眺，行止高雅。說話柔聲慢氣，正是吳儂軟語，唱歌也似地好聽。喜歡背頌古詩文，頗有文化教養。能唱越劇，更擅長於蘇昆、評彈。最令人難忘的，是上官雲珠的一雙眼睛，總帶有幾許淡淡的愁怨，朝你看顧過來，直叫你魂酥骨軟。或許不能跟「一顧傾人城、再顧傾人國」的大唐美人楊玉環一試高低，可也是「回眸一笑百媚生」，風情萬種。

老朋友柯慶施當然識得主席的聖意，亦了解主席和江青的夫妻關係徒有虛名。主席有次甚至私下對他說：我和藍蘋，互不相干，彼此自由。柯慶施心裡有數，示意市委宣傳部長張春橋，去做好上官雲珠的思想工作。但成年男女，點到為止，不要留下話柄。

一天晚上，西郊賓館內又舉行小型舞會，由十來位女星伴毛主席跳舞。毛主席身體魁梧，舞步穩健，態度祥和，喜歡邊跳舞邊說些風趣的話。女星們都爭著為他伴舞，身子輕輕觸撫著「偉大領袖」的前胸、臂膀，是一生最大的幸福，最甜蜜的記憶了。為了照顧到每位女星，毛主席往往一支樂曲換三個舞伴，以示機會均等，行博愛主義。凌晨一時，舞會散場。市委宣傳部長張春橋叫住了上官雲珠，說主席請她留下來吃夜宵，了解一下電影界的情況。柯老也會留下來，然後送她回家。

上官雲珠留在一號院毛澤東主席的客廳裡喝茶。柯慶施同志跟他單獨交談了一陣。告訴她，主席跟藍蘋關係一直不好，分居、很寂寞。毛主席為全國人民乃至全世界革命人民貢獻那樣大，他個人生活卻很孤獨，一種偉大的寂寞和孤獨。許多年來，中央領導同志都希望主席能夠找到一位各方面條件都適合的人，這對中國革命和世界革命都是一種福音……

這些話，上官雲珠早已聽春橋部長講過，但此刻由柯老親自講出來，意義更不同。正說著，有祕書模樣的人來請柯老去接電話，柯老匆匆站起來走了。柯老既是上海市委第一書長、市長，還是華東局第一書記，確是日理萬機了。

上官雲珠本是個多情種子，心有靈犀一點通。她回味著柯老的話。要是能夠長留在主席身邊……她臉蛋有些發燒，正是心馳神蕩了。她不敢想下去。這時，一個身子嬌小的女護士模樣的人，來請她去吃宵夜。她還不認識，這面目清麗的女護士就是張毓鳳。

客廳連著大書房，大書房再進去，拐彎，才是餐室。餐室中央擺了一張足可供十幾個人圍坐用餐的大圓桌。靠裡牆，放著張四方小餐桌。毛主席已經穿了浴衣，坐在那裡抽煙，毛主席伸過來一隻肉乎乎的十分溫軟的大手，讓上官雲珠的纖纖玉手去握著，邊請她入坐。

我們是熟朋友了，一起跳過舞。一切隨便些，好不好？

是，是，主席……

既是男女平等，你就在我對面坐下！

上官雲珠忍不住笑了。主席真是個極富幽默感的人。

看過你幾部片子，都不錯。只是太悲苦了些。為什麼不搞點輕鬆、愉快的？你們電影界的朋友，要設法多讓大家笑一笑啊！

是，是，主席……

宵夜點心由張毓鳳托一個盤子端上來，兩份。給主席的一份很簡單，一個煮雞蛋，三隻蒸餃，一小碗湯，一小碟紅辣椒。給上官雲珠的倒是兩個雞蛋，四隻蒸餃，加一小碗湯。

請，上官同志……你這雙姓，少見。《左傳》裡，有兩個大夫姓上官，你是名門後裔了。

毛主席總愛開玩笑。毛主席什麼都懂，有大學問。上官雲珠心裡激動，沒有胃口。她只喝湯。湯淡而無味，略甜，大約是燕窩湯。

她留意到那女護士替主席剝著雞蛋殼，親暱地將身子靠在主席肩頭。她有些看不慣。真沒規矩，一個女護士也這樣隨便，不知自己的身分。

很快吃完宵夜。毛主席請上官雲珠去游泳池游水。

上官雲珠邊跟了主席走，邊有些遲疑。一是她記掛著家裡才十來歲的女兒，二是自己也沒帶游泳衣。

那小護士卻看穿了她的心事似的，輕輕對她說：春橋同志來過電話，您女兒已經被接到同學家住去了。游泳衣，裡面的更衣室裡掛得有的。

上官雲珠真沒想到，主席的住處，還有一座三十米長的室內游泳池。池內綠波蕩漾，清澈見底。還有個小跳台。池邊有幾把鋪著潔白毛巾的躺椅。

進了這游泳池，上官雲珠覺得身上發燥。原來氣溫頗高。毛主席已經浴衣一脫，躍入水中，游起來了。真不像個年近古稀的人。難怪他身體那麼好。

小護士領著上官雲珠來到更衣室，從壁櫃裡給她找出一件嶄新的三點式泳裝，就退出去了。大約是忙別的去了。上官雲珠原是很喜歡游泳的，但從來沒有在這種高級的泳池裡游過。她對著落地鏡穿上了三點式！也是國內從未見過的泳裝，真正的開放暴露哩，肯定是外國進口的。她看到了自己潔白健美的身條。穿上這三點式泳裝真漂亮。難怪主席都選中了。這時，她雙手捧住了發燙的臉蛋。因為她已經決定了獻身，要滿足主席，要讓主席舒服，離不開自己……

她讓自己稍稍平靜了之後，才走出更衣間，在池邊站了站，躍入水中，向主席游去。主席正平躺在水面上，等著她。然後，他們手拉著手，在池中游出了兩帶水花。主席邊游邊看著她說：聽他們介紹，你還喜歡古典詩詞？

談不到啦……只是小時候背過唐詩三百首……

嗬嗬，雲珠，現在開始，我一句，你一句，如何？

阿拉聽命啦，主席……

春寒賜浴華清池……句出何處？

白樂天的長恨歌啦……溫泉水滑洗凝脂！

侍兒扶起嬌無力，

始是新承恩澤時！

雲鬢花顏金步搖，

芙蓉帳暖度春宵！

雲珠！

正好游到水淺處，主席站下了，一把將她摟了過去。

上官雲珠渾身都顫慄了：

主席……儂性急……這水裡……

玉潔冰清……來，有美人兮，在水之湄……

主席……儂放慢些，阿拉已經兩、三年啦，就像一直在等著您……

嘀嘀，玉容寂寞淚闌干，梨花一枝春帶雨……

主席……輕些，輕些，儂真雄偉啦……媽呀，阿拉站不住啦……

上官雲珠在西郊賓館一號院住了整整一星期。兩人都像年輕人一樣，有一股瘋狂勁哩。直到毛主席離開上海。主席撫著她的手說：暫時分開一段。到時候，會安排人來接你去北京，住中南海……第二年春天，上官雲珠還沒去中南海，毛主席又來到上海，兩人日夜相聚……

上官雲珠沒有對電影界的任何一位老朋友說起過她的這些奇遇。她知道事體重大。她必需為黨保守祕密，為心上的人保守祕密。其時，有好幾位關心她個人生活的文化界名人，都想給她當月老，把一個個中年喪偶大學教授，軍隊首長、工廠廠長之類的人物介紹給她。

第三十九節　暢觀樓事件

北京西直門外有座金碧輝煌的俄式建築物：北京展覽館。展覽館的西邊，即是著名的北京市動物園。動物園佔地數十公頃，園內有熊貓、大象、獅子、河馬、斑馬、豺狼虎豹大蟒蛇，上千種獸類鳥類，真正的藏龍臥虎之地了。

北京動物園管理處有座暢觀樓，雕樑畫棟，紅牆綠瓦，為前清某王公的私宅。如今動物園管理組在一樓辦公，樓上的大部分房間仍閑置著。房產亦屬於北京市文物局。這地方除了偶爾聽得到從園林深處的鐵柵欄裡傳來的虎嘯、獅吼，實在是個幽靜的去處。管理處食堂的伙食也辦的不錯。在食肉供應奇缺的「苦日子」裡，人可以搞「瓜菜代」，獅虎豺狼豹卻改不了食肉本性，仍要照常供應肉食，管理處食堂不免搞點「虎口奪食」，以改善伙食了。

一九六二年夏天，中共北京市委政策研究室借用了暢觀樓的樓上兩層，十幾位正處級以上的秀才們在這裡研究、整理大躍進以來的中共中央文件，忙得晚上都要加班。

大躍進以來的中共中央文件，絕大部分為毛澤東的講話，各種簡報、材料的批示，寫給各黨委的書信等等。秀才們奉命深入研究這些紅頭黑字的聖旨、御批，越來越興奮，也越氣憤。繼而出言不遜，冷嘲熱諷。

這些文件的內容，大都為毛澤東主席熱烈鼓吹各行各業意氣風發，打破常規，放開手腳，敢想敢說，敢幹敢闖，連續作戰，馬不停蹄，一天等於二十年，躍進躍進再躍進，高速度進入共產主義社會之類的偉大號召，豪言壯語。

關於農業大躍進，毛澤東於一九五八年夏季視察了河北、河南、山東的一些農村「公社」後，八月九日在山東對當地負責幹部說，還是人民公社好。於是「人民公社好」就像一道萬應靈符，祭起在中國大陸上空了。八月下旬，在北戴河召開的中共中央政治局擴大會上通過了「關於在農村建立人民公社的決議」。佔了總數百分之九十九以上的農民群眾，都成為了公社社員。並規定人民公社實行工資制和供給制相結合的分配制度，人民公社是政社合一、軍民合一、黨政合一，平時生產，戰時打戰的基層政權組織。其實是把中國大陸辦成了一座大兵營。

關於農村公共食堂，毛澤東更是倡導得不遺餘力，先後五次在一些簡報材料上批示：

打破小鍋小灶，改變一家一戶的傳統生活，集體出工，集體吃飯，實行半軍事化作息制度。吃飯不要錢，是農村生產力的一次大解放，也是農民群眾生活方式的大解放！

關於工業大躍進，毛澤東要求「十五年超英趕美」。他首先抓鋼鐵產量，提出「工業以鋼為綱」，要求一九五八年度鋼鐵產量翻一番，達到一千零七十萬噸。他號召書記掛帥，全黨動員，全民動手，土法上馬，土洋結合，大煉鋼鐵。於是全國上下，城市鄉村，機關學校，男女老少齊上陣，砍伐森林燒木炭、拆下房屋砌高爐，砸爛現成的鋼鍋鐵器做原料。比如毛澤東批示的一份簡報中提到：河南省欒縣湧現了一批土法煉鋼專家，年紀最小的才八歲，吹一根小竹竿當鼓風機，每次能吹出三、五斤鋼鐵。毛澤東閱後大為興奮，稱讚為「紅領巾煉鋼能手」。

關於教育大躍進，毛澤東提倡速成教育，全國掃除文盲。一份簡報稱：苦戰半月初中畢業。苦戰一月，高中畢業。大學生則「七天學完全部數學課程」，「十天學完三年課程」。農村則公社辦「共產主義大學」，大隊辦「農業勞動大學」，每個生產小隊辦一所中等專業學校。毛澤東主席的親信康生稱之為「全民辦教育運動」。

關於科研工作大躍進，毛澤東提出破除迷信，藐視權威，打倒專家，敢想敢闖。一些簡報稱：山西有個紅領巾隊，把棉花嫁接到鳳仙花上，結出了紅棉花。河南農學院的師生更是不同凡響，搞作物互相嫁接運動，把甘薯藤接在西瓜秧上，結果，甘薯長得像西瓜一樣大，產量翻了幾十番。又把烟草接到苦楝樹上，結果烟草長到九公尺那麼高，超過了四層樓。關於文化大躍進，提倡六億人口六億詩人。一份簡報上說，一個老太太一晚上寫詩一千首，一個劇作家一天創作劇本六十個，解放軍某團發動全團官兵大寫新歌謠，結果寫出一億首，成為全軍的第一個「億首團」；

關於發射農業高產衛星，提倡「不怕做不到，就怕想不到」，「人有多大的膽，地有多高的產」。中共中央中南局第一書記陶鑄同志親自種的「衛星田」，畝產稻穀三萬斤！但他這「衛星」發射不久，即落後了，保守了，《人民日報》、「新華社」向全世界宣佈了湖南省宜章縣畝產稻穀七萬斤、廣西自治區某地畝產稻穀十三萬斤的衛星消息。最高衛星產量是河北省某地畝產甘薯一百二十萬斤。

毛澤東神采飛揚，筆走龍蛇，在一份份材料上批示著：形勢大好，越來越好，敵人一天天爛下去，我們一天天好起來！群眾在創造神話，時代在創造奇蹟，人民有著無窮無盡的創造力……

中共北京市委政策研究室的秀才們，在整理著這一百多份中央中共文件、簡報時，有的眉飛色舞，有的手舞足蹈，有的痛哭失聲，有的乾脆呼喊：

瘋狂！天字第一號的瘋狂！

不給彭德懷平反，天理不容！

劉公[1]！你再不制止偉大的狂人，悲劇隨時可能重演……

彭公[2]！天時地利人和，你們還不動手？

劉公，只有你能叫瘋子退出權力舞台……

真是秀才謀反，胆大包天。可是，一個多月之後，這批秀才們卻悄悄收兵了。整理出的材料全部銷毀，片紙不留。

據說有人告發了，暢觀樓裡混進了內務情報系統的人……也有人說是市委書記彭真同志下令制止的，他很生氣，搞這一套，要惹殺頭之禍的！

可是當初，是誰授意市委政策研究室的人馬來整理這批「中共中央文件」的？而且安排了西郊動物園管理處這人不知鬼不覺的暢觀樓？整理出來的材料，是用來做甚麼的？後來成了歷史的謎團。只知道市委政策研究室歸市委書記處書記鄧拓直接領導。鄧拓本人曾經多次來到暢觀樓指示工作。鄧拓歸誰領導？領導的人又歸誰領導？參予其事的人只能守口如瓶了。

---

①劉公指劉少奇。

②彭公指彭真。

康生的系統無孔不入。

過了一個月，毛澤東在北戴河召開的八屆八中全會上，一反年初七千人大會上的神聖承諾，大談階級、階級矛盾和階級鬥爭，向老同事們祭起了「千萬不要忘記階級鬥爭」的咒符。

毛澤東一生經歷了多少生死風險，他決不會在沒有河流的北京地區翻船。

第四十節　北戴河會議

從北京乘火車下天津，再沿著渤海灣一路北行，過唐山，六個小時即可抵達中國最負盛名的海濱養地—北戴河。如果乘汽車從北京赴北戴河，則只有四個小時的路程。從北戴河再往北行數十公里，便是萬里長城的東端起點——「天下第一關」的山海關了。好一座山海關，把中國山河分成了關裡和關外。出了山海關，就是「天蒼蒼，野茫茫，風吹草低見牛羊」的塞外草原了。

北戴河為河北省秦皇島市的一部分，海濱療養地稱為「海濱區」。傍著大海，有一條靜潔的柏油馬路，馬路的下方是長達十幾華里的金色沙灘；馬路的上方是一帶低矮山崗，長滿了四時常青的松樹和柏樹。綠樹叢中，露出來一棟接一棟紅色、黃色、褐色、純白色、銀灰色、乳白色的歐式別墅，背山面海，錯落有緻，綿延十來華里，十足的西洋情調。你要是初次來到這裡，便會產生一種宛如置身在意大利的那不勒斯，或是西班牙的某處海濱的錯覺呢。一九四九年之前，這裡本是「華人與狗勿入」的高等洋人的避暑租界。

一九四九年之後，每年的七、八月間，毛澤東要是不南行去廬山，就多半來到北戴河。這裡離北京又近。毛澤東又酷愛游泳。因之每年的這個時候，中共中央的大員們，各省市的黨委一把手，便會來這裡聚會，邊療養，邊開會。幾乎年年都有「北戴河會議」。北戴河便會被闢為「軍事禁區」，外國人，普通中國人，都不得進入。當然，中共中央不在這裡開會的日子便會開放給各地政府選送來的戰鬥英雄、先進工作者療養。那時節，外國駐京的外交使節，也可沾中國官僚的光，來這裡避暑休息。

不管怎樣說，毛澤東把一切顛倒了過來，不能不算長了些中國人的志氣。過去中國官僚要看洋人的臉色行事，對不起，現在洋人要仰仗中共官僚的鼻息。

海濱區新建了唯一的一棟中國宮殿式庭院，硫璃綠瓦，雕梁畫棟，朱漆大門，供毛澤東居住。到了洋味十足的海濱渡假地，他也不忘中國風格，民族氣派。

一九六二年八月，在這裡召開的「中央政治局擴大會議」，又成為中共歷史上的一大轉折。中共中央歷來的會議，有三種名目形式：一為「中共中央委員會全體委員會議」，簡稱「全會」。顧名思議，是全體中央委員出席、後補委員列席的會議，有選舉、罷免黨的最高領導人事、決議黨的重大政策方針的權力，是符合中共黨章的；二為「中共中央工作會議」，參加會議的人員就不一定具中央委員身分了，而由黨的最高領導點名圈定。這種會議形式在中共黨章中並無規定，但作出的決議往往是關係到國計民生的戰略決策；三是「中央政治局委員擴大會議」，這種會議形式最為邪門，往往用之於爭奪中共最高領導權力。並非所有的中央政治局委員、後補委員都能出席會議，而黨的領袖卻可以讓自己的親信愛將們出席，並具表決權利。最典型者，莫如一九三四年中共紅軍長征途中召開的「遵義會議」了，政治局委員出席者不足半數，列席議會的紅軍將領卻人人都具表決權。中共至今對斯次會議視為驕傲，引為神聖。

中共黨內鬥爭從來無誠實可言，更無章程可循。毛澤東掌握了槍桿子，又深諳這三種會議形式的妙處，運用自如，玩之於股掌。三種會議均可視毛澤東的好惡，作出中共中央的重要決定。且三種會議形式還可以互為轉換，怎麼方便怎麼轉換，一切看需要。毛澤東決不受「條條框框的約束」，不做會議的奴隸。

這次，毛澤東成竹在胸，決定一步一步來擴大會議的範圍。他先是跟劉少奇、周恩來、朱德、鄧小平諸位商量：趁著大家都到北戴河渡假，是否開個「政治局碰頭會」，商量一下下半年的工作，這是毛澤東善玩會議韜略的高明之處。因為若是一開始就提出召開「中央工作會」或「政治局擴大會」，乃至「中央全會」，就得事先發通知，備資料，研究議題，草擬報告。各路諸侯有備而來，就難以對付了。像上次廬山會議那樣，中途改變方向，鬥爭彭、黃、張、周，麻煩就多得多了。

劉少奇自然熟知毛澤東同志的這類韜略。他就湯下麵，順水推舟，自有一套深思熟慮的對策：以柔克剛，以靜克動，以緩克急。你不按章程辦事，我事事強調章程；你不讓準備文字材料，我用現成的文字材料；你一步一步擴大會議範圍，我一步一步提前打好招呼。但有一條，就是任何情況下，都不激怒毛澤東，不公開跟毛澤東鬧翻了。並估計，毛澤東同志因患有嚴重的老年性中風症，高血壓，還迷戀於女色，肥胖的身體已一年不如一年，終將不久於人世。而劉少奇本人，雖也年過花甲，但家室和睦，天倫常樂，生活檢點，身體沒有發福。日理萬機而少倦色。他有著身體和時間的優勢。他不信熬不過病夫毛澤東主席。

這次，劉少奇決定不動聲色地對毛主席採取相應的制約，免得他一見國民經濟有所好轉，又忽發奇想，再次把國計民生引至災難的深淵。最能制約毛澤東的，又莫過於彭德懷問題。毛主席在批判彭德懷這件事情上，是最不得人心的。「七千人大會」之後，全黨上下，普遍傳來了「替彭德懷同志平反」的呼聲。在黨的高級幹部中尤其如此。彭德懷本人呢？最近又給黨中央、毛主席上了「八萬言書」，提供了大量的事實、數據，總結三年大饑荒的慘痛教訓，堅持他五九年廬山會議上的觀點，已為時間所證明是正確的觀點。劉少奇囑咐辦公廳將彭德懷的「八萬言書」印刷若干份，除呈送毛澤東主席批閱外，也分發給每位與會者。

劉少奇的這個意向，得到朱總司令、陳雲、鄧小平、彭真等人的默認。至於周恩來，向來隨大流，好說話，好共事，很少堅持自己的什麼見解。大是大非，他以不獲罪毛主席為原則。

在為彭德懷平反的呼聲中，還有兩位智勇雙全的人物，做了劉少奇的得力助手：原西北局副書記（書記為彭德懷），現任中共中央書記處書記、國務院副總理兼祕書長的習仲勳。另一位是劉少奇的老部下、中共中央農村工作部部長鄧子恢。

「政治局碰頭會」一開始，就面臨著彭德懷問題。毛澤東不吭聲，劉少奇也不吭聲，其餘朱德、周恩來、陳雲、鄧小平亦暫時沉默，而讓習仲勳、鄧子恢等人去侃侃而談，為彭德懷元帥請命。

毛澤東看看處於劣勢。他趁劉、周、朱、陳、鄧諸位還沒有開口，決定擴大會議範圍，請來了一批在京的中央委員以及軍隊方面的負責人。可是這些被擴大進來的人，又每人都得到了一份彭德懷的「八萬言書」，議論的仍是彭德懷問題。他們贊同中央為彭德懷元帥平反。經過了三年大飢荒，全國餓死了那麼多的老百姓，大家心裡都有點正義感。

於是毛澤東又決定進一步擴大會議範圍，開成八屆十中全會，通知全國各省市自治區的黨委第一書記以及在外地的中央委員趕來出席。五九年廬山會議之後，軍隊及省一級機構的反右傾運動進行得最徹底，把跟彭德懷有過工作關係，或跟彭德懷持相同觀點的人，統統撤換了。

省委一級的各路諸侯到齊後，毛澤東另起爐灶，避實務虛，開始談理論問題：如何認識社會主義過渡時期的階級、階級矛盾和階級鬥爭。他指出，在由社會主義社會過渡到共產主義社會的整個歷史時期，從始至終存在著階級、階級矛盾和階級鬥爭，存在著無產階級和資產階級爭奪領導權力的鬥爭，存在著真馬克思主義和假馬克思主義即修正主義之間的鬥爭，存在著走社會主義道路還是走資本主義道路的鬥爭，存在著資本主義復辟的危險性。因此，階級鬥爭非但沒有過時，沒有消失，而是激烈尖銳地存在於我們社會政治生活的各個領域。階級鬥爭要年年講，月月講，天天講，直至國家滅亡，政黨滅亡，階級滅亡……

毛澤東的一番宏論，談得與會者們暈頭轉向。沉默了好些日子的情報頭子康生，這才摸准了毛澤東的思路動向。每逢毛澤東主席大談理論的時候，必然是他下定決心進行某項鬥爭的信號。康生通過手下的系統平日在各行各業所掌握的情報，便可發揮奇特的功效了。

毛澤東的「階級鬥爭學說」，起初似乎是針對他的福建同鄉、中共中央農村工作部長鄧子恢來的。因為鄧子恢在三年大飢荒中公然主張農村搞包產到戶，分田單幹，右傾得可以了。毛澤東點名批評鄧子恢的右傾機會主義，又是項莊舞劍，意在沛公，給劉少奇一個顏色，一個警告。早在一九五五年下半年，劉少奇、鄧子恢擅自下令解散了二十萬個不具備條件的農業合作社，而多次被毛澤東申斥為「農業合作化道路上的小腳女人」。

康生、柯慶施等人緊跟著上陣，在小組討論會上大罵鄧子恢老保守、老右傾、老落後，處處和毛主席唱對台戲，熱衷於推行彭德懷的右傾機會主義路線，江山易改，本性難移。

一天，毛澤東正在會上號召全黨「千萬不要忘記階級鬥爭，千萬不要忘記無產階級專政」，康生即遞上來一張紙條。毛澤東拿過紙條便唸：利用小說反黨，是一大發明。毛澤東笑了：是啊，現在時興寫小說嘛，樹碑立傳，歌功頌德，不朽之盛事，經國之偉業。誰說我們沒有創造發明？利用小說反黨，是一大發明！

毛澤東總是在關鍵時刻要感謝康生。康生提供了小說「劉志丹」這發有力的重炮彈。劉志丹是陝西甘寧邊區的創始人。「東方紅」最早歌唱的是劉志丹，而不是毛澤東。劉志丹早在一九三九年就犧牲了。高崗是劉志丹的親密戰友，歌頌劉志丹就是替高崗樹碑立傳，替高崗翻案。鬧翻案也是一種時髦，黨內替右傾機會主義份子翻案的，就大有人在嘛。小說「劉志丹」是誰寫的？劉志丹的弟媳李建彤。請問，原西北局大員中，誰支持過這部小說的寫作？

順藤摸瓜，很快摸到了本次會議上要求為彭德懷平反最賣力氣的習仲勳。都說習仲勳計多謀足，是劉少奇的智囊。

毛澤東一反年初七千人大會上所作出的保證黨內民主生活的神聖承諾，又開始大興黨內整肅，把矛頭指向黨政軍高級幹部。與會的中央委員們面面相覷，人人自危。劉少奇更是亂了方寸，沒可奈何。鬥智鬥勇，他都不是毛澤東的對手。他不得不找周恩來、朱德商量，請周、朱二位出面和稀泥，打圓場，以求盡量縮小些整肅面。

對於毛澤東提出的「階級鬥爭學說」，除了陳伯達、康生、胡喬木幾位黨的理論家大力吹捧之外，中央委員們大都反應冷淡，思想上、感情上也都轉不過彎來。因之沒有出現往常的一致擁護、熱烈頌揚的場面。

毛澤東的主要目標卻是達到了遏阻了黨的高層幹部中要求為彭德懷翻案的圖謀。這時已經到了八月底，習仲勳這顆釘子還沒有拔除，會議開得不上不下，還沒有結束。於是毛澤東提議說。

現在北京的天氣也涼爽了，各位同志游泳得差不多了，小平你們的皮膚也曬黑了，在北平也各有家小，我們回去再繼續開會，如何?

沒有人反對毛澤東的提議。可是，九月初，參加「北戴河會議」的人們回到北京，就發現少了習仲勳。中央書記處書記、國務院副總理兼祕書長習仲勳，已經在自己住家的四合院裡劃地為牢，失去了自由。中共成立了「習仲勳反黨集團專案審查小組」，組長即為情報頭子康生。

「北戴河會議」以軟禁習仲勳，逮捕他手下的大批「黨羽」收場。還撤銷了鄧子恢的中共中央農村工作部部長職務。也正是這次會議的後期，毛澤東親自提議：康生由政治局後補委員晉陞為政治局委員，中共書記處書記，兼管全國文教宣傳戰線工作。論功行賞，康生是得到了報償。

雖然是一次以捕人作收場的會議，但一點也不妨礙中共中央為八屆十中全會寫出「歷史性的光輝文獻」，毛澤東主席又一次高瞻遠矚，明察秋毫，創造性地繼承、發展了馬克思列寧主席，解決了社會主義歷史時期階級和階級鬥爭、階級矛盾這一科學命題，即後來所說的「創立了無產階級專政條件下繼續革命的偉大學說」。

從來的中共中央的「歷史性光輝文獻」，都是由毛澤東的三大理論親信陳伯達、康生、胡喬木起草，只需毛澤東親自審訂，批閱。拿到會議上去鼓掌通過，則是履行手續問題。有時這道手續亦可免掉，會後在報刊上公開發表，供全黨全軍全國人民學習討論，遵照執行。

劉少奇又一次面臨重大挫折。亦是中共黨內穩健派的一次大挫折。至此，中共的政治方針在付出了五、六千萬無辜生命之後，稍稍寬鬆了一陣，又大幅度向左逆轉，向著更瘋狂的目標前進。

第四十一節　江青「破霧」而出

江上有青峰，鎖在迷霧中，尋常不相見，偶爾露崢嶸。

——江青自題

說起來難以令人置信，毛澤東在他的最高領袖的地位上，從來龍行虎步，呼風喚雨，英雄蓋世；可是一遇上惱人的家務事，面對又哭又鬧的江青，他就總是心虛理虧似地，憂柔寡斷，無所適從，甚至十分窩囊。

一九六六年秋天之前，毛澤東在中南海內的住處豐澤園，跟劉少奇的住處福壽居相隔不遠。毛澤東喜歡於黃昏日落時分，獨自沿著南海北岸一帶散步。劉少奇也喜歡於黃昏落日時分，牽了最小的女兒沿著南海北岸一帶散步。他們時有碰到一起，然後坐在湖邊木椅上聊天。

在家庭生活方面，毛澤東頗為羨慕劉少奇。劉少奇先後結過五次婚，最後的這位夫人王光美，又年輕，又漂亮，又聰明，談吐儒雅，舉止得體，還通英語。自一九四七年跟劉少奇結婚後，已經替劉家生了四個兒女。加上劉少奇前妻留下的三個兒女，共是七個子女。王光美都打點得有條有理，和和睦睦，是中央領導人眷屬中出了名的賢內助。王光美也是三十好幾、四十挨邊的人了吧？可是風姿綽約，儀態萬千，每回以國家主席夫人陪同出訪，都成為當地報刊的「中國第一夫人」。

對不起，江青就沒有這個福分。她還從來沒有以「毛澤東主席夫人」的身分在公開場合露過面。她儀表不一定比王光美遜色，差在文化教養，品德氣質。有時簡直就是不學無術，狗屁不通，卻又好表現，趕時髦，不甘寂寞。不愧是三十年代上海影劇界那汙七八糟的大染缸混迹出來的。四十幾歲了還那麼浮而不實，燥而不安。家裡只有三個孩子也經常鬧的關係緊張。只好把神經有毛病的岸青和他媳婦長期安排到長沙去養病。在中南海的生活圈子裡，在整個中央領導人的生活圈子裡，江青早是個出了名的人，一隻能哭能鬧的母大蟲。大約也跟她的身體狀況有關。五十年代初期她三去莫斯科動手術，激素之類的藥物用得過量，造成了他性格變態。

人非草木。毛澤東對江青，也不是鐵石心腸，毫不憐憫。他在自己身邊收入個張毓鳳，還做了那麼多隨遇而安、琵琶別抱的事，倒也難為江青都默認了，或是視而不見。只要不影響到她的名分地位，她就不會鬧到政治局會議上去。江青確曾半開玩笑半認真地說過：

潤之，我們也是二十多年的夫妻了，大家都留點面子吧。我現在也看多了，想通了，睜隻眼閉隻眼算了。只希望關於咱倆的關係，不要由政治局作出第二次決議才好。

她說得出做得出。有時毛澤東也感到內疚。二十多年來，自己給了江青什麼？連個「主席夫人」的名分都給卡住了。可悲可嘆的女人。難怪她羨慕少奇的夫人王光美，都羨慕到了妒忌、記恨的地步。劉少奇做為國家主席，這些年來馬不停蹄地訪問蘇聯、東歐、越南、印度、緬甸、印尼等十幾二十個國家，每次都由夫人王光美陪同。在蘇聯、東歐和整個東南亞，王光美成了中國第一夫人，也有的說她是中國第一美人，出盡了風頭。王光美很懂事，每回都給江青帶回來珍貴的禮品。江青每回收到這些禮品，起初總要高興一陣，感謝一回。但等到王光美一轉背，她心裡那滋味就可想而知了。

在中國，由於電訊不發達，人們之間交流感情的主要手段，仍靠書信往還。古時就有「柳毅傳書」的神話。在現代中國，非正常的男女私情，卻常常敗露在信件上。這類私人信件不管是將任何方式獲得，都會做為對簿公堂的贓證。在中國大陸，還沒有任何地方公佈過偷拆他人信件為非法的事。何況一九五五年抓「胡風反革命集團案件」時，由毛澤東主席親自審定、親自寫下了按語交《人民日報》告白於天下的「胡風反革命集團的三批材料」，就全部都是胡風和他的朋友、學生們的私人信件，私人日記的摘抄。

可是生活有時也要開開「偉大領袖」的玩笑，這類中國大陸無處不有的拆閱人信件的案子，竟然也發生在黨中央主席毛澤東家裡。原來是一九六二年九月，中共中央八屆十中全會結束不久，上海電影明星上官雲珠寫給親愛的毛主席一封情意綿綿的信，落到了江青手裡。這於江青來說，真是個晴天霹靂。她容忍了張毓鳳。她認為張毓鳳只是名可以跟男人睡覺的小女子，對她不會構成任何威脅。這回可好了，大名鼎鼎的上官雲珠也赤膊上陣了！上官雲珠可是個人見人愛的大美人。早在四十年代就享有「上海第一美女」之稱，對自己可是構成真正的威脅。

江青本想大哭大鬧一場，鬧他個五佛出氣，六佛生烟。但他畢竟跟隨了毛澤東主席這麼些年，看多了，也懂多了，學多了。哪座廟裡沒有爛菩薩？哪個池塘沒有王八？在真正的威脅面前，她需要的是冷靜、堅定，像毛澤東哪樣不動聲色。她通知張毓鳳替她安排好時間，她要找毛澤東主席做一次既是夫妻又是同志的匯報談話。也不能讓張毓鳳知道底細。小妖精如今成了男人的耳朵和眼睛。倘若毛澤東知道了她江青的美意，便會以工作太忙，一直拖延下去，甚至不與她見面的。

潤之，你剛剛向全黨全軍全國人民發出了千萬不要忘記階級和階級鬥爭的號召……

那你也學習學習吧。是不是又想回中宣部、文化部去做點什麼事？

謝謝。暫時不談這個。只想告訴你，我收到了一封上官雲珠同志的信。

誰？

上官雲珠，電影明星，大美人。

她給你寫了信？什麼事？

不，信是寫給你的，稱你為親愛的主席。她說她日夜想念你，總在回憶上半年，春天時節，上海西郊賓館的甜蜜。

你！你，瞎胡鬧！豈有此理。

潤之，醫生關照你要安神養脾。再怎麼看，我們也是二十幾年的夫妻情分了。進城這十多年來，我什麼時候為難過你？

我要查一查辦公室生活服務組，你違犯了組織紀律。你有什麼權力拆我的信？

這信跟辦公室工作人員無關。再說也是以後的事。

無聊之極，糾纏不清！你打算怎麼辦？

主動權自然是在皇上手裡。反正這事，也可公了，也可私了。

你要怎樣了？

公了，是為了維護黨的威望，我把這信交給政治局各位老同志去處理……這些年，我忍氣吞聲，顧全你的領袖地位……我一個人住在靜園，不就是被人打入了冷宮？那園子本是光緒的妃子住過的……我哪天晚上不是淚水洗面？我從青年時代起，就追求個性解放，人格獨立，才從上海去了延安那樣艱苦的地方……可是幾十年來，我得到了什麼？我是個什麼人？王光美、鄧穎超、康克清、蔡暢、卓琳、葉群，她們哪一位，不比我活得像個人？我至今算你的正房？偏房？侍妾？只給你毛家生了兩個丫頭，是不是？都二十多年過去了！人生有幾個二十多年？你總該給我一個名分，一個女人最起碼的名分……

江青不吵不鬧，卻輕聲哭訴著滿腹的委屈辛楚。

毛澤東十分理虧。他也確實被江青的哭訴所打動。他陰沉著臉，只求這樁無聊的案子盡快了結。

好吧！後天要接見一次印尼總統蘇加諾的夫人，你就以我夫人的名義參加接見，報館會登消息，如何？把上官雲珠的信給我。

江青淚眼婆娑，破涕而笑。她在自己的從不離身的小拎包裡翻出了她視為頭號敵人的信，捏在手裡，並沒有立即遞上去。

我還有個請求……最近，康生同志找我，說現在戲劇界情況十分混亂，到處上演帝王將相，才子佳人，到處是包公戲，海瑞罵皇帝，成了一股風氣。希望我能做些工作……我愛搞京戲，想讓北京市的京劇團排演現代戲。今年華北地區戲曲會演，有的劇本基礎不錯。

這倒是個好事。你們搞出了新劇目，我可以去看演出。發動政治局的同志都去看戲，如何？

江青呈上了上官雲珠的信。從今後，有分教：劇場舞臺風起雲湧，文人墨客鬼哭狼嚎！自是後話。

過了兩天，《人民日報》頭版發出一條重要消息：

新華社北京九月廿九日訊　毛澤東主席和夫人江青，今天下午接見哈蒂妮・蘇加諾夫人，賓主進行了親切友好的談話……

毛澤東在處理家務事時，常常優柔寡斷，患得患失；對待黨內大事，從來獨來獨往，大刀闊斧。他沒有找任何一位中央政治局委員打聲招呼，就擅自打破了一九三九年中共中央政治局所作出的關於毛澤東同志與江青關係問題的嚴肅決議。

至此，江青名正言順地成為「毛澤東主席夫人」，公開參予中共中央的高層政治活動。

第四十二節 「向雷峰同志學習」奧妙由來

毛澤東雖然在北戴河會議上順利擊退了「為彭德懷平反」的翻案風，但黨內局勢對他來說，卻並不樂觀。他很後悔自己過早地宣佈退居第二線，放棄了第一線工作的總指揮權。

少奇同志也真了不得，理論修養，品德修養，加上他出色的組織才幹，短短數年時間，經營好了自己的幹部體系，幾乎把各省市自治區的黨委第一把手、中央各部委的主要負責人，都網羅到自己門下，能夠一呼百應。他跟恩來、陳雲、小平也建立起了融洽的工作關係。再加上一個身兼十職、無所不管的北京市市長彭真，一個唯命是從的中央組織部部長安子文，一個埋頭苦幹的中央辦公廳主任楊尚昆，真是盤根錯節，縱橫捭闔，進退自如了。誠如前賢孟軻所言：如欲平治天下，當今之世，舍我其誰？

當然，毛澤東也心裡有數，少奇不會跟自己公開攤牌。量他也沒有那個膽子。至多，他要耍兩面三刀，陽奉陰違而已。也可能在會議上，在一些重要議題上，提出他的主張來跟自己周旋。那好吧，我們就都留著面子，周旋吧。三十年代有個唱「四季歌」的名歌星，就叫周璇……

朱總司令也未必把劉少奇看在眼裡。他人忠厚，心裡並不糊塗，一九三六年到延安之後就當菩薩似地供著敬著，德高望重，還不就靠了井崗山「朱毛會師」，被國民黨罵作「朱毛共匪」這個資歷？但擺著個紅軍總司令，足以服眾矣！

周恩來也未必會跟著劉少奇跑。幾十年來，恩來都有他聰明過人之處，四面光，和事佬。關鍵時刻，他會站到黨主席和軍委主席一邊的。陳雲也一樣，沒有政治野心，只熱衷於他的蘇式計畫經濟。

至於書記處總書記鄧小平，自五九年批判彭德懷之後，就有些消沉。他把總書記的職責分了一半給彭真去承擔，工作之餘不讀書，不看報，總是躲進中南海北門對過的養蜂夾道裡去打橋牌。一打就通宵達旦。他的牌友，是北京市委的劉仁、萬里，加上吳晗、翦伯贊兩位教授，有時還加上彭真和楊尚昆。據康生報告，去年他到黑龍江視察，大談「不管白貓黑貓，逮得住耗子就是好貓。面子是顧不得了的」。這是他的由衷之言吧？說是有天晚上，他總書記大人犯了牌癮，一個電話，就讓楊尚昆派了專機，把吳晗教授接到哈爾濱去，打了幾圈……國家正在過苦日子，他這特殊化也鬧得太離譜了。話說回來，玩牌上癮的人，倒是大多沒有政治野心。叫玩物喪志。

毛澤東把局勢看得十分透徹。他幸而保留了軍隊的統帥權。只要軍隊不跟了別人跑，就一切不成問題。五九年廬山會議後，軍隊幹部已做過幾次大調整。林彪取代彭德懷，出任國防部長，主持軍委工作。陳賡則取代黃克誠，出任總參謀長。陳賡去世後，換上了大將譚政。譚政也是湖南人，跟劉少奇關係密切，對不起，借了他個男女關係問題，撤了，換上了自己最信任的大將「羅長子」——公安部長羅瑞卿。國防部長由元帥擔任，總參謀長則由大將擔任。羅長子很可靠，在井崗山上就當過林彪紅一軍團的保衛處長。他現在可神氣了，兵權黨權，政權，治安權，都集於一身了：中央政治局委員，書記處書記，國務院副總理，公安部長，中央警衛局局長，中央軍委常委兼祕書長，總參謀長。

軍隊工作有林彪和羅瑞卿兩位具體負責，毛澤東放心了。

一天，張毓鳳給毛主席呈上來幾封信，以及兩份反映軍隊動態的簡報。有一封是上海來的。他一看就知是上官雲珠清秀的筆跡。上官雲珠在信上說，她上次寫過一信，主席沒有回她，她很想念主席。不知主席還記不記得她？什麼時候讓她來北京拜望？張毓鳳見毛主席笑瞇瞇地看著信，不禁偷偷撇了撇嘴角。毛主席放下信，拉過毓鳳的手，說：

代我寫封短信，就說我也想念她。現在太忙，分不開身。過些日子，或者我再去上海，或者安排她來京小住……寫好了，交我簽個名。

毓鳳噘著小嘴。毛主席看在眼裡。

吃什麼醋呀？誰也不能像你一樣，天天守著我呀？

主席……你心裡想誰，咱也管不著。只求你，晚上跟咱做那事時，不要喊了人家的名字……

看看，看看……我什麼時候把你當別的人了？記性不好。

你記性才好哩。還叫人這樣，那樣……

去去去。你停會才來撒嬌氣，好不好？我心匪石，不可轉也，我心匪蓆，不可捲也。威儀棣棣，不可選也……你拿來的這些文件，黨和國家大事，我看也不看也？給我點根雲煙來，如何？

張毓鳳笑了，毛澤東也笑了。

醫生要你儘量少抽煙。

護士同志，我最不要聽醫生們的清規戒律。要是一切聽他們的，我早見馬克思去了。

毛澤東拿起一份中央軍委辦公廳呈送上來的簡報。初時不過隨便翻翻。看著看看，他忽然眼睛亮了：原來是瀋陽軍區黨委響應林彪同志「全軍開展讀毛主席著作、做毛主席好戰士運動」的號召，所整理的一位模範戰士的材料。戰士名叫雷鋒，長沙望城縣人，出身貧農，苦大仇深。一九五八年入伍，在軍區某部汽車團當駕駛員。幾年來，雷鋒通過學習「為人民服務」、「紀念白求恩」、「愚公移山」等著作，大大地提高了階級覺悟。特別是在三年困難時期，雷鋒節衣縮食，把節約下來的兩百塊錢寄到災區去；還兼任了駐地附近的小學校少先隊的輔導員。這個雷鋒只有高小文化，卻堅持寫革命日記，要把自己有限的生命，投入到無限的為人民服務之中。……這位戰士還寫了一首詩：「唱支山歌給黨聽，我把黨來比母親。母親生下了我身，黨的光輝照我心！」可惜，雷鋒同志在前不久的一次出車時，以身殉職了。

多麼可愛的戰士！多麼典型的學習標兵！幾年來，林彪同志在全軍上下掀起學習運動，已經取得了很大的成功。

毛澤東興奮了！激動了！放下材料，他站了起來，在寬大的書房裡踱開了步子。幾年來，地毯已經被他踩得很舊了，掉絨了，他也不讓換。他習慣緩緩地吸煙，緩緩地散步。

每逢這時刻，張毓鳳便為他掛斷一切電話，停止一切電文的呈送，以便讓他集中精神，靜靜地思考黨和國家的大事。

毓鳳！來磨墨。我要給政治局各常委、各元帥大人寫封信，請他們參加一次題字活動。我現在帶個頭，向雷鋒同志學習！

道士打鬼，借助鍾馗。張毓鳳很快研好了墨。

毛澤東在寫字檯上鋪下一張宣紙，取過那支常用的大號狼毫，來來回回醮著墨汁，想了想，順勢一揮，寫下了「向雷鋒同志學習　毛澤東」幾個猶勁的大字。

說起毛澤東習字，已經有年頭了。他在長沙一師讀書時，字寫得很差勁，幾乎到了人見人笑的田地。後來上了井崗山，有三年多被王明路線停止了職務，他閑來無事，也常習字。到了延安，字還是寫得不怎麼樣。一九四九年進了中南海，一國之主，條件好了，常找郭沫若等人來談詩詞，論書法。還是郭沫若建議他習習唐代張顛和懷素兩位的狂草。特別是懷素和尚，湖南長沙人，從長沙一路雲游到國都長安，以一手桀驁不馴、氣勢磅礡的狂草書法，名重天下。果然，毛澤東的字，自師法了張顛、懷素之後，大有進步，而自成一格了。

毛澤東所題「向雷鋒同志學習」，被拓印了出來，分送給中央政治局各常委，加一個彭真，再送給九大元帥（彭德懷除外），加一個總參謀長羅瑞卿。再加上董必武、謝覺哉、吳玉章、徐特立四位革命長者。

毛澤東請大家為一名犧牲了戰士題詞，他們也就湊個趣，助個興，做個順水人情。誰也沒有把它當一回事。

劉少奇的題詞為：「向雷鋒同志學習，做毛主席的好戰士！」

周恩來的題詞為：「學習毛主席著作，做雷鋒式革命戰士！」

朱德、陳雲、鄧小平、彭真、劉伯承、賀龍、陳毅、徐向前、聶榮臻、葉劍英、羅瑞卿的題詞，以及董、謝、吳、徐四老的題詞，都大同小異，眾口一詞，語言貧乏之至。

最有代表性的，要數主持中央軍委日常工作的國防部長林彪元帥的題詞：「讀毛主席的書，聽毛主席的話，做毛主席的好戰士！」

所有這些題詞，都在同一天的全中國大陸所有報刊上以頭版大幅位置發表。其結果，是毛澤東漫不經心似地略施小計，就把人民解放軍的學毛著運動，大張旗鼓地推向全國的各行各業。

毛澤東號召全國軍民「向雷鋒同志學習」，演變成全國軍民向毛主席學習、效忠。其實質是毛澤東自己號令向自己學習。於是又開始了一次狂熱的全民造神運動。

在這場規模空前的全民造神運動中，有兩件事值得一提：一是北京的人民出版社奉命組織一班編輯人員，加工整理——實為代寫「雷鋒日記」，之後大量印行，作為全國軍民的活的政治教材；二是文藝界大動員，學雷鋒，唱雷鋒，演雷鋒，寫雷鋒，雷鋒成為不食人間烟火的偉大英雄。最高成就為延安歌劇「白毛女」作者之一的詩人賀敬之，創作了階梯式政治抒情長詩：「雷鋒之歌」，把學雷鋒、學毛著跟批判彭德懷「右傾機會主義反黨罪行」結合在一起。

有了這次造神運動，毛澤東在黨內已經居於不敗之地。

劉少奇事後才明白，自己已上了大當。中共歷史上第二次大規模的造神運動已經全面舖展。那麼，中共歷史上的第一次造神運動是何時發動，由誰發起的？正是劉少奇本人，時間是一九四五年中共第七次代表大會。劉少奇發明了「毛澤東思想」這個名詞，成為神話，從而使毛澤東躍居中共至高無上的領袖地位。劉少奇本人也躍居黨內第二把手的高位。那一次，參加造神運動的，還有言不由衷的周恩來和朱德，還有毛澤東的真誠信徒彭德懷、任弼時、羅榮桓、陳雲、林彪等，一齊效法蘇共歌頌斯大林：光榮屬於英明領袖毛澤東！偉大的毛主席萬歲！毛澤東思想是全黨全軍政治工作的指針！

第四十三節　重會上官雲珠

毛澤東悠哉閒哉，忽南忽北，行踪詭祕。反正黨中央的日常工作由劉少奇、周恩來、鄧小平、彭真們去應付、打理。

春天，他又一次到上海，仍住西郊賓館，重會上官雲珠，不辭朝暮。他聽從上官雲珠的意見，一星期只開三次小型舞會。舞伴也不再找電影界和戲劇界的名女人，而由上海舞蹈學校、上海歌舞劇院輪流選一些小姑娘。老友柯慶施，加上一個張春橋，還真會辦事哩。小姑娘們真如一朵朵初開的蓓蕾，可惜她們美麗的腦袋裡是一片空白。

他來上海隱居，確是有一些重大問題需要冷靜思考。經過了去年元月的七千人大會，八月的北戴河會議，他越來越感到劉少奇是他一塊心病，一大威脅。劉少奇靠什麼起家？

一靠首倡「毛澤東思想」，二靠他的那本《論共產黨員的修養》，三靠他長期經營的「白區黨」。他可了不得呢，《論共產黨員的修養》是全體黨員的黨性教科書，黨的白區地下組織所培養的幹部隊伍，如今控制著從中央到地方的各級黨政領導部門。

記得小的時候，在韶山沖老家，母親給自己講過一個白話：貓和老虎。說是早先貓是老虎的師傅，貓把自己的渾身本領都教給了老虎，相互間也是好朋友。可是後來，老虎覺得自己的本事大了，個頭、力氣更是遠遠超過了貓，便想抓了貓師傅來打一次牙祭。一天，老虎趁貓師傅趴在一棵樹下打瞌睡，就一頭撲了上去！誰想貓師傅早就提防著忘恩負義的徒弟，就在徒弟張牙舞爪撲過來的那功夫，梭地朝旁邊的樹上一竄，竄到樹上去了。老虎在樹下氣鼓鼓的，乾瞪眼。貓在樹上笑著說：上樹這最後一招，我得留給自己了！不然我就沒命了。因此，百獸之王威鎮山林，可至今不會上樹哩！

躺在一號院游泳池邊的睡椅上，毛澤東跟上官雲珠合蓋著一條毛巾被，說著這話逗得上官雲珠笑嘻嘻的。上官雲珠有著美好的身條，更有一雙美好的玉臂，不停地撫愛著著年近古稀的偉大領袖。她更感興趣的是另一些話題：

主席，去年來過的那小護士，今年沒見來？

啊，她叫張毓鳳。小張最近身子不便遠行，我留她在北京休息了。

她小得像個中學生……

二十三歲吧？能吃苦，很懂事。替我當著半個家。

上官雲珠不做聲了。她也很懂事。尤其不敢打聽江青的事。

這次來的小護士……

噢，臨時從部隊挑來的。也是工人的女兒。也姓張。比毓鳳漂亮，是不是？就是太嬌氣。

上官雲珠知書達理，從不打聽黨和國家的大事。她明白，毛主席雄才大略，從不會在男女私情上陷得太深。有次甚至說了句他湘潭老家農民的粗話：扯了蘿蔔眼還在，就那麼回事！把上官雲珠嚇的喲，羞的喲！原來偉大領袖也有他粗俗的一面。但多數時候，毛主席是溫文爾雅，談笑風生的，偶爾還會把自己思考著的黨和國家的大事，透出來幾句：

雲珠，你做個局外人好。政治是不乾淨的……

主席，阿拉只知政治是統帥，是靈魂……

現在問你，如果劉少奇和周恩來兩位都在這裡，你會更喜歡誰？

阿拉只喜歡主席……

不是這意思。要你在他們兩位之間做一選擇。

阿拉？阿拉都很尊敬。真的，都很尊敬。

小滑頭。你會更喜歡周恩來，是不是？你們女同志，都認為他是美男子，是不是？

主席，您又開玩笑了。

少奇同志是個苦瓜臉，一付苦相，是不是？他倒是真有苦幹、實幹精神。修養也不錯，有組織才能。人才難得呀，靠他們撐著江山呀。

毛澤東言不由衷，又陷入了沉思。

上官雲珠覺得他的身子有些發涼，鑽出毛巾被，顧不得自己穿衣物，而給主席取來一件厚浴衣：

回房休息，好嗎？

好。你也進來。這件衣服夠我們兩個暖和了。

主席你又站著……要保重身子。

從來無為而治，隨遇而安，隨興而起。對，對。

何不回房去……

打破常規。

阿拉怕人來……

跟我在一起，誰都不用怕。好，好。

您……

有美人兮，何辭朝暮……下午，康生要來匯報工作。他電話約了三次。

累了吧？再躺一會子？

好。一切行動聽從上官雲珠同志指揮。

多蓋一條毛巾被。

好。你也進來。休息半小時。下午康生要來……你見過康生大人？

前年，上海文藝界春節聯歡晚會，見過的……他樣子有些嚇人，特別是他的眼睛。

對對。他做的工作就嚇人。不是善類。

那您還用他？

蔣委員長手下有個戴笠，斯大林大元帥手下有個貝利亞，我手下有個康生。

嘻！明成祖手下有個魏東賢，東廠、西廠、錦衣衛……

嗬嗬，女才人，你倒懂一點《明史》了？

不懂，看老戲看的。

康生要來匯報的，就有文藝問題……他原是在莫斯科共產國際，跟著王明跑的。到了延安，他揭發了王明，表現不錯，也懂理論，才用他做社會情報部的工作。

他的面孔好長，額頭突，下頷翹，樣子好嚇人……

嗬嗬。劉少奇也不喜歡他。周恩來對他敬避三舍。朱總司令正眼也不瞧他。他就是這麼個人。

主席，莫讓他害人呀。特別是文化人……下午，阿拉不要見他。

遵旨。陝北牧羊人身邊，總要有一條羊犬……雲珠，不要怕，一切有我保駕……

說罷，毛澤東小睡一會。

第四十四節　康生道喜

下午三時，康生進入西郊賓館一號院的毛澤東書房。

主席，恭喜！恭喜！

毛澤東並沒有起身相迎，微笑著坐在藤圍椅裡抽煙，伸出一隻手去握了握。康生近些年來立功不少，五九年在廬山領頭批判彭德懷、張聞天；去年北戴河會議又領頭批判鄧子恢、習仲勳。撕得開面子，不講情面講原則，勇於捍衛馬克思列寧主義的純潔性。

喜從何來？

張毓鳳同志臨產……醫生說，是個男孩。

你從哪裡得到的情報？

江青同志委托我給主席匯報，道喜……

啊。這回你那女同鄉倒是不俗囉。本來，一個兒子被打死了，一個兒子瘋了，我無後乎？

所以要恭喜主席！

好，好。坐下，坐下。這裡不需要你立正。

謝謝，謝謝主席！

雲烟，大中華，紅山茶，你隨便抽吧。

謝謝。主席說過，還是雲煙好……。

今天，你來談談文藝界的動態？我洗耳恭聽了。

康生打開文件夾，笑起滿臉縐紋。看樣子材料準備得很充分。康生首先說明，這次的情況匯總，江青同志出了很大的力氣。許多第一手的材料，都是她親自深入基層文藝團體了解到的。

毛澤東靜靜地聽著，不動聲色，不置可否。

康生說，自一九五九年廬山會議之後，三年經濟困難時期，戲劇界的狀況最為混亂，到處大演包公戲，海瑞戲。上海京劇院的周信芳，一齣「海瑞罵皇帝」，從上海一路罵到北京城。北京的報刊紛紛叫好，一片喝采聲。北京京劇界則有馬連良一班人，大演吳晗教授的新編歷史劇「海瑞罷官」，彭真、陸定一、周揚等大人物親自捧場。「海瑞罵皇帝」、「海瑞罷官」，都有很尖銳的現實針對性。還有戲劇家協會主席田漢等人，組織人馬大演鬼戲、冤獄戲，甚麼「關漢卿」、「竇娥冤」、「李慧娘」。尤其是「李慧娘」一個厲鬼，發洩對社會的刻骨仇恨；

電影界的情況也不樂觀。編劇、導演、演員們都跟著社會上的一股右傾翻案風跑，資產階級人性論、人情味大為抬頭，甚至公然提倡階級調和，實為宣揚階級投降。代表影片有「北國江南」、「早春二月」、「逆風千里」、「兵臨城下」等；

文學界的情況更為複雜。作家們近三年來大都不下鄉體驗生活，而一個個腦後長了反骨似的，主張大寫中間人物，大膽揭露生活陰暗面。作家協會在大連開了次農村題材小說討論會，周揚、茅盾親自出席。一些解放區培養出來的作家，如趙樹理等人，大談農民如何窮苦，鄉下如何餓死人。一個叫康濯的，一九五五年丁玲、陳企霞反黨集團的骨幹分子，在這次會議上很活躍，竟說：五八年鄉下辦公共食堂，讓農民繞著鍋臺喊共產黨萬歲，毛主席萬歲！六一年中央下令解散公共食堂，又讓農民繞著鍋臺喊共產黨萬歲！毛主席萬歲！

最令人擔心的，或者說事態最嚴重的，還不是以上這些。是北京出了個「三家村」。這「三家村」是三個重要人物，一個是彭真同志的老部下鄧拓，市委書記處書記；一個是小平同志的老牌友吳晗，北京市副市長—《海瑞罷官》作者；一個是廖沫沙，市委常委，宣傳部長。他們三人自一九六一年十月分起，以「馬南星」做筆名，在北京市委的機關刊物《前線》半月刊上，寫「三家村札記」，期期不拉，旁引博徵，借古諷今，竭盡嘻笑怒罵之能事，一直北戴河會議前夕才封筆。尤其是鄧拓，吃了秤錘鐵了心，還獨自在《北京晚報》上寫一個專欄，叫「燕山夜語」，跟「三家村札記」相呼應。他們像是有組織、有預謀地在製造一種輿論，居心叵測。有的文章簡直是咬牙切齒，殺氣騰騰……這次把剪報帶來了，請主席忙裡抽閒，過過目……

毛澤東淡淡地笑著，臉上並無慍色。他早就明白事態的嚴重性。黨內黨外，都有一股暗流。他忽然問：

去年，你不是有份材料，提到甚麼「暢觀樓事件」？

是的。已經查明，「暢觀樓事件」也是「三家村」一伙搞的，鄧拓親自坐鎮。

文人造反，噢？文人造反……他們不急，我們也不要急嘛。江青下北京市搞革命現代戲，搞出甚麼名堂沒有？

報告主席，大有收穫。正在組織排演「蘆蕩火種」①、「紅燈記」兩齣大戲。可是受到梅蘭芳、程硯秋、馬連良、趙燕俠等京劇界代表人物的抵制、反對。彭真同志他們也大潑冷水，說京劇演現代戲，四不像。

---

①即後來的「沙家濱」。

告訴江青，好好的搞。把劇目搞出來。到上演的時候，我發動政治局的朋友都去看劇。新生事物嘛，不要怕人反對。也要允許反對者有一個認識、轉變的過程。

康生匯報了三個小時，留下一批材料，才恭恭敬敬地告辭走了。

上官雲珠和那新來的小護士到書房來，請毛澤東去用晚餐。她們發現毛澤東氣色有些不大好。進餐時，胃口也不大好。

主席，晚上有個舞會，先由芭蕾舞劇團的孩子們跳一段「天鵝湖」……通知他們，舞會改期。請柯慶施同志來。

主席……

雲珠，你也休息兩天吧。這幾天，我們都有點累，是不是？

沒人照顧你呀……

不要緊。不有個小張？小張，過來。她會按摩，替我催眠。小張，是不是？

主席，您輕點，俺疼……

喲，臉都紅了？還是個兵哪。人面只今何處去？桃花依舊笑春風……雲珠，走，回書房去，我送你一樣東西。

上官雲珠跟著毛澤東回到書房。

毛澤東拉開抽屜，取出一卷宣紙，展平了，取過一支羊毫，邊醮墨邊想了想，即揮毫寫下：

中心藏之　何日忘之　贈雲珠
句出詩．小雅　／毛澤東

上官雲珠笑了，笑得很燦爛，很癡情。她繞過寫字檯，伸出玉臂，緊緊摟住了偉大的毛主席：

主席：阿拉不走。儂在上海一日，阿拉就陪儂一日。

好，好。你聽話就好。

阿拉啥時候沒聽話過？

你呀……晚上我有事，睡得遲。你願單獨休息？

阿拉願等著儂……

也好。對了，晚上的舞會不要改期了。你們先跳。我跟柯慶施談完，就過來。

阿拉知道，阿拉知道。

你知道甚麼？

上官雲珠放開了雙臂，拉過毛澤東的手掌，在他手心上寫了一個字。

毛澤東又覺得上官雲珠通體嬌媚，豔光四射，忍不住將其摟了過來。

別，別，別，儂會太累，儂會太累……

吉林省委送來的鹿鞭酒，還真管用，勝過廣西的蛤蚧酒……可惜阿拉不會給儂生養了。

彼采葛兮，一日不見，如三月兮！彼采蕭兮，一日不見，如三秋兮！彼采艾兮，一日不見，如三歲兮！……我最討嫌南唐李後主。

第四十五節　鳳生龍子

毛澤東已經兩個多月沒有見到張毓鳳。

結束南巡回到中南海豐澤園，見毓鳳生產之後白淨了許多，身子也稍稍胖了一點。最高興的是看見了他的「老來子」，胖胖呼呼，啼聲嘹亮。他抱在手裡，足足看了半個鐘頭。

主席，給寶寶取個名字吧！

毛澤東點點頭。張毓鳳緊張地期待著。

毓鳳，你曉得，我最看重你的，是識大體，顧大局……江青姓李，兩個女兒都從母姓……娃娃先從你的姓，叫南子，如何？南海之子……

張毓鳳眼睛都紅了。好在關於孩子的事，主席辦公室生活服務組的幾位領導同志，早就給她打了招呼，做了工作。她也早就估計到了這結果。何況，經過這些年來的鍛練，她的頭腦也不再純潔得像張白紙。她暗自下了決心，今後不再吃那些難嚥的中藥、西藥，能生，就兩個、三個地替主席生下去。人多勢眾，債多不愁。主席的親骨肉，到時候一個個牛高馬大，不怕他們不認。

毓鳳，娃娃放到哪裡去養？請個好保姆，你每星期去看一回。

毛澤東從不過問這類生活瑣事，這次算格外關懷。

生活服務組的領導說了，送到「玉泉山托兒所」去……那裡條件很好。

可以。要他們給南子專門配一名保育員。以後你只去保育員家裡看望南子。

主席，您的心真細。謝謝您。

打了幾十年仗，又搞了十多年階級鬥爭，心早粗了。

毛澤東將娃娃交給張毓鳳。張毓鳳仍是眼裡噙著淚水，她輕輕地呼喚著：

南子，南子，笑笑，笑笑嘛！是誰給寶寶取的名字？是誰給寶寶取的名字，嘛？

張毓鳳抱著娃娃，心裡有句話說不出來：娃娃就要被送到「玉泉山托兒所」去……據說那是內部托兒所，養育著的，都是跟南子一樣身分的人，中央首長們的非婚生嬰兒。

毛澤東晚年得子，只有江青一個賀客。因為主席生活服務組早有一條嚴格的紀律，豐澤園裡發生的一切，都是黨和國家的最高機密，不得有任何洩露的。因之毛澤東的老同事們，如少奇、恩來、朱德、董老、吳老、徐老、謝老、富春等等，以及陳雲、林彪、小平、彭真諸位，一時都不知他有這等喜事。他們即便有所風聞，誰又那麼不知趣，不識相，來當這種賀客呢？

江青這個女人，如今把一切撈到手裡的東西，都當作了她向黨中央主席要這要那的法寶。簡直就是市儈。有時，毛澤東真是恨透了她，卻也拿她沒法。對手已經夠多的了，已經夠他打八面拳來應付了。好歹也是自家院子裡的事，不能禍起蕭牆。

潤之，你已經見到娃娃了？

見過了，不錯。

讓他暫時姓李，從我的姓吧……怎麼著，也是毛家的人。

你費心了。我看還是誰養的，就從誰的姓好了。

給孩子取了個甚麼名字？

張南子。南海之子，如何？你不要再亂改名字。

也好。潤之，你放心。我也是過了半百之年的人了，不會再為這些事鬥氣了。這些年，也難為毓鳳照料你。

你明白就好。你們的戲排得怎樣了？聽康生去上海對我講，阻力不小？

還能不大？如今北京是彭真他們的天下……

你不要這樣隨便議論中央負責人。這樣不好。你還在青島大學旁聽的時候，彭真同志已經是北平地下黨的負責人了。

可是我們搞京劇革命，排演現代戲，他們非但不支持，反而處處潑冷水，出難題。包括梅蘭芳，程硯秋、蓋叫天、周信芳這些京劇大師，都視我為眼中釘了。

新生事物嘛，就是在反對聲中成長的嘛。我們的一些老革命、老同志，也會遇到新問題。要允許人家反對，允許人家有一個認識過程，關鍵的，是你們要拿出新劇目來，在舞臺上立得住，用事實來說明問題，教育同志。

是，是。主席這重要指示，我到劇組去傳達。

你幹你的，不要拉我這張虎皮好不好？陸定一、周揚他們，對你們搞京劇革命，持什麼看法？

說出來，你又要不高興。他們都跟著彭真跑。彭真是了不得的大人物了，不是常委的常委，不是總書記的總書記。

你不要講了。你怎麼總要講這些話？我每次批評你，你總是改不了。這樣下去，怎麼放你下去工作？以你的這套四面樹敵的做人方式，有朝一日，我見馬克思去了，你會一天都混不下去的！

潤之，不要生氣。我是在自己家裡講話。今後注意些就是了。我知道，你的身體很好。在南方，到處有女同志陪著跳舞、游泳……

廢話。你搞京劇革命，我支持。但你一定不要亂講話。以你的身分，很容易引起誤會。你要是在下邊鬧出了亂子，你自己負責。我只支持你搞現代戲，工農兵佔領我們的文藝舞臺。你少提口號，多做實事，好不好？

江青得了上方寶劍，走了。

毛澤東叫來了張毓鳳。

主席，兩個多月了，你都把人忘了吧？

小傻瓜，講蠢話。哪個也不如毓鳳好。

我不好。讀書太少，又不會詩詞，也不會昆曲、越劇。

當了母親，更撒嬌氣了。

當晚，毛澤東和張毓鳳久別勝新婚，恩愛了一番。毓鳳感到主席的體力已不如前。

這回到上海，又見她了？

哪個她呀？

電影明星，大美人……

啊，你說她啊。她也問你為甚麼沒去上海。

她問了？很和氣的人。只是太狐媚了一點。

甚麼狐媚？

咱老家的話，女人樣子生得太好，會剋男人。
嗬嗬。好像我老家也有這個講法。
都把你身子掏空了……咱心疼。
傻瓜，講蠢話。你先睡，我還要批幾份文件。
咱也起來吧。咱替你泡茶……要不要伙房準備宵夜？
近些日子，毛澤東腦子裡裝著兩方面的問題，一是廣大農村人民公社過完了苦日子，需要進行一次社會主義再教育，才能鞏固農業集體化的陣地；二是文化界的知識分子中間存在著嚴重的思想混亂。那麼多的作家、藝術家都住在城裡幹甚麼？為甚麼不下基層去體驗生活？周揚為甚麼不帶頭下鄉。要告訴他們，作家藝術家不下鄉，城裡不開飯。周揚不下去，就派解放軍押送？

於是，毛澤東在一份康生呈送上來的「文藝動態」上批示道：

各種文藝形式——戲劇、曲藝、音樂、美術、舞蹈、電影、詩和文學等等，問題不少，人數很多，社會主義改造在許多部門中，至今收效甚微。許多部門至今還是「死人」統治著。不能低估電影、新詩、民歌、美術、小說的成績，但其中的問題也不少。至於戲劇等部門，問題就更大了。社會經濟基礎已經改變了，為這個基礎服務的上層建築之一的藝術部門，至今還是大問題。這需要從調查研究著手，認真地抓起來。

許多共產黨人熱心提倡封建主義和資本主義的藝術，卻不熱心提倡社會主義的藝術，豈非咄咄怪事。

毛澤東，一九六三年十二月十二日。

毛澤東的批示，由中央辦公廳分發政治局委員，以及中宣部、文化部、人民日報社、新華社黨組。是一個試探，也是一個信號。毛澤東辦事，從來大處著眼，小處著手。對於毛澤東的批示，最為敏感的，要算主持全國意識形態工作的彭真了。但他很快取得了劉少奇、周恩來、鄧小平的同意，只在意識形態領域、省軍級以上幹部中傳達。不然，剛過了兩年安定日子，又要天下多事了。

第四十六節　兩個寫作班子

一九六二年之後，毛澤東手下有兩個寫作班子。

一個是以總書記鄧小平牽頭，陳伯達、康生具體負責的「馬列主義大論戰」班子，論戰對象是「蘇共赫魯曉夫修正主義」、「意共陶里亞蒂修正主義」、「南共鐵托修正主義」，統稱為「赫魯曉夫修正主義集團」。皆因一九六二年，蘇共《真理報》發表了「致中共中央的公開信」，論戰由是而起，叫做「一評蘇共中央公開信」，「二評蘇共中央公開信」，到一九六四年，共發表了「八評」，赫魯曉夫下了台，毛澤東和鄧小平們都十分得意。毛說：我們才寫了「八評」，就把赫魯曉夫評下了台！一九六五年，中共中央發表了「九評蘇共中央公開信」，做了自我總結，單方面宣稱「取得了大論戰的歷史性勝利」。中共的九篇反修鴻文，實際上是跟蘇共進行了一場極左大比賽，以左批左，以毒攻毒，相互斥責、謾罵對方為「右傾機會主義」、「馬列主義的叛徒」、「跳梁小醜」，「帝國主義的幫兇」、「世界革命最危險、最兇惡的敵人」。比如論及兩國之間的領土紛爭，蘇共指中國歷史上萬里長城，東北地區的「柳條圈」都曾經是國界的象徵。中共的「九評」便說：蘇共首都莫斯科克里姆林宮的紅牆，也可算作蘇聯國界的象徵！其蠻橫姿態，有如鄉村潑婦罵街了。中蘇兩黨大論戰，造成國際共產主義運動的大分裂，社會主義大家庭的大分裂。幾乎世界各國的共產黨都分裂成兩大派組織。一派為正統多數派，跟著蘇共跑，向蘇共領取活動經費；一派為馬列少數派，或稱「左派」，跟著中共跑，由中共提供活動經費。事實上是中共陷入了空前的孤立。在社會主義國家中，只有一個小兄弟——阿爾巴尼亞跟著中共跑，中共所付出的代價是：以中國老百姓的血汗錢，包辦了阿爾巴尼亞全國的電力系統和交通系統。中、蘇共論戰的最大果實是：東南亞、非洲國家的一些共產黨武裝力量也分裂成兩大派槍槍炮炮，你死我活。在埃塞俄比亞，索馬里，安哥拉，柬埔寨，以及中共和蘇共，中共和越共，共產黨打共產黨，蔚為奇觀。

在毛澤東的指揮下，鄧小平、陳伯達、康生積極投入大論戰，為毛澤東爭奪世界革命的領袖地位，立下汗馬功勞。應當說，劉少奇是較為清醒的，直到一九六五年他仍竭力主張派代表團出席蘇共的「二十三次代表大會」，以挽救兩黨的業已破裂的關係。但他的主張被毛、鄧所否決，更被毛氏視作「親蘇派」，眼中釘。

毛澤東的第二個寫作班子是對內的，抓農業問題，以從劉少奇、彭真等人手裡奪回農業工作的指揮權。早在一九六一年五月，鄧小平和彭真即分別率領工作組，下北京郊區縣搞調查研究，了解農民與基層幹部之間的尖銳矛盾，謹慎地提出在農村要「清賬目、清倉庫、清財物、清工分」，以恢復黨在農民中的威信，稱為「小四清」。這裡需要說明的是：鄧小平在農村問題上，是跟了劉少奇跑的，他在「兩位主席」之間各下一注，各投一票。毛澤東看過鄧、彭的調查報告後，覺得「小四清」沒有突出政治，突出階級鬥爭，便命胡喬木、田家英等人組成班子，制定「中共中央關於目前農村工作問題的若干決定」（又稱為「前十條」），強調農村人民公社的階級和階級鬥爭，強調社會主義道路和資本主義道路的鬥爭，強調依靠廣大農村幹部，監督改造「地、富、反、壞」分子及其反動家屬子女。「四清」的內容也變為「清政治、清經濟、清思想、清組織」。實質上是要對劉少奇等人前些年的寬鬆政策秋後算賬。

毛澤東重新提出在農村進行階級鬥爭，是出於他的政治需要。他並不了解農村的真實情況，或者說無視廣大農民的疾苦。他要貫徹的只是自己的政治路線，奪回農業工作的領導權。他的農業工作領導權，是在他悍然發動大躍進運動引發了三年大飢荒中喪失的。

可是，按照毛澤東的「清政治、清經濟、清思想、清組織」，根本解決不了當時農村中普遍存在著的矛盾：一九五八年大躍進以來農民群眾跟黨的基層幹部的尖銳對立，即經濟領域裡的「四清」與「四不清」問題。主持中央日常工作的劉少奇、鄧小平、彭真諸人，沒有膽量公開抵制毛氏的左傾政治路線，只好陽奉陰違，於一九六三年九月（距「前十條」的時間僅四個月），也以中共中央名義制定了「關於社會主義教育運動中一些具體政策的規定」（稱為「後十條」）。「後十條」把運動的重點仍然放在經濟問題上，替農民群眾出氣，對農村幹部搞人人過關，洗手洗澡。

毛澤東的「前十條」，劉少奇的「後十條」，實際上展開了一場毛、劉之間在農業問題上的奪權與反奪權鬥爭。毛澤東當然十分光火，卻又不得不忍下一口惡氣，對「後十條」暫時予以默認。他採取了旁敲側擊的策略，多次在會議上不點名地批評劉少奇及其夫人王光美，多年來熱衷於出國訪問，揚名海外，而不下基層搞調查研究，了解農民疾苦等等。

毛澤東話裡有話，劉少奇自然心中有數。

一九六三年十二月，劉少奇的夫人王光美化名董樸，河北省公安廳秘書，下到河北省撫寧縣桃園大隊「蹲點」，歷時五個月，在一戶貧農家裡「扎根串連」，「同吃同住同勞動」，了解到農民生活的真實情況，總結出自大躍進吃公共食堂以來，「大隊幹部摟，小幹隊幹部偷，社員就縫了兩個大褲兜」，群眾意見最大者，為幹部貪汙，侵吞集體財物，多吃多占。桃園大隊四十七名大小幹部，有四十人沾上了「四不清」。王光美率工作組「蹲點」五個月，對基層幹部搞人人過關，上樓下樓，洗手洗澡，總結出一套「桃園經驗」。

王光美於一九六四年四月回到北京，首先向中央書記處作了匯報，接著在人民大會堂召開的萬人大會上作了「四清蹲點」報告，甚為轟動。事後毛澤東看了簡報，頗高興，認為王光美下鄉搞三同，能吃苦，為黨中央提供了第一手的農村材料，很好。這樣，「桃園經驗」得到了毛澤東的讚揚，而得以在全國城鄉開展的四清運動中得到普遍的推廣。

於是，江青和王光美，兩位中國大陸的「第一夫人」之間，又展開了新一輪的爭風吃醋。王光美之於劉少奇，從來就是得力的助手。但在江青面前，就像其夫在毛澤東面前一樣，都居於守勢，盡量避免著跟對方鬧翻臉。他們夫婦都深知，一朝翻了臉，對方是甚麼都幹得出來的，後果不堪設想。

江青之於毛澤東呢？關係卻十分微妙。毛澤東一直提防著江青給自己「搗亂」、「惹禍」。這個女人處世待人，從來只有目的，沒有手段——或者說不擇手段。他們夫婦也是盡量保持著名義上的關係，不跟對方鬧翻臉。不授人以柄。畢竟，在根本利害上，他們是一致的，榮則俱榮，敗則俱敗矣！因之，毛澤東有時候也覺得，江青很可能還是一員女將呢，好鋼用在刀刃上，有朝一日，說不定還是把「殺手鐗」呢。

一九六四年之前，毛澤東對於劉少奇王光美夫婦，採取的是欲擒故縱的策略。

第四十七節　文聯化妝舞會

一九六四年春節，北京王府井大街一百六十六號「中國文學藝術界聯合會」大樓內①，舉行了一次化妝晚會。

其時，中國作家協會，中國戲劇家協會，中國音樂家協會，中國美術家協會，中國舞蹈家協會，中國曲藝家協會等，都集中在這棟青灰色的六層大樓內辦公。天真浪漫而又調皮搗蛋的藝術家們，仍未感到階級鬥爭的風聲日緊，政治運動的火藥味日濃，仍然生活在一九六一、六二、六三年由劉少奇，周恩來、朱德、陳毅等領導人倡導起來的「輕鬆活潑、

①此樓「文革」後由商務部印書館、新華書局入駐。

心情舒暢」的生活氣氛之中。

春節化妝舞會，本是由舞協、音協、劇協的一班年輕幹部們發起，而由共青團文聯團委會出面主持。像周揚、茅盾、老舍、田漢、沙汀、張光年、嚴文井、郭小川、張天翼等一批老夫子或半老夫子，是沒有興趣光顧的。一年一度，年輕人喜歡熱鬧，就讓他們熱鬧熱鬧吧。

化妝舞會也向駐京部隊的一些作家、詩人寄出了請柬，以示軍民團結。人民解放軍基建工程兵部隊的青年詩人顧工，以歌頌基建工程兵戰士逢山開路、遇水搭橋的勞績，在北京詩壇小有名氣。他應邀參加了化妝舞會。天呀！文聯大樓一樓的大廳內外，被佈置得七彩繽紛，燈紅火綠，紙醉金迷！播放著西洋古典輕音樂。正是靡靡之音，輕歌淺唱參加舞會的小姐們，女士們，一個個花枝招展；男士們則是一個個衣冠楚楚，人模狗樣。男男女女，人人戴著個假面具，妖魔成群，相互摟著，扭著，放浪形駭……

全國城鄉正在深入開展社會主義教育運動，憶苦思甜，回憶對比，搞階級鬥爭，防修反修，興無滅資！全軍指戰員正在深入展開突出政治，讀毛主席的書，做毛主席的好戰士，為中心的學雷鋒、樹新風運動。可全國文聯卻在首都北京，在黨中央的眼皮底下，舉行這種與無產階級思想，毛主席革命路線格格不入的，荒誕不經的化裝舞會！「戰士詩人」深夜回到部隊駐地，越想越不對勁，越想越有一種革命的義憤。出於一個戰士的高度責任感，以及對毛澤東思想的無限忠誠，他給黨中央，毛主席寫了一封信，反映首都文藝界存在著的靡爛風氣和向資產階級投降的嚴重問題。

信寫好了，怎麼才能夠呈送到毛主席手裡？這是中國每一位政治告密者都要苦費周章的問題。顧工明白，要是通過郵局，他的信最多落到中央辦公廳某一位秘書手裡，然後朝中國文聯一轉，就沒了下文。他顧工還要因此落下一身罵名。

自己直接送去中南海？談何容易。中南海內外警衛森嚴，聽說裡面還分為四大區域，層層崗哨，最是提防著的，又是穿軍裝的人！只怕到時候信未能呈上，反而落得幾個月的政治審察，沒完沒了地向保衛部門交代闖中南海的真正動機。

交由部隊首長層層往上呈送？部隊首長才不會幫他管地方上的這類閒事，中國文聯及其所屬各協會，皆由中央宣傳部直接管轄，你個基建工程兵的牛頭怎麼伸到人家中宣部的馬槽裡去了？弄不好，還會遭到首長一番訓斥。

但顧工頭腦靈活，想像力豐富，終於想到了一條「路子」，他熟悉的一個詩歌愛好者，跟康生同志的侄子是同一所大學裡的同學！自己給黨中央、毛主席的信，只要到達了康生侄子手裡，就能遞到康生同志手裡。只要到了康生同志手裡，就肯定能夠呈送到偉大領袖毛主席的手裡！

對了，康生同志是政治局委員，書記處書記，神出鬼沒，聽說是毛主席最信賴的情報助手，他好像甚麼都不管，實際上又甚麼都管，而對意識形態領域裡的知識分子最有興趣。

顧工矮矮胖胖，肥頭大嘴，五短身材，年紀輕輕卻開始禿頂，正是聰明絕頂了。他的告密信，經由康生侄子轉康生，康生轉呈偉大領袖毛澤東。毛澤東主席早就密切注視著文藝界近些年來的離經叛道、招降納叛，更氣憤劉少奇、周恩來、彭真封鎖他去年關於文藝工作的那次批示，當即在顧工的信上批示道：

這些協會和他們所掌握的刊物的大多數（據說有少數幾個好的），十五年來，基本上（不是一切人）不執行黨的政策，做官當老爺，不去接近工農兵，不去反映社會主義的革命和建設。最近幾年，竟然跌到了修正主義的邊緣。如不認真改造，勢必在將來的某一天，要變成像匈牙利裴多菲俱樂部那樣的團體。

毛澤東　六月廿七日

毛澤東的批示不經政治局，不經書記處，而由中央辦公廳直接送達中宣部、新華社、人民日報社。陸定一、周揚這可慌了，知道毛澤東這回是認真的了。想捂都捂不住了。陸、周二人經請示彭真，彭真又找劉、周、鄧三位商定，將毛主席的兩次文藝工作批示，在全國縣團以上文藝團體內部傳達，並開展文藝整風運動，對於領導文藝不力的幹部，當批判的批判，當調離的調離，不久又經請示毛澤東同意，從軍隊中調一批政工幹部到中央文化部門加強領導。比如將文化部長茅盾安排到全國政協去任一名副主席，做個擺設，而調濟南軍區政委蕭望東中將，出任國務院文化部部長兼黨組書記，開了一九四九年建政以來槍桿子管理筆桿子的先例。豈知毛澤東對劉、周、彭的作法並未完全滿意，認是旨在搪塞他而已。事情就算了結？

但在首都文藝界，很快傳出了部隊詩人顧工向中央打了小報告，告了全國文聯的御狀。文藝知識分子們白天紛紛作檢討，晚上才對宵小之人顧工咬牙切齒，他把整個文藝界，上上下下，老老少少，全坑害了。詩歌界的一些熟朋友們對他更是敬避三舍。包括他的媳婦、小孩在內，都遭人白眼。

顧工在基建工程兵機關被評為學習毛主席著作標兵，五好幹部，立三等功一次，並由副營級晉陞為副團級待遇。真正地嚐到了活學活用、政治掛帥的甜頭了。

在一九六六年的無產階級文化大革命，顧工卻沒有逃脫劫難。他因帶頭造部隊首長的反，被打成「反黨分子」，投入監獄三年。一九六七年還曾因精神病被關在山東的一所瘋人院。他是真正的革命左派，被當作右派打了。一九七五年他獲得改正，仍回基建工程兵部隊，當他的「戰士詩人」。北京文藝界的朋友們多不肯原諒他，仍不能忘懷他向毛澤東告密的行徑。

一九七七年之後，顧工的歌功頌德之作已難於找到發表的園地。所喜的是他的兒子顧城，二十幾歲即成為了中國朦朧詩的代表人物之一。他把唐山大地震喻作「地球骨骼的鬆動」，把已被嚴重汙染的四川嘉陵江喻為「一面黃褐色的屍布」，很有一點叛逆者的風骨。顧工倒也頗為讚賞他的叛逆的兒子，並有一種父以子榮的心態。

第四十八節　驚悉赫魯曉夫下台

一九六四年八月間，中國大陸所有的報紙，都在第一版登了一條小小的消息：赫魯曉夫下台了！

其時毛澤東又南巡至上海，仍住西郊賓館一號院。因無法事先通知上官雲珠，到上海後，才聽說上官雲珠隨攝製組赴新疆拍外景了。好在柯慶施、張春橋諸位會辦事，每晚上都挑選了年輕漂亮、政治可靠的姑娘來伴舞。毛澤東最感受用的，仍是幾乎所有來伴舞的女同志，都赤誠地崇拜他，景慕他。有的女同志啊，毛澤東並無任何主動表示，可那柔軟的身子，溫馨的胸脯，十分眷戀地貼在他臂膀上。一個個就像吃了迷魂藥。這些女孩子，論年紀，都是他孫女一輩，卻那樣願意事奉他，把羞澀和貞節都抛在了腦後。記得有位歌舞劇院的青年演員——對不起，毛澤東連她姓什麼都沒記住，還是個處子。毛澤東皺了皺眉。那大姑娘竟哭了。毛澤東問：

怎樣？疼了？

不，不。毛主席，阿拉愛儂，真的，好愛好愛。

為甚麼哭鼻子？

阿拉讓主席皺了眉頭。阿拉沒讓主席舒服……

小傻瓜。你家住上海哪個區？

南市區。阿拉父母都是蘇北人。阿拉五歲那年，父母帶我逃難到上海，住「滾地龍」①。是儂大救星救了阿拉全家，父母都當上了工人，做了國家主人……阿拉家裡掛著儂的大相片，爸爸媽媽自小教阿拉，要報答儂的恩情……

啊，窮人家的女兒，感情最真誠。

阿拉知道，只能侍奉儂一晚上。但阿拉今生今世，不會忘記這晚上，是大救星破了阿拉的身……

說罷，青年演員激動地咬著毛澤東的肩頭，有些痛。毛澤東卻陶醉了。他自己也相信

①「滾地龍」為貧民區中低矮席棚住戶之稱。

了。自己已不是一般的政治領袖。沒有文化的勞動群眾對於自己的愛戴，超出了他的想像。人民把他當作了偉大的天神，可以佔有一切、驅使一切、享用一切。

毛澤東是從中央辦公廳拍來的電報裡，得知赫魯曉夫下台的消息。第二天又從「紅頭參考」上，看到了世界各大通訊的有關報導和評論。所謂「參考消息」，是中共為著不使自己耳目閉塞，隨時了解天下大事，而以新華社名義編發的保密電訊，分為三種級別：一是「小參考」，半開報紙大，日報，供黨支部書記以上幹部內部訂閱；二是「大參考」，分為上午版，下午版，十六開雜誌形式，供地、師級以上幹部內部訂閱；三是「紅頭參考」，實為每天一分國內外動態情報，專供黨中央委員以上領導幹部內部參閱。

毛澤東很為興奮。赫魯曉夫是他的死對頭。這個馬列主義的叛徒下了臺，是他的勝利。在長途電話裡，他同意了劉少奇的提議，派周恩來為特使，赴莫斯科會見蘇共新的總書記勃列涅日夫，探討中蘇兩黨停止論戰的可能性。毛澤東看得很清楚，停止論戰，只怕是少奇同志的一廂情願罷了。蘇共實行的，會是沒有赫魯曉夫的赫魯曉夫主義。因之劉少奇建議他回北京研討局勢，他覺得沒有必要，世界並未發生甚麼值得他趕回北京的大事。赫魯曉夫下台，小事一樁。

毛澤東依然上午睡覺，下午游泳，晚上跳舞。他讓張毓鳳打電話找柯慶施來陪他吃宵夜，聊天。他說：赫魯曉夫背叛馬列主義，多麼不得人心，地位又是多麼脆弱！我們黨還只搞了「八評」，就把他傢伙評下去了柯慶施自然是跟著打了一陣哈哈。兩人還密談了一陣，中國黨內會不會出現赫魯曉夫式人物的問題。

第三天，毛澤東又讀「紅頭參考」上的外電報導，才明白了赫魯曉夫下臺的情節。原來是趁著赫魯曉夫遠離莫斯科，去了南方的黑海岸邊度假，在莫斯科的中央政治局委員們，以最高蘇維埃主席團主席勃列涅日夫為首，背著總書記赫魯曉夫召開政治局會議，罷免了赫魯曉夫的蘇共中央總書記、蘇聯部長會議主席（即政府總理）兩個關鍵性職務，並由克格勃總部派出人員，將赫魯曉夫就地軟禁，使其無法返回莫斯科。由勃列涅日夫出任蘇共總書記，部長會議副主主席柯西金出任政府首腦。

實為一次典型的宮廷政變。

毛澤東讀到這則報導，才出了一身冷汗。

他立即想到，自己經常遠離北京，在南方各地巡遊。留在北京主持日常工作的政治局內的老朋友們，會不會從赫魯曉夫下台事件中受到啟發，也如法泡製，搞一次突然襲擊，把自己趕下台！赫魯曉夫在蘇共黨內主政十年，集黨政大權於一身，銳意革新，作風潑辣，外交上搞甚麼和平過度，和平競賽，內政上搞甚麼全民黨、全民國家，放棄階級鬥爭，放棄無產階級專政，犯下了一系列錯誤……可是毛澤東自身的錯誤比赫魯曉夫的更嚴重，光一個大躍進引發三年大飢荒，全國餓死人口幾千萬……

不怕一萬，只怕萬一。毛澤東警覺了起來，立即寫下一張便箋，要中央警衛團負責人去辦理。

請分別通知下列同志，於明日來上海一見：

康生、謝富治，上午十二時至下午三時，進午餐；

林彪，下午六至八時，進晚餐；

賀龍、羅瑞卿，晚十時至十二時，宵夜。

命空軍專機執行接送任務。

再又，請柯慶施立即來見。

第四十九節　防患未然

西郊賓館幽靜的林園裡，氣氛一下子緊張起來。

張毓鳳有種明顯的感覺，每回康生來到毛主席的書房，就總要帶來某種不祥之兆似的。這回陪同康生來的，還有公安部長謝富治上將。給康、謝二位敬上茶，張毓鳳就退出了書房。

中午十二時半，毛主席跟康、謝二位談過話，來到餐室午餐。餐桌上，張毓鳳發現毛主席的神氣平和多了，又像往常一樣談笑風生了。他甚至拿了康生、謝富治兩位開玩笑：

明代自成祖遷都北京，建造故宮，就搞了東廠、西廠兩大系統，還設了個錦衣衛。總頭領是魏忠賢；我們在國務院系統是公安部，在黨的系統是中央調查部，在軍隊是總參三部，還有王震胡子的鐵道公安部。總頭領是康生同志，不是魏忠賢……我們無產階級專政，走群眾路線，所以，不會給你們二位蓋生祠的……哈哈哈。

康、謝二位不拘言笑，受寵若驚，卻也陪著毛主席打了一陣哈哈。

下午二時，康生和謝富治提早一個小時，匆匆忙忙趕回北京去了。空軍的專機就停在虹橋機場。

毛澤東讓毓鳳陪著，小睡了一會。他昨晚上可是吃了兩次安眠藥，都沒能夠睡好。失眠，已是毛澤東的家常便飯。

國防部長林彪元帥在其妻葉群陪同下，於下午六時準時來到。林彪一直住在蘇州東山區太湖之濱的一座園林裡養病。他身上槍傷不少，患有十來種疾病，怕見光，見風，見水。他每到一處，就事先命人將園林裡的水池、荷塘之類填平。因此他很少挪動地方。他抓軍隊工作，只抓政治，抓靈魂，抓全軍學毛著，學雷鋒運動，強調以毛澤東思想統帥全軍。至於中央軍委的日常工作，他便委托住在北京的軍委副主席賀龍元帥、軍委祕書長兼總參謀長羅瑞卿大將去負責管理。

毓南①啊，身體養得怎樣了！

毛澤東緊緊握住林彪的手，看著自己的這員心腹元帥，仍是臉色蒼白，雙頰瘦削。他

---

①毓南為林彪原名。

搖了搖頭，再跟葉群握了握手：

你們倆個倒是共得患難、度得安樂了。葉群，你不錯，不錯。這麼多年來，一直照料著我的老朋友啊。

謝謝主席關懷。

托主席的福，他的病情總算穩定了。

坐，二位請坐。今天我們好好談談。

張毓鳳給他們敬上茶，就又自覺地退出書房。

下午七時，毛主席招呼開飯。席間，毛主席和葉群各喝了一杯紅葡萄酒。林彪卻是滴酒不沾，他喝自己帶來的一種養生劑。飯菜也用得很少。他看了張毓鳳幾眼，眼珠子有些發白，除了一對濃眉使他的臉上有些生氣，他實在是個重病號，連說話都有氣無力。他也很少說話。卻在他夫人葉群向毛主席敬酒之後，沒避諱張毓鳳，突然說：

主席，放心！通過深入開展學毛著，學雷鋒，全軍幹部戰士，人人忠於自己的統帥。我雖然身體差點，若要保衛中央，保衛主席，還可以帶兵打戰！我、我腰上的傢伙還、還熱、熱著……

很好，很好。軍隊工作，近幾年突出政治，大有起色。全軍讀書運動一搞起來，就誰也阻擋不住了。我相信我的北京的同事們，不會把我當斯大林。也不會像莫斯科的朋友們那樣，以赫魯曉夫下台的方式把我搞下來。赫魯曉夫反斯大林，失道寡助，過有應得。我們是得道多助。就算有的朋友存二心，量他們不敢輕舉妄動……你回蘇州去，安心養病。病情穩定了，好回北京多負擔些工作。怎樣？對於北京方面，還有甚麼建議？

毛主席十分慈祥而信賴地問。

林彪笑眯眯地想了想，說：

京津防衛，關鍵人物，是賀胡子和羅長子兩位。按中央軍委的職權分工，我有權調動師一級部隊，他們兩個主持軍委日常工作，有權調動團一級部隊。一個個加強團相當於過去一個旅，好幾千人馬。要發生什麼緊急情況，比如在北京城內採取突然行動，一個晚上把政治局委員統統抓起來，就可以大幹一番了。

林彪元帥平靜地說著，毛澤東微蹙起眉頭聽著。只有張毓鳳覺得膽戰心驚，渾身都打冷噤。

飯後，林彪夫婦就又坐了他們的大轎車，前呼後擁的，回蘇州去了。

賀龍元帥和羅瑞卿大將，於晚九時來到毛主席書房。

張毓鳳覺得兩位軍隊領導人倒是帶來一股正氣，神情也不像林彪元帥那樣陰沉，而是十分開朗爽暢。特別是賀龍元帥，張毓鳳還是在小學課本上，就讀到過他兩把菜刀鬧革命的故事，是她自小崇敬的英雄。

毛澤東主席跟賀、羅二位相談甚歡，不時爆發出朗朗大笑。賀、羅二位向主席匯報了全軍大比武、大練兵的情況，幹部、戰士都練一身過硬本領，排有尖刀班，連有尖刀排，營有尖刀連，把政治掛帥落實到軍事上，而不是掛在嘴皮上……毛主席聽了很高興，答應到了秋天，拉上黨中央各位同志，到濟南軍區去看大比武：

很好，很好。軍隊工作，有林彪同志抓學習運動，又有二位抓大比武，大練兵、文韜武略，我們就可以立於不敗之地。常勝之師，得力於諸位的操勞了。

談到後來，毛主主席興緻勃勃，也直呼賀龍元帥為賀胡子、羅瑞卿大將為羅長子。賀、羅二位在主席面前，也顯得沒有拘束。談著談著，三個男人竟談起女人，談四川女人，湖北女人，陝西女人，湘女多情，哈哈連滾。

吃過宵夜，毛澤東留他們住下，讓賀龍去住二號院，羅瑞卿去住三號院。並且說好，明天上午他們回北京時，不必來辭行。軍人之間，俗禮俗套，彼此免了。

客人走後，張毓鳳到書房來收拾滿茶几上的煙頭、紙屑，見主席又坐在沙發裡沉思。

主席，今晚該好好睡覺了。

有鳳鳳在，安得不好？

咱知道，您明天晚上又要跳舞了，丟下咱一個人……

傻子，你不說這個話好不好？我早說了，留得住的，只你一個嘛。

水都放好了，您先去洗吧。

好，好。我起草一分電報，交他們連夜發出去：

少奇、恩來、朱總、陳雲、小平諸同志鑒於黨內工作紀律的某些鬆弛現象，我重提舊議，今後在任何情況下，沒有政治局常委會全體委員共同商定，不宜召開任何名目的中央政治局會議。你們高見如何？盼告。

毛澤東

第五十節　毛澤東觀看現代革命京戲

一九六四年秋天，真是個多事之秋。

江青下北京市抓京劇革命，抓出了兩個劇目：「蘆蕩火種」（後改名「沙家濱」）、「紅燈記」（原名「自有後來人」）。「蘆蕩火種」本是一齣評劇，一九六二年華北地區戲劇會演的優秀劇目：「自有後來人」本是哈爾濱話劇院創作演出的大型話劇，亦是東北地區戲劇會演的優秀劇目。江青對這兩個劇目，以革命的名義取「拿來主義」，完全撇開原作者及演出單位，而利用北京劇團來改編、演出。為了不留後話，更是通過社教運動，把兩劇原作者打成反革命，永遠剝奪其發言權。何況在今日中國，一切都是黨給與，臣民百姓自然要把一切獻給黨。就是不把原作者打成反革命，誰又吃了豹子膽，敢說毛澤東主席夫人江青同志等人是剽竊了他人的精神產品呢？

是日，「蘆蕩火種」在北京工人俱樂部舉行首場演出。市工人俱樂部位於宣武門外南大街。下午六時，宣武門南大街一帶開始戒嚴，一切車輛、行人繞道。街道兩旁每隔三、五公尺站下一名警察，禁止所有胡同裡的居民進出或探頭探腦各居民委員會自是早就接到了通知，配合街道聯防小組、公安派出所，嚴密監視一切可疑分子的行動。

下午七時正，從中南海至六部口、和平門一帶，實行清道，又稱封路。沿途的居民明白，一定又是黨和國家最高領導人的車隊要駛過這一帶了。人民領袖最不要接近人民，但見原先街道兩旁的警察也紛紛後撤，而換上了中央警衛團的「幹部隊」。他們才是真正保衛中央首長的。因他們每一位都受了特種訓練，享受連營級幹部待遇，所以被稱為「幹部隊」。又因他們都不穿軍裝而著便裝，北京居民稱他們為「便衣衛」。下午七時半，從中南海西門至宣武門外南大街，全線警衛就緒。由一輛警車、三輛交通車開道，一輛接一輛的大紅旗轎車，魚貫而來。沿途五華里的街道上，紅燈閃耀，行人絕迹。

八時正，以毛澤東主席為首，緊跟著是劉少奇、周恩來、陳雲、董必武、李富春、鄧小平、彭真、陳毅、賀龍、陳伯達、康生、陸定一，加上謝覺哉，徐特立，吳玉章、郭沫若等一批元老重臣，在工人俱樂部禮堂第七至九排正中位置就座。此次觀劇，為嚴肅政治任務，所有大員都未帶夫人。前面的幾排座位，則全部空出。至於中央書記處胡喬木輩，中辦主任楊尚昆輩，中宣部副部長周揚輩，就只能坐到十幾排之後，敬陪末席了。

在整個觀劇過程中，毛澤東主席的情緒都非常好。他不停地笑著跟坐在左右兩旁的劉少奇、周恩來交換著意見，並在每一幕幕落時，都領頭鼓掌。

演出結束，大廳裡播放出熱烈雄渾的革命歌曲「大海航行靠舵手」。下場後的男女演員們均不卸妝，在舞臺上排成三行，等候毛主席和黨中央首長們上臺親切接見，合影留念。

毛澤東主席在臺口出現了。他身後是劉少奇、朱德、周恩來、陳雲、鄧小平等。演員們激動地呼喊了起來：

毛主席，萬歲！毛主席萬歲！毛主席萬歲！

毛澤東朝大家擺了擺手，讓大家停止，然後謙遜而恢詣地說：

你們不要光喊某個人萬歲嘛。劉主席不萬歲！還有我們總司令哪？恩來總理哪？要萬歲，大家一起萬歲……

演員們全被他說笑了。劉少奇臉上笑著，心裡卻別有一番滋味。伴君如伴虎，他越來越難以做人了。

江青是今晚上的大忙人。她一一地介紹著團裡的主要演員。當介紹到飾演草包司令，胡傳魁的著名演員袁世海時，毛澤東笑著說：

好，演得很好。你過去是演包青天的嘛。胡司令是怎麼唱的？老子的隊伍才開張，十幾個人來七、八條槍！很好，彼此彼此，也是槍桿子裡面出政權嘛！

毛澤東又把演員們說笑了。

中央首長們跟全體演出人員合影時，江青把扮演女主角阿慶嫂的演員安排在毛澤東身邊。那女演員一手緊緊握住毛澤東的手掌，一手緊扶住毛澤東的胳膊，激動地把半邊身子都貼在偉大領袖胳膊上。毛澤東問她：

多大歲數了？演了幾年戲了？

報告主席，咱二十虛歲了。十三歲進戲校，十五歲上臺演出。

很好很好。阿慶嫂，有個性。你知道有位「快嘴李翠蓮」嗎？

戲校老師上課時給我們講過。

不錯。《紅樓夢》裡有位王熙鳳，能說會道，愛講笑話，作風潑辣，很討賈母歡心。你演阿慶嫂可以借鑑她。

是，主席，咱記住了。

由於攝影隊要臨時架設燈光器材，中央首長們都跟各自身邊的演員們交談著。

周恩來是個老戲迷，跟團裡的許多男女演員都相識。他忽然機智地喊道：

江青同志！江青同志！你是今天晚會的主人。我們都沾你的光了。照相時，你要站到主席身邊去！

江青正在跟康生講述著什麼事，聽到周恩來這聰明的提議，連忙笑著過了來：

謝謝，總理，你是最忙的人，也來支持京劇革命……應當是我來感謝你們！文藝革命，工農兵英雄形象佔領舞臺，是全黨的大事。

劉少奇也過來跟江青握手，祝賀演出成功。

照像時，經周恩來安排，江青站在了毛澤東身邊。

毛澤東卻沒有忘記彭真：

彭真！你也過來，不要離我們那麼遠嘛！對對，自古京官最難做。你就站在藍蘋身邊，表示一下支持她搞京劇革命嘛！

當天晚上，由新華社向國內外發出特急傳真稿。第二天，中國大陸所有報紙，以及香港的《文匯報》、《大公報》等，都以頭版頭條位置，刊登了毛澤東率領黨和國家領導人出席觀看大型革命現代京劇「蘆蕩火種」演出的消息，並刊登大幅照片：毛主席偕夫人江青及黨和國家領導人親切接見全體演職員合影。

此後成為定例。每逢江青抓出了新的現代京戲劇目，毛澤東必定帶領政治局全班人馬出席觀看，並接見演員，合影留念。每次合影，江青必定站在毛澤東左邊。左邊則是劇中女主角。再過去才是劉少奇、朱德、鄧小平、彭真等人，跟演員們插花而立。

江青正式成為中共政治舞台上的重要人物。她終於比劉少奇夫人王光美高出一頭。

第五十一節　大比武

一九六四年秋天，經過中央軍委主持日常工作的賀龍元帥、羅瑞卿大將的一再敦請，毛澤東終於同意視察部隊，並出席觀看全軍大比武表演，一次在北京軍區某部，一次在濟南軍區某部。

賀龍生性豪俠，向來只把毛澤東當統帥，把周恩來當恩師，而不大把體弱多病、性情陰沉的國防部長林彪放在眼裡。國民革命軍北伐時候，賀龍已是軍長，林彪不過一名連長呢。他曾經跟自己的老部下打哈哈：

一個人到了怕見光、見風、見水的田地，還怎麼帶兵打仗？打蚊子都不行嘍！四九年之後，他不是到蘇聯去治病，就住在蘇州的花園裡養病，哪裡好好工作過？官倒是越做越大了！

羅瑞卿在井崗山武裝割據時期，本在林彪手下做過保衛局長。到達陝北後他跟林彪分了手，率部開闢了太岳根據地，後發展成太岳兵團，獨擋一面了。四九年之後一直任中央保衛局長兼公安部長。一九六二年起接手中央軍委秘書長兼參謀總長後，發覺林彪抓軍隊工作，只抓政治掛帥，抓學習毛主席著作，實際上是空頭政治。軍隊的訓練、軍隊的裝備、戰備設施等等，則概不過問。他長期住在蘇州，很少回北京，也很少出席軍委會議。但是軍隊高級幹部的任免、調動，卻死死抓住不放，而不尊重其他軍委常委的意見。他說，他只服從軍委主席毛澤東。

羅瑞卿對於林彪的一套，日久生厭，漸漸疏離，進而反感。羅的作風幹練、勤勉，且坦率敢言。他曾在軍委學習會上直言不諱地說：

光憑政治掛帥，讀主席著作就能打勝仗？政治掛了帥，戰士就會放槍，就能打炮，開坦克，駕飛機？工作還是要腳踏實地，不能搞花架子，耍嘴皮子。不能講大話，吹牛皮。再說，把毛主席著作說成是最高最活的馬列主義，難道還有次高次活的馬列主義？不通嘛，毛主席本人也不會同意這種提法嘛！

賀龍、羅瑞卿二位號召全軍推廣「郭興福教學法」。郭興福本是南京軍事學院一名軍事教官，他要求每個戰士練就一身過硬本領，當神射手，全能標兵，敢於刺刀見紅。隨著「郭興福教學法」的推廣，全軍掀起了大練兵、大比武的熱潮。這一來，無形中對林彪號令軍幹部、戰士學毛著、搞領袖崇拜運動，起著某種程度的淡化和抵消作用，也就無形中符合了劉少奇、周恩來、陳雲等人的務實路線。

賀龍、羅瑞卿並沒有投靠誰，只憑了他們的軍人責任感工作著。而且在中共高層，包括劉少奇在內，也從未窺覬過毛澤東的最高領袖地位。

毛澤東對全軍大練兵、大比武活動，甚為讚賞。他倒是樂於看到林彪跟賀龍、羅瑞卿之間，在治軍問題上有所歧見。就怕下邊鐵板一塊，抱成一團，那就危險了。他們之間互有歧見，才需要自己這軍委主席來搞平衡，做仲裁。

在濟南軍區某部觀看大比武時，毛澤東由賀龍、羅瑞卿陪同，加上劉少奇、朱德、鄧小平，加上七位元帥（因十位元帥中林彪在蘇州養病、羅榮桓去世、彭德懷被撤銷職務），大家氣氛融洽。比武之前，部隊搞陣列操演，方陣行經檢閱臺前，戰士們齊聲呼喊：

毛主席好！中央首長們好！

毛澤東和劉少奇、朱德等都站起來回禮：

同志們好！同志們辛苦了！

在操演過程中，由賀龍向毛澤東介紹情況，羅瑞卿向劉少奇介紹情況，濟南軍區司令員向朱德介紹情況。

毛澤東留意劉少奇跟羅瑞卿相談甚洽。根據中共「憲法」，國家主席為全國武裝部隊最高統帥。由於毛澤東親任軍委主席，劉少奇倒是自覺地少過問軍隊工作。這兩年，由於毛澤東經常出巡，住在南方，多數時間不住北京，劉少奇才代表黨中央出席軍事會議，也只是聽聽匯報而已。

在北京軍區某部觀看大比武時（又稱華北大比武），毛澤東心裡卻埋下了陰影。事出賀龍、羅瑞卿請來了彭真。彭真一直做地方黨的工作，從來沒有在軍隊服務過。中央政治局委員分工，彭真也跟軍隊工作風馬牛不相及。把他請來看大比武，甚麼意思？

毛澤東嘴上不說，心裡不悅。這幾年來，彭真已成了劉少奇最重要的幫手，有時都勝過了鄧小平。看起來，自己最信賴的軍隊工作，也不是沒有問題。他們有沒有某種默契，或者達成某種可能：劉、彭、鄧，加上賀龍、羅瑞卿二位，暗中形成另一個司令部？那一來，情勢就很糟糕了。

難怪了，九月間，劉、彭、鄧三位，未徵得自己同意，便以中央名義修改並頒發了領導四清運動的「後十條」。這「後十條」原由自己親筆審定過，強調了農村的階級和階級鬥爭，社會主義和資本主義兩條道路鬥爭，強調「階級鬥爭，一抓就靈」。更深一層的意思，就是要堵死臺內某些人一直圖謀為彭德懷翻案的口子。可是「後十條」經劉、彭、鄧他們一修改，又改成了當前農村中的主要矛盾，是廣大農民和「四不清」幹部之間的矛盾，把矛頭指向基層幹部了！

看來，劉、彭、鄧諸位，確是在「相呴以濕，相濡以沫」了。好傢伙，一個國家主席，一個總書記，一個北京市長大人，朱德多半也支持他們，再加上一個游刃自如的國務院總理……如今又添上主持軍委日常工作的賀元帥，羅總長，文武合璧，把持京律防衛……

未必，未必。毛澤東從來多疑，我不相信解放軍會跟了人家跑。看起來這幾年讓林彪放手在全軍開展大學習運動，抓政治掛帥，是抓對了。林彪雖然長期養病，卻又立下了大功勞……

第五十二節　警惕中央出修正主義

十月，在中國南方稱為「小陽春」。秋高氣爽，藍天高潔。

毛澤東又一次決定南巡。離京之前，他把少奇、恩來、朱德、陳雲、小平、彭真諸位，請來豐澤園共進晚餐，向各位說明，自己的健康狀況越來越差了，自己明白，去見馬克思的日子不遠了。人生自古誰無死？留取丹青照汗青……曾經滄海難為水，除卻巫山不是雲。就那麼回事嘛。中央的工作，國事黨務，有勞各位了。自己到南方去，一邊療病，一邊聽些匯報，了解些下面的情況，對與不對，好歹給各位做個參考……

毛澤東說得灰溜溜的，神情十分沮喪。

他又一次成功地放出了烟霧，在同事們中造成體弱多病、每況愈下、胸無大志的印象。縱使有人懷疑他，也不礙事。他本是個病號，只比長期養病的林彪稍好一點。況且他料定了：劉少奇、彭真諸位，也還不至於冒天下大不韙，公開勾結起來謀反他。自己不是漢獻帝，劉、彭也不是董卓、曹孟德之流。

毛澤東領著張毓鳳，乘坐專列，第一站抵達南京，住進南京軍區司令員許世友上將為中央首長專設的小招待所裡。

許世友亦是中共軍隊中的傳奇人物。少林和尚出身，十八般武藝俱精。十幾歲投奔到紅軍裡，由戰士、班長、排長、連長、營長、團長、旅長、師長，全憑著戰功，一直做到陳毅、饒漱石的華東野戰軍的兵團司令。一九五五年授軍銜時，由軍委會主席毛澤東授予他三星上將。

在中共軍中，關於許世友的傳說饒多。許的槍法奇準。他能背對目標，從肩後射擊，百發百中。說是他坐鎮南京軍區司令部辦公室，大辦公桌背對著房門。房門總是緊閉著，任何人求見他，都必須先敲門，大聲通報。擅自推門而入者，一定斃命。說是他的一位跟隨多年的秘書，一個年輕美貌的妻子，都是忘了規矩，也最怕打擾了他，而輕輕推門而入。可許世友十分警覺房門的任何動靜皆能覺察，且並不回頭，只舉起手槍從肩後射去。結果，都斃命了。說是許司令因此頗為感傷，卻不後悔。相反地，他威名日重了。

據傳，在五十年代初葉的某天，他的老上級華東野戰軍司令員陳毅，為人隨和而風趣，事先沒有通知，順道來看望他。走至許世友辦公室門口，竟忘了許的規矩，也是推門而入。

但陳毅十分機警，門推一半，停住了。說時遲，那時快，一粒子彈已經射進了房門的鐵皮裡。陳毅司令員拉上門，以四川口音大聲喊：

許世友！你傢伙的槍子兒可真是長了眼睛，沒有射到我陳老總身上，看你傢伙拿老子咋辦？

許世友一聽是陳毅的聲音，嚇出一身大汗，連忙開了房門，撲通一聲跪了下去：

司令員！世友不敢，世友不敢……

起來，起來。當了大軍區司令員，還來這一套？老子倒是要考慮考慮，是不是應該把你傢伙的手槍繳了。

許世友從地下爬起來，立下保證：他的大辦公桌不再背朝房門，他的手槍也不再上子彈。但他仍不失為中共一員忠心耿耿、能征慣戰的驃悍將領。

毛澤東十分欣賞許世友的江湖義氣，豪俠心性。此番南巡，首途南京來找許大司令員，為的是問問他：

許世友，老朋友，中央出了修正主義，你準備怎樣辦？很可能出。

許世友蹬地一下站起來，在偉大領袖面前雙腳跟一碰，沒有舉手行禮，而是雙手抱拳，大聲回道：

中央出了修正主義，我帶兵從南京打到北京！

好，好！今晚上我敬你酒。旗開得勝，南京軍區旗幟鮮明！

毛澤東笑了。他拉著許世友的手坐下，並對身邊的張毓鳳說：

毓鳳你替我記下來，記下我老朋友許司令的這句話。

跟著，毛澤東接見了南京軍區黨委全體負責幹部，講了一通國際上反帝反修、國內批修防修的總體戰略。之後離了南京。

這次，毛澤東的專列在上海只停留兩天。仍住西郊賓館一號院，舉行了一次舞會，沒有讓人來陪他游泳。剩下來的時間，都用來跟老朋友柯慶施談話。

接著，毛澤東的專列去了杭州，住在西湖別墅。也是江青常住的那座大花園。杭州西湖，天下名勝。毛澤東住了十來天，召見了福州軍區司令員楊得志上將。楊得志為原華北野戰軍第十八兵團司令員，一名常勝將軍。楊得志拍著胸膛表示，福州軍區全體指戰員，堅決悍衛毛主席，悍衛戰無不勝的毛澤東思想。

得到了兩大軍區司令員的效忠，張毓鳳看得出來，毛主席的心情好多了，身體狀況也好了。杭州真是美女如雲。光是來陪主席跳舞的浙江越劇院的那些美人兒，連張毓鳳看了都眼饞。但主席不看越劇。他受不了那軟綿綿、嬌滴滴的調子。他只喜歡那些美如天仙的青年演員。主席白天聽華東局幾個省分的省委書記匯報工作，晚上又是跳舞加游泳。

張毓鳳只是擔心主席的身體。她只想著主席快些離開杭州。杭州什麼好？古時候出過美女西施，害得吳國國王吳王夫差迷戀她的美色，而丟了江山。一天，她趁著主席身邊沒有別的女同志，就似懂非懂地把這意思說了說。主席笑了，告訴她西施不是出生在杭州，吳國滅亡也不是因為西施。是吳王夫差自己不爭氣。主席拉起她的手，還告訴她，杭州曾經是南宋的國都，也是大宋江山敗亡之都。古人有首詩云：

山外青山樓外樓，
西湖歌舞幾時休，
暖風吹得游人醉，
直把杭州當汴州！

好吧，杭州溫柔富貴，不宜久留。毓鳳我接受你的意見，去廣州找黃永勝。

毛澤東的專列到了廣州。這回他不住廣東省委的小島園林，而住進廣州軍區的小招待所，做軍區司令員黃永勝上將的客人。他也不大喜歡中南區第一書記陶鑄這人。陶鑄雖然也是湖南老鄉，聰明，能幹，頗有點文采，但近些年來爬昇得太快，跟劉少奇跑得太勤。

看來老鄉最是靠不住，老鄉愛作窩裡反。彭德懷、黃克誠、周小舟都是老鄉，劉少奇是老鄉，賀龍是老鄉……這些老鄉怎麼樣？

毛澤東見了黃永勝就問：

黃永勝啊，永遠得勝啊。要是中央出了修正主義，你打算為誰去得勝？

毛澤東總是以他的玩世不恭的口吻，跟人談一些性命攸關的話題。

黃永勝原是林彪的東北野戰軍一員戰將，四八、四九兩年從黑龍江一直打到海南島。其人頗讀詩書，有些文化素養。他的回答，比起南京軍區的許世友那號大老粗來，要稍稍含蓄、得體一些：

主席，林總永遠忠於您，我黃永勝永遠跟隨林總悍衛您。請主席放心，廣州軍區六十萬官兵沒有甭種！

好，好。黃永勝上將一言九鼎，我放心。今天你做東，備薄酒數鍾，把陶鑄他們幾位請來吃餐飯如何？

毛澤東在廣州小住兩日，即去了廣西南寧冬泳。他喜歡南寧，冬春無分，邕江水清得發藍，冬天水暖。明園別墅也十分幽靜，一年四季鳥語花香。省委書記、省軍區司令都是韋國清，老朋友了，說一不二，忠心耿耿。

在南寧，毛澤東住了近一個月，分別召見了中南五省的書記，聽取農村四清工作匯報後北上武漢，去見武漢軍區司令員陳再道上將。

第五十三節　「十條」變「二十三條」

一九六四年十二月下旬，毛澤東帶著一身在南寧邕江的游艇上曬黑了的皮膚，紅光滿面，神彩奕奕地回到了北京。

第二天，他在豐澤園的書房兼客廳裡，召集了政治局常委碰頭會。除了林彪仍在蘇州養病，劉少奇、周恩來、朱德、陳雲、鄧小平都到了會。照例，彭真以中央書記處常務書記身分列席會議。

一陣相互間的親切寒喧之後，毛澤東讓張毓鳳給每一位都敬了雲煙，才說：

各位在京日夜操勞，我到南方野鶴閒雲。大家辛苦了。是誰講過的？沒有功勞有苦勞，沒有苦勞有疲勞嘛！只有我，功勞、苦勞、疲勞都沒有……

大家都笑了起來。毛主席講話向來風趣幽默。他接著說：

在南方，一邊養病，一邊聽了些省委書記們的匯報。農村的四清運動很熱鬧，基層幹部上樓下樓，洗手洗澡，人人過關，風聲鶴唳，各位知道不知道？

客廳廳裡的氣氛一下子嚴肅了起來。毛、劉、鄧三位都是老煙槍，每人舉著一支雲煙，冒出縷縷烟霧。毛澤東繼續說下去：

這些年，農村工作是出了些偏差，我也早在中央全會上，後來又在七千人大會上做了檢查。聞過則改了嘛。可事情好像沒完沒了似的。農村基層幹部還要人人過關。為甚麼不肯高抬貴手呢？那我要請問，我們這些中央大員，包括各位常委在內，包括政治局委員、書記處書記、國務院總理、副總理，各部委負責人，要不要也來人人過關？光搞基層幹部，犯下不犯上，是否太不公平了？

毛澤東語氣並不很重。可他這番突如其來的話，一下子把大家搞暈了頭。

劉少奇想緩和一下氣氛，便說：

主席到南方兩個多月，了解了很多情況。我們在北京做日常工作，難免犯些官僚主義。主席指出來，正好大家議議。

毛澤東眼睛不看劉少奇，而望著列席會議的彭真，說：

彭真同志，我是在廣西，才仔細拜讀了你們修改後頒發的四清運動「後十條」，矛頭仍然指向基層幹部，架空階級鬥爭。實際上是打擊一大片，保護一小撮。你們以中共中央名義修改頒發文件，也可以跟我這掛名的中央主席打聲招呼嘛。

周恩來一看毛澤東神色不對，擔心事態擴大，連忙對彭真正色道：

老彭，你們書記處的工作也太粗心了。今後要注意了啊？

每逢這種時刻，朱德總是一臉憨厚表情，不作任何表示。他太了解毛澤東同志了。陳雲也是沉默的時候居多，有時乾脆眼睛閉著養神。

彭真滿面通紅，頗為委屈地分辯道：

「後十條」修改的事，我記得小平同志說他口頭請示過主席的。我或許是誤會了，以為是主席同志的……

毛澤東臉色和緩了些：

小平是給我打過一次電話，講「後十條」有些提法需要做些充實調整。我能不同意？後來就不知下文了。如今不開會，小平和我難得一見。就是開會，他耳朵不好，又總是坐到角落去。

鄧小平倒不慌不忙，謙遜地笑笑，說：

既然修改後的「後十條」，主席發現了許多問題，給基層幹部造成了困難，我提議停止執行，文件收回。

劉少奇朝鄧小平乾瞪眼。天啊，這麼大的事，怎麼亂鬆口？真是不折不扣的機會主義！

他看了看周恩來。周恩來卻點點頭說：

小平處事果決，我同意主席意見，文件收回吧。

朱德、陳雲也都點了點頭，表示同意。

劉少奇突顯孤立了。但他是能委屈求全的。他明白，毛澤東批評彭真、批評鄧小平，本意卻是對著他來的。他說：

「後十條」收回來，農村的社教運動停不停？如果不能停是不是盡快重新擬定個文件，使運動得到及時指導？

毛澤東笑了。

少奇說得對。我提議過兩天就開一次政治局常委擴大會議，把書記處、國務院管農業的同志都請來，把六大區的第一把手也請來，集思廣益，起草個新的條條，各位以為如何？

毛澤東沒有費甚麼力氣，就達到了目的：從劉、鄧、彭手中拿回全國農村工作的領導權。他們諸位，說好對付也好對付，說難對付也難對付。好對付是他們從來不敢跟自己公開衝突、正面較量，難對付是近幾年來他們總是陽奉陰違，要另搞一套。

會後，毛澤東留大家共進晚餐，喝廣西三蛇酒。他跟劉少奇相互間又敬酒又敬煙的，緩解了先前的不愉快氣氛。只要不涉及權力，吃吃喝喝，說說笑笑這些事，毛澤東還是個好打交道的人。大家也都習慣了凡事順著他。

幾天後，毛澤東親自主持召開政治局常委擴大會。毛的方針乃是白天開會扯皮，晚上看劇跳舞。

對於怎樣看待當前農村工作的主要矛盾，會上意見紛紜。大致上形成了兩種看法：一是認為當前農村工作的主要問題是黨內外矛盾交叉，是「四清」與「四不清」的矛盾；一是認為當前農村工作的主要矛盾，仍是兩個階級、兩條道路的鬥爭，是用無產階級思想佔領農村陣地，還是把這塊陣地拱手送給資本主義的大是大非問題。

劉少奇第一次公開了與毛澤東對於農村工作的意見分歧。他持第一種觀點，毛澤東自然是持第二點種觀點。

毛澤東對於劉少奇敢於在黨的會議上，公開跟自己唱反調，唱對臺戲，心裡那滋味，真是難以言表了。他既惱怒、憎惡，也感到幾分威脅，還有幾絲絲畏懼。劉少奇是覺得他的翅膀硬了？黨羽已豐？看來，劉少奇是非拿下來不可了。中國黨要出修正主義，要出赫魯曉夫式的人物，就出在劉少奇同志和他的同伴身上。

毛澤東對於這一點，已經深信無疑。

他沉得住氣，表現出了做為最高領袖的喜怒不形於色。他沒有直接批評劉少奇，甚至刻意避免了正面衝突。只有暫時維持住團體和睦的局面，為自己贏得一到兩年的時間，一切安排就緒再出擊，才能穩操勝券。

今天要搞掉劉少奇已非易事。黨內、政府內乃至軍隊內，劉的勢力均已盤根錯節。必須在全黨上上下下，動一次大手術，大清理。

於是連著三天，毛澤東都在會上作了重要講話。他苦口婆心地告誡、說服全體與會者同意他的觀點：當前我國城鄉，黨的工作重心，基本上路線，是兩個階級、兩條道路、兩條路線的鬥爭。他重申了一九六二年八月在北戴河會議上（即中共八屆十中全會）提出的觀點，在由社會主義社會過度到共產主義社會的整個歷史時期，存在著階級、階級矛盾和階級鬥爭，存在著資本主義復辟的危險性。階級鬥爭必須年年講、月月講、天天講，階級鬥爭，一抓就靈。

毛澤東又一次成功地展現了他做為「偉大領袖」的影響力、懾服力，使得大多數並不同意他的觀點的與會者沉默了下來，不再提出異議。包括劉少奇在內。

會議一直開到一九六五年一月十四日。

這最後一天，毛澤東拿出了由他的最得力的三位理論助手——陳伯達、康生、胡喬木起草的會議紀要：「農村社會主義教育運動中目前提出的一些問題」，共是二十三條，故又簡稱為「二十三條」，提交會議表決。

與會者們以一陣並不怎麼熱烈的掌聲，表示通過了該「紀要」。

在毛澤東主持下的中共會議，歷來有三種形式：中央全會、中央工作會議、中央政府局擴大會議（或政治局常委擴大會議）。會議的表決方式亦是三種：一是對有十足把握的人事選舉（如召開代表大會時），採用投票方式，二是對於可能引起爭議的文件、決議案（如召開中央全會時），採用舉手表決方式。毛澤東有時親自站起來計票，誰舉手、誰沒有舉手看得清清楚楚。在這種情況下，往往最能達成「全體中央委員一致通過」；三是對於爭議激烈、可能有人舉手反對的文件、決議案，則採用鼓掌通過的形式。大家一陣掌聲，最是省事省力。

毛澤東的這三項會議法寶，中共至今襲用不另。

「二十三條」是毛澤東的一次重大勝利。有了這「二十三條」，在他有生之年，不可能再遇上為彭德懷翻案的麻煩；也是劉、彭的一次大挫折。大躍進失敗後的農村問題，一直是他們用以制約毛氏權力的武器。為彭德懷翻案一事，最能構成對毛澤東領袖地位的威脅。

「二十三條」改變了四清運動的內容、性質和對象，第一次提出了「黨內走資本主義道路當權派」的概念。第一條即說，我國城市和農村都存在嚴重的、尖銳的階級鬥爭。在所有制的社會主義改造基本完成以後，反對社會主義的階級敵人，企圖利用「和平演變」的方式，恢復資本主義。這種階級鬥爭勢必反映到黨內來。

緊接下來的第二條說：這次運動的重點，是整黨內的那些走資本主義道路的當權派。進一步鞏固和發展城鄉社會主義陣地。那些走資本主義道路的當權派，有在幕前的，有在幕後的。有在地、縣工作的，有的甚至是在省級直至在中央的某些部門工作。

「二十三條」是毛澤東發出的戰鬥信號，是一年以後的「無產階級文化大革命」的前奏曲。可是劉、周、朱、鄧、彭等人，面對著毛澤東所隱伏下的殺機，卻表現得麻木不仁。他們仍熱衷於或出國風光，或到處視察、作報告，領受熱烈的捧場。他們只求保住各自已經獲得的一切，滿足於做「黨和國家領導人」，天天見報，四海有名。

毛澤東不問日常煩瑣政事，而集中時間和精力高瞻遠矚，周密佈局，為自己的老同事們準備下一張張羅網。比起毛澤東來，劉、周、鄧、彭實在是一批政治庸才。

第五十四節　空軍司令員劉亞樓之死

一九六五年二月，空軍司令員劉亞樓上將病逝。

中國有句俗語：人之將死，其言也善。

劉亞樓原是林彪手下一員戰將，當過第四野戰軍政治部主任。在主持空軍司令部工作期間，卻跟軍委祕書長兼三軍總謀長的羅瑞卿大將建立起了親密的關係。他很敬服羅總長的忠直和幹練。漸漸地，兩人對長年養病、不做具體工作，而只是一味地號召全軍指戰員讀毛主席著作、搞空頭政治的老領導林彪多有微詞。

何苦哉？身體病成那副樣子，怕光、怕風、怕水，還佔著茅坑不拉屎……

劉亞樓原是很敬重林彪元帥的，關係也甚為親密。一九六四年某次，他去蘇州向林總匯報空軍的作戰訓練情況，發現林總的臥室、書房，連個窗戶都沒有，簡直就像住在地道裡一樣昏暗。又見林彪睡在床上不能起來，他只好坐到床邊的一張椅子上去匯報工作。是啊，林總病得不輕啊，怕見光、怕見風、怕見水啊。正在這時，一股惡臭從林總的被褥裡溢出。醫護人員連忙上來替林總擦下身，撤換床單、被褥。原來林總大小便都失禁了。念念不忘的卻是三軍的人事安排，師以上幹部的調配、昇降，全要包辦。

劉亞樓感嘆萬千。從林總的臥室出來，林總夫人葉群留下劉亞樓聊了一陣家閒。劉亞樓含著眼淚說：

葉大姐，林總病成了這副樣子，看了真叫人難受。他又不肯放下工作……您勸勸他吧！能夠不管的事，就不要管了。這幾年，羅總長幹得不錯，有魄力，全軍大練兵、大比武，搞得有聲有色……您要督促醫護人員照顧好林總。林總的病能夠一天天好起來，我們這些四野的老部下，全軍指戰員，都會感激您大姐……

羅長子也是這個意思？

葉群要笑不笑地問。一提起讓林彪放權的事，她心裡就不是滋味。

劉亞樓卻沒有留意到葉群的不快，接著說：

是的，這次離京前，羅總長找了我去談話，讓我替他問候林總……也讓我捎話給大姐，身體是革命的根本，一定要勸林總安心養病。現在是和平時期，抓緊養好身體。工作可先放一段，以後身體好起來了，再抓不遲……

葉群一臉言不由衷的苦笑：

你回去，替林總和我問他好罷。羅長子現在是大忙人，縱橫馳騁……其實，夏天的時候，在毛家灣（林彪在北京西城區的住處），有一回羅長子本人來看望林總，也遇到了你今天的情況。羅長子捂著鼻子一離開林總病房，出到走廊上，就叫了起來：讓賢，讓賢！病號讓賢……我也覺得，林總應該退下來了……，他，只怕是沒有那個「以後」了……

葉群說著說著，就紅了眼睛，落了淚。她把老戰友劉亞樓上將哄過了。

一九六五年初，劉亞樓突然病重入院，醫生診斷為癌症晚期，旋接被送至上海手術搶救。劉亞樓知道自己病將不起，戎馬半生，積勞成疾。他沒有給自己的家屬子女立遺囑，念念不忘的仍是軍隊工作。他讓祕書筆錄了一封給毛主席、黨中央的信，建議自己的老上級林彪同志全休，工作由羅瑞卿同志接手①……

劉亞樓去世後，他的「遺囑」上呈到毛澤東手裡。

毛澤東愈加對劉少奇一夥人起了疑心。他一向視解放軍為自己的禁臠，不容他人窺覷。難怪嘍，我提出培養無產階級革命接班人的問題不久，少奇就公開說，彭真是總書記的接班人，羅瑞卿是國防部長的接班人……這不？連個劉亞樓，都在臨死前被動員上了。

---

①其實北京另有一則完全相反的傳聞，稱劉亞樓臨終前給毛澤東一信，告羅瑞卿的狀。

讓羅長子奪林彪的兵權？羅長子倒不一定會反對我。可他易被人利用，做一個二十世紀六一年代打鬼的鍾馗。

毛澤東於一月中旬結束了制定「二十三條」的政治局常委擴大會議，月底接見了一次延安時代結識的老朋友、美國名記者斯諾。斯諾熱衷於中國的紅色革命，熱衷得失於天真。他被毛澤東接見之前，已在北京住了半個多月。他看到北京街頭，到處懸掛著毛的巨幅畫像；北京的所有書店裡，擺滿了毛的著作，把其它的書籍都排擠掉了。他還在人民大會堂觀看了長達四個小時的音樂舞蹈史詩「東方紅」，真是集中國現代革命歌謠、各民族舞蹈之藝術之大成，十分的輝煌壯麗。但整個史詩歌頌的，是唯一的英雄毛澤東。最令斯諾驚奇的，是他一九三七年在延安窰洞前替毛澤東拍攝的那張頭戴八角帽的照片，在天幕上放大到三十英尺高，形成為該部音樂舞蹈史詩的高潮……

斯諾見到毛澤東時，以他西方人的坦率問道：

在蘇聯，有人批判中國黨正在助長個人迷信，提倡領袖崇拜。有根據嗎？

毛澤東的回道也頗為坦率：

也許有吧。據說斯大林曾經是個人崇拜的中心，而赫魯曉夫則完全沒有個人崇拜……赫魯曉夫垮了台，大概就是因為他完全沒有個人崇拜。

他們相談了將近兩個小時。斯諾發現毛澤東氣色不佳，談話時經常走神。他問起了毛澤東的健康情況。

毛澤東苦著眉眼說：

很不好。高血壓，老年性中風，神經衰弱，失眠，記憶力差了。暈倒過幾回。醫療組不離身。日子不多了，老朋友，快見馬克思去了。用不了多久，我想你會來送花圈的……

於是，經毛澤東本人之口，經美國名記者斯諾之筆第一個重要的信息傳到了海外，再由海外傳回中國來：毛澤東病魔纏身，快要見馬克思去了……消息越傳越走樣，後來竟被傳為毛澤東已經死了，中共為穩定局試，防止動亂，秘不發喪……

毛澤東又一次成功地施放出了烟霧彈，麻痺著他的國內國外的對手們。

二月底，他給空軍司令員劉亞樓上將的追悼會送了個花圈。經跟住在蘇州的大小便都失禁的林彪商定，由彼此都信得過的林彪老部下、原空軍副司令吳法憲，陞任空軍司令員。

三月，毛澤東又輕裝簡行，乘專列去了南方養病。他的確有病，高血壓、神經衰弱、失眠。只是他行踪詭秘，有時連主持中央日常工作的劉、周、鄧、彭，都不知他仙踪何處。

其實他常住的地方，仍是上海的西郊賓館，杭州的西湖別墅。他一邊養病，一邊神不知、鬼不覺地在做著一項意義重大的工作，默許康生、江青兩人，在上海找到青年文藝評論家姚文元，秘密撰寫〈評新編歷史劇「海瑞罷官」〉，準備著一發將要驚天動地的炮彈。

值得附帶說明一句的是：毛澤東本人從未秘密召見過姚文元。

第五十五節　「海瑞罷官」案底

古人說：兵不厭詐。今人說：政治鬥爭無誠實可言。

新編歷史劇「海瑞罷官」一案，是中共建政後的第四次文字大獄。第一次為一九五五年的「胡風反革命集團案」，第二次為一九五七年的大鳴大放、百家爭鳴，第三次為一九六二年的「反黨小說『劉志丹』案」。以上四次文字大獄，每案的受害者均遍及全國，人數均達十萬以上，直接死亡人數亦各有數千人之眾。什麼秦始皇文字獄，明成祖文字獄，清王朝文字獄，與之相比，皆是小巫又小巫了。

事情要回溯到一九五九年四月的「上海會議」。一本至今被中共列為禁書的《康生外傳》中①，有一段頗為傳神的記述：

當時，中共中央正在上海舉行工作會議。照例，白天開會，晚上備有豐富多

彩的文化活動。

一天傍晚，毛澤東來到劇場。他興致勃勃地帶頭來觀看湘劇「生死牌」的。這齣戲，情節曲折動人，扣人心弦，催人淚下。戲的末尾，南包公海瑞出場了。為了搭救無辜者，他不顧自己頭上的烏紗帽，大義凜然，挺身而出。對海瑞的這種無私無畏的形象，人人都肅然起敬。毛澤東也深深地受了感動。

第二天，他讓人把《明史》，找來，專心讀了〈海瑞傳〉。隨後，毛澤東在一次會上講話，特意談到了海瑞。他深有感觸地說：海瑞這個人，對皇帝罵得很厲害，說「嘉靖嘉靖，家家皆淨」也。這句話他還寫進了上疏裡。後來他被關進了監獄。有一天，牢頭給他端來了酒菜，剛吃下去，知道是嘉靖皇上死了，他便嚎啕大哭了起來，把剛吃下的東西都吐了。可見，海瑞雖然批評嘉靖很厲害，但他對嘉靖還是忠心耿耿的。

毛澤東在講話中，針對當時黨內存在的報喜不報憂的嚴重問題，號召大家學

---

①《康生外傳》最早由中共紅旗雜誌社於一九八〇年內部發行，只印行了二千冊，即被中共最高當局查禁。

習海瑞精神。他提出：要剛直不阿，直言敢諫，不怕丟官，不怕開除黨籍，不怕勞改，不怕坐牢，不怕殺頭。要做到「五不怕」……

具有崇高威信的毛澤東，一言既出，全國自然就聞風而動。他提倡學習海瑞，各地就馬不停蹄地去貫徹了。會議一散，回到北京，胡喬木②立刻向明史專家、北京副市長吳晗傳達了毛澤東的講話精神，並約這位學者為《人民日報》寫一篇介紹海瑞的文章。吳晗出於對毛澤東的崇敬，欣然從命，接連寫了〈海瑞罵皇帝〉、〈海瑞故事〉、〈談海瑞〉等文，頗獲讀者好評。他還表示要寫一部以海瑞為題材的大型歷史劇……

以上，就是整個事件的發端。可是在同一年七、八月間的廬山會議上，剛直不阿、直言敢諫的國防部長彭德懷元帥上書毛澤東，反映農村人民公社、三面紅旗下廣大農民群眾苦不堪言的現狀時，毛澤東卻龍顏大怒，他把自己三個月前在上海會議上發出的「學習海瑞精神」的號召，置之腦後於不顧，出爾反爾地悍然發動了「批判彭、黃、張、周右傾機

②胡喬木其時為毛澤東的祕書之一，主要的文字幫手。

會主義反黨集團」的鬥爭。其氣度比明朝的嘉靖皇帝更狹窄。彭德懷只是提了意見，並沒有罵皇帝，其下場卻比海瑞慘烈百倍。

廬山會議後，中共的文藝部門似乎不識時務，或是出於知識分子憂國憂民的秉性，仍然熱衷於響應毛澤東「學習海瑞精神」的號召，在全國各地大演海瑞戲，包公戲。上海的京劇大師周信芳上演了「海瑞上疏」、「海瑞揹縴」；北京戲劇界也不甘落後，著名京劇演員馬連良登門拜訪吳晗，請他寫海瑞戲。從未寫過劇本的吳晗立刻答應。並得到北京市委彭真等人的大力支持。整個一九六〇年，吳晗大約也是出於一種對歷史的現實參照，出於知識分子的良心責任感，七易其稿，終於完成了新編歷史劇「海瑞罷官」。劇本發表在一九六一年一月號的《北京文藝》上。

同年一月，北京市京劇演出了該劇，由馬連良飾演海瑞，大獲成功，引起強烈社會反響。剛剛在中央工作會議上檢討了大躍進以來所犯嚴重錯誤的毛澤東，率領在京的中央大員們觀看了馬連良的演出。儘管有過廬山會議出爾反爾、言行不一的劣蹟，毛澤東仍然繼續提倡「學習海瑞精神」，以維護自己的威望信譽。一天傍晚，毛澤東在中南海豐澤園召見馬連良。馬連良一進客廳，毛澤東就熱情地起身同他握手。馬連良見毛澤東百忙中抽出時間來接見自己，心情激動不已。談了一會兒，張毓鳳便來招呼他們用飯。毛澤東領著馬連良走進餐廳，一邊飲酒，一邊談論「海瑞罷官」演出的盛況。

海瑞是個好人，太難得了！毛澤東興致勃勃，聽講你這次演海瑞場場滿座，劇本寫得也好，我們應該大力提倡學習海瑞這樣的人。馬連良謙遜地答道：如果沒有主席的指示關懷，我怎能演海瑞，吳晗也不會寫劇本……第二天，馬連良特意去到吳晗家裡。一進門，便急不可待地說：告訴你一個喜訊，主席昨日請我吃晚飯，稱讚你的「海瑞罷官」寫得好！

以上，便是新編歷史劇「海瑞罷官」的來龍去脈。始作俑者，正是毛澤東本人。其無後乎？前文已經記述過了，他的通房護士張毓鳳小姐於一九六三年替他生下了第一胎非婚生龍子。

從一九六一年初「海瑞罷官」在北京上演，得到毛澤東的激賞，到一九六五年初毛澤東支使自己的妻子江青及情報頭子康生，極其神祕地在上海佈置文棍姚文元撰寫文章，聲討「海瑞罷官」為反黨反社會主義反毛澤東思想的大毒草，時間只過去了短短的三年。

正是這三年，毛澤東已經渡過了政治危機，亦已經恨透了慣以歌功頌德為能事的文藝界（仍未能滿足他功德齊天的胃口），並決心打倒政治上的心腹大患劉少奇。毛澤東不愧為中國歷史上第一流的謀略家，又是第一流的權術家。他深知，要打倒劉少奇，必須先清除他的外圍。清除劉少奇的外圍，必須先拿文藝開刀。步步為營，順藤摸瓜。劉少奇的政治根據地是首都北京市、北京市委。批了「海瑞罷官」，就是批了副市長吳晗。吳晗的背後是誰？是彭真。彭真的背後哪？是劉少奇。

毛澤東滿腹韜略。他明白這是拿他終生的政治資本下最大的賭注，弄不好會身敗名裂，因之慎而又慎。他為了使自己保持一種可收可放，可進可退的迴旋態勢，他跟任何人都沒有「交底」。甚至跟自己親信的政治上的助手江青都沒有交底。也沒有向那代自己執掌著兵符的學生林彪元帥「交底」。而只讓他們去心領神會，埋頭苦幹。

據文革期間，毛氏夫人江青向美國女記者、亦是《紅都女皇》書的作者透露：一九六五年，她在毛澤東的默許下，在北京找不到人寫批判「海瑞罷官」的文章，北京是彭真的獨立王國，也是劉少奇的一統天下，只好祕密到上海找到姚文元來寫，當然還有張春橋。為了打響這文革第一炮，幾位同志都是冒了生命的危險來悄悄地工作。姚文元一共寫了八稿。每一稿都由張春橋坐了專機，以送革命樣板戲「海港」、「智取威虎山」兩劇劇本來北京審查的名義，把姚文元的稿子夾在劇本裡，送來給她和康生審閱，提意見，然後再由張春橋帶回上海交姚文元修改。就這樣神不知、鬼不覺地搞了大半年……

一九六五年，毛澤東多次住在上海。他並不直接過問江青、康生祕密佈置姚文元寫批「海劇」的事。他已經很厭惡劉少奇和彭真。劉、彭嚴密控制著北京市。他在北京市已缺少安全感。他樂意在上海西郊賓館深居簡出，常把林彪從蘇州召來密談，且不時召見南京、福州、廣州三大軍區的負責人談話，聯絡革命友誼，鞏固同志感情。一般都是下午游泳，晚餐時找人談話，然後跳舞。凌晨五時就寢，睡至中午一時。他對張毓鳳說，我們要把身

第五十六節　上官雲珠進出中南海

一九六五年夏天，毛澤東從南方到北京。他把上官雲珠帶進了中南海，住在豐澤園裡。在生活服務組的身分是上海來的按摩師。只有忠心耿耿的張毓鳳知道她是誰。

毛澤東需要美好妙可的女人，來緩解他的神經壓迫感，來鬆弛他的自我恐懼症。近年來他總是覺得危險四伏，險機橫生，有各種各樣的陰謀在窺探著他，監視著他、計算著他。黨內決鬥已不可避免。中庸之道是沒有的了。

女人，是上蒼賜給他這個人間豪傑的最大慰藉。他欣賞上官雲珠的冰雪肌膚。更憐愛著上官雲珠的風情萬種，但他畢竟過了古稀之年，性能力已經不復往日雄風。他的性行為，有時已經停留在抱住女人親吻，及讓女子一絲不掛地坐在他懷抱裡，任由他的雙手撫觸摸捏。口舌、雙手，仍能使他得到一種性滿足、宣洩。卻不能使女人滿足。女人坐在他懷裡，強裝出笑顏、快活，陪他玩娛。重複的是幾千年來後宮美女們的悲劇。

長期以來，毛澤東即以「神」和「人」的雙重身分生活著。在黨的重要會議上講話，出席各種節慶晚會，接見各種大型會議的代表，會見外國來訪的貴賓等，一切公開場合裡，他龍行虎步，高瞻遠矚，傲視群雄而號令天下，儼然一尊至高無上的世界無產階級的偉大神明；只有回到了豐澤園，或是到了北方、南方的那些行宮、別墅裡，他才回到大權獨攬、寸步不讓的現實生活裡，成為煙、酒、財、氣、色樣樣皆不放過的、行為不端的老人。

正是因為看清了毛澤東做為「人」的這真實一面，使得上官雲珠的夢幻破滅。她原以為，偉大的領袖，一定有著偉大不凡的生活。她隨毛澤東來到中南海豐澤園內小住，見不到任何人，參加不了任何活動，甚至想跟北京電影界的老熟人打個電話都得不到准許，形同幽禁……她這才懂得禁宮生活的厲害。在毛澤東面前，她笑逐顏開，春風滿面，心裡卻時時巴望著回上海去，回到女兒身邊去，回到電影界同事們身邊去，過那普通人吵吵鬧鬧、卻人情味十足的日子。

毛澤東的確很忙，有時上官雲珠三、五天都見不上他一面。冷清清、空落落，好個不得見人的禁苑！

毛澤東既然身在北京，他就躲不得清閑。接見全國性會議的代表啦、照像啦、看戲啦、會見來訪的外國貴賓啦，批閱劉少奇、周恩來們呈送上來的文件、簡報啦。他對這些黨和國家的日常事務從來興趣不大，只是應付而已。他不能陷入煩瑣哲學的泥淖，變成周恩來式忙忙碌碌的政治庸人。

這期間，毛澤東親自主持召開了一次政治會議。意在探虛實、摸動向。用他本人內心裡的話來說，「給政治局大員們量一次脈搏，測一次血壓」。

會上，他就國際國內形勢作了重要講話。

國際形勢，他強調亞非拉革命運動蓬勃發展，得到我國政府、我國人民道義上、物質上的強有力的援助。許多國外友人都稱我們是世界革命的中心。但美帝、蘇修亡我之心不死，把我們黨和國家視為最主要的敵人。所以我們要加強戰備，準備打戰。要立足於戰爭，打第三次世界大戰；打熱核戰。無非是打爛些罈罈罐罐，死幾億人口。打完第三世界大戰，消滅了帝國主義、修正主義、資產階級，我們再來建設社會主義。當前，我們支援越南南方人民的反美鬥爭，支援包括老撾、柬埔寨在內的整個東南亞國家人民的反美國運動，支援印尼的工農革命，支援非洲國家的獨立解放運動、支援拉丁美洲國家的民族革命，是把戰爭打在國門之外，打在別國的領土上。在這同時，我們也要準備把戰爭打進國土之內，打倒我們自己的土地上來。我們可以讓蘇修從北方打下來，暫時放棄黃河以北的國土；還可以讓美帝國主義和蔣委員長從南方打上來，我們暫時放棄南方數省。我們戰略撤退、轉移到黃河、長江之間，來跟他們迂迴、周旋。事實上，我們是布下一張天羅地網，跟他們打人民戰爭。到時候中國是個大泥塘、大沼澤地，敵人進得來，出不去。最後，我們關門打狗，一南一北地收拾敵人，就是對世界革命的最大貢獻！不知道諸位同事，有這信心、決心、雄心沒有？

毛澤東這突如其來的雄才大略，使得政治局委員們面面相覷，不知所措。他們只是覺得偉大的毛澤東又頭腦膨脹，忽發狂念了。這麼重大的戰略問題，要把黃河以北、長江以南的幾百萬平方公里的國土做為戰場，數億人口的性命做為代價……可他事先沒有跟任何人打聲招呼，也沒有徵詢過任何軍事機關的意見，就在黨的政治局會議上，以軍事決策的口吻提出來！

毛澤東見同事們都不吭聲，便轉而談到國內形勢。談的仍是全黨全軍全國人民如何貫徹他的有關階級和階級鬥爭的論述，強調階級鬥爭必須年年講、月月講、天天講。強調階級鬥爭，一抓就靈。談著談著，他點題了：

各位朋友，我到南方去，找過一些地方和軍隊的負責幹部談話，問了他們一個問題，中央出了修正主義怎麼辦？很可能出。現在，我也想問問諸位：中央出了修正主義怎麼辦？當然，我們的黨中央是團結的，是高舉反帝革命大旗的，是無產階級的戰鬥堡壘，總指揮部。在中央的某些部門呢？機構呢？誰能保證不出修正主義呢？蘇聯老大哥的那一套，赫魯曉夫先生的那一套，在我們黨內不可能沒有市場，老大哥也不可能不在我們黨內尋找他們的代理人。問題是我們自己怎麼辦？

毛澤東的話隱伏殺機，卻極有分寸，點到為止，盡量不讓劉少奇們起疑心。政治局委員們又是你看看我，我看看你，一個個六神無主，如墜五里霧中。政治局開會，毛澤東講話，竟然無人附合、響應，這還是第一次。首先，劉少奇、周恩來、朱德、陳雲、鄧小平、彭真這些人就不吭聲。而其他的委員，更是眼睛盯著他們。毛澤東十分光火，感到自己已經陷於孤立。他不動聲色，而一個一個點將了。

賀龍元帥，你的高見呢？

賀龍是坐鎮北京主持中央軍委日常工作的軍委副主席稍稍遲疑了一下，才站起來說：我是軍人，無條件地服從黨中央的決定，聽從黨中央的指揮。

周恩來滿意的朝他點了點頭。毛澤東掩飾住心中的不快，也點了點頭。

好，好。請坐下吧。羅總長，你的高見呢？

羅瑞卿個頭高過毛澤東。他是權利中心的要害人物，身兼國務院副總理、中央書記處書記、軍委秘書長兼總參謀長、中央保衛局局長、並具體負責京津地區的軍事防務。羅瑞卿站起來，回答的更乾脆：

報告主席，賀龍的意見就是我的意見！做為軍人，我堅決執行主席製訂的原則：黨指揮槍。

好，好。坐下。開會發言，不必起立嘛。其餘各位元帥，也都服務黨中央的指揮了。

很好很好。陳毅同志呢？好像沒見人？

周恩來連忙回答：

他請了假，印尼蘇加諾總統派了特使來，艾地同志的助手也來了，他正負責會談……

毛澤東轉過臉去，溫和的朝身邊的朱總司令點點頭。憨厚的朱德也笑著朝他點點頭。老朋友了，彼此看上一眼就行了。

毛澤東忽然發了煙癮。他抽出一支煙卷來，向坐在另一旁的劉少奇借火。劉少奇連忙擦亮一根火柴，湊上去。毛澤東咝咝地吸了兩口，又問：

少奇、恩來、還有陳雲、小平、你們幾位的意見呢？也可以鳴放鳴放嘛。

劉少奇這才雙胳膊肘撐在會議桌上，胸有成竹而又字斟句酌地說：

主席剛才談了戰略問題，提出了極為重要的第三次世界大戰的構思。我都是讚同和擁護的。我們全黨同志都要認真學習，深入研究，來武裝全軍指戰員的頭腦，武裝全國人民的頭腦。關於國內形勢，主席提出了一個重大的問題：警惕中央出修正主義，具體地說是中央的某些部門出了修正主義，我們怎麼辦？這的確是擺在全軍全國人民面前的頭等大事。主席給我們敲響了警鐘。這裡，我建議中宣部、《紅旗》雜誌，科學院哲學部的同志，從發展馬克思主義理論的高度，寫出幾篇有分量的文章來，闡述主席的思想。定一、伯達、康生、三位今天都出席了會議，你們去具體落實吧。恩來、朱總，還有陳雲、小平、彭真諸位，你們也先談談自己的看法嘛。

周恩來看了一眼陳雲和鄧小平。陳雲開會習慣於閉上眼睛養神，對於毛澤東的宏論，沉默的時候居多；鄧小平則耳朵重聽，又喜歡坐在角落，毛澤東的講話他多半沒聽清楚；彭真則自去年底因修改「後十條」的事，受到毛澤東斥責之後，已經學得少說話多幹事了。

周恩來以睿智的目光看了一圈在座的同事們之後說：主席今天的講話，是一個立足中國、放眼全球的戰略綱領。我們一定要在今後的工作中，努力實踐，堅決貫徹。這是毫無疑義的。少奇同志剛才也講了，是馬列主義的軍事科學的重要發展，要好好的進行理論闡述。我都是擁護的。這裡，我還有一點具體的建議，按照原來計劃，我們要在國慶節前後召開第三屆人大。政府工作報告的起草班子，已寫出了初稿。主席今天的講話要點，是不是應當寫進報告裡去？

周恩來手腕圓熟。他不露痕跡地把會議從「務虛」引向「務實」。

劉少奇自然心領神會，立即抓住時機。周恩來的話一落音，便接下去說：對。按年初政治局通過的工作計畫，今年年底前還要召開黨的「九大」。「八大」是一九五六年開始的了，黨章規定五年一屆代表大會，到今年已經快要超過兩屆大會的期限了。在十年來的日子裡，在主席思想的指導下，靠全黨同志的共同努力，我們黨經歷了新的考驗，取得了新的經驗當然也有教訓。是應該好好進行一次歷史性的總結，以便我們繼續高舉毛澤東思想偉大紅旗，同心同德團結一致，去爭取新的勝利。

談到四屆人大和九次黨大的籌備工作，會場上的氣氛漸趨緩和、活躍。大家的話題多了起來。李富春李先念分別簡略地談了談「國民經濟預算報告」的起草問題，農村工作部長譚政霖則談了農業學大寨、太湖流域五千萬畝水稻樣板田的問題，薄一波也談了談工業學大慶、大慶油田的生產責任制。最後是一直沒有吭聲的書記處總書記鄧小平，匯報了第九次黨代表大會的籌備工作情況。

毛澤東卻對這些索然無味。他深深感到大權旁落，他的話不靈了，不再有人聽了。黨是劉少奇的黨，政府是周恩來的政府。而他已經變成一張虎皮、一面旗子、一具空殼……看看一天的時間已經過去，毛澤東覺得政治局會議已無再開下去的必要。跟他格格不入。於是他神色漠然地拍了拍巴掌，說：

開飯的時間快到了，今天晚飯沒人做東吧。今天會開得很好。今後的工作，仍是有勞各位坐鎮中樞，各司各職。四屆人大的籌備有總司令率彭真他們抓，黨的九大籌備工作有小平、伯達他們抓，少奇同志管黨，恩來同志主政，負責總的協調。大家儘可放心了。我本人呢？仍要向政治局告假。諸病纏身，身體是越來越不行了。北方氣候太乾燥，流鼻血。還是回南方去養病，跟老病號林彪為伍去。恐怕今後離各位越來越遠了，離馬、恩、列、斯越來越近了。天堂乎？地獄乎？人生自古誰無死？我從不相信自己能夠流芳百世，也就不在乎甚麼遺臭萬年了。散會罷。

毛澤東面帶病容，有些吃力地靠住會議桌，跟那些上來告別的人握手。他又一次成功地向他的對手們撒出烟霧：自己不行了，病魔纏身，力不從心，今後只有養病的分了。反正講了話大家也愛聽不聽，指揮失靈了；而劉少奇、周恩來、彭真他們，不正樂得他長期養病，早日去見馬恩列斯這些先賢？

劉少奇還假名假事地留在他身邊，詢問他的病況。他不得不敷衍了幾句。張毓鳳已經到會議室來攙扶他。

回到豐澤園書房，毛澤東讓張毓鳳去把上官雲珠請來。

上官雲珠進到書房，見毛澤東一臉病容，不禁嚇了一跳。連忙走上前去溫柔地拉住了毛澤東的雙手。

有美人兮，在水之湄……雲珠……

主席，您累了，工作太辛苦……阿拉幾天見不著儂……

能不累？各唱各的調，各吹各的號……我是孤家寡人一個……雲珠，我們南邊人，還是回南邊去……

回上海？阿拉太高興了……

上官雲珠人面桃花，十分興奮。但她立即收斂起自己的神色，免得毛澤東生疑，看出她急於離開這裡。

毛澤東摟住了她，溫香軟玉地撫弄著，滿足雙手之娛。

我們過兩天就走……北京不好，中南海尤其不好。禁苑重地，我明白你住這裡不快樂……南邊的人，習慣南邊的氣候……我先陪你回上海，放你自由……

上官雲珠心裡一陣悸動。她忽然有了種預感：今後，再難見回到這豐澤園……

雲珠，上回我要你背的《紅樓夢》的〈好了歌注解〉，背得出來嗎？好，我們一起來背誦……怎麼開頭的？啊，有了：

陋室空堂，當年笏滿床；衰草枯楊，曾為歌舞場；蛛絲兒結滿雕梁，綠紗今又在蓬窗上。說甚麼脂正濃，粉正香，如何兩鬢又成霜？昨日黃土隴土埋白骨，今宵紅綃帳底臥鴛鴦！金滿箱，銀滿箱，轉眼乞丐人皆謗；正嘆他人命不長，那知自己歸來喪？訓有方，保不定日後作強梁。擇高粱，誰承望流落在烟花巷，因嫌紗帽小，致使鎖枷扛；昨憐破襖寒，今嫌紫蟒長：亂哄哄你方唱罷我登場，反認他鄉是故鄉；甚荒唐，到頭來都是為他人作嫁衣裳……妙哉！雲珠！妙哉！

上官雲珠隨專列回了上海。毛澤東主席說，明年適當時候會再安排人來接她，儘量多有些時間跟她在一起。之後，她卻再沒有見到偉大領袖。直到一九六六年秋天，她被江青下令逮捕。當時被捕的人很多。有些是三十年代初在上海影劇圈內，跟藍蘋小姐有過親密關係的男人，如鄭君里、趙丹、史東山等等；有的則是跟「偉大領袖」有著超越同志感情的女人，如孫維世、上官雲珠等等。

上官雲珠被監禁在上海提籃橋監獄。毛主席已經忘記了她。他要忙著打倒劉少奇，無暇他顧。使得上官雲珠憤而離開這個充滿偉大騙局的人間地獄的直接原因，則是她的年滿十五歲、如花似玉的獨生女兒，在繁忙的南京路上被一輛軍綠色的大卡車壓死。她知道，紅彤彤的人間已無人性、人道可言，有人急於讓她離開人間，離開她保守著的那個曾經使她陶醉、使她虛榮過的傳奇奧祕。

第五十七節　重上井崗山

毛澤東出行，從來天馬行空，獨來獨往。

他的專列火車，便是一座流動的行宮，有設備先進的軍事指揮系統，機要保密系統，加上一套舒適的生活服務設施，醫療保健設施。

毛澤東為甚麼長期選擇火車做自己的出巡工具？皆由以下原因促成：一是中國的航空事業落後，安全系數低；二是中國大陸擁有九百六十萬平方公里的廣袤國土，中央集權統治，主要依靠鐵路、公路的四通八達，伸向每一個角落。交通網路即象徵權力網絡；三是中國大陸的鐵路系統，獨立於地方政府，而直屬於中央鐵道部，為準軍事化組織：有自己的鐵道工程兵部隊，鐵道公安部隊，獨力負責交通樞紐、重要橋樑和隧道的安全警衛，保障中央首長乘坐的專列暢行無阻，萬無一失；四是專列火車設備完善，可行可住，行動自如，轉換自如，不易遭受突然攻擊。

毛澤東的專列在上海只小住了三天，跟柯慶施密談兩次，又通知蘇州養病的林彪來密談一次，便一路西去，經杭州、過江西，抵達家鄉省會長沙城，住進蓉園一號樓。這次他沒有回韶山。湖南省委第一書記張平化是他的老部下，延安時期曾替他做過祕書，因才氣不足而下部隊做旅政委。一九五八年，張平化任武漢市委書記時，曾因錯誤處理一件大案，造成人命死亡，受到過黨內通報處分。原湖南省委書記周小舟一九五九年因廬山會議跟隨彭德懷而被撤銷黨內外一切職務之後，由毛澤東親自點將，提拔張平化回湖南任省委書記。

張平化接駕後，更感到恩寵有加。他向毛澤東匯報說：受中央軍委委託，省委正在韶山滴水洞修建一座地宮，冬暖夏涼，平時可住，戰時可用作為全軍地下指揮所。這地宮的上面，是韶山青年水庫，四周山巖環抱，中央水面寬闊，水深達一百多米。原子能專家們計算過，水面完全可以承受得住洲際核彈的轟擊……

毛澤東聽了很高興，回過頭去對正用蒲扇替他搧著涼風①的張毓鳳說：鳳鳳，這下子好了，打第三次世界大戰，扔原子彈，我們回老家有地方躲了……

①毛澤東忌用電扇。

張平化乘機討好地向張毓鳳開玩笑說：

小本家，到時候你陪主席回湖南來，湖南山多，又是魚米之鄉，最安全！

毛澤東繼而轉向張平化問：

滴水洞工程，早聽羅長子匯報過。甚麼時候完成呀？

張平化連忙回答：

工程已近掃尾，至遲明年春天，主席就可以入住了。

毛澤東在長沙住了四天，看了兩晚花鼓戲，跳了兩晚舞。他對省民間歌舞團的姑娘們印象甚佳。湘女真多情，一個個美好的身子緊貼住他。沒想到家鄉地方，還有這麼多美人兒呢。

毛澤東命專列火車先行開去江西廬山腳下守候。他本人則由張平化等人陪同，改乘汽車重游秋收起義的舊地——湘東地區，而後上井崗山——當年的「中央蘇區」舊址。這是一支小小的汽車隊伍：一輛警車開道，接著是兩輛生活服務車，一輛生活車上裝著整套的臥室用具，包括木板床、寫字檯、藤圍椅、書箱、被褥、蚊帳、地毯、窗簾、浴盆、活動馬桶等；另一輛裝著全套廚房用具，餐桌餐椅，以及兩大桶經過化驗的飲用水；再接著是通訊車，醫務車，毛澤東本人乘坐的紅旗牌防彈臥車，以及隨行的中辦負責人的伏爾加轎車，工作人員大客車，警衛人員大客車等。

沿途已經佈置下特級警衛：封鎖道路。由地方軍區、武裝民兵封鎖了湘東公路上的所有道口。一整天時間，數百華里的湘東公路上車輛停駛，行人絕迹。車隊由長沙而株州，而醴陵，而攸縣，而茶陵。由於天氣炎熱，一天的路程分作兩天來走，需在茶陵縣城住一晚。

茶陵縣委書記只在當天晚上才得到省委機要處通知：有一位中央首長路過茶陵，住宿一晚，除縣委常委集中學習聽候通知外，不得走漏任何消息。茶陵縣委連忙行動起來，騰空縣委辦公樓，清理閒雜人員，突擊環境衛生。好在縣委辦公樓是新建的，離家屬宿舍頗遠，，便於安全警衛。這次來的中央首長倒好，自帶臥房設備，廚房設施，省事。

車隊進入茶陵縣委院內後，以縣委書記為首的縣常委們傻了眼，黑色紅旗牌轎車裡，首先出來的是省委第一書記張平化，接著，由一位年輕美貌的女護士，攙扶出來的，竟是偉大領袖毛主席！

隨行警衛人員已迅速在縣委辦公樓四周布下了崗哨。工作人員則從兩輛生活車上卸下生活用具，去安排臥室和廚房事宜。

毛澤東由張毓鳳、張平化陪著，進到一間會議室喝水、稍憩。縣委已備下了暖瓶、茶杯。但毛主席有自己的暖瓶、茶杯、茶葉，有張毓鳳給他泡茶。其餘人則隨便些，包括張平化在內，用的是縣委準備的茶杯、茶葉、開水。

經過大半天的行車，毛澤東又熱又累。他身上的汗衫都溼了，還是強打起精神，問了問縣裡的耕地面積、山林面積、人口數字、黨員數字、糧食產量、平均口糧等等。這時，工作人員來報告張毓鳳，主席的臥室已佈置妥當，是不是請主席先去洗浴、休息。

縣委書記停止了匯報。張毓鳳扶主席洗浴更衣去了。張平化則把縣委的七個常委召集到一起，詢問了保密問題、安全警衛問題、環境衛生問題。然後通知他們，今晚上辛苦各位，都留在樓內值班，隨時聽候主席傳喚。縣委頭頭們連連點頭遵命。毛澤東這晚上卻吃飯頗早，睡得也早。整個茶陵縣城十分清靜，雞不亂啼，狗不亂吠。縣唯一不同往日的，是縣肉食水產公司忽然接到通知，於凌晨三時殺了一頭膘肥體壯的肉豬，由縣委書記親自陪著三位戴大口罩的醫務人員，來割去了十多斤瘦肉。瘦肉自然按公價交了款子，並不白拿。

第二天，毛澤東起得頗早，由張毓鳳扶著，在院子裡散了散步。其實，毛澤東體魄高大，張毓鳳身材嬌小，與其說張扶持著毛，不如說張吊著毛的膀子，相偎相親。

茶陵縣委書記是個有心人，他發現工作人員正在收揀主席的臥室。原來主席睡硬板床，墊厚棉被，鋪竹涼蓆，蓋毛巾被，掛黑絨布窗幔，一如鄉下老年人的習慣。他默默記在心裡，待主席離去後，要把這棟樓房辦成紀念館，供本縣及外縣的革命幹部、群眾前來參觀，瞻仰。

毛澤東的早餐很簡單，請了縣委書記、縣長二人作陪。言傳身教，黨和國家領導人生活素樸，並非甚麼大魚大肉，山珍海味。

經張平化提議，臨行前，毛澤東在住處樓前，跟打熬了整整一夜的縣常委們及服務人員合影留念。

而後，車隊悄悄告別茶陵縣城，向東而去，直駛井崗山。茶陵縣城的居民們，直到當天下午才傳遍了一個消息：偉大領袖昨晚上住在縣委院裡，怪道城裡城外來了那許多解放軍哩！

早有江西省委書記、省軍區司令員一行人，在省界上恭迎毛澤東駕臨。這時已形成一支十幾輛汽車組成的車隊，上黃洋界，下茨坪─當年「中央蘇區政府」的所在地。

舊地重游，毛澤東感嘆良多。昔日武裝割據，形同草寇；今日江山一統尊比帝王。他自然看不到井崗山區的勞苦大眾仍在貧困線上為缺衣少食而掙扎。他看到的是「到處鶯歌燕舞」，形勢大好。他寫下了一首詞：水調歌頭　重上井崗山

久有凌雲志，重上井崗山。千里來尋故地，舊貌變新顏。到處鶯歌燕舞，更有潺潺流水，高路入雲端。過了黃洋界，險處不須看。　風雷動，旌旗奮，是人寰。三十八年過去，彈指一揮間。可上九天攬月，可下五洋捉鱉，談笑凱歌還。世上無難事，只要肯登攀！

第五十八節　井崗山投影

坐鎮北京的劉少奇、周恩來、鄧小平、彭真諸人，是在毛澤東下了井崗山，又上了避暑勝地廬山之後，才得知他已經舊地重遊。

毛澤東事先不打招呼，而重上井崗山這件事，不能不在他們各自心裡投下陰影。最為敏感的，又要數劉少奇、彭真二位了。毛澤東與黨中央主持日常工作的同事們，關係日漸冷淡、疏離，有時真到了格格不入的田地。是毛澤東一意孤行，發動了一九五八年的大躍進，一九五九年的反右傾，導致了國民經濟大崩潰，導致了一九五九—一九六一年的大飢荒，全國餓死人口五千萬以上；而由劉、周、陳、鄧、彭諸人力挽敗局，收拾了爛攤子，穩住了陣腳。毛澤東被迫放棄了黨和國家日常工作的指揮權。他卻牢牢控制著軍事統帥權和內務情報系統，無情鎮壓一切異己分子；同時驅使報刊輿論，煽動全國軍民的領袖崇拜狂熱，個人迷信浪潮，把自己塑造成高居於黨和國家、人民之上的偉大神明，而立於不敗之地。

「毛澤東主席正事不做，玩黨和國家於股掌之上！」

曾經一度是毛澤東最器重的秀才、中央辦公廳副主任田家英，曾經憂心如焚地哀嘆。可是他只是一介書生，只是整部嚨嚨運轉的大機器裡的一顆小螺絲釘，孤掌難鳴。活得清醒，也就活得痛苦了。

毛澤東重上井崗山，是他早在一九五九年的廬山會議上就發出過的威脅，你們要是依了彭德懷，就是依了黨內右傾機會主義，依了社會上的地富反壞，依了國際上的大資產階級。那我就走，上井崗山去找紅軍，下鄉去發動農民，來打倒政府！

這次，是毛澤東不久前在中央政治局會議上碰了軟釘子，他的全球戰略高論和國內鬥爭學說乏人響應之後，憤而上井崗山的。他需要當年上井崗山搞武裝割劇的雄心來激勵自己。

劉少奇雖然憂心忡忡，牢騷滿腹，卻也安於他做國家元首、一呼百應的現狀。他為自己定下的策略是任何情況下不跟毛澤東鬧翻，而讓中央政治局、中央委員會來集體決策，以制衡毛澤東。他相信自己能夠掌握多數。同時，他對於毛澤東的喜怒無常、好惡無常，一點也不摸底。他認為：毛主席老了，病魔纏身，活不了多久，所以常會有一些奇怪的言論和行動。

確曾有人對劉少奇暗示過，甚或提醒過，毛澤東大智大勇，神出鬼沒，不可不防。應當跟周、朱、陳、鄧、彭諸人以某種形式聯合起來，才能對付。劉少奇卻默不吭聲。他有他的韜諱：

不出面，不牽頭。毛澤東太可怕。你們要有所動作，儘管動作好了。成了，自然由他來主持一切；敗了，跟他扯不上干涉……劉少奇最感畏懼的，是康生的情報系統。早在延安時期，他就厭惡康生，朱德、周恩來、陳雲、鄧小平，人人都厭惡康生。可是康生卻一次一次由毛澤東保護了下來。康生成了毛澤東的禁臠，誰都動彈不得。劉少奇頗具信心的是：林彪半條性命，長期養病，中央軍委實際上由賀龍主持日常工作，加上總參謀長羅瑞卿，都是正直忠誠之士，京津地區的軍事防務完全掌握在他們二位手裡，應是萬無一失的了；北京市為中央首腦機關所在地，由彭真同志牢牢控制著，也出不了任何問題；再說中央書記處有鄧小平攬總，中央辦公廳有楊尚昆主管，中央組織部由安子文執掌，中央宣傳部有陸定一坐鎮，新華社有吳冷西任社長……可以說，這國家機器的要害部門，都掌握在他劉少奇的人馬手裡。

劉少奇不能牽頭對抗毛澤東，還有他對自己號召力的冷靜估量：他的威望停留在中央委員、省委書記們一級。且這威望在某種程度上是因他在黨的「七大」上首先提出「毛澤東思想」這一概念而起的，他成了「毛澤東思想」的權威解釋者。也就是說，他在黨內的地位是從屬於毛澤東主席的。一旦分離，必然大受影響。且他說不動朱德，也說不動周恩來、陳雲，甚至說不動鄧小平。真要反起毛澤東來，賀龍、羅瑞卿二位也未必就肯答應。死心蹋地跟他走的，大約只有一位彭真……劉少奇明白，曾經有過兩次戰勝乃至排除毛澤東的機會，一次是一九五九年七、八月間的廬山會議，一次是一九六二年一月的七千人大會，可是白白放過了，時機不再。到了一九六五年，全國上下的領袖崇拜狂熱已被煽動起來，他劉少奇本身的行止都大受限制，只能以不變應萬變了。……

另說八月間，毛澤東領著張毓鳳在廬山避暑，整座廬山又成為軍事禁區，除經特殊批准者外，任何車輛、遊客均不得上山了。怪不得老百姓私下裡發牢騷：過去是天下名山僧佔多，現在是天下名山軍佔多了。

毛澤東仍住在牯嶺的美廬別墅。中午去廬林一號游泳，小憩，晚上有服務局的美麗姑娘陪著跳舞。舞會是小型的。有時男士只有偉大領袖一個，姑娘卻有十來位之眾，輪流上陣，為他伴舞玩娛。

毓鳳，還是廬山好！是不是？清涼世界，世外桃源……

夜深了，毛澤東摟住張毓鳳，睡在蔣委員長留下的木床上，正是游龍戲鳳了。

主席，您近來身體壯些了。前一段，是上海大美人，還有杭州的，長沙的，井崗山的，都快把您身子掏空了……咱心疼。

嗬嗬，你都記著賬哪。

南方的女子身子火燥……您不信？

北國佳人哪？

您笑話人，咱不說了。

你就不會掏空了我身子？

咱不會。咱老家也很清涼，又出山參。人家說，咱老家的女子受山參地氣養育，身子能補男人……

嗬嗬，都扯上山川地理了……妙，妙，妙，鳳鳳……

啊，啊，啊，……不動，不動，再停一會兒……

毛澤東累了。可是他精神仍然清爽：

鳳鳳，上回要你讀的那篇〈桃花源記〉，讀了嗎？

敢不讀？咱都能背下來。

好，好。其實，陶淵明這人，只是不願做小官，又做不到朝廷大官，才跑到廬山來當隱士，結草廬而居……他的〈桃花源記〉，寫的應當是廬山腳下的事……卻被我們湖南桃源縣的桃花源對上了號……陶淵明從來沒有到過那桃花源……還有范仲淹寫〈岳陽樓記〉，也從沒有到過岳陽……他在延安做封疆大吏，文人領兵。史書上稱他手無縛雞之力，胸有雄兵百萬……

毛澤東睡著了。

過了兩天，他秘密傳喚康生上山匯報情況。康生卻給他帶來一個頗為突然的消息：

主席，據我手下的人報告，少奇、彭真同志他們，對你前些時候上井崗山，只是佯裝不知。但中央辦公廳機要處，每天都詳細記錄下您的行止……

毛澤東有些愕然，但又半信半疑：

你的意思是我身邊的人……

我只是提請主席留意，現在北京發生了許多鬼裡鬼氣的事情，比如林彪同志家裡就收到匿名信……中央辦公廳托人從國外買回來幾套竊聽裝置，也去向不明……

毛澤東不動聲色地聽著。康生直談了兩三小時。

聽完匯報，毛澤東並無指示，只是點了點頭。過了一會才說：

既來了，你也就在山上休息幾天，散散步，讀讀書。今後，你幹你的，不必事事找我請示。煩人的事夠多的了。

最後，毛澤東問起藍蘋（即江青）在北京抓現代京劇劇目的事來。

康生報告說：

情況很好，成績很大。京劇革命已帶動了整個思想文化戰線的「反修防修」、「興無滅資」運動。藍蘋同志深入基層，實行領導出思想、群眾出生活、專家出技巧的三結合創作方法，已經抓出了六個大型劇目。

哪六個？

北京京劇團的「紅燈記」、「沙家濱」，上海京劇院的「海港」、「智取威虎山」。即將上演的還有北京的「杜鵑山」，上海的「龍江頌」。還準備搞現代芭蕾舞劇「白毛女」、「紅色娘子軍」。

三結合的創作方法好。藍蘋她們有甚麼困難沒有？

最大的困難，莫過北京市委不支持，京劇界的權威們不支持，包括梅蘭芳、程硯秋這些大師在內，說現代京劇是話劇加唱。

不要緊。新生事物嘛，要允許人家反對。彭真在廬山會議上立過功，有組織才能，直比鄧小平嘛。北京市整個情況也是好的。有的問題，要一步一步來解決……

毛澤東對於親信康生也不肯露底。他只讓這個情報系統的頭領去窺測自己的意向。

第五十九節　柯慶施神秘死亡

毛澤東在廬山避暑、療養，過的是上午睡覺，下午游泳，黃昏散步，晚上跳舞的悠哉閒哉的日子。

一天，隨行機要室祕書將一分專線電話記錄稿呈送給他。電話是中央辦公廳來的，向他報告：中央政治局常委、華東局第一書記、南京軍區第一政委、上海市委第一書記兼市長柯慶施同志，於日前在四川成都因病不治去世。

毛澤東大吃一驚，這是怎麼回事？自己在黨內最可信賴的幹部，上海基地忠貞不貳的重臣，就這樣突然消失了？

毛澤東沒有顧得上悲痛，頭腦十分敏捷地想起，自己跟柯慶施的最後一面，是是六月底南巡路過上海時，住了四晚，談了兩次。當時跟柯慶施談到了西南四省、區的事。那裡是賀龍的勢力所在。西南局第一書記、成都軍區第一政委、四川省委第一書記李井泉，是賀龍的表親；而成都軍區司令員黃新廷、軍區第二政委廖志高，則對軍隊學毛著運動，對社會主義歷史時期的階段和階級鬥爭學說，對社教運動的重點是整黨內走資派等重大問題，持冷嘲熱諷、陽奉陰違態度。

毛澤東跟柯慶施商量的結果，四川盆地人多地廣，物產豐富，又四面高山大嶺，是全國的戰略大後方，也是最容易搞獨立王國的地方。且朱德、鄧小平、羅瑞卿、李井泉、楊尚昆都是四川人，賀龍的老家則是湘渝交界的桑植縣。北京已被彭真一夥牢牢控制住，如果再出個四川被賀龍、李井泉一夥控制住，兩地遙相呼應，麻煩就大了。還是柯慶施主動提出來，他以中央政治局常委的身分，去四川走一趟，一來探探虛實，二來做做警誡規勸的工作。

可是，毛澤東接到的卻是柯慶施在成都突然去世的噩耗。

毛澤東立即指示機要室電告北京，柯慶施遺體保留，由康生、謝富治帶人前去檢驗，立即告來柯慶施死亡詳情。

北京的電文立即給予了回答：

柯慶施同志代表中央前去成都視察工作，住成都軍區小招待所，連續主持召開了兩天的四川省委常委、成都軍區黨委常委聯席會議。由於旅途勞累，工作緊張，於第二天晚上心臟病、高血壓併發，經搶救無效，不幸逝世。因天氣炎熱，遺體不便保留，經請示中央同意，業已火化處理。

嗬嗬，辦事不留痕迹，乾淨俐落嘛……康生現在哪裡？

毛澤東將電文稿一丟，目光冷峻地盯著機要室祕書問。祕書回答：

他和謝富治同志已趕去了成都。

中央是誰同意把柯慶施遺體及時火化的？

據說是彭真同志和羅瑞卿同志。相信他們報告了少奇同志、周總理和小平同志。

手續齊備啊……立即通知康生來見我。叫李井泉一起來。就說我說的，他們二位同機。

機要祕書剛走，張毓鳳送來一分急件：中共中央、國務院、人大常委會、中央軍委關於柯慶施同志逝世的訃告稿、治喪委員會成員名單，請毛澤東審閱。

毛澤東只看了一眼，黨和國家的傑出領導人，久經考驗的無產階級革命家、毛澤東同志的親密戰友、學生，柯慶施同志……隨手揑住一支鉛筆，在治喪委員會成員的第一個名字下畫了一個圈，便交還給了張毓鳳：

告訴他們，我都同意。本人身體不適，暫不回去。追悼會由少奇同志作主安排……貓哭耗子，假仁假義。

當天晚上，康生、李井泉專機抵達南昌。隨即改乘直昇飛機上廬山。二人上山後，毛澤東並不同時召見，而讓服務局安排李井泉先休息，第二天中午毛澤東請飯，約談。

毛澤東立即召見康生，見面就問：

你在成都發現甚麼沒有？

我在成都只有兩天功夫，他們剛火化了，手腳很快。我只好開了四個小型座談會……成都軍區幾位將軍態度不大好，有點擁兵自重的味道。軍區醫院參加搶救的醫務人員一致認定，是死於心臟病、高血壓併發，他們接到招待所服務人員的報告，立即進行手術搶救，但病人血管破裂、心臟停止供血；只有小招待所的服務員說：首長臉色發烏；又說首長帶了個年輕保健護士，晚上同房……我有些懷疑，是食物中毒。已下令把小招待所的值班人員隔離審查。那保健護士已送回上海，老工人的女兒，政治可靠……

你講了這麼多，都不得要領。我是想聽聽，你對於柯慶施突然死亡事件，有甚麼高見。毛澤東聽得不耐煩，打斷了康生的匯報。他不要聽甚麼保健護士同房之類的煩言。如今大員們身邊，誰沒有年輕漂亮的保健護士？大家都睜隻眼、閉隻眼嘛。

康生摘下眼鏡，用手帕擦了鏡片，想了想才說：

現在中央有三大情報系統。我手下一班人員，只是黨務系統的中央調查部。總參第三部是軍內系統，在羅瑞卿同志手裡；國務院系統的公安部、內政部，隸屬於中央政法委員會，由彭真同志負責。羅瑞卿同志曾經長期任公安部長，又是國務院副總理，他在公安系統的影響力是不言而喻的。

毛澤東點了頭，示意康生說下去。

柯慶施同志突然死亡，如果存在著非常因素，則只有總參第三部的人插得上手。如你的假設能夠成立，哪麼，他們為甚麼要選擇柯慶施同志下手？恕我直言，供主席參考……主席近幾年長住上海、杭州兩地，不能不引起他們的關注。而主席在華東地區所倚重的，是忠心耿耿的柯慶施同志。除掉了柯慶施同志，便動搖了主席的戰略基地……還有一種可能，是彭德懷餘黨所為。因老柯在五九年的廬山會議上鬥爭彭德懷，六二年在北戴河會議上阻止為彭德懷翻案，態度最堅決……

未必，未必……康生，注意，這只是你個人的分析。我並不這樣認為。黨中央是團結一致的。老柯看來還是死於心臟病與高血壓併發。你也不要回成都了，回北京去吧。相信那裡有更多的情況在等著你。保護一下江青，你總可以做到吧？當然，你要一如既往地尊重黨中央的每一位領導同志。

康生對於這套要言妙道，自然是早就心領神會了的。

康生走後，毛澤東讓張毓鳳生起了壁爐。八月酷暑，山下的整個長江中下游流域，每天氣溫高達攝氏四十度。而在這山上，晚上卻要生壁爐驅寒。真是寒暑人間，炎涼世界了。

毛澤東穿一件棉絨睡衣，坐在壁爐前。

張毓鳳發現他眼睛裡閃出淚光。毛澤東常因大笑而出淚水，如今卻是為悲痛而閃著淚花，這是少見的。

主席，睡吧。要不要另外叫人來陪陪您？

毛澤東捏住了張毓鳳的手，說：

只有你長相伴，在我身邊……你曉得，我好像有一隻手臂，被人斬去了……

主席常對咱說，世上的事，壞的可以變好，好的可以變壞……

毓鳳，你也慢慢懂得辯證法了。柯慶施同志千古…你給我縫個黑紗吧……

第二天中午，毛澤東左臂上佩著黑紗，在廬林一號別墅內，請西南局第一書記、成都軍區第一政委、四川省委第一書記李井泉共進午餐時，已經面色沉靜，態度親切，又談笑自若了。他見面就開玩笑：

噢，西南王！過去是龍雲，如今是你李井泉！

毛澤東的親切隨和態度，使得緊張了幾天的李井泉大感意外，一下子鬆弛了下來。

李井泉的左臂上也佩著黑紗。

餐桌上，毛澤東問起了四川今年的夏糧收穫和秋糧長勢。他把整個四川省委連帶西南局的工作，大大表揚了一番。誰說蜀中無大將。四川諸葛李井泉！他還順帶著，把在北京工作的鄧小平、賀龍、羅瑞卿三位，也大大表揚一番。

毛澤東還告訴李井泉，請他來廬山，是想讓他休息一下。四川為全國第一大省，工作辛苦，氣候炎熱，容易鬧病。老柯在成都死於心臟病、高血壓併發，就是個例子。老柯要是在上海，就不會因工作勞累丟了性命。

隨後的整整三天，毛澤東拉了李井泉在山上散步，談心。談得最多的，又是諸葛亮。他能一字不漏地背誦諸葛亮的〈前出師表〉、〈後出師表〉，令李井泉敬佩得五體投地。

毛澤東則心裡有數，關於柯慶施的突然死亡事件，他只要穩住了李井泉，也就是穩住了北京的彭真、賀龍、羅瑞卿，以及他們上邊的劉少奇。

第六十節　廬山白玉蓮

廬山腳下的九江市，古稱潯陽，北靠長江，南瀕鄱陽湖，為江西省北部重鎮，水陸碼頭。一九四九年之前的九江口，曾為長江中下游著名的貨物集散地，花柳繁華港，溫柔富貴鄉。

九江市有個以演出現代歌舞著稱的歌舞劇團。劇團裡有位青年女演員名叫白玉蓮。她膚色卻不白，黑裡透紅，面目嬌俏，身條高䠷，比之一般膚色白嫩的女子，另有一種風流情韻。因每年夏天都有中央首長上廬山開會或避暑療養，歌舞劇團的一些女演員便常有上山演出的政治任務，並為首長伴舞。白玉蓮能歌善舞，又彈得一手好琵琶，更是每年夏天都要被徵召到廬山服務局工作，一月兩月的下不了山。後來歌舞劇團有了意見認爲她不安心本職工作，廬山服務局便乾脆把她調到山上來，當了專職接待員。她在接受政治審查的過程中，倒是老老實實地向組織交代了，自己有海外關係：姨媽於解放前夕跟一位美國傳教士跑了，至今下落不明。

大約正是這個海外關係問題，白玉蓮在服務局工作了四年，為許多中央首長演奏過琵琶，伴過舞，唯獨沒有接近過偉大領袖毛主席。而她的同伴們，卻常常跟她談到，跟偉大領袖跳舞的幸福感受，以及偉大領袖的舞步如何穩健，為人如何親切，愛講笑話等等。

在廬山服務局任接待員的姑娘們中，自然又是以被分配接待那一級別的中央首長。而形成各自的政治等級，身分地位。

白玉蓮自是不服氣。她本人的條件不比任何美人兒差。許多首長都誇過她，她的膚色黑裡透紅，黑得漂亮，黑得有味。哼！白有甚麼好？像豆腐，吹不得，彈不得，沒血色。要靠胭脂添顏色……而且，她還會唱古曲，彈琵琶，都是別人不能的。

一九六五年夏天，白玉蓮終於從女伴們的嘴裡，得知偉大領袖正住在山上。雖說都是廬山服務局的工作人員，但任何人要走近毛澤東的住地美廬或廬林一號前面的那條設有紅色警戒線的馬路，都必須出示首長警衛處發給的特別通行卡，且這通行卡只是當天一次性使用有效。

由於揹著海外關係的黑鍋，白玉蓮縱使自認天生麗質，仍然接近不了朝思暮想、舉國崇敬的偉大領袖。她決定利用自己的演奏特長，冒一次險。一天深夜十二點，服務局的同事們都下班休息了。她的宿舍，正好遠遠地斜對著美廬。她推開窗子，仰面清風明月，懷抱琵琶，如訴如怨、如歌如泣地彈奏了起來……

卻說美廬別墅裡，習慣於深夜工作的毛澤東，正在燈下批閱著印度尼西亞共產黨總書記艾地同志寫給他的一封長信。多年來，他視艾地如弟子，艾地尊他為師長。信中，艾地報告了印尼工農革命在總統蘇加諾的讚許下，形勢一派大好，越來越好。印尼共產黨已經擁有一千多萬黨員，黨組織對武裝部隊，又特別是蘇加諾總統的警衛部隊，進行了有力的滲透，隨時準備擊敗右派軍人的反革命政變陰謀，接管全國政權……

今夜天氣和暖。毛澤東被印尼革命的大好形勢、光明前途所鼓舞。他叫醒了坐在沙發上打盹的張毓鳳，並推開一扇窗子，欣賞著窗外那清風明月，迷濛山色。張毓鳳拿來一件夾大衣，披在他身上。就在這時，一陣急驟的琵琶琴聲，隨著清風遠遠飄來。

聽聽！毓鳳，夜深人靜，匡廬山頭，哪來的琴瑟？

毛澤東和張毓鳳佇立窗前，靜聽著琴聲。

彈的甚麼呀？又急又亂，不好聽……

聽了一會，張毓鳳噘嘴說。

傻子！注意聽，是古曲，十面埋伏……講的是楚漢相爭、鐵馬金戈故事……你聽聽，朔風怒號，戰馬嘶鳴，刀光劍影，一派嘶殺吶喊……能彈這古曲者，定是高妙之人……

一陣嗬嗬山遠吹來，茫茫霧氣罩來，把「十面埋伏」吹斷了……毛澤東只得讓張毓鳳關上窗戶，相擁著睡去。

毓鳳，明天上午，記得給服務局打個電話，說我要見見這夜演琵琶的妙人……

第二天下午，毛澤東正在廬林一號的游泳池邊，準備下水，忽見張毓鳳領進來一個身材高䠷的女子。女子穿一件淺灰色無領無袖連衣裙，膚色黑裡透紅，正是毛澤東最喜愛的健美之色！多年來，他接觸到的一個個都是體若凝脂、又白又嫩的麗人，都白嫩得有些叫他生膩了。

昨晚上，是你彈的「十面埋伏」？

毛澤東笑瞇瞇地，上下打量著來人。

是，打擾主席休息……

女子漲紅了臉蛋，低下了頭，既亭亭玉立，又楚楚動人。

嘀嘀，你叫甚麼名字？為何深夜弄琴？

我……報告主席，我姓白，名玉蓮……深夜奏琴，我不敢講……

白玉蓮，你可是不白啊？如果我想聽你講講哪？

白玉蓮咬了咬嘴皮，抬起來一雙烏黑烏亮的大眼睛：

主席……我在山上工作四年了，一直沒機會見到您……我想只有見到了您，為您服務，才是最大的幸福……

奇怪了，你為甚麼不能來見我？

主席……我不敢講嘛……

講吧。你看，我的護士都走開了，只有我們兩個人。

他們講我有海外關係……

嘀嘀，就為了這個？無稽之談，無稽之談……我批准你，以後天天來見。

毛澤東笑了。

可我有海外關係呀……

去他的屁關係，我的海外關係最多了……蘇聯的斯大林，朝鮮的金日成，印尼的艾地，印度的尼赫魯，越南的胡志明，美國的斯諾、司徒雷登、赫爾利，還有個女作家叫史沫特萊，在延安的時候，我很喜歡她……就為了這個？

白玉蓮點了點頭，沖著毛澤東笑了，笑得很浪漫，很嫵媚。

巧笑倩兮……謝謝你。小玉蓮，我們是知音了，對不對？從來知音最難逢……

毛澤東心動了，拉起女子的手，親吻了一下。

主席，我是在做夢吧？

不，不是做夢。我們有時把現實當夢，有時把夢當現實……你會游泳嗎？

我穿了游泳衣來的。

好，好。我們水裡談。

說著，毛澤東慢條斯理地除掉了身上的浴衣，順著池邊扶梯，一步一步下了水……而白玉蓮則是褪下連衣裙，在池邊雙腿一彈，噗通一聲，彈下了水……

他們肩並肩地游了兩個來回。游到了淺水處，毛澤東再也按捺不住，一把抱住了白玉蓮。老夫聊發少年狂……白玉蓮渾身都顫慄了，嘴裡輕輕嚷著不不不，一雙長長的玉臂卻緊抱住了那偉大的身軀……享受著狂熱崇拜年代裡，狂熱無知的女青年們的偉大幸福……白玉蓮的一隻手落進了水裡去，嘴裡仍在輕輕哼著：別性急呀……主席，真是什麼都偉大……

當晚，白玉蓮隨住美廬裡。她為偉大領袖彈唱白居易的「琵琶行」。毛澤東則相跟著，以他一口終生不改的湘潭鄉音吟誦：

潯陽江頭夜送客，楓葉荻花秋瑟瑟。主人下馬客在船，舉酒欲飲無管絃。醉不成歡慘將別，別時茫茫江浸月。忽聞水上琵琶聲，主人忘歸客不發。尋聲闇問彈者誰？琵琶聲停欲語遲。移船相近邀相見，添酒回鐙重開宴。千呼萬喚始出來，猶抱琵琶半遮面。轉軸撥弦三兩聲，未成曲調先有情……

此後數日，毛澤東一直由白玉蓮相伴。白玉蓮早是個中熟手，又好游泳，身子健壯。閨帷之內千媚百態，很得毛澤東歡心。在山上住了一個多月，才遇上這妙可之人。可惜北京事情太多，眼睛太雜，沒法子把她帶走中南海去。而且，他淫而不亂，頭腦清醒，決不讓自己的老年風流，誤了政治權力的大事。他生平最看不起的，就是大唐李隆基、大宋趙佶這類因荒淫無度而丟了江山的皇帝。他比較看得起大清朝的康熙、乾隆二位，既遍嚐天下美色，又開創了天下一統、萬邦來儀的局面，各做了六十餘年的風流皇帝。

下山前，毛澤東跟白玉蓮約定，以後每年夏天都來廬山會面。可是第二年爆發了文化大革命，毛澤東奮力打倒劉少奇，哪裡還有功夫來會白玉蓮？一九七〇年夏季，中共中央倒是又在廬山開了一次全會，毛澤東又忙著要打倒接班人林彪，老命都差點丟了，更是無暇光顧白玉蓮了。

直到一九七六年九月九日毛澤東去世。金秋十月，從北京來了幾位保密局的幹部，把白玉蓮和另外三個女接待員弄走了。廬山上的人說，她們多半被送到海南島五指山中一座與世隔絕的農場裡。那裡住著一批跟她們命運相似的人。她們將帶著各自不能與外人道的「黨和國家的絕密」，終老在深山老林裡。

第六十一節　兩主席辯論印尼革命

毛澤東九月中旬才回到北京。隨即舉行了政治局匯報會。會上，鄧小平匯報了黨的第九次全國代表大會的籌備情況；彭真匯報了四屆人代的籌備情況，並說四屆人代第一次大會將於「十．一」國慶節後舉行。毛澤東笑笑微微地聽著匯報，心裡卻在想：彭真好能耐啊，手伸得夠長的囉，他一身兼有多少要害性職務？中央政治局委員，列席常委會議，中央書記處常務書記，中央政法委員會書記，北京市委第一書記、市長，還是全國人民代表大會常務委員會排名第一的副委員長……朱總司令當了個掛名的委員長，「人大」的實權也掌握在彭真手上。

會上，毛澤東態度隨和，只作了個十來分鐘的講話，強調國際國內形勢大好，越來越好，並給在京主持繁重的日常工作的各位同事道了乏。特別讚揚陳伯達、胡喬木兩人主持的論戰寫作小組，文章做得好，〈九評蘇共中央公開信〉一篇尤其好！郭沫若同志的文物考證有大突破，考證出唐代大詩人李白出生在喀什爾湖畔，說明阿爾泰山以東的廣大地區，現在蘇聯哈薩克共和國的版圖，早在一千多年前的唐代就是中國的領土。云云。他一句也沒有提及關於兩次大會的籌備工作。

過了兩天，他卻在一份四屆人大籌備小組關於大會的幾項重要人事安排的請示報告上，批示道：朱總、少奇、恩來、陳雲、小平、彭真諸同志，關於兩個大會，幾經考慮，覺得當前國內外大事甚多，情況欠明，建議先做些調查研究，掌握些第一手材料，明年春後再開會，如何？若你們堅持原議，我則不便出席。

毛澤東一道突如其來的批示，就否決了籌備半年之久的兩個大會的會期。且不給對手迴旋的餘地。目的在於打亂對手的陣腳。怎麼能讓他們借兩個大會，來鞏固、增強其權力的合法性呢？不打無準備之仗，不開於己不利之會。會上含糊其詞，會後批示否決。這就是毛澤東的方法、邏輯。每逢召開大會，領袖就要面對集體。領袖的權力總會受到某種程度的制衡。而劉少奇、彭真們，正是妄圖借重兩個大會，來制衡他毛澤東，陷他於進一步的孤立、被動呢。

接下來，毛澤東首先要穩住的是劉少奇。他把劉少奇請到豐澤園的書房來，面對著一幅攤在地毯上的東南亞地形圖，研究印度尼西亞的革命局勢。也是要借了這件事，施發出他的政治烟霧：他和劉少奇仍是親密無間的戰友。印度尼西亞共產黨總書記艾地的來信，已經透出重要信息：借重蘇加諾總統的崇高威望，奪取全國政權的時機已經成熟。

其時，以毛澤東為首的中共黨的理論矛盾是：在國內國外，大張旗鼓地激烈批判蘇共、南共、義共的修正主義綱領：議會道路，和平過度，而中共自身卻在不遺餘力地支持印尼共黨走議會道路，搞和平過度，並把奪取政權的賭注押在大資產階級政客蘇加諾總統身上。在是否武裝工農的問題上，態度失於曖昧。

怎樣？千島之國，南亞又要多出一片紅色的土地！

毛澤東興致勃勃。他仍像延安時期那樣，喜歡拿著個放大鏡，爬在地形圖上，運籌謀算。

劉少奇卻認為印尼革命不宜操之過急。幾年來，他以中國元首的身分，應蘇加諾總統的邀請，三次訪問過印尼。他深知印尼共黨在印尼是個公開化的合法政黨，缺少武裝鬥爭經驗；更缺乏一旦奪權失敗，被迫轉入地下活動的嚴密組織系統。號稱一千多萬黨員，其組織十分鬆散，且華人黨員甚眾，極易引發新一輪的排華狂潮。而印尼的武裝部隊呢？特別是勢力最大的印尼陸軍，其高級將領大大多數畢業於美國西點軍校，政治立場極右，歧視工農且仇恨共產黨。印尼共產黨已經參加了政府，在議會中亦是除國民黨之外的第二大議員黨團……因而，緩，印尼共黨可一步步增強力量，達到控制議會多數、最後組織政府之目標；急，可能把現有的革命成果丟失掉。

對於劉少奇的分析，毛澤東大不以為然。他坐在地圖上吸著煙，笑笑說：

「嗬嗬，你三下南洋，倒是個印尼通了……一九五〇年，陳賡①同志曾經問我要三個軍，保證橫掃東南亞各國反動政權。可是後來爆發了朝鮮戰爭……再說革命也不能由我們去包辦代替……依你看，印尼共產黨何時才有成功的希望？」

劉少奇坐在地圖的另一角，也吸起煙來。他仍堅持自己的觀點：

「穩妥的辦法，是繼續依靠蘇加諾總統的崇高威望，深入工農，發動工農，組織工農，進行合法鬥爭，最後爭取到議會多數，組織政府。在當前的印尼，這樣做，比搞武裝奪權要來得保險。」

毛澤東笑笑微微，跟劉少奇一支接一支地換著煙抽。他心裡反感透了！議會道路，和平過度，這不正是我們從「一評」到「九評」嚴厲批判的赫魯曉夫修正主義？

接著，他們分析了印尼武裝力量的政治傾向性。很簡單：陸軍為右派將領所控制，效忠蘇加諾總統只停留在表面上；蘇加諾總統可以依靠的，實際上只有空軍和海軍。談到武力援助印尼革命的可行性時，毛澤東說：

---

①中共著名將領，授大將軍銜，一九六一年病故。

只要從海南島派出一個加強師，就可以幫助蘇加諾、艾地兩位解除陸軍的武裝……

劉少奇卻又搖了搖頭說：

只怕到時候我們鞭長莫及，愛莫能助……我們的海軍至今無法組織遠洋艦隊。都是些小炮艇，只能近海作戰……我們都沒有能力巡航西沙、南沙，更不用說運送一個加強師的兵力去印尼了……」

貨輪運去，非常手段……

對於毛澤東如同兒戲的提議，劉少奇忍不住笑了：

整個南中國海域，都是美國海軍第七艦隊的勢力範圍。

毛澤東瞪起了眼睛，有些光火了。但他還是強忍下一口惡氣。停了一會，臉上的怒容隱去，才說：

這就是我們向蘇聯老大哥一邊倒付出的代價了？海軍只講防禦性，只搞小炮艇，近海作戰，螞蟻啃骨頭，跟台灣海軍打了一仗，以十幾艘小炮艇換了他一艘中型驅逐艦，還自吹自擂了半天……

劉少奇說：

我們是有其建立強大海軍的計畫。可是大躍進之後，三年苦日子，把海軍經費砍掉了大半。蕭勁光②同志幾次找我發脾氣，有什麼辦法？我倒是比較同意他的一條意見，力所能及的，我們可以搞自力更生，自己製造；力所不能的，我們不能硬來，造船不如買船……

舊話重提。否定大躍進，否定自力更生。毛澤東悶不吭聲，他不願與劉少奇繼續討論下去。

劉少奇也沉默了。他心裡明白，跟蘇聯老大哥鬧翻，討伐赫魯曉夫修正主義，自己態度不如毛澤東堅決。如今武力支援印尼革命，自己又不如毛澤東堅決。毛主席是個理想主義的革命家，他做事不講條件，不擇手段，只有目的……

劉少奇也懂得，毛主席對自己是越來越不滿意了。可是有甚麼辦法？我們在國內工作中犯的錯誤夠多、夠大的了，還能把錯誤犯到國外去？反正沒有能力把子弟兵運去印尼，是個客觀事實。

最近有一批學業期滿的印尼同志要回國，我們黨的意見，可以讓印尼同志向艾地總書記當面轉達。

劉少奇說著，又敬一支煙給毛澤東，並湊過身子去點火。

我看，還是由印尼的同志們去決定自己的事情吧。他們最了解本國國情。我們只能提供支援，而決不允許潑冷水。

②中共大將，生前為中共海軍司令員。

關於印尼局勢，毛澤東和劉少奇談不到一起去。但毛澤東每天都留下劉少奇共進晚餐，吃豆鼓辣椒，湖南薰臘肉，還有牛百葉，東安子雞。牛百葉這道菜，還是戲劇家田漢介紹給他的。

③田漢，詩人戲劇家，中共國歌「義勇軍進行曲」詞作者。一九六六年文革中自殺身亡。

第六十二節　國慶驚魂

一九六五年十月一日，是「中華人民共和國」成立十六周年國慶日。

依中共慣例，每年的「五・一」、「十・一」，均要在天安門廣場舉行盛大的慶祝遊行。黨主席毛澤東、國家主席劉少奇率同黨和國家的其他領導人，登上天安門城樓，檢閱陸、海、空三軍，首都民兵師，及其以各種各樣的巨型彩車裝備起來的工人隊伍，市民隊伍，郊區農民隊伍，及其邊行進邊表演團體操的體育隊伍，載歌載舞色彩繽紛的文藝隊伍……參加慶祝集會的首都軍民達百萬之眾。其場面之大，耗資之鉅，不是絕後，也是空前的了。

而這每年兩度的慶祝大典，依例均由北京市市長彭真主持，並代表黨中央、國務院、全國人大常委會發表簡短的國情演說。十月一日晚上，毛澤東、劉少奇、周恩來、朱德等人，還會再次率同其他軍政要人，加上各自的夫人們，登上天安門城樓，坐在藤椅上，邊喝茶聊天，邊觀看禮花焰火。禮花來自毛澤東的家鄉湖南瀏陽縣。那裡是舉世聞名的禮花出產地。由中央警衛團禮炮隊專職施放，將一束束各式各樣、七彩繽紛的禮花，連續不斷地放射到湛藍色的夜空，時間達一小時之久。天安門城樓下，更有文藝團體的男女演員吹拉彈唱，獻演戲曲、歌舞，竭盡歌功頌德之事。真如毛澤東本人在一首詩中所描述的「火樹銀花不夜天」了。

這本是一項從大清王朝承傳下來的、極盡皇家奢華氣象的盛典。當晚，毛澤東偕夫人江青，劉少奇偕夫人王光美，周恩來偕夫人鄧穎超，朱德偕夫人康克清，外交部長陳毅偕夫人張茜，等等，正在天安門城樓上觀看焰火，中央機要局負責人就呈送上來一封電報。電報首先送到康生手裡，康生立即交給周恩來過目，而由周恩來呈交毛澤東和劉少奇主席：

印尼革命爆發，總統府衛戍司令翁東中校粉碎陸軍政變陰謀，控制了首都雅加達，局勢趨於穩定，蘇加諾總統、艾地總書記均支持翁東中校所採取的行動……

毛澤東眼睛發亮，看了劉少奇一眼：

怎樣？少奇，好事說來就來了。這翁東中校是不是共產黨員？

毛澤東在得到了肯定的回答之後，欣慰地笑了，甚至輕輕拍了拍巴掌。

劉少奇沒有說話。在毛澤東面前，他又一次矮了半頭似的。

周恩來回到自己的座位上，圓熟地指示外交部長陳毅說：

老總，通知我們駐雅加達的使館，近幾天內，不要發表任何聲明……但要隨時向國內報告印尼局勢的發展。

恩來，我們還可以做點甚麼嗎？

毛澤東與周恩來之間隔著朱德，問。

朱德自覺地將籐椅朝後退了退。

周恩來欠過了身子：

主席，具體情況要問康生他們……大約是能夠做的，都已經做過了。我們只好靜觀局勢的發展了。

十月二日，仍是公眾休假日。一整天，毛澤東都因印尼革命的大好形勢歡欣鼓舞。晚上也睡不著覺。他幾次讓張毓鳳掛電話給周恩來，要求向他報告印尼局勢的新發展，艾地同志的動向；一邊卻把康生、謝富治、汪東興幾位找了來，神色嚴峻地責問他們：

中南海警衛團，北京衛戍區裡，有不有翁東中校式的人物？如有，你們怎麼辦？

康生、謝富治、汪東興幾位，一致向他保證：中南海警衛團的指戰員們只有槍支，沒有子彈，基本上是一支徒手部隊。而北京衛戍區，每一粒子彈都登記在冊，班有黨小組，排有分支部，連有黨支部，營有黨總支，團有黨委會，層層監督，萬無一失。而且幹部戰士，出身貧苦，無限忠誠，一心保衛黨中央，保衛毛主席……

好，好。北京是首善之區，有了諸位，我放心了。而且我也不相信，哪個能夠帶領我的解放軍去做壞事。

康生、謝富治、汪東興一行人走後，張毓鳳上來收拾茶杯，說：

羅總長來電話，要求向您匯報工作……

告訴他，這幾天太忙，改日來談吧。

主席，您的心真細啊……

毛澤東拉起了張毓鳳的手，撫捏著，笑了：

小事馬虎，大事不糊塗，我們倆個的腦殼才不會搬家呀。

咱不信。全國人民這樣擁護您，愛戴您，還會有人打歪主意？崇拜還崇拜不過來呢。

好鳳鳳……天地轉，光陰迫，一萬年太久，只爭朝夕……你不信，反正我信。你最近又胖了？

不。是又有了……

又有了？什麼時候的？

上回在長沙嘛，……咱想再生一胎……

毛澤東把張毓鳳摟在了懷裡，喜滋滋地望著她的眼睛，過了一會，忽然說：

毓鳳，不行。月中我仍回南方去。不能在這裡久住……你去找傅醫生想辦法……到了南方，沒有你，可不行……

十月三日上午十一時，毛澤東剛起床，康生即來求見。毛澤東知有重要情況，立即召見。康生報告說：

印尼局勢突變，原先不很出名的印尼陸軍准將，戰略後備軍司令蘇哈托，命令三個陸軍師開進雅加達，接管了陸軍總部，控制了大雅加達地區……印尼全國陸軍在各地搞武裝大遊行……反對九·三〇政變，叫嚷要為被翁東中校處死的十三名陸軍高級將領復仇……

毛澤東大吃一驚：

蘇加諾總統、翁東中校呢？還有艾地同志呢？

康生繼續報告說：

根據最新情報，蘇加諾總統和他的警衛部隊，已經轉移到了雅加達郊區的空軍基地……艾地同志已經公開發表聲明，反對陸軍接管首都，號召工農武裝起來，以革命的暴力反對反革命的暴力。

看來，艾地同志要經受嚴重的歷史考驗了……關鍵是他們抓人太少，殺人太少，只殺了十三名陸軍高級將領，還跑了個最厲害的陸軍司令，叫什麼名字？

蘇瑪什麼玩藝……名字不好記。

正說著，周恩來也趕來了。毛澤東問：

恩來，你是智多星，有什麼應急方案沒有？

周恩來帶著一臉無可奈何的神色說：

全靠艾地同志他們自己應付了……已通過有關渠道，徵詢過蘇加諾總統的意見，他表示目前不能離開自己的國家和人民。他相信以他三軍統帥的威望，能使陸軍將領的憤怒得到平息。因他本人並沒介入警衛部隊的突襲行動……

毛澤東忽然向四周看了看。劉少奇很聰明，很識趣，沒在這時刻出現在他面前。這兩天也沒有打電話來討論印尼革命的事……他仍不甘服輸地說：

要是我們能夠派出一個師的兵力，去支援蘇加諾總統就好了！可是海軍，我們的海軍！

周恩來攤了攤手，說：

現在只能靠蘇加諾總統去跟自己的陸軍部隊周旋了……還有艾地同志，過早發表聲明……

毛澤東臉色鐵青，對康生說：

設法轉告艾地同志，一不做，二不休，這時刻，絕對不要犯右傾機會主義的錯誤！

周恩來臉色也很難看，又攤了攤手，彷彿在說：艾地同志他們是犯了左傾機會主義的錯誤……可是這話，他沒有勇氣說出來。

四日、五日、六日、七日……印度尼西亞傳來的消息越來越壞，印尼陸軍已迅速控制全國局勢，並在全國各地捕殺共產黨，煽動反華排華。印尼黨已轉入地下活動，艾地同志失踪了……

到了十月十日，中華民國的國慶日，毛澤東請劉少奇、周恩來、朱德三位老同事來共進晚餐。毛澤東神色黯然，嘆著氣說：

在朝鮮，我們跟美帝國主義打了個平手，實際上是我們贏了。這次在印尼，卻是美國佬贏了。搞顛覆，中央情報局比我們高明……

劉少奇很收斂，只是點著頭，沒有說話。

飯後，毛澤東對三位老同事告假，說他身體一天不如一天，失眠，加上心情不好，仍想回南方去養病，能多活一年算一年……中央的事，仍要辛苦各位。

於是，大家都關心起他的病況來。劉少奇建議他改服一種降壓藥，朱德勸他練練氣功，周恩來則說，還是跳舞加游泳最管用。

誰都不知毛澤東葫蘆裡賣的什麼藥。他又要去南方，誰能擋得住他？只有劉少奇暗暗感到某種威脅。好在上海市委第一書記陳丕顯，上海市長曹荻秋，都是紅小鬼出身，新四軍幹部，正直而忠誠，也算信得過，放得下心。

第六十三節　杭州密謀

毛澤東的專列直馳杭州。

上海沒有了柯慶施，毛澤東似乎對他住過多年的上海西郊賓館一號院再無興趣。杭州的西湖別墅，不獨山光水色，景色絕佳，而且室內有恆溫裝置，不久前又新建了室內游泳池，鋪的全是色澤淡雅的大理石。富麗，但不奢華。在毛澤東使用過的諸多室內游泳池中，這兒大約是最令他滿意的了。

張毓鳳因剛做了小手術，還要留在北京休息些日子。而由杭州駐軍給他新挑選了個保健護士。保健護士名叫楊麗清，二十幾歲，身高一米七，明眸大眼，身材嬌健得像個運動員。她每天一早一晚兩次替毛澤東做背部按摩，治療老年性風濕痛、神經衰弱症。長時間以來，毛澤東便患有因神經衰弱導致失眠症。有時連續二十四小時、三十六小時無睡眠。大劑量地吞服安眠藥也不管用，得靠醫生護士給他做上一、兩個鐘頭的按摩才能起到催眠的效果。

毛澤東習慣一絲不掛地俯臥床上。楊麗清給他做按摩，每回都能做到他渾身酥鬆，異常舒服。而楊麗清自己，卻香汗淋漓，衣衫都濕透。

毛澤東喜歡楊麗清的文靜，不多話。許多話，彷彿都用她溫存的大眼睛來說了。而且每回毛澤東翻過身子來時，她便會紅著臉盤，立即用一塊白毛巾把偉人的肚臍以下的部位蓋上。這也是她的醫道之一。

毛澤東問她：

多大年紀了？成家了？

楊麗清埋下眼皮，絞著雙手指，輕輕回答：

二十八歲，結過婚，離了。

為什麼？

人家是司令員的獨生子，嫌我沒生育，空花瓶……其實是他自己不行……

毛澤東忍不住拉起了楊麗清的手，親吻了一下，說：

不忠不孝，無後為大……沒想到批了幾十年的孔夫子、孟夫子，還讓我們的女同志受欺侮……喜歡來我身邊工作嗎？

當然。軍政委找我談話時，我還不曉得是您……

嗬嗬。有了你，這兩天，我舒服多了，晚上睡得著了。

主席，您身邊也沒個人……

現在，不是有了你嗎？你是哪裡人？

老家湖南桃江縣……

嗬嗬，是小老鄉了，太好了。今夕何夕兮，搴舟中流？今日何日兮，得與王子同舟？蒙羞被好兮，不訾詬恥；心兒煩而不絕兮，得知王子！山有木兮木有枝，心悅兮君不知！小老鄉，這是漢代劉向的「越人歌」……

主席，都說您是偉大的詩人……

小楊，你比我更偉大，一雙巧手，能使我返老還童。

楊麗清笑了。她開始在毛澤東面前無拘無束。她心裡有個很實際的願望，自己要好好服務，今後若能長期留在偉大領袖身邊工作，就比什麼都強。今後就免得再被人隨時通知去服務，從她身上討便宜。又都是些她所尊敬的大首長，害得她有苦說不出。她真成了隻空花瓶，被人搬弄來、搬弄去！

晚上，毛澤東臨睡前，楊麗清又來做按摩。有時按摩沒做完，他就睡著了。

小楊，你也把衣服除了，免得出一身汗……

哪，我有個請求。

請講。

主席……您先翻過身子去，不許看……

很好，很好。

在整個按摩過程中，毛澤東只覺心清氣爽，卻睡意全無。

楊麗清仍是出了一身香汗，以一塊大浴巾裹住了身子。

毛澤東翻過身來，渾身舒適地平躺著：

小楊，請教你的技術能使人平靜、入睡，能不能使人興奮？

楊麗清明白偉大領袖指的是什麼，便又說：

哪，我有個請求。

請講。

主席……您先閉上眼睛，不許看……

很好，很好。

毛澤東依言閉上眼睛，並且自己扯了塊小毛巾，把眼睛遮上了。

主席……這兩邊有穴位，如果沒有特殊情況，能很快的……

果然，楊麗清一雙玉指，輕重有致地按揉著那奇妙的穴位，使得偉大領袖下體脹熱。

小楊，你真是妙手回春……

老中醫講，這叫乾坤之術。

來吧，來吧，乾坤合一……

毛澤東真沒想到，這女護士原來還是此中高手。她是在哪裡學得這手段的？管她呢。

毛澤東過了十來天神仙般的日子。

一天，康生忽然從北京來了長途電話，向他報告，根據最新得到的情報，印尼共產黨總書記艾地同志，已被陸軍士兵擊斃於東爪哇的一間草屋裡……又說現在亞非拉國家政變成風，軍人奪權，層出不窮。我們國內，也不可掉以輕心……

毛澤東立刻起了疑心。他差點為女色所迷惑，而忘了大事！這楊麗清天天纏住自己，算怎麼回事？是不是有人利用了她？當然，小楊是無辜的，是個善解人意的好同志。他通知機要室，讓張毓鳳立即從北京趕來。還是毓鳳靠得住，忠心耿耿，純潔單純。

接著，又通知在蘇州養病的國防部長林彪來見。

林彪仍是由葉群陪來，有醫療車隨行。

元帥同志，你臉色還是不好……

主席，真高興您紅光滿面。

兩位親密戰友見面，立即討論起滬、寧、杭地區的防務問題。林彪向他保證，滬、寧、杭地區已經獨立警備，三軍將領，都是「四野」老部屬，絕對出不了問題。

接著討論京津地區防務問題。

撤換羅瑞卿。中國要出蘇哈托式的人物，就出在他身上。

林彪直截了當地說。

毛澤東看著林彪瘦削的臉，好一會沒有吭聲。

羅瑞卿這幾年在跟誰跑?事實很明顯……主席要下決心，撤愛將，防患於未然。

對於羅瑞卿，毛澤東自然心裡有數。在井崗山，在延安，羅瑞卿都負責中央機關的保衛工作，跟隨自己出生入死，好幾十年……只是到了一九五九年盧山會議之後才明顯地跟了劉少奇他們跑。劉少奇公開向他許了願，說他是國防部長的接班人。而且羅也恃才傲物，跟林彪的關係鬧的很緊張……如今林彪要求撤換他……看來，這回只好依了林彪。這些年來，要是沒有林彪在全軍上下推行學「毛著」運動，也不會形成今天舉國上下的領袖崇拜熱潮……

羅長子!看來只好把你拿掉了。因為你實際上控制著中央軍委、總參謀部、公安系統、京津防務，你權傾半個中國……你沒有彭真名氣大，地位高，但你是個比彭真權力更大、危險性也更大的人物。你是劉少奇在軍事上的依托。

誰出面跟羅瑞卿同志談談？

毛澤東終於鬆了口。

主席，不一定直接找他本人談。

總得把決定通知人家呀。

建議由主席主持召開一次軍委常委緊急會議，說服各位元帥，作出集體決定。羅本人不必出席會議，會後由幾位元帥找他談。

林彪說出了思謀已久的辦法。

毛澤東心裡頗為驚訝。林彪久居蘇州養病，並沒有閒著啊。

總參謀長和軍委祕書長的工作，由誰接手？

建議暫由副總參謀長楊成武同志代理。

毛澤東點了點頭。楊成武上將原屬太岳兵團，是聶榮臻元帥手下一員戰將，不是「四野」的人馬。林彪算個聰明人。

好吧。你就在杭州住兩天。我們只通知在京的各位軍委常委，明天趕來杭州開會。對不起，這回黨政領導暫不參予軍隊事務，作成決定，再報告他們。

毛澤東第一次排除了劉、周、陳、鄧等人。林彪深深敬服著偉大領袖處事果決的雄才大略。

對於羅瑞卿同志，我們還要另行分配工作的。只讓他離開軍隊，其餘職務不變。唯這

第六十四節　誘捕羅瑞卿

毛澤東只花了半天功夫，就說服了從北京專程趕來的中央軍委常委們，作出了撤銷羅瑞卿大將軍內一切職務的決定。出席軍委緊急會議的十多位元帥、大將，自五九年廬山會議罷了直言敢諫的彭德懷元帥的官之後，便都對毛澤東主席言聽計從，說一不二了。他們心裡或許不服，但數十年來的經驗說明，誰反對毛澤東都沒有好下場。博古沒有好下場，王明沒有好下場，李立三沒有好下場，張國燾沒有好下場①，彭德懷、張聞天、黃克誠只是給毛澤東提了意見，也沒有好下場。如今好了，在中央軍委常委們各自的家裡，警衛排

①均指他們在中共黨內的處境。

的幹部戰士，天天學習毛主席著作，背誦毛主席語錄，無形之中，老帥們的一言一行，也都受到了這些警衛戰士的監督了呢，連發個脾氣，罵聲娘，都要注意政治影響了呢。

毛澤東親自陪元帥、大將們遊了一天西湖。

只有羅瑞卿本人沒有出席本次的中央軍委常委緊急會議。會議也並未具體指出羅瑞卿犯有何種錯誤乃至罪行。只是出於黨的需要，決定將他撤離。亦沒有給他本人申辯的機會。中共從來沒有這種習慣，從來背著當事人作出重大決定。再說，羅瑞卿大將在擔任公安部長期間，曾經簽署過高崗、饒漱石、潘漢年這些中共元老人物的逮捕令，亦簽署過胡風、丁玲、陳企霞這些文化界著名人士的逮捕證，他又何嘗面對面地找這些人談過呢？說得稍遠點，蘇聯老大哥不也是趁著總書記赫魯曉夫在黑海休假，而由莫斯科的政治局委員們突然開會作出決定，宣佈把他趕下台的嗎？

中央軍委常委緊急會議在杭州召開的時候，羅瑞卿正在昆明軍區視察工作，被蒙在了鼓裡。就在軍委常委會議作出決定的當天晚上，由北京的軍委辦公廳拍了個傳真電報到昆明軍區，通知他於第二天乘專機趕到上海，參加重要會議。

第二天下午，在上海西郊機場迎接羅瑞卿的，竟是上海市委的一位負責人和空軍司令員吳法憲。吳法憲的表情引起了羅瑞卿的詫異。這位空軍司令員過去見了他，總是一口一聲羅總長，笑得象尊彌勒佛，使人感到肉麻。這天在機場見到他，卻只是隨便握了握手，臉孔板得死死的，再不肯多說一句話。

羅瑞卿過去到上海，喜歡住在位於鬧市區的錦江飯店海員俱樂部，那裡的法國菜最可口，還是周總理介紹他的呢。

這次由吳法憲率領的車隊卻沒有進入市區，而駛往北郊一所他從未去過的軍內賓館。下車後，羅瑞卿被安排進一套大房間。房間裡沒有電話。依照平日習慣，他正要吩咐隨行的作戰參謀立即架設保密電話。可是他的十來個隨行人員自進了賓館就不見了踪影。卻有兩位身胚粗壯得像軍中武術師傅的中年軍人出現他面前，說奉中央軍委命令，此房間不得裝設任何通訊設備。羅瑞卿知道事有不妙。他素有「儒將」風度，沒有勃然大怒，而要去找吳法憲問明情況。那位中年軍人則不甚客氣地通知他，就在同一層樓面的小會議室裡，中央軍委的幾位領導同志，正在等著他去談話。

羅瑞卿沒有別的選擇，只得跟著兩位軍中武術師去到那間會議室。果然，幾位他所熟悉而又深深敬重的老首長、老戰友，一個個神色黯然地站了起來，跟他握了握手，然後請他坐下，開始了談話。談話時斷時續。半輩子在烽火疆場上縱橫馳騁、咤叱風雲的老帥們，這時刻面對著他，卻吞吞吐吐，皆有難言之隱。

思想敏銳的羅瑞卿立即明白了，真正決定他命運的，不是在座的幾位老首長，而是軍委主席毛澤東和常務副主席林彪。可是，兩位偉大的病夫都沒有出面。大約今後也不會再跟他見面了。多少年來，沒日沒夜地工作著，大約也該著他清閒清閒了。

談話到最後，一位老帥眼裡閃著淚光通知他：中央軍委已作出決定，停止他在軍內的一切職務，聽候組織審查。羅瑞卿明白自己已經身陷囹圄。伴君如伴虎，他終於成了上層權力鬥爭的犧牲品。

接下來，羅瑞卿被送回北京家中軟禁，在軍委擴大會議上接受批鬥。欲加之罪，何患無辭？批鬥大會上有人對著他又喊又叫，指著他的鼻子罵他反黨野心家，陰謀家，反革命兩面派，瘋狂反對林副主席和偉大領袖毛主席，反對用毛澤東思想武裝全軍幹部戰士的頭腦。他被罵得狗血噴頭。他一言不發。一天下午，他親眼看見，他所尊敬的葉劍英元帥，因不忍見他無辜蒙冤，而哭著離開會場。

再說住在杭州的毛澤東，沒有忘記把劉少奇、周恩來、陳雲、鄧小平諸位，都請到杭州來小住兩日，向他們說明情況：

羅瑞卿被免職，事出突然各位明白，羅長子跟林彪同志的關係鬧的不正常。他早在六三年就曾經跑去林彪家裡要林彪讓賢，搞得大家都反感。你羅長子年輕，能幹，身體好，統兵打戰沒問題。但胃口太大，手伸得太長。我們黨不能縱容了他。當然，話說回來囉：羅長子的問題可大可小。我傾向於大事化小。羅長子沒有大問題，我很清楚，大家也清楚。但這一回，林彪他們執意要撤換他，我點了頭，簽了字。我們總共只有十個元帥。死了一個羅榮桓，病了一個劉伯承，撤了一個彭德懷，林彪也是半條性命，我不暫時依了他，怎麼吧？當然，我們的大將也只有十個，死了譚政、陳賡、張雲逸，還有許光達也是半條性命……叫我怎麼辦呢？羅長子很有才華，訓練部隊很有辦法。少奇同志也早說過，他是國防部長的接班人。現在只好放一放了，來日方長吧。他身負的工作也太繁重了，黨、政、軍、情，集四權於一身。非常敏感啊，一點大意不得。好在我已經把話講明白了，這次只是停了羅長子軍內職務，其餘不動。各位老同事，你們高抬貴手，批准了軍委緊急會議的決定啊？

毛澤東說的既委婉，又入情入理。他不偏不袒，貌似公允。既成事實，已經誰都挽救不了羅瑞卿。劉少奇、周恩來、陳雲、鄧小平諸位，還能說什麼呢？只有免開尊口了。且他們自身都是生活在毛澤東的影子裡。脫離了這影子，他們或許都能有所作為。但只要來到毛澤東面前，他們便都成了唯唯喏喏的政治庸人。他們犯的另一致命錯誤，是低估了病夫林彪——一頭政治權力的餓虎。

啞吧吃黃蓮，心裡叫苦不迭的，是身為國家主席的劉少奇。他有反毛澤東之心，卻沒有反毛澤東的膽魄勇氣。

一九六五年十二月十五日，林彪在中央軍委會議（擴大）最後一天的會議上，以黨中央副主席、中央軍委常務副主席的名義宣佈：撤銷羅瑞卿黨內外一切職務，聽候組織審查。

林彪的這一宣佈，自然是得到了毛澤東的批准。

第六十五節　湖南騾子山西驢

毛澤東的學生、密友林彪元帥有一名言：槍桿子，筆桿子，奪取政權靠這兩桿子，保衛政權，也靠這兩桿子。

毛澤東和林彪兩個「病夫」，以養病做掩護，實際上已在南方另立黨中央，跟北京的劉、彭黨中央相對抗。他們以突然手段在軍隊高層剪除異已、牢牢抓住槍桿子的同時，也狠抓了筆桿子，以「製造革命輿論」，為在黨內大動干戈做著思想上、理論上的準備。前文已經說過，早在一九六四年年底，康生、江青便決定以吳晗的新編歷史劇「海瑞罷官」做突破口，來層層上揭，動搖彭真、劉少奇在京津地區的權力基礎。但彭真不是等閒之輩，十幾年的慘淡經營，他把北京治理得「水潑不進、針插不進」（毛澤東語）。康生、江青極其祕密地採用迂迴戰術，在上海組織姚文元撰寫〈評新編歷史劇「海瑞罷官」〉一文，前後八易其稿，歷時大半年之久，做得神不知鬼不覺，把劉少奇、彭真等人蒙在了鼓裡。

一九六五年十一月十日，姚文元的文章在上海《文匯報》上發表。用毛澤東本人的話來說，是「打響了無產階級文化大革命的第一炮」。毛的此說並不準確。他批准林彪誘捕羅瑞卿大將，才是真正的「第一炮」，姚文元的文章只能算作「第二炮」，是先動武、後動文了。

事出突然，佔中共中央政治局七位常委中絕對多數的劉少奇、周恩來、朱德、陳雲、鄧小平等五人，吃驚之餘，絲毫不知情姚文元何方神聖，何種背景。他們當然不能同意姚文元的觀點，把歷史劇「海瑞罷官」扯上為彭懷德右傾機會主義路線招魂、翻案，純屬瞎扯淡！最為不滿的，又是身為中共北京市委第一書記兼市長的彭真了。上海方面事先不打招呼，就點名批判北京市副市長吳晗，太莫明其妙，太豈有此理了。上海批北京，共產黨辦事，還講不講個規矩？

只有毛澤東本人心裡有數。他等待著全國所有的重要報刊轉載姚文元的文章。但因中央政治局常委劉、周、朱、陳、鄧，以及中央書記處主持全國意識形態工作的常務書記彭真，中宣部長陸定一等人，都摸不准毛澤東葫蘆裡裝的什麼妙藥，便沒有向各省市自治區黨委發出轉載姚氏文章的通知。兩個星期過去，毛澤東見北京市及全國各地的報刊毫無動靜，採取沉默對抗，十分震怒。他漸漸露出來隱諱了兩三年的真面目，以湘潭土語斥罵北京市成了「獨立王國」，中宣部成了「閻王殿」發誓要推倒「閻王殿」，摧毀「獨立王國」。毛澤東下令，報刊不轉載姚文元的文章，新華書店出小冊子，全國發行。並於十二月二十一日，在杭州會議上對陳伯達說：

戚本禹的文章①寫得好，缺點是沒有點名。姚文元的文章好處是點了名，但沒有打中要害……「海瑞罷官」的要害是「罷官」。嘉靖皇帝罷了海瑞的官，一九五九年我們罷了彭德懷的官。彭德懷也是「海瑞」……

十二月二十二日，毛澤東又親自把上面的話，對彭真、康生兩人說了。康生自是成竹在胸。彭真卻為自己的老友、副市長吳晗仗義直言，說：

我們已經調查過，沒有發現吳晗和彭德懷有什麼組織上的聯繫。

湖南驢子遇上山西驢②，拗脾氣碰上了犟脾氣。彭真自知沒有退路，表現出一種寧為玉碎、不為瓦全的氣度。

---

①戚本禹，原中共中央辦公廳一般幹部，文革初期緊跟毛氏極左瘋狂，成為紅人，不久即成中共高層派系鬥爭小犧牲品。

②彭真原籍山西。

這還不夠，二十三日，彭真要求單獨向毛澤東匯報。他在毛澤東面前據理力爭，申述吳晗是響應了毛澤東主席一九五九年四月在上海會議上發出的「學習海瑞精神」的號召，又經胡喬木同志找吳晗本人談話，請他寫有關「海瑞精神」的文章之後，才動筆寫歷史劇「海瑞罷官」的。該劇由馬連良主演，主席也曾熱情肯定過……這整個過程，跟五九年的廬山會議毫無關係。

彭真的申述，雖然說得十分委婉，樣子也裝得十分恭順，卻無形中揭了毛澤東的老底，言下之意，是毛澤東翻臉不認賬，嫁文禍於人。彭真是吃了秤砣鐵了心，死硬到底了。毛澤東恨透了彭真，卻又不得不暫時強忍下一口惡氣。他口頭上答應彭真，那就先展開學術爭鳴吧，吳晗的問題兩個月之後再做政治結論。

彭真把他向毛澤東匯報的結果報告了劉、周、朱、陳、鄧。彭真倒比他們像條漢子。他們對彭真敢於堅持事實、堅持真理的勇氣，十分讚賞，對於彭真的工作全力予以支持。

而十一月二十四日，上海新華書局奉命向全國各省市徵求姚文元文章所印製的小冊子的訂數。北京市新華書店奉市委之命不表態，上海方面長途電話詢問也不予理會。直拖到一個多月之後，迫於來自上面的壓力，勉強同意接受四千冊，但拒不發行。

至此，為了姚文元的文章，上海、北京壁壘分明，形同兩軍對峙，劍拔弩張了。中共高層自一九三四年長征途中的遵義會議以來，從未出現過如此緊張的局面。政治空氣中充滿了火藥味。南、北兩個黨中央陷入僵持狀態。皆因毛澤東、林彪尚未完成軍事部署，故未敢輕舉妄動。劉少奇、彭真則自認自己一方在政治局、政治局常委會內佔絕對多數，有恃無恐。他們天真地要在軍事獨裁體制內行使政客政治，妄圖以多數票取勝。

過了兩天，又是由周恩來這位當代中國（大陸）政壇上的「超級政治泥瓦匠」出面和稀泥，搞調停，說服彭真讓步，以免為區區一篇報紙文章震動太大，牽涉太廣。於是十二月二十九日，中共北京市委機關報《北京日報》，中共解放軍總政治部轄下《解放軍報》全文轉載了姚文元的文章。三十日，中共中央機關報《人民日報》也予全文轉載，但只放在「學術研究」版，並冠以一個溫和的按語，指出：我們的方針是既容批評的自由，也容許反批評的自由；對錯誤的意見，我們也要採取說理的方法，實事求是，以理服人。此按語由周恩來親自修改審定，真可謂委屈求全，用心良苦了。

至此，緊張的局面有所鬆弛。北京、上海兩地的報刊對姚文元的文章進行公開的辯論。一方面是姚文元、關鋒、戚本禹、王力，揪住吳晗的「海瑞罷官」是為彭德懷翻案的、反黨反社會主義的大毒草；另一方面是鄧拓、周揚、李琪、廖沫沙，堅持「海瑞罷官」屬於學術思想問題，應當態度公正地進行討論。

雖然阻力如山，但毛澤東的這一炮終於打響了。

毛澤東心理明白，他面對強敵。要麼乘風破浪，克敵制勝；要麼一敗塗地，粉身碎骨。

他要採取非常手段，對付非常之敵。他認定：從來的政治權力鬥爭，都只有目的，沒有手段，為達目的而不擇手段，遵從的是「成者王侯敗者寇」的鐵定規律。

第六十六節　又食武昌魚

一九六六年元旦和春節，毛澤東都在杭州度過。劉少奇、周恩來、朱德等，多次恭請他回北京，他都以身體不適，北京天氣太冷為由，繼續「請假養病」。

多年來，毛澤東一直愛好乘坐火車專列，在南方各地巡行，呼風喚雨，籠絡軍人。他討厭透了北京。

這時刻，他更不能回到北京去。北京處於劉少奇、彭真嚴密控制之下。他回去當蘇加諾？當拿破侖？當光緒皇上？他住的豐澤園倒是離開當年囚過光緒帝的瀛臺不遠……劉少奇跟蘇加諾稱兄道弟，劉少奇倒是應該在北京，當中國的蘇加諾——做一個被陸軍部隊包圍、軟禁的國家元首。

毛澤東和林彪已經密令駐守在山海關外的三十八軍悄悄進關，悄悄向北京靠攏，作好了隨時進駐北京的準備。三十八軍原是林彪手下的王牌軍，亦是五百萬「人民解放軍」中唯一的機械化部隊。這支鋼鐵軍隊悄悄進關、虎視北京的消息被嚴密封鎖住，中央軍委機關和總參謀部機關，天天忙於大會小會地揭批、清算羅瑞卿的反黨反社會主義罪行。正是亂亂哄哄，群龍無首，對於三十八軍的動向，竟茫無所知。

一九六六年春節剛過，毛澤東離開杭州西子湖，移居武漢東湖別墅。毛澤東一生喜好依山傍水。古人說智者近山，仁者近水。他認定自己既是智者，又是仁者。東湖水面寬闊，園林清悠。他喜食武昌魚。早在一九五六年，他即有詞云：才飲長沙水，又食武昌魚。萬里長江橫渡，極目楚天舒……

毛澤東在杭州過了三個月日緊張日子。離開杭州時，他沒有忘記把小同鄉、按摩護士楊麗清帶來東湖。張毓鳳甚是聽話、懂事。只要是楊麗清來到毛的書房，她便自覺迴避，決無醋意。因此跟楊麗清相處甚得，形同姐妹。他明白，毛主席不管迷上甚麼樣的女子，日子都不會太長久。而在日常生活上，事事離不開的，是她張毓鳳。自然，她也有些擔心，楊麗清體態風騷，是那種任哪個男子見了都想搞她到手的妖精，又正在如狼似虎的年歲上，如今像塊磁石似地吸住了主席，可千萬莫把主席的身子吸乾了啊。

奇怪的是，自有了楊麗清做按摩，也沒少做那事兒，主席的身子反倒是一天天硬朗了起來。張毓鳳許多日子沒聽他喊過腰腿疼。有天，她趁著毛主席在睡午覺，悄悄把楊麗清拉到自己房裡，問她是怎樣調理主席的身子的。楊麗清開始不肯啟齒。後來卻熬不過情面，才說：

天天給他做按摩，找準了穴道，他就通了……過去，他是不是放的時候，有些困難？

張毓鳳紅了紅臉，點了點頭：

有時真不行哩……只一忽功夫……他又懶，總叫人在上……

年紀老了，就這樣，算很行的了……以後那些藥，盡量少用……

他自己要用……他有專家朋友，依了從前的宮廷方子配製……

用多了，燒身子。七十幾歲的人了，不能像根鐵棍一樣……

呸呸！沒的羞……你才說甚麼通，不通？

是說，男的有時候也跟女的一樣，到了年紀，可能停……但男的能通，能恢復，七十幾歲還有生育……

你，也有了？

還說不定……這幾天心裡有些作反，想吃些酸辣東西……

哎呀，可要當心啦！你還是頭一次吧？

在這裡，是頭一次……你從前，是怎樣過來的？

他只讓生了一胎……他嫌麻煩。全國的領袖，黨的主席，他要顧及影響……他讓服藥丸……有時也不管用，就只好請醫生處理……

他也叫我服了藥丸，也不管用……

你身子太好了……他這兩月，都被你佔了……

我想替他生下來……你知道，一個女子，不能總是被人玩來玩去……

說著，楊麗清眼睛紅了。張毓鳳也眼睛紅了。

這可要小心了……你也看得出來，這兩月，情況有些緊張，他忙於調兵遣將的，可能更不願添麻煩。

我不管。要是真的懷上了，我就請假回部隊上去……反正要生下來，不能去做手術。有了他的後代，別的首長或許會尊重人一些……

話說到這裡，張毓鳳更是替楊麗清擔心了。

牆上的電鈴「叮叮叮」響了，她們知道毛澤東已經醒了，下午還要找武漢軍區的負責人談話，便趕快前去服務。

張毓鳳記得清楚，楊麗清又在主席的房裡過了三晚。一星期後，楊麗清就眼淚含含地要回杭州去。是她自己要求回去的。她大約以為自己生下龍種之後，還能回到主席身邊來。一個人再是偉大，哪能不認自己的親骨血？

毛澤東囑張毓鳳送了她兩仟塊錢做盤費。錢從大量印刷的《毛澤東選集》四卷的稿費中支出。全國所有報刊、出版物的稿酬都已經被當作「資產階級特權」而廢止了，唯有《毛澤東選集》的稿酬，因為是偉大領袖的無產階級特權，分文不差的照支不誤。毛澤東全都交給張毓鳳管理。後來連張毓鳳都搞不清楚究竟有多少錢了。毛主席卻很看重這筆「勞動所得」，每項支出，都得由他親自囑咐了，再由張毓鳳代開支票。最眼紅這筆鉅款的人卻是江青同志，她都私下裡問過張毓鳳許多回了，主席私人名下的稿酬究竟有多少？張毓鳳卻不敢回答。因為毛主席早告訴過她，江青一年四季玩照相器材，買進口設備，已花了他好幾萬塊了，玩物喪志！她若再問稿酬的事，就說全都交了黨費了！張毓鳳明白，主席的黨費也是從每月的工資中扣除的，之外並沒有另交。倒是經常三百、五百，一仟、兩仟地送給過一些生活困難的親友。毛主席本人幾乎沒有甚麼開支，衣食住行，全部都由國家包了。抽的香煙是雲南省委送的雲烟，喝的茶葉是浙江省委送的龍井，江蘇省委送的碧蘿春，湖南省委送的君山銀針。烟薰臘肉、豆豉辣椒則湖南省委和四川省委專供。至於四時鮮果，更有全國各地源源送到。一個黨才一個主席，一個偉大領袖，他老人家能吃幾口呀？當然吃不了多少，全國各地的特產還可以分送人。中央領導人之間，各各收到全國各地的特產後，還要由夫人們委託生活秘書們相互贈送。毛主席多次笑嗬嗬地說，還是供給制好！解放初期甚麼都學蘇聯，改行工資制，搞了幾十個級別，還有甚麼十幾個地區差，一仟幾佰個工種類別，本來一件簡簡單單的事，弄得千頭萬緒，複雜無比。

再說楊麗清走後，張毓鳳再沒有聽到她的消息。也從沒聽見毛主席問起。走了走了，一走就了，就被人忘記了。張毓鳳卻有好些日子都沒能忘記。多好的一個姐妹，就像天上的一顆美麗的彗星，消失了？還是毀滅了？

毛主席身邊又來了個穿著軍服衣裙的按摩護士。姓于，比楊麗清更年輕，也更亮麗。張毓鳳都暗暗吃驚，只聽說湖北地方古時候出過美女王昭君，沒想到如今也出這樣的絕色女子。

張毓鳳跟小于也相處得很好。小于是部隊文工團員出身，老家在鄂西秭歸縣，長江三峽岸邊上，果然是王昭君的小同鄉。

毛主席很喜歡新來的小于，愛跟她講笑話，還給她取了個外號，叫「武昌魚」。小于卻很緊張，愛紅臉，工作和生活，都缺少些經驗。

「武昌魚」不聽話，不懂事。張毓鳳兩次看到她從主席的臥室衝出來，然後對著走廊牆壁哭。很快地，部隊醫院來了人，把她領走了。也再沒消息。

毛主席情緒壞透了，把湖北省委書記叫來痛罵了一頓，然後又整晚整晚都不能入眠。毛主席瞪起眼睛罵人時樣子好嚇人。他罵的多是文官，而從不罵武將。鄧小平、廖承志、楊尚昆等都曾經被他痛罵過，罵得勾頭俯腦，連聲應錯，可憐兮兮的。

第六十七節 「二月提綱」彭真大禍

雖然毛澤東、林彪已經採取突然手段，撤銷了羅瑞卿的黨政軍一切職務，又以非常方式發表了姚文元的發難文章，槍桿子筆桿子雙管齊下，劉少奇和彭真等人，卻決定按步就班，依靠黨務組織系統，來制衡、對抗毛澤東。

早在一年之前，為了領導全國文教戰線的「四清」運動（又稱文藝整風），中共中央就成立了「中央文化革命五人小組」，由彭真任組長，陸定一任副組長，康生、周揚、吳冷西任組員。

一九六六年二月三日，彭真召集「五人小組」會議，制訂了旨在把「評『海瑞罷官』」嚴格限制在學術討論範疇之內的「關於當前學術討論的匯報提綱」（即俗稱的「二月提綱」）。「提綱指出：要堅持實事求是，在真理面前人人平等的原則，要以理服人，不要像學閥一樣武斷和以勢壓人」。

這是明目張膽地跟毛澤東的杭州講話唱反調，向毛澤東的權威公開挑戰，指毛澤東在「評海瑞罷官」一事上出爾反爾，不實事求是，在真理面前不人人平等，不以理服人，而像學閥一樣武斷，以勢壓人。

對於「二月提綱」的觀點，「五人小組」中只有康生緊跟毛澤東，保持著沉默，為日後的反擊埋下伏筆。但根據多數決議的原則，「五人小組」將「二月提綱」呈送中央政治局常委會議討論。

二月五日，劉少奇主持召開政治局常委會議，周恩來、朱德、陳雲、鄧小平同意和支持「提綱」的觀點，獲得順利通過。會上，劉少奇還慎重其事地提問：吳晗同志和彭德懷同志，究竟有沒有組織上的聯繫？彭真據實作了否定的回答。由於毛澤東在武漢，林彪在蘇州，彭真對「提綱」再次做了些修改後，於二月七日以電報形式分別發給毛、林二位。

由於事關重大，劉少奇決定由彭真帶領「五人小組」全體成員，攜「提綱」赴武漢向毛澤東當面匯報，意在請毛澤東主席收回成命。

二月八日，五人小組抵達武漢東湖。由於事先經彭真長途電話請示過，是毛澤東同意他們一行前來的，因此毛澤東立即召見。

主席身體好吧？少奇、總理、總司令都囑我們問候您。

彭真雙手伸向毛澤東。

還好，還好。大家都坐，大家都坐。

毛澤東擺了擺手。由於晚上失眠，他顯得精神不振。

張毓鳳上來給每一位都上了茶。

彭真開門見山，把「提綱」的內容，原原本本地向毛澤東作了匯報。

毛澤東心不在焉地聽著匯報。他感到吃驚的是，彭真所表現出來的無所畏懼的死硬態度。彭真是鐵了心了，不給他自己留退路了。竟然也不給他毛澤東迴旋的餘地？硬逼他收回成命？彭真哪來這樣大的膽子？看來，彭真才是真正的大學閥，大黨閥！他有恃無恐，是因他身後站有政治局委員中的絕對多數，站有政治局常委中的絕對多數？

當時，毛澤東和林彪是絕對的少數。他們雖然撤掉了羅瑞卿的一切職務，但三十八軍尚未開進北京，新的軍事部署尚待完成。毛澤東不得不暫時含糊一下，不值得為一紙「匯報提綱」鬧得雙方都亂了部署。

「海瑞罷官」問題和彭德懷右傾翻案是不是有聯繫？

聽完匯報，毛澤東再次表情嚴肅地問。

根據調查，不存在聯繫的問題。

彭真坦率回答。

吳晗是不是反黨社會主義？

毛澤東眼睛看住彭真，又問。

據現在調查的結果，仍是學術思想問題。

彭真貌似恭順，回答卻毫不含糊。

噢……我講過吳晗文章的要害是罷官。這是康生對我講的，是康生的發明權。

毛澤東這時候忽然改了口氣，半認真又半開玩笑地說。

在場的康生像被人揭了老底，又像個被主人出賣了的奴才似地，紅著長長的馬臉急忙辯解說：

不，不是我的發明權，是主席的發明權。

不要緊嘛，是你康生的發明權也沒有甚麼嘛！

毛澤東玩世不恭地第二次作了肯定。毛澤東彷彿一下子就置身事外了，而讓彭真們去對付康生，自己另給康生支援不遲。毛澤東接著說：

這事你們去看著辦吧，情況我都知道了。

毛澤東的這「指示」著實高明，可以理解為他同意了「匯報提綱」，也可以理解為他什麼都沒有說，只是走著瞧，留待日後再來裁決。

彭真在向毛澤東匯報完畢之後，當機立斷，於二月十一日在武漢代表黨中央起草了「中央批轉文化革命五人小組關於學術討論的匯報提綱的按語」。二月十二日清晨，「批語」電傳回北京，呈交在京主持工作的劉、周、朱、陳、鄧閱後，均表示同意，即日就作為中共中央正式文件發給全黨全軍。整過作業過程出奇地迅速，而且也不再呈交毛澤東批閱同意。作為中共中央文件的「二月提綱」，也沒有遵照毛澤東的意見進行修改，而堅持「海瑞罷官」只是學術問題，不是政治問題。

毛澤東不得不暫時強忍下這口惡氣。欺君之罪，豈可輕饒？可笑彭真們是文官作反，拚了老命玩弄的，不過區區一紙空文。等著吧，不久就會有槍桿子來對付筆桿子，軍權對付政權。

一九六六年三月中旬，三十八軍奉毛澤東、林彪密令，突然進駐北京郊區，完成了對北京的軍事包圍，並控制了所有的中央要害部門。毛澤東這才鬆了一口氣。從此，他的講話越來越強硬，對劉、周、朱、陳、鄧、彭，不再有所顧忌。但他仍然不回北京，而派康生做他與政治局之間的聯絡人，讓林彪返回北京，去對付劉、鄧、彭諸人。

三月二十日，毛澤東在武漢召開政治局擴大會議，大罵北京的大學校長和教授是國民黨，並首次點名批判鄧拓、吳晗、廖沬沙「三家村」，直搗彭真的大本營——中共北京市委。

三月二十八日，毛澤東讓康生傳話給政治局：

中宣部是閻王殿，要打倒閻王殿，解放小鬼。我歷來主張，凡中央機關做壞事，就要號召地方造反，向中央進攻。地方上要出幾個孫悟空，大鬧天宮。彭真、北京市委、中宣部要是再包庇壞人，中宣部要解散，北京市委要解散，五人小組要解散。

毛澤東終於道出了多年來他對於「北京中央」的仇恨。

四月中旬，北京市實行軍事管制，三十八軍軍長牟立善任軍管會主任。實際上是完成了一次軍事政變。

四月十六日至二十日，毛澤東再次在武漢主持召開政治局常委擴大會議，把彭真問題定為「反黨罪行」，撤銷原「文化革命五人小組」，撤銷「二月提綱」，並決定另外成立「中共中央文化革命小組」（即後來的「中央文革」）。

四月二十八日，毛澤東又發表了「批判彭真」的內部講話。他說：

凡是在中央有人搗鬼，我就號召地方起來攻他們，叫孫悟空大鬧天宮，並要搞掉那些保「玉皇大帝」的人。彭真是混進黨內的渺小人物，沒有甚麼了不起，一個指頭就捅倒他。

毛澤東一語道破天機，彭真不過是「保玉皇大帝的人。」玉皇大帝自然是國家主席劉少奇。用軍事武力解決黨內意見分歧，毛澤東的確是穩操勝券了。毛澤東也為中共開了軍事政變的先例。至於他用「一個指頭就捅倒」彭真，則未免氣壯如牛，卻又失之吹牛了。三十八軍尚未進駐北京之前，他還作了「無非一條老命、粉身碎骨」的思想準備呢。

為了安全，毛澤東繼續在南方巡行。他時而武漢，時而長沙，時而杭州，時而上海，行踪不定。卻對北京日趨激烈的文化革命實施有力的遙控。五月中旬，他仍讓劉少奇主持政治局擴大會，並以武力從旁威逼，通過了關於開展文化大革命的「五、一六通知」，任命陳伯達為「中央文革」組長，江青為第一副組長，「中央文革」實際取代了原中央書記處。其時，毛澤東在南方十分開心：劉少奇自掘墳墓呢，等著被埋葬呢。

五月十八日，林彪在政治局會議上大談古今中外的「政變」，大談毛主席幾個月來如何調兵遣將，布署軍隊，成功地粉碎了彭真、羅瑞卿、陸定一、楊尚昆反革命集團的軍事政變陰謀。

其時毛澤東帶了張毓鳳住在韶山滴水洞，看了親密戰友林彪的講話稿，不知是出於多疑的天性，還是出於兵權落到了林彪手裡而生出的憂慮，他給夫人江青寫了一封信，表示了「對自己朋友的講話的不安心情」。

那麼，毛澤東是甚麼時候回到北京的呢？毛澤東是一直等到三十八軍完成對北京地區的全面軍事管制，劉、周、朱、陳、鄧、彭已經陣腳大亂、形同甕中之鱉的七月二十二日，才回到北京穩操勝券。回京之前，他住在濟南。按劉、鄧、彭本來計劃，七月中旬召開八屆十一中全會，公開毛氏的問題，借用中央委員的大多數來制止毛氏的胡作非為，並達到黜免毛的目的。他們業已把東北、西北、西南、華北四大區的中央委員召來北京。可是在這關鍵時刻，據傳毛氏把鄧小平叫到濟南去痛罵一頓，罵他忘恩負義，罵他瞎了狗眼，直罵到他跟著劉少奇、彭真做壞事不得好死。最後毛澤東要求他放下屠刀，立地成佛，可以考慮給他留出路。鄧小平回到北京後，權衡利害，作出了他機會主義的選擇，出賣劉少奇，反對在毛澤東回京之前召開中央全會。鄧小平的陣前反水，使得劉少奇、彭真面臨滅頂之災。

七月底，毛澤東親自主持全會，迫使劉少奇檢討。為了對付大多數中央委員的反感，毛氏竟史無前例安排中央文革小組成員、北京市革命師生代表列席全會，準備大轟大播。會上，毛氏本人貼出了「炮打司令部」的大字報，公開炮打劉少奇。結果，毛氏以微弱多數通過了「中共中央關於開展無產階級文化大革命的決定」，並改組了中央政治局，改組了政治局常委會，毛氏親信全面控制了最高決策層。

第六十八節　「二月兵變」與賀龍之死

二十多年來，一九六六年初北京的「二月兵變」，一直是個歷史的謎團。毛澤東、林彪、江青、康生等人當初認定的「二月兵變」的元兇，是賀龍元帥。

賀龍，出生於湖南省西北角的桑植縣。桑植縣地處湘、鄂、川三省交界的崇山峻嶺之中，自古屬於天高皇帝遠的「三不管」地帶，民風強悍，土著勇武。賀龍二十歲那年，不滿地方官紳的巧取豪奪，於一個晚上，手持兩把槍刀，帶領賀氏幾個兄妹，衝進鹽稅局，繳了幾枝槍，拉起了自己的隊伍。這就是著名的傳說「賀龍兩把菜刀鬧革命」。後來賀龍投奔了國民革命軍，在北伐戰爭中驍勇善戰，做到了軍長。一九二七年，孫中山先生的接班人、國民革命軍總司令蔣介石開展「清黨」——即從國民黨中清除共黨分子。其時，共產黨人有的被捕，有的被殺，有的逃亡，有的叛變，有的退黨，「革命處在了最低潮」。

就在這時，率部駐守江西南昌的國民革命軍軍長賀龍，在周恩來、朱德等人的誘導下，毅然改旗易幟，投向共產黨並由周、朱二人介紹火線入黨。隨之宣佈成立「中國工農紅軍」，舉行震驚中外的「八一南昌起義」，「打響了工農革命的第一槍」。林彪當時只是軍中一名連長。南昌起義比毛澤東發動的「秋收起義」時間上早了兩個來月，所以周恩來、朱德、賀龍三人，被稱為「中國工農紅軍之父」，應是當之無愧的了。

在隨後的歲月裡，賀龍一直把周恩來當恩師，在中共軍中戰功卓著。中共建政後，授予賀龍元帥軍銜，奉命坐鎮重慶，任西南軍區司令，轄四川、西藏、雲南、貴州四省。毛澤東卻對賀龍一直另持看法，屢加防範。一九五四年，毛澤東調賀龍進北京，任國家體委主任。正是「杯酒失兵權，一令調進京」了。

其時中共十大元帥的排名是：朱德、彭德懷、劉伯承、林彪、賀龍、陳毅、徐向前、聶榮臻、羅榮桓、葉劍英。而由毛澤東自任統帥——中共中央軍委主席。

一九五九年廬山會議後，彭德懷被毛澤東整下台，林彪以中共中央副主席身分出任國防部長，並任中央軍委第一副主席，主持軍隊工作。其他元帥也均任軍委副主席，但並無實權。由於林彪長期住在蘇州養病，怕風怕光怕水，因之一九六〇年之後，而由賀龍元帥主持中央軍委的日常工作。

毛澤東的用人之術，真可謂機關算盡而登峰造極。

彭德懷之後，毛澤東需要認真防範的人物已是國家主席劉少奇。依中共憲法，劉少奇應是全國武裝部隊的最高統帥。毛澤東視軍隊為自己的家丁，豈可容劉少奇側目？賀龍是周恩來的人。劉少奇、周恩來從未建立起親密關係，劉少奇跟賀龍的關係便是十分疏淡。用賀龍主持軍委日常工作，自然是對劉少奇的有效牽制了。

但是毛澤東又不能不沮喪地看到，自三年大飢荒之後，在黨和國家的重大事務決策上，劉、周、鄧加上彭真、賀龍、羅瑞卿他們總是此呼彼應，意見一致。受到孤立的，竟是毛澤東和林彪二人。在此情形下，執掌兵符的賀龍、羅瑞卿，即成了他要打擊的首要目標。

羅瑞卿被撤職、軟禁，已在軍中引起震動。要整肅賀龍，目標更大，涉及面更廣。必須由康生、謝富治的系統提出有力的「證據」。根據偉大領袖毛澤東和他的親密戰友林彪的需要，康生的系統很快將「證據」暴露了出來：

一、一九六六年二月三日，主持軍委日常工作的賀龍元帥，以中央軍委名義，決定北京衛戍區增建一個團的兵力。依照軍委辦事規則：只有軍委主席本人，才有權調動師以上建制的部隊單位，主持日常事務的副主席，則只能調動一個團的兵力。北京衛戍區新建一個團，此舉肯定得到了劉、周、朱、陳、鄧的批准。但報告了毛澤東、林彪二人沒有？康生的「證據」沒有交代。且在時間上犯了大忌：其時正是毛、林二人調兵遣將，密令三十八軍悄悄開進山海關內的時刻，正是毛林的「上海中央」與劉彭的「北京中央」矛盾激烈化、表面化的時刻，又是彭真硬頂毛澤東、制訂「二月提綱」的時刻。為什麼要在此時刻擴建衛戍區的兵力？為了解決擴建部隊的營房，而去中國人民大學、北京大學、清華大學借用學生宿舍，問題才給洩露了出來。

二、康生指賀龍擅自發給國家體委運動員七百支半自動步槍，還有大炮。大炮架在什剎海，炮口對準中南海……

毛澤東在處理賀龍問題上，顯得頗為小心謹慎。

儘管賀龍「陰謀二月兵變」的事，由「中央文革小組」組長陳伯達、顧問康生親自到北京大學，清華大學向「革命師生」公布了出來，但賀龍在一九六六年八月上旬召開的八屆十一中全會上，仍然保留了政治局委員職務。過了不久，賀龍被軍內造反派、紅衛兵抄了家，人身安全受到威脅。一九六六年底，周恩來出於對賀龍的關愛，在自身處境亦很困難的情況下，把賀龍及夫人接進了中南海，保護在自己家裡一個月之久。由於中南海內已掀起了造反狂潮，連朱德總司令的家都被抄了；中南海內外要求揪鬥「大土匪」、「大軍閥」、「大陰謀家野心家」賀龍的狂呼亂叫連成一片，周恩來無法將賀龍夫婦再保護在家裡，便秘密安排賀龍夫婦至西郊西山的一處住所養病。這正好中了林彪、江青、康生一伙的下懷。賀龍的西山住所不久便被林彪的部隊所控制，畫地為牢，實為囚禁。

賀龍出身行伍，好吃好喝，可說是嗜食成癖。且患有糖尿病。在「中央文革」的「醫療工作服從專案需要」方針的指使下，醫務人員亦即專案人員，他們每天只給賀龍兩杯水喝，兩個饅頭吃。賀龍夫婦處在日夜飢渴之中。賀龍的糖尿病立即加重，致使全身浮腫。北京地區氣候乾燥，久旱無雨。一天下起了大雨，賀龍夫婦用澡盆接了一大盆雨水，準備留下來喝。賀龍卻在與夫人擡盛滿雨水的澡盆時，摔了一跤，摔斷了腰脊椎。醫務人員只給草率包紮，不允許送去醫院治療。此後賀龍臥床不起，痛苦呻吟。這位替中共打了一輩子江山的元帥，於昏迷中時時呼喚著：水，水……可是醫療小組卻奉上級命令，給這位晚期糖尿病人，注射葡萄糖鹽水！據賀龍夫人薛明後來撰文回憶，賀龍是被人活生生折磨死的，也是渴死、餓死的。他渴極了，曾經喝過自己撒下的小便；他餓極了，曾經嚼食給他寫「認罪書」的稿紙。他死的時候，肚子鐵硬，裝的是他嚼食下的紙醬。

相信周恩來曾經為賀龍的事多次向毛澤東求情。因為他是把堂堂國民革命軍長賀龍引上「革命道路」，並介紹其入黨的人。他應負有道義上的責任。可是周恩來已經自身難保。危難中，他懇求過毛澤東嗎？看來確是毛澤東未肯開恩。正跟兩年之後，「國家主席」劉少奇被專案組結合醫療組折磨致死之前，毛澤東亦不肯對其開恩一樣。且相信沒有任何一位中共元老，曾經為劉少奇仗義直言，在毛澤東面前替其求情。後來，人們習慣於把劉少奇、彭德懷、賀龍等一大批「革命功臣」的死，歸罪於林彪、四人幫，實在有失公允。沒有毛澤東的親自授意，林彪、四人幫均無權置他們於死難。

鄧小平在文革初期的待遇即是一例。由於他陣前倒戈，出賣了劉少奇，後雖被列為第二號走資派，但他在中南海內被批鬥時，從未挨過打，沒像劉少奇那樣吃盡皮肉之苦。鄧氏後又被送到江西一座步兵學校「保護」起來，相信專案人員，都是忠實執行了毛澤東的命令。

一九七五年夏天，周恩來已經身患晚期癌症，鄧小平已經在保證「永不翻案」之後復出工作；中共中央決定為賀龍「平反」，補開「追悼會」。周恩來帶病出席。周恩來含著淚水對賀龍的子女們說：

我對不起你們……沒有能夠保護下你們的父親……

二十多年過去了，歷史的謎團或可逐漸解開：一九六六年二月前後，賀龍等人可能有過增強保護京畿的軍力的部署，為的是防止林彪的兵變。「二月兵變」確曾發生過，正是毛澤東自己，密令三十八軍包圍了北京，並進駐了北京。

第六十九節　彭德懷之死

彭德懷元帥自一九五九年廬山會議罷官之後，舉家搬出原中南海內的住址—永福堂，而住到北京西郊掛甲屯的吳家花園，挖泥種菜，重操體力。為了打破畝產十萬斤糧食的大躍進神話，他還跟警衛人員一起，將一口池塘改成試驗田來耕種。他是在以實際行動，來對抗毛澤東的虛誑。

掛甲屯，原是宋代大將楊六郎北征西遼時，途中掛甲歇馬之地，村莊因此得名。彭德懷被撤銷了國防部長職務，上繳了元帥服、功勳章等，做了一名被軟禁的「罪臣」，真正的掛甲歸田了。

一九六二年春，彭德懷基於毛澤東發動大躍進後引發全國大飢荒，餓死人口數千萬這個事實，再次上書黨中央和毛澤東主席，要求實事求是，改弦易轍，承認三面紅旗失敗。

救萬民於水火。他的「意見書」長達八萬言。

毛澤東害怕的，不是彭德懷本人鬧翻案，而是黨內的那股妄圖為彭德懷翻案的勢力。潛在的掛帥人物是黨的二把手、國家主席劉少奇。毛澤東明白，彭德懷翻案成功，他毛澤東就極有可能被逐出中共的政治權力舞台。

彭德懷問題是毛澤東的一大隱患，一塊心病，一杯苦酒。是他顛倒黑白，欺蒙天下，做了一件最為傷天害理的事。

一九六五年九月二十三日，毛澤東在密謀策動一場搞掉劉少奇、彭真的軍事政變的前夕，決定將彭德懷調離北京。因為老謀深算的毛澤東懷疑，一旦到了劉、彭公開跟他攤牌的關鍵時刻，自井崗山起即任紅軍副總司令的彭德懷元帥，仍有著巨大的影響力和號召力。

當日，毛澤東通宵失眠，他請彭德懷來到中南海豐澤園，長談了五個多小時，而後共進午餐。

這是彭德懷被罷官之後六年來，第一次蒙毛澤東召見。毛澤東見面就說：

早在等著，還沒有睡。你這個人有個犟脾氣，幾年也不寫信，要寫就寫八萬字。今天還有少奇、小平、彭真同志，等一會就來參加。恩來去機場接西哈努克親王，不能來。我們一起談談吧！

談話中，彭德懷才明白，毛澤東是要調他去四川成都，參加三線建設任副總指揮，毛澤東說：

現在要建設大三線、小三線①，準備戰爭。你去西南是適當的。將來還可以帶一些兵去打仗，以便恢復名譽。廬山的事，也許真理在你那邊。讓歷史去做結論吧？

彭德懷服從中央分配，去了四川成都，在大三線建設指揮部任第三副總指揮。他是個一天也閑不住的人，全心全意地投入了新的工作。三線建設是根據毛澤東的戰爭狂想，將中國大陸的一大半家當—後中共承認三線建設浪費了六千億元（當時中共政權的國民經濟年總收入為二千億元），投進大西南山區的崇山峻嶺裡。

一九六六年夏天，毛澤東在完成軍事部署，其親信部隊嚴密控制了整個京、津地區之後，即發動以打倒劉少奇為主要目標的文化大革命運動，號召全國青年學生組成紅衛兵，進行全國大串連。並規定紅衛兵坐車不要錢，住店不要錢，吃飯不要錢。同時號召各地群

---

①一九七〇年之前，毛澤東一直幻想著打第三次世界大仗，而且戰爭就在中國大陸進行。根據他的這一狂想，當時中共制訂的國土戰略，東南沿海、西北邊疆為第一線，浙西山區、閩西山區、江西南部、湖南南部山區為第二線，而把陝西南部、四川全省、貴州全省、鄂西、湘西做為第三線，大後方。北京西山及太行山一帶為小三線。

眾起來革命造反，從走資派手中奪權。自八月十八日起，毛澤東連續九次在天安門廣場接見來自全國各地的紅衛兵小將，人數達兩千萬。從此，紅衛兵的打砸搶抄抓紅色恐怖行動，席捲了整個中國大陸。

一九六六年冬天，毛的第一文字幫辦陳伯達當上了「中央文革」組長，毛的夫人江青當了「中央文革」第一副組長，毛的情報頭子康生當了「中央文革」顧問，取代了中央書記處，把持了「黨中央」他們唆使「中央文革」領導成員之一的戚本禹，派紅衛兵小將去成都，以「中央文革」名義，於十二月下旬將飽受冤屈的彭德懷元帥揪回北京批鬥。彭德懷被關押在北京西郊一座軍營裡。

一九六七年元旦，彭德懷給毛澤東寫了最後一封信。信中寫道：

主席：您命令我去三線建委，除任第三副主任外，未擔任其他任何工作，辜負了您的期望。十二月二十二日晚，在成都被北京航空學院紅衛兵抓到該部駐成都分部。二十三日轉北京地院②東方紅紅衛兵。於二十七日押解到京，現被關在

---

②為何「中央文革」爭功，當時北京赴成都揪彭德懷的兩派紅衛兵發生爭鬥，彭先被北京航空學院紅衛兵抓獲，後被北京地質學院紅衛兵搶去並押解到京。

中央警衛部隊與該紅衛兵共同看押。向您最後一次敬禮！祝您萬壽無疆！

彭德懷一九六七年一月一日

由於當時周恩來、朱德等人還在極力保護彭德懷的人身安全，一九六七年上半年之前，彭德懷還沒有受到後來的那種非人的折磨和摧殘，相信這封信仍能呈送到毛澤東本人手裡。但毛澤東對於彭德懷這名「階下囚」再無任何憐憫之心，而默許了江青、陳伯達、康生、戚本禹一伙去任意批鬥。

一九六七年七月十二日，北京正值酷暑，康生、陳伯達、戚本禹在人民大會堂接見「北京五大紅衛兵領袖之一」的韓愛晶等人，下達了折磨、摧殘彭德懷的命令。七月十九日，韓愛晶等人，有恃無恐，在北京航空學院開會揪鬥彭德懷。會上，年近七旬的彭德懷被拳打腳踢，「打翻在地」七次，遍體受傷。當時在場的北京衛戍區警衛戰士於第二天向「中央文革」作了書面報告。以下摘錄的是原書面報告的兩小段：

昨天「北航」開了三、四十人的小會批鬥彭德懷。會上打了彭德懷，打倒七次，前額破了，肺部有些內傷。明天還要鬥。

問韓愛晶為甚麼武鬥，他說中央文革小組講「不要武鬥，但對群眾不要限制過多」，並說總理的「五不」指示是過時的，中央文革是最新指示。

七月二十三日，衛戍區又向上反映，彭德懷被毆打後，「胸部疼痛，呼吸困難，痰吐不出來，不吃飯，不起床。據醫生初步檢查（未做透視），可能有些內傷。」

以下再摘錄一份「關於彭德懷一九六七年七月十九日至二十二日監護情況」的原始記錄：

自十九日參加批鬥後，食宿大大減少，精神很苦悶……進室後就躺在床上休息……不斷發出哎喲、哎喲的聲音，當晚未吃飯，不能吐痰。讓他寫材料時說：我現在不能寫。我們說，那不行。他又說，寫不了，要不殺頭算了。到二十二日精神稍好，起來後有點發牢騷，不斷出長氣……而又躺在床上，但一夜未能睡好。二十日說：今天胸部疼的面積擴大，而且又重了些，從床上起來很疼，也非常困難，起時需要哨兵拉我一下，不然的話，起不來……經醫生檢查胸部左右兩側第五根和第十根肋骨骨折，脈博和血壓都有增加。

七月二十三日，在中央文革直接指揮下，並有江青、康生、陳伯達、戚本禹等人親自出席的情況下，又在北京航空學院南操坪舉行了號稱十萬人的批鬥大會。同時被批鬥的還有張聞天等人。彭德懷重傷未癒，又添新傷。他的衣褲被撕打破了，兩腳上一隻穿著棉鞋，另一隻穿著草鞋，胸前掛著大黑牌，被一次又一次強行彎腰九十度。

批鬥大會上，有人責問：

彭德懷！你抗日戰爭時幹了甚麼壞事？

彭德懷很倔強地回答：
打死了幾百萬日本兵和漢奸。
為什麼打百團大戰③？說！
打敵人嘛！
你為什麼在廬山會議上寫信反對毛主席？
我在那封信上只是講比例失調的問題。
你為什麼反對偉大領袖、偉大導師、偉大統帥、偉大舵手毛主席？
我沒有反對毛主席。我只是無話不談。
彭德懷鐵骨錚錚，只要還剩一口氣，就不向邪惡低頭。
他得到的自然又是一次毒打，以及鋪天蓋地的口號聲。
批鬥之後，他們把彭德懷、張聞天等人五花大綁，插上長長的箭標，押在人群中「示

---

③一九四〇年，為遏阻侵華日軍南進，以彭德懷為副總司令的太行山八路軍總部，不顧延安的毛澤東反對，在華北平原發動一百團兵力與日寇激戰，紓解了國軍壓力。後屢屢受到毛澤東指責，斥彭德懷過早暴露八路軍實力，是幫了國民黨的大忙。

眾」。剛走不遠，彭、張二位老人就倒到地下了。彭德懷在地上喃喃地說：「讓我休息一下……我想喝口水，一口水，一口水……」沒人給彭德懷一口水喝，招來的是暴徒們惡狠狠的叫罵，並吐去了一口口唾沫……接著彭、張被人抬起來，扔進了游鬥的大卡車，向市中心開去。

據一位目擊者後來回憶說，當日彭德懷元帥被五花大綁地押在游鬥的卡車上，經過天安門城樓前長安大街時，一左一右兩個彪形大漢挾住了他，強按下他的頭顱。其他的被游鬥者皆有頭髮，是被人揪住頭髮按下頭顱的。只有彭德懷剃著光頭，沒有頭髮可揪，而被一左一右扣住了兩隻眼皮！

整個中國都瘋狂了，被偉大領袖毛澤東法西斯化了，再無人性人道可言。劉少奇、鄧小平、賀龍等等均被關在各自的住處劃地為牢，天天接受專案審查，失去了人身自由。彭真、黃克誠、張聞天、羅瑞卿、陸定一、楊尚昆等等享受的是跟彭德懷一樣的待遇。周恩來、朱德雖然竭力保護這些「革命元勳」，但周、朱的話已沒多大效用，且自身難保。「中央文革」已經取代了中央政治局，毛的夫人江青已經取代陳伯達當了「中央文革組長」，成了中共實際的總書記。周恩來、朱德等人，都要仰仗這位權傾一國的主席夫人。

唯一能免彭德懷元帥於死難的，是毛澤東本人。毛澤東卻不肯一開金口。在戰爭年代裡，彭德懷曾經先後三次救過毛澤東的命。毛澤東卻不肯在和平年代裡，於他自己發動的政治運動中免彭德懷一死。

一九七〇年九月十七日，「中共中央彭德懷專案審查組」完成了「審查報告」，建議「永遠開除出黨，判處無期徒刑，終身剝奪公民權利」。同年十一月三日，其時擔任總參謀長的林彪的親信黃永勝批示：「同意」。

由於「中央文革」指使下的暴徒們無休止的毒打、折磨，彭德懷於一九七三年春末大量便血，被診斷為直腸癌。動了手術後，病情有所好轉。但彭德懷所住病房的所有窗戶都被報紙嚴嚴實實地糊死了，過著真正的暗無天日的日子。

一九七四年夏天，彭德懷病危，癌細胞擴散到肺部、腦部，引起劇烈的痛楚。但是，「中央文革」早有指示，一切醫療手段都必需為「專案服務」，沒有人給他打止痛針。他死前，想最後看一眼窗外的陽光，天空，白雲，監管他的專案人員以安全為由，拒絕了他的這一最後的人生請求。

一九七四年十一月二十九日下午三時，彭德懷元帥含恨去世，終年七十六歲。

他死了，但毛澤東及其戰友，學生們仍然害怕他的名字。經黨中央副主席王洪文批示，彭德懷的遺體被祕密焚化，骨灰偷偷運到四川成都，編號三二七，謊稱三十二歲，名叫「王川」，成都市人。

直至一九七九年十一月，毛澤東去世整三年之後，中共中央才為彭德懷平反昭雪，恢

第七十節　「國家主席」劉少奇之死

劉少奇命運的最後結局，雖然跟彭德懷一樣慘烈，但遠不如彭德懷那樣地為後世所同情、敬仰。

劉少奇湖南省寧鄉縣花明樓人氏。花明樓村離毛澤東老家韶山沖僅九公里。

劉少奇的一生，堪稱為一個複雜的歷史現象。應當肯定，早年曾經赴法留學的劉少奇，較毛澤東具理性，少瘋狂；也比毛澤東具理論素養及道德涵養；更比毛澤東具經濟頭腦，治國方略。劉少奇是個重實際、循規矩、守紀律的中共政客。

劉少奇作為中共政治領袖人物，有兩個致命的弱點：一是他靠工運起家，而中共基本上一個農民黨，靠一支農民起義軍隊打江山，劉少奇一直未能跟「槍桿子」建立起密切的關係；二是劉少奇在政治上的真正竄昇，是毛澤東於一九四二年至一九四五年間發起清除異己的「延安整風」時期。是毛澤東挑選了他，結為同盟。他擁戴了毛澤東，首先提出「毛澤東思想」這個名詞，並做為「全黨政治工作的指導方針」。毛澤東自然也給他以回報，稱他為「黨的白區工作（即國統區）的正確路線的代表」，並把他的一篇講話「論共產黨員的修養」列為黨員必讀教材。在中共「七大」上，毛澤東使他的地位越過朱德、周恩來，成為中共第二號人物。這一來，也就注定了他是毛澤東權力寶座上的附屬物。

在中共建政之初，劉少奇曾經有過一套較具理性的國民經濟建設方案，提出「新民主主義新階段論」，主張在中國大陸城鄉先發展資本主義經濟，鼓勵私有制，稱資本家剝削有功，待經濟發展到一定水平之後，再實行社會主義。但他的這些有益的治國方針，遭到了毛澤東的蠻橫斥責，初試啼聲即銷聲匿跡了。毛澤東不懂經濟，卻一味地在經濟領域蠻幹，荒謬地以為只要以革命手段改變了生產關係就解放了生產力。於是在城市強行社會主義的公私合營，將所有私營經濟改造為公營經濟；在農村則推行集體化運動，把土地從農民手中收歸國有，組織半軍事化的農業合作社、人民公社。劉少奇只得在經濟領域到處替毛澤東補漏洞，收攤子。更有主持國民經濟工作的周恩來、陳雲、鄧小平、李先念、薄一波等人，亦唯毛澤東之命是從，毫不顧及經濟工作的規律。一九五五年下半年，劉少奇與鄧子恢兩人一下子砍掉了全國二十萬個不符條件的農業合作社，意在保障農業的正常發展。卻惹得毛澤東勃然大怒，大會小會地斥責他和鄧子恢兩人為「右傾」，「農業合作化道路上的小腳女人」。劉少奇在發現他無法跟毛澤東作權力抗衡之後，為求自保，便採取逆來順受態度，開始助紂為虐。

最為明顯的，是一九五九年夏季的廬山會議上，劉少奇枉顧大躍進惡果，為服從毛澤東，從反左糾左轉而反右批右，昧著良心領頭批判彭德懷、張聞天，真正墮落為機會主義者。

接下來是三年大飢荒，鬧的天怒人怨，毛澤東不得不做檢討，之後躲到南方去名為養病，實為游山玩水，玩女人。而讓留在北京主持日常工作的劉少奇等人夜以繼日地收拾殘局，調整政策，安撫人心。使得中共政權度過了三年大飢荒，沒有亡黨亡國。至此，劉少奇的名聲大振，威信日高，並掌握了中共的黨務、組織系統，地位直比毛澤東。他知道今後要制衡毛澤東，需要暗中鼓勵下屬為彭德懷翻案。彭德懷冤案是毛澤東一手造成，最失人心。

毛澤東在「七千人大會」上即洞察了劉少奇的「司馬昭之心」。一俟國民經濟的情況有所好轉，便下決心採取政治及軍事的手段來剷除他。毛氏為此進行了歷時三、四年的周密策劃，終於於一九六五年冬季付諸行動，使得劉少奇猝不及防。

第一步是採取突襲手段，解除羅瑞卿、賀龍兵權，密令親信部隊進駐北京；第二步是發起批判「海瑞罷官」運動，動搖劉少奇在北京地區的權力基礎；第三步是逮捕劉少奇在黨中央的四員得力幹將：彭真、羅瑞卿、陸定一、楊尚昆，警告周恩來、鄧小平，徹底孤立劉少奇；第四步是誘劉少奇犯錯誤，在文革初期向北京大學、清華大學派出工作組，執行「資反路線」，「鎮壓學生運動」；第五步是召開中央全會，改組中央政治局及其常委會，把自己的親信大量安排進決策會，使劉少奇從黨內排名第二位降為第八位。並逼劉少奇做檢討，交代反毛主席、反毛澤東思想的問題。

在劉少奇做了檢討之後，毛澤東為穩定黨心民心，未急於窮追猛打，乃來了個緩兵之計。他多次在會上指出。劉少奇的檢討雖然不夠深刻，但態度是好的，要給出路，不一棍子打死。

「給出路」就是讓活著，留下一條性命，本是中共用以對待原「偽滿洲國」罪犯、國軍被俘將領的政策，現在用之於國家主席劉少奇，可見其時劉氏已淪為階下囚。

毛澤東對付手無寸鐵的劉少奇的第五步，是使劉少奇成為「中國的蘇加諾」，「中國的赫魯曉夫」被逐下台後，任由「中央文革」麾下的紅衛兵、中南海內的造反派去批鬥、折磨，並禍及其夫人王光美，加上七名子女。

一九六六年底，「中央文革」公開提出打倒「三反分子劉少奇」的口號。毛澤東聽之任之。一九六七年一月上旬，中南海的造反派開始衝擊劉少奇一家在中南海內的住所——福祿居，貼大字報，掛大標語，並對劉少奇本人進行人身攻擊。

福祿居離豐澤園不遠。但毛澤東此時已經搬出了中南海住進了為他臨時改建的人民大會堂浙江廳。眼不見、耳不聞為淨，好讓中南海的造反派放開手腳去批鬥劉少奇。也就是在這時刻，毛澤東這個勝利者，並沒有忘記，要對劉少奇來一次「貓戲耗子」的遊戲。

一九六七年一月十三日深夜，毛澤東讓祕書去中南海接來劉少奇，與之談話，態度頗為親切。劉少奇大約已經感覺到，今後再難有機會見到毛澤東，便在沉痛檢討之後，針對全國範圍內「懷疑一切」、「打倒一切」的造反高潮，提出了自己的請求：

一、這次路線錯誤的責任在我，廣大幹部是好的，特別是許多老幹部是黨的寶貴財富，主要責任由我來承擔，儘快把廣大幹部解放出來，使黨少受損失。

二、辭去國家主席、中央常委和《毛澤東選集》編輯委員會主任職務，和妻子兒女去延安或老家種地，以便儘快結束文化大革命，使國家少受損失。

毛澤東笑笑微微，抽著煙，卻沉吟不語。劉少奇太過天真了。毛澤東耗費了多少年的心血，才把你劉少奇捏在了巴掌裡，這就能放過？剛開了個頭哪。過了一會，毛澤東才無關痛癢地勸劉少奇不要性急，來日方長，不做工作了，可以靜下來好好讀幾本書，總結總結自己……臨別時，毛澤東甚至還送劉少奇到門口，握了握手，親切地說：好好學習，保重身體！

毛澤東一定是大大地滿足了自己，比任何一次北國佳人、南國美女服務之後的滿足還要快意。

就在毛澤東召見後的第四天，中南海中央辦公廳電話局的一伙造反派氣勢洶洶地衝進劉少奇住處福祿居，不由分說地扯斷了所有的電話線，收走了所有的電話機，使劉少奇斷絕了跟毛澤東、周恩來及中央政治局的一切聯繫。

一九六七年四月一日，中共中央的喉舌「兩報一刊」（即《人民日報》、《解放軍報》和《紅旗雜誌》），同時發表了戚本禹的文章〈愛國主義還是賣國主義〉，首次公開指名道姓稱劉少奇為「中國的赫魯曉夫」、「黨內頭號走資本主義道路的當權派」。劉少奇見報後，立即給毛澤東寫了一封信辯誣，請求黨主席毛澤東明示。毛澤東自然不會給他回信。

幾天後，毛澤東的明示出來了，由毛澤東親自簽發的「中共中央文件」上，首次稱劉少奇為「中國的赫魯曉夫」，「黨內最大的走資派」。這無疑是宣判了劉少奇的政治死刑。

四月六日晚上，中南海內的大批造反派，高呼著打倒劉少奇的口號衝進了福祿居，向劉少奇宣布：勒命撤銷一切服務人員，今後必須自己做飯、打掃衛生、洗衣服，改變作息時間，隨時準備接受革命群眾的批鬥。

四月七日，中共中央辦公廳主任汪東興代表黨中央，要求劉少奇向中南海內造反派交出他的檢討書。當天對他進行了批鬥。批鬥會上，劉少奇依據歷史事實進行答辯時，造反派戰士使用《毛主席語錄》書打他的臉和嘴。

四月八日，劉少奇夫人王光美被勒令去清華大學認罪。

四月十日，在毛澤東夫人江青親自參予下，清華大學舉行三十萬人的批鬥劉少奇夫人王光美的大會。王光美在會上被拳打腳踢。

該年夏天，毛澤東有意離開北京，又帶著張毓鳳去巡視大江南北。

七月十三日開始，在「中央文革」策動下，北京市一百多個紅衛兵組織的五十萬紅衛兵，組成「揪劉陣線」，包圍了中南海，並架設了數百隻高音喇叭，日日夜夜狂吼著「揪出劉少奇」，「打倒劉少奇」，「絞死劉少奇」！

七月二十日，因發生了「武漢兵變」，武漢軍區獨立師扣押了「中央文革」派去支持造反派的謝富治、王力，局勢十分緊張，加上周恩來出面干預，「中央文革」才下令包圍中南海的五十萬紅衛兵撤離。在這期間，江青下令逮捕了一位在劉少奇家裡工作了十八年的廚師，劉少奇身邊的工作人員人人自危，為了自保，開始有工作人員揭發劉少奇。當時，劉少奇最小的女兒瀟瀟只有六歲由於形勢險惡，劉少奇、王光美隨時可能入獄，他們擔心最小的女兒遭遇不測，便在一個夜裡把女兒交給一位姓趙的服務員，讓其帶出中南海去哺養……演出一幕現代托孤的悲劇。

七月十八日中午，劉少奇意識自己到了生死關頭，從衣服口袋裡拿出兩份中央文件給孩子們看，一是毛澤東一九六四年讚揚和推廣王光美的「桃園經驗」的批示全文，二是毛澤東於今年初肯定劉少奇書面檢查的批語全文。劉少奇此舉，是要向孩子們證明自己的無辜？或要暗示毛澤東的背信棄義、出爾反爾？

當天晚上，中南海的造反派把劉少奇和王光美分別揪到兩個食堂裡進行批鬥，並對劉少奇的住處進行了徹底搜查。批鬥會上，年近七旬的劉少奇被勒令低頭彎腰，站立了兩個小時，不許他說一句話。他面色蒼白，汗珠滾滾。他掏出手絹想擦汗水時，被人狠狠打了一拳，將手絹打落。批鬥會後，劉少奇被押回福祿居前院的辦公室隔離看守，並由警衛部隊加派了崗哨。王光美則被隔離在後院，從此他們夫妻不能見面。子女們則被隔離在中院的房間內，既看不到前院裡的父親，也看不到後院裡的母親。過了兩天，警衛部隊更是派人於一夜之間，以非常速度在前院裡砌起一堵高牆，使劉少奇連中院、後院裡的聲音都聽不見了。

八月五日，天安門廣場上召開百萬人大會，聲討「武漢兵變」，迎接曾在武漢被軍人關押的謝富治、王力兩人「勝利歸來」。與此同時，中南海內，召開劉少奇批鬥會。劉少奇和王光美被幾個彪形大漢架上台，「坐噴氣式飛機」。劉少奇當場被打得鼻青臉腫。他的兩腿被打傷，鞋子被踩掉，只穿了襪子……會後，劉少奇求人傳話，請來中央辦公廳機要祕書。他拿出一本《中華人民共和國憲法》，要求中央辦公廳和警衛部隊，保障他這國家主席、共和國公民的人權。機要祕書立即向黨中央寫了匯報，但得不到任何回應。因為中共從未承認過任何人的人權。他也是自作自受了。

八月七日，劉少奇給毛澤東寫信，書面提出辭去國家主席職務，並哀告：「我已失去自由」。他的信，肯定轉到了毛澤東的手裡，只是毛澤東樂得他做一名囚徒。

九月十三日，劉少奇的子女們被趕出了中南海，夫人王光美以「美蔣特務」罪名被捕入獄。他均茫然不知。又有人奉命搜查了他的住處，把他按倒在地，從他腰上把皮帶抽走了。說是防止他畏罪自殺。

此後，劉少奇傷、病交加。他的雙腿被人毆傷，行走困難；他的雙臂被人扭傷了，每天起床穿衣服，要花一、兩個小時才能穿上。食堂離他住處只有三十米，他要自己去打飯，他東倒西歪地來回一趟要走五十分鐘。後來，他根本不能行走了，改由工作人員打飯。因工作人員被人罵作「保皇兵」，不願幹，常常是打來一次飯，讓劉少奇吃好幾天。因此劉少奇吃的常常是餿飯。他被人打得嘴裡只剩了七顆牙……

劉少奇生病，醫務人員給他診病前，先要開他一次批判會，罵幾聲「中國的赫魯曉夫」，有的造反派大夫甚至故意用聽診器敲打他。有的男護士替他打針，則故意亂捅亂扎……劉少奇已經奄奄一息。由於天氣炎熱，長期臥床，造成他下肢肌肉萎縮，枯瘦如柴，身上長滿了褥瘡。為防止他自殺，監管人員還用綳帶將他的雙腳綁在床上，不許鬆動。

後世的讀者一定難以理解，就在中共中央總部所在地的北京中南海內，對付黨的第二號人物、共和國主席，何以這樣慘無人道，滅絕人性？皆因共產黨奉行「你死我活」的階級鬥爭學說，年年月月批判資產階級人性論、人情味，宣揚鬥爭的殘酷性，暴力萬能論。

這就是毛澤東思想的精髓。結果是全中國大陸地區都瘋狂了，毀滅了人性，只剩了革命性，階級性，野蠻的獸性。

一九六八年十月十三日至三十一日，毛澤東親自主持召開了中共八屆十二中全會（擴大），會議批准了中央專案審查小組「關於叛徒、內奸、工賊劉少奇罪行的審查報告」，宣布撤銷劉少奇黨內外一切職務並永遠開除出黨。劉少奇在病床上聽到了毛澤東及黨中央對他所作出的判決，欲哭無聲。

一九六九年十月十七日夜晚，生命垂危的劉少奇被人抬上飛機，運到河南開封市一座幽閉的小院裡。十月下旬，劉少奇高燒不退，但得不到應有的治療。直拖到十一月十二日早上六時，劉少奇停止呼吸。兩天後，屍體被火化，骨灰盒上的名字叫「劉衛黃」，職業是「無業遊民」。這就是「中華人民共和國主席」劉少奇的結局。

劉少奇的夫人王光美，一直關在公安部直屬的昌平縣秦城監獄。她本於一九六九年四月中共「九大」結束後不幾天，即被毛的接班人林彪親筆批准：「判處死刑，立即執行」。但王光美畢竟是劉少奇夫人，死刑決定要交由毛澤東過目。劉少奇既死，毛澤東當即揮筆改判：「刀下留人，要作活證據」。

從上述王光美的判決事例中，說明毛澤東本人完全操縱著劉少奇的生死，包括彭德懷、賀龍等人的生死。另一個事例是：當時作為「黨內第二號走資派鄧小平」，由於在關鍵時刻出賣了劉少奇，並檢舉揭發有功，毛澤東則給予了有效的保護。鄧小平在中南海內接受造反派批鬥時從未挨過打，生病得到應有的治療，隨後舉家遷往江西，平安度過文革最恐怖、殘酷的歲月。直到一九七三年春天他書面保證「永不翻案」，重獲毛澤東重用。

第七十一節　「接班人」林彪的下場

現世現報，文化大革命也對偉大的君主毛澤東進行了苛毒的嘲弄。

一九六六年，是毛澤東聯合林彪發動兵變，把劉少奇及其同夥剷除夷盡，將周恩來及其派系貶抑得服服貼貼，他原以為，改立林彪為接班人，是萬全之計，林彪自井崗山割據年代起就是自己忠實的學生、愛將，加上又是個半條性命的重病號，平日怕風怕光怕水，大小便都失禁的，有生之年，自己的統帥權力、領袖地位，不會再面臨新的威脅。

可是過了不久，毛澤東卻懷疑上了：林彪竟是個可怕的對手！林彪取代劉少奇坐上黨的第二把交椅之後，毫不含糊地從毛澤東手裡奪去權力，而且是最要他老命的兵權。都是周恩來會做人，大會小會尊毛澤東為統帥，林彪為副統帥，人民解放軍是毛主席親自締造的、林副統帥直接指揮的革命武裝力量，無產階級專政的柱石。周恩來真的拍馬到家了。

這可好了，林副統帥直接指揮起軍隊來了：他廢除了原軍委常委辦公會議，而成立軍委辦事組，任命自己的老婆當組長；接著任命親信黃永勝當總參謀長，任命親信李作鵬當海軍司令，任命親信吳法憲當空軍司令，任命親信邱會作當總後勤部部長……當然，這些任命都得到了毛澤東的首肯。當時的主要目標是打倒劉少奇，貶抑周恩來，不能不倚仗親密戰友林彪及其手下的將領們。

劉少奇死後，毛澤東對林彪的疑心日重，並耿耿於懷：人民解放軍是偉大統帥親手締造的，林副統帥直接指揮的！甚麼意思？誰的發明？締造者就不能直接指揮了？只剩了「四個偉大」①，而實際上又被人架空了……難怪，從總參謀部，到總後勤部，從海軍司令到空軍司令，陸海空三軍統統成了林彪「四野」將領們的天下……

於是，一九六九年春天中共權力重新分配的「九大」開過不久，毛澤東即以七十六歲的高齡，不遺餘力地投入了新一輪的權力之爭，而且是赤裸裸的兵權之爭。他仍然不能安住北京。過去北京是劉少奇、彭真的獨立王國，今天北京成為林彪、黃永勝、吳法憲、葉群、李作鵬、邱會作等軍人的大本營！

真是老天有眼，獨裁者遇上了獨裁者，陰謀家遇上了陰謀家，其權力之爭的方式，必

---

①林彪對毛澤東的阿諛之詞：偉大領袖、偉大導師、偉大統帥、偉大舵手。

然是訴諸陰謀和暴力。

毛澤東仍然坐了他的專列，帶上張毓鳳及其軍事情報系統，在南方各地巡行。可惜年事已高，身體更為肥胖，病也更重了，已不能在各地抱住美女跳舞，或是游泳。但他仍然喜歡裸體美女，摟在懷裡，滿足手足之娛。他和林彪集團的矛盾尚未公開化，他仍是一尊偉大的神明，到處受到崇拜、敬仰、吹捧。他頭腦十分清醒，明白自己的生命處在危險之中。舉國崇拜的狂潮是林彪一夥煽動起來的，什麼「三忠於」、「四無限」，什麼「毛主席的話，句句是真理，一句頂一萬句，是精神原子彈」。現在毛澤東覺得這類崇拜、吹捧十足的虛偽，肉麻，討嫌。

一九七〇年夏天，在江西廬山召開了九屆四中全會，討論召開四屆人大的人事安排問題。加上個賣身投靠的政治局常委陳伯達，他們不顧毛澤東六次指示「不設國家主席」的問題，而大捧林為「天才」，堅持設「國家主席」，意即要捧林彪當主席。一時間會內會外鬧翻了天，「大有炸平廬山、停止地球轉動之勢」[②]。最使毛澤東感到傷心和憤怒的，是陳伯達的背叛。陳伯達跟隨自己三十幾年，任文字祕書，《毛選》三卷、四卷中的大部分文章皆出自他的手筆。可是現在陳伯達看出來自己老了，無用了，而投靠林彪去做理論助手！槍桿子又加上筆桿子了。好在大多數中央委員還是跟自己跑的。對不起，殺雞儆猴，

---

②毛澤東語

就拿陳伯達開刀，把他定為「劉少奇一類政治騙子」！

這次的廬山會議開了個不歡而散。毛澤東挾統帥重威，逮捕了陳伯達，並命令林彪手下的五員大將黃、吳、葉、李、邱寫書面檢討。至此，毛澤東和林彪的關係已形同水火，比過去跟劉少奇的關係緊張得多，也險惡得多。劉少奇至多是跟他玩弄文字、文件，現在林彪跟他玩弄的是槍桿子。毛澤東仍然執掌著至關要害的權力，仍是通過康生的情報系統、謝富治的公安系統、王震的鐵路系統、汪東興的警衛系統，對林彪及其集團的行止動向進行嚴密監視與祕密滲透。並在北京軍區、北京衛戍區、總參、總政、總後、空海軍司令部大量派入自己的人馬，叫做「摻沙子」。

然而林彪也已經有效地建立起了自己的軍內情報系統，一方面對毛澤東進行反監視、反滲透，另一方面密令自己的愛子林立果，祕密組織「小艦隊」，制訂「五七一政變綱領」，訓練職業殺手，準備武裝政變，並暗殺毛澤東主席。

一九七一年的夏季、秋季，毛澤東一直坐了專列在南方各省市巡行。每到一地，便找省委書記、軍區司令談話，帶領他們唱「國際歌」、「三大紀律八項注意」。他親自打拍子，當指揮。他號召各省市的書記們，軍區司令員們，要跟著自己走，不要上黃、吳、葉、李、邱一夥人的當，解放軍不要跟了黃永勝們去做壞事，要警惕野心家、陰謀家篡黨篡軍奪權。他公開警告說：要團結，不要搞分裂，要光明正大，不要搞陰謀詭計。他只差沒有直接點出林彪的名字了。可是，毛澤東在武漢、長沙、南昌、杭州、上海的各次講話，都立即有人報告給坐鎮北京的黃、吳、李、邱，報告給住在北戴河養病的林彪和葉群。

毛澤東的系統，林彪的系統，相互滲透，真是你中有我，我中有你了。

正是毛澤東在南方各地的講話，決定了北方的林彪要加快政變的步伐。他們要趁毛澤東在南巡途中，把毛澤東消滅掉。

林彪之子林立果及同夥精密設計出的方案有五套：一是由杭州的駐軍司令陳勵耘派空軍強擊機轟炸毛澤東乘坐的專列；二是待毛澤東的專列停靠在杭州機場附近時，利用不遠處的油庫縱火，乘混亂將毛澤東幹掉；三是由上海警備司令員王維國，待毛澤東的專列抵達上海，召見幹部時，親手將毛澤東槍殺掉；四是派「小艦隊」人員在上海的碩放地方埋伏，待毛澤東的專列通過時，將橋樑炸毀，製造第二個「皇牯屯事件」；五是派「小艦隊」的人馬，以四〇火箭筒及單兵噴火器，炸毀毛澤東行進著的專列。

林立果一夥布下天羅地網，等待毛澤東粉身碎骨。

但毛澤東畢竟是一隻老狐狸。他十有八九獲悉了林彪將要謀殺他的計畫。他決定以自己的行動來打亂對手的計畫。

一九七一年九月九日，毛澤東的專列抵達杭州。原計畫在杭州下車休息三天。可他的專列改換了停靠地點，而且就住在專列上，只休息一天。毛澤東的衛隊布下嚴密的防衛。

陳勵耘布置一位親信執行駕機轟炸專列任務，那親信卻臨時稱病變卦，毛澤東得以苟且活命。

九月十一日下午，毛澤東的專列抵達上海，原擬休息兩日。但毛澤東並未下車。上海警備司令員王維國身藏手槍要上專列拜見毛澤東，被汪東興及其他衛士擋了駕。王維國隨即被在場的南京軍區司令員許世友拉去飯店喝酒。這時毛澤東突然下令專列啟程，逃離上海。一路風驅電馳……專列在南京換機車頭停留半小時，繼而在濟南又換機車頭停留半小時，之後日夜兼程，直馳北京！

九月十二日中午，毛澤東的專列抵達北京南郊的豐台車站。他不敢貿然進入北京市區，而下車住進了被他在「九大」上斥為「右的代表」的、被罷官閒居的陳毅元帥的府上，跟中南海主持中央日常事務的周恩來取得了聯繫。電話裡，毛澤東對周恩來的第一句話是：恩來，天不滅曹，我險些成了喪家之犬……你立即替我把北京軍區的頭頭找來陳毅府上來……

之後，毛澤東顧不得疲累，在陳毅府上召開了北京軍區、北京衛戍區負責人聯席會議，對北京地區的警衛工作作了重新部署。

再說政變的另一方面。那坐鎮北京西郊機場，擔任政變總指揮的林立果，卻發生了一件最不可思議的事情：從十一日下午起，未婚而好色的林立果竟迷上了一位不知從哪裡選送來的傾國傾城的美女。他不顧同夥的勸阻，竟在這千鈞一髮的時刻，摟住那妙可美人一覺睡了十個小時！專等著南方傳來驚天動地的大喜訊。

消息終於傳來了：毛澤東已於十二日中午，平安抵達北京！

晴天霹靂。五雷轟頂。林立果明白政變告吹。他立即駕直昇飛機抵北戴河與父母會合。林彪、葉群立即決定乘飛機出逃。

時間是九月十三日凌晨一時。林彪、葉群、林立果等強行闖到山海關機場，登上一架未加滿油的專機，飛往外蒙古。

周恩來在軍事螢屏上看得清清楚楚。毛澤東已回到中南海豐澤園。周恩來請示他怎麼辦？要不要打下來？驚魂未定的毛澤東說：

天要落雨，娘要改嫁，隨他去吧！

九月十三日凌晨二時三十分左右，林彪夫婦的飛機墜毀在外蒙古共和國的溫都爾汗沙漠，機上八名男女全部死亡。

第七十二節　毛澤東出席陳毅追悼會

林彪及其同夥的武裝政變、刺殺毛澤東的陰謀雖然失敗了，但真正的失敗者，也包括了毛澤東。林彪事件的敗露，在全體中國人心靈上引起的震撼，勝似一場精神熱核戰。人們不能不開始思考：毛澤東親自培養、指定的接班人，親密戰友，副統帥林彪，最後竟然要刺殺毛澤東，那麼毛澤東究竟是個甚麼人？

毛澤東的神話開始破產，他發動的文化大革命運動也開始破產。文革初期的受害者、冤屈者，被利用之後發配到邊疆、農村從事農業勞動的數千萬紅衛兵，都開始在心裡賭咒：毛澤東瞎了眼睛，培養了林彪這樣的奸臣。自古暴君用奸臣。

對於林彪的機毀人亡，最興奮的，要數那些兩年前被毛澤東、林彪解除了軍權、軍職的中共元帥們、將軍們。

「外交部長」陳毅元帥就是其中的一位。這位元帥外交家在文革初期「直言滿天下」，受到紅衛兵的猛烈衝擊。他曾經於一九六六年七月諷毛澤東「乾綱獨斷」；他曾經於一九六七年二月參加「三總四帥大鬧懷仁堂」，當面怒斥毛夫人江青、親信康生、張春橋一夥的胡作非為；他曾經在被紅衛兵揪鬥之後，戴了高帽子去接見外賓；他曾經在禁若寒蟬的八屆十二中全會上，為劉少奇說話……是周恩來「拚了老命」保護了他。因為毛澤東、林彪、江青到底也沒有抓到他「搞陰謀詭計」的真憑實據。何況他的三野老部下粟裕、許世友、葉飛等人都是威鎮一方的大軍區司令。

陳毅像其他的幾位元帥一樣，在一九六九年四月的中共「九大」上，被解除了他所有的重要職務：中央政治局委員、中央軍委副主席、國務院副總理兼外交部長。據說還是毛澤東好說歹說，做神做鬼，說服了左派大員們，讓陳毅作為「右的代表」，保留了九屆中央委員一職。用陳毅本人的話說：幹了一輩子，屁都不值。

他被趕出了中南海，全家遷到北京南郊豐台區的一座四合院裡居住，閉門思過，形同軟禁。其時，他已身患癌症。但陳毅「剛直不阿面折廷爭」的品德，卻是舉國皆知的了。

一九七一年九月十二日中午，毛澤東在南方逃過了林彪部下的謀殺，乘專列抵達豐台。因情況不明，毛澤東不敢貿然進入北京城內，只得暫時住到陳毅府上去。見了陳毅，毛說：

陳司令，我差點在南方丟了老命……林彪當面喊萬歲，背後下毒手……孫子兵法上說，兵無常勢，水無常形。又說，始如處女，敵人開戶；後如脫兔，敵不及拒……這回，我要看看，誰鬥得過誰……

陳毅的回答很簡單，也很坦率：

白石似玉，奴佞似賢……主席，文化大革命已經鬧了幾年，誰忠誰奸，現在該看得清楚了！

毛澤東只在陳府上停留了幾個小時，跟坐鎮中南海的周恩來取得了聯繫，召開了北京軍區負責人緊急會議，對北京防衛作了應變部署，命令中南海警衛師分別把林彪手下的幾員大將黃、吳、李、邱等人包圍在他們各自的住宅內，並立即進駐中央人民廣播電台、北京市廣播電台、新華社、人民日報社……部署停當，毛澤東於當日黃昏時分進城，回到中南海內的住所。

毛澤東走後，嫉惡如仇的陳毅興奮不已，不停地給元帥們、副總理們打電話，相互慶賀、道喜。他大喊著「拿酒來！拿酒來！」但醫生早已禁止他喝酒。這天，卻實在拗他不過，只得讓他痛痛快快喝了酒。他邊喝酒邊大笑大叫：

林禿子！你也有今天！林禿子，你天良喪盡，壞事做絕，得到老天報應……

就在喝酒後的第三天，陳毅身上的癌症細胞迅速擴散了。立即被送進三〇一醫院搶救。癌症的折磨雖然使得陳毅臨終前痛苦萬狀，但他卻是帶了微笑，離開這個邪惡的世界的。

一九七二年一月十日，陳毅的追悼會在北京西郊八寶山革命公墓禮堂舉行。追悼會由周恩來主持。卻被臨時延遲了一個小時，參加追悼會的中共元帥、將領及黨政大員們都不明就裡。

卻說毛澤東自受了林彪事件的強烈刺激之後，身體垮了下來，每天在住處昏睡，由一支五十多位醫護人員組成的醫療隊二十四小時地守護著。一月十日這天中午，毛澤東忽然良心發現了似的，從昏睡中醒來，穿著一件直條花紋的長睡衣從床上爬起，嘴裡呢喃著「陳毅，陳毅」，就直朝門外走。

陳毅去世的消息，周恩來曾經報告過毛澤東。但為了毛的病體，並沒有報告他為陳毅開追悼會的具體日期。

醫護人員趕忙上來扶住毛澤東，問偉大領袖要上哪裡去？

毛澤東步履蹣跚，一邊繼續朝門外走，一邊說：

去八寶山，參加陳毅追悼會。

醫護人員這才大吃一驚。但他們誰也不能阻擋偉大領袖的行動。只得由張毓鳳立即給已在八寶山公墓禮堂的周恩來打電話，報告毛主席要來參加追悼會。

其時公墓禮堂正播放著哀樂，追悼會只得臨時延遲。

一個小時之後，毛澤東進入禮堂，身上就穿著那件直條紋長睡衣，腳上蹬了雙青布鞋。張毓鳳都沒來得及給他穿上襪子。

毛澤東向陳毅的遺體三鞠躬。他是向陳毅道歉了？認錯了？還是他覺得需要最後一次感謝陳毅？去年九月十二日中午，他落難到豐台陳毅府上，陳毅沒有對他下手？毛澤東已成懷疑狂。

陳毅的家人絕對想不到這一層。周恩來大約也想不到這一層。陳毅的家屬只感到莫大的欣慰。陳毅夫人張茜撫棺痛哭：

老總！老總！毛主席親自看你來了！親自向你告別……九泉之下，你可以安心了……主席剛才又說了：陳毅是個好同志……

第七十三節　毛澤東會見尼克松

兩年一度的世界乒乓球錦標賽，於一九七〇年春天在日本名古屋舉行。乒乓球是當時中國大陸唯一能夠在國際體壇奪標的項目。由於一九六六年爆發了打倒一切的文革運動，國家體委被江青等人指為賀龍的「黑窩」，容國團①等著名運動員先繼被迫自縊身亡，中國大陸已有兩屆世界賽未能派出代表團。一九七〇年的世界賽參不參加？周恩來總理不能作主。其時毛澤東又陷入了跟林彪一夥你死我活的爭權搏鬥，他的方針是「大權獨攬、小權也不分散」。國家體委革命領導小組負責人莊則棟，通過江青把請示報告呈送給毛澤東，

①中共國家體委副主任，為大陸第一位奪得世界單打冠軍的乒乓球運動員。

請予「最高指示」。毛澤東批示道：

世界乒乓賽，我看還是要去。無非是犧牲幾個人。要一不怕苦，二不怕死，艱苦奮鬥，去爭取勝利。

毛澤東長期生活在你死我活的權力爭鬥之中，他把體育競賽也看成了生死搏鬥。莊則棟等人接到這一「最高指示」之後，迅速在體育戰線廣為傳達，敲鑼打鼓放鞭炮，熱烈歡呼，慶祝了一番。因為這意味著，從此可以派運動員出國參賽了。

周恩來的批示卻比毛澤東冷靜、高明了許多：友誼第一，比賽第二。

中國大陸乒乓球代表團在此屆世界賽上成績平平。一個最意外的收穫，卻是美國乒乓球隊提出訪問中國大陸！

大陸乒乓球代表團知道事關重大，立即向北京匯報。

周恩來總理明白將要發生甚麼樣的大事。其時中國大陸正處於四面樹敵、空前孤立的外交困局之中。以美國為首的西方世界已對中國大陸實施了長達二十餘年的軍事、經濟封鎖，在一切國際場合拒不承認「紅色中國」。而在中國大陸的北部邊疆，蘇聯部署了幾十個以戰略核彈作後盾的機械化師，自六九年春天的珍寶島事件後，兩國軍隊間一直有小規模的戰鬥，全面大戰早有一觸即發之勢……現在美帝國主義露出了微笑外交。但是，跟美國進行外交接觸，談何容易。周恩來面對的仍是全國的極左狂熱。辦成了，當然是中國（大陸）的幸運，從此可以擺脫孤立之困局，甚至改變整個世界的局勢。可要是辦不好哪？或在辦理的過程中，毛澤東又翻手為雲、覆手為雨哪？那麼，他周恩來本已政治上岌岌可危，就更可能被人視為帝國主義的代理人，投降派，無產階級革命利益的出賣者，世界革命的叛徒，民族敗類，從而身敗名裂。

善於生存的周恩來沒有表示自己的主張。他立即去請示毛澤東。一切由毛澤東作主，他只管具體實行。

毛澤東卻立即表現出了他雄才大略的智慧一面，抓住了這千載難逢的歷史契機。毛澤東雖然跟美帝國主義結過私仇——他的長子在朝鮮被美國空軍炸死了，談起美帝蘇修就火冒三丈，嘴頭鐵硬，擺出付破罐破摔的陣勢，揚言要跟美帝、蘇修血戰到底，但他內心裡充滿了恐懼……現在，他於內外交困之中，看到了走出困局的曙色。

毛澤東明確批示：歡迎美國乒乓球隊來北京比賽，更歡迎任何美國政要來北京做客！有了毛澤東授予的「上方寶劍」，周恩來才得以展示他的外交才華。中國大陸的外交系統本來就一直是他的屬下，大小幹部都是他的嫡系人馬。不但美國的乒乓球運動員來了，更重要的是：美國總統的首席顧問基辛格，做為特使，經巴基斯坦軍事強人齊亞．哈克從中協助，神不知鬼不覺地三次祕密訪問了北京。每次，都由毛澤東親自接見，由周恩來與其會談。

一九七二年年初，美國國務院和中共外交部，同時公布了一則震驚了整個世界的新聞公報：美國總統尼克松，將於二月下旬赴北京訪問！

二月二十一日，尼克松總統一行飛越太平洋，前往敵對了二十三年之久的「紅色中國。」訪問。

這一天，毛澤東不再昏睡，變得特別興奮、清醒。這是他自去年「九・一三」事件以來，最大的一次精神慰藉。他又可以以「偉大領袖」的落日餘暉，炫耀於世界政治舞台。

從下午六時開始，每隔兩小時，他就要詢問一次：

尼克松現在到了哪裡？

張毓鳳只好打電話去外交部值班室，得到的回答是：

可能已在阿拉斯加半島的上空。

晚八時，毛澤東又問：

尼克松到了哪裡？

張毓鳳又立即打電話去外交部值班室，得到的回答是：

據估計，尼克松總統一行，已經抵達東京，稍事休息。

晚上十時，毛澤東又問：

尼克松到了哪裡？

外交部值班室的電話回答是：

尼克松一行已經離開東京。周恩來總理等已經前去首都機場迎接。空軍護航機已經奉令起飛，赴渤海上空護航。

晚上十一時半，毛澤東問：

尼克松到了？

張毓鳳接到外交部值班室報告：

尼克松總統一行已經抵達首都機場。

子夜十二時半，毛澤東睜開眼睛問：

尼克松住哪裡？

張毓鳳回答：

住釣魚台國賓館……

毛澤東閉上眼睛想了想甚麼。忽然又睜開眼睛來，說：

我現在就見尼克松！

偉大領袖的旨意，誰敢拖延？整個中共中央辦公廳，早已分做三班人馬，從醫生、護士到廚師、攝影師，一天二十四小時，隨時聽候「偉大領袖」的吩咐。

而作出這一切安排的，自然是日理萬機的周恩來總理。周恩來接到中辦負責人電話後，立即驅車返回釣魚台，去敦請尼克松總統。

尼克松經過十幾小時的長途飛行，加上時差反應，本已十分疲勞了。據說，尼克松總統正在洗手間洗臉，準備休息。但一聽周恩來總理等候在客廳裡，紅色中國的最高領袖毛澤東，要求立即跟他會見！這位美帝國主義的最高領導人，倒沒有計較對方是否有違外交禮儀，而是立即容光煥發，精神抖擻，視為他此行的最高禮遇。

尼克松、基辛格等由周恩來陪同，乘坐中國造的又大又笨的黑色紅旗牌防彈轎車，直駛燈火輝煌的中南海新華門。

毛澤東沒用張毓鳳扶持，站立在接見廳門口。他彷彿已經等候了許多年了，終於把美帝國主義的總統等來了。他緊緊握住尼克松的手，說了一句極富智慧、幽默的話：好，很好。我們終於會面了！對於我們兩個的這次會面，大約我們彼此的老朋友，都要很不高興了！

據說尼克松、基辛格當時對於毛澤東充滿崇敬之情。毛澤東老了，但不糊塗。彼此的老朋友，自然是指的中共的老朋友蘇聯，美國的老朋友台灣的中華民國了。

按原來安排，會見只有十五分鐘。毛澤東卻興之所至。思路十分敏捷地跟尼克松談了一個多小時。據說尼克松坦率地問了一個全世界都十分迷惘的中共內政問題：

你們的林彪副主席哪裡去了？

毛澤東回答得很坦然，也是第一次向世界公開了：

他與我相鬥，鬥我不贏，坐飛機跑了，摔死了。

其時，只有中國大陸八億善良的普通民眾，仍被中共蒙在鼓裡，對於偉大領袖的接班人——林副統帥的去向一無所知。

第七十四節　毛澤東賜見田中角榮

中共與美國關係僵局突破的外交衝擊波，首當其衝的自然是近鄰的日本。日本第二次世界大戰後，一切跟著美國轉。這次自然要立即調整其外交格局。於是有了中（共）、日建交，簽訂友好條約，派出首相訪問大陸，走在了所有西方國家的前面。

對於日本首相田中角榮訪問北京，毛澤東卻似乎一直心不在焉。

其實，毛澤東早被他本人一手製造的黨內殘酷鬬爭弄得精疲力竭，且病魔纏身，經常在接見外國貴賓時打瞌睡。還是在一九六八年冬天的一天深夜，毛澤東在人民大會堂接見來訪的巴基斯坦外交部長。巴國外長給毛澤東帶來兩箱芒果做禮物——後在全國各地演出過一場毛澤東轉贈「萬歲果」的鬧劇。整個接見過程，均由中央新聞製片廠的一個攝影小組拍攝紀錄片。但在巴國外長正在向毛澤東轉達巴國總統、總理的問候，強調巴、中兩國的傳統友誼時，毛澤東卻睡著了，並響起了鼾聲，使得在場的工作人員十分尷尬，不知如何是好。那巴國外長也發現毛澤東睡著了，不知是出於外交家的禮儀還是出於民族自尊心，便益發抬高了聲音，滔滔不絕地大談巴、中兩國山水相連、唇齒相依……但毛澤東仍然沒有醒來。一位攝影師實在看不下去了，便悄悄地調整著攝影機的鏡頭，對準了毛澤東的眼睛，摁亮了閃光燈。在強光的刺激下，毛澤東睜開了眼睛，一邊用紙巾擦著嘴角上的口水，一邊沒頭沒腦地問人：我們運去的軍火，你們滿意嗎？

一九七三年九月，中共與日本正式建交。日本首相田中角榮率領一個人數眾多的代表團，訪問北京。中國大陸是一個大的潛在市場，日本政府及其工業集團都十分熱心於這個市場。從田中角榮首相抵達北京的那天起，周恩來就天天請示毛澤東，問他甚麼時刻接見日本貴賓。毛澤東卻每天都睡得昏昏沈沈，不示可否。田中角榮一行在中國進行了一星期的訪問，遊了萬里長城，也去過了外地觀光，最後回到北京，舉行告別宴會。

當天下午，周恩來最後一次請示毛澤東，告知他日本首相明日回國，能否安排一次接見。毛澤東仍然不示可否。

周恩來十分尷尬，卻又無可奈何。他只好一次又一次含蓄地對田中首相說，毛主席很歡迎他來中國做客，中日兩國人民要世世代代友好下去。只是毛主席最近很忙，又患了感冒，可能這次就不見面了，等等。

其實最為狼狽的，是田中本人。日本是最重禮儀的民族。在日本，公眾都知道，毛澤東是紅色中國的最高領導者，其地位、實權勝過裕仁天皇。過去雙方沒有邦交，毛澤東還一次又一次接見日本反對黨的訪華團體，社會黨、公明黨的領導人不知接見過多少遍，甚至連一個松山縣的芭蕾舞劇團，毛澤東都予以接見！此次，田中角榮是作為日本國政府首相，執政的自民黨總裁，代表國家來建交，來簽約，毛澤東卻不予接見……回國後怎麼向輿論交代？向國民交代？毫無疑義，他在紅色中國受到了外交冷遇……

告別宴會之後，周恩來等人一再煞費苦心地表示友好。田中角榮卻怎麼也打不起精神。明天一早他就要離開北京。

第二天凌晨三時，昏睡中的毛澤東醒了過來。他推醒了身邊的張毓鳳：

我現在要見田中角榮。

張毓鳳倒是早就習慣了毛澤東的這類不分白天黑夜的需求。自林彪事件後，毛澤東就愛昏睡，並常在半夜裡醒來，睜開眼睛就說：「我要見王海蓉」，「我要見唐聞生」，「我要見章含芝」，「我要見蘆荻」……除了王海蓉是他的外姪女，其餘一位位都是年輕美貌的人兒。

前文已經提到過，為了適應偉大領袖的這種無分晝夜的突然召請，周恩來指示有關人員三班制，二十四小時服務。中央新聞電影製片廠的攝影小組，也是二十四小時值勤。一旦偉大領袖有接見活動，上述所有人員必須於半小時內，趕到毛澤東的住處。

最為辛苦的，要算周恩來總理了。他的辦公室、臥室、轎車裡，都裝有跟毛澤東住處的直通電話，以便隨時跟張毓鳳保持住聯繫。

這天凌晨三時，周恩來勞累一整天之後，已經睡下。接到張毓鳳傳達的「最高指示」電話，他慶幸地鬆了一口氣，立即下令中央辦公廳服務組，安排毛主席接見日本首相事宜。然後，周恩來乘車趕去釣魚台國賓館，敦請田中角榮。田中角榮不知出了甚麼大事，慌忙從睡夢中爬起，出到客廳，見到了周恩來，才明白，是偉大的毛澤東要接見他。田中激動得流下眼淚……

中央新聞電影製片廠特勤小組的攝影師，還撞見過毛澤東生活的某些奇特畫面。也是同一年某天深夜，毛澤東要在自己住處接見非洲某國元首。攝影師及其助手一般獲准於接見前五分鐘，進入毛的書房佈置燈光。那晚上，攝影車走在那國賓前面，拍攝國賓座車進入中南海新華門的情景。而另一名攝影師及助手則提前來到毛的書房架設燈光器材。可是他們卻嚇壞了：國賓的座車已經駛進了中南海，毛澤東卻正摟著一位身上一絲不掛的美女在玩樂……倒是那美女也嚇了一跳，立即離開了毛澤東的懷抱，繞到屏風後面了。

在整個接見過程中，那裸體美人大約一直站在屏風裡。倒是不用擔心，毛的住處保持著恆溫，美人不至傷風。

第七十五節　「走資派」利用毛澤東

經歷林彪事件打擊之後，毛澤東的身體狀況和精神狀況，都明顯地虛弱了下來。他視力減退，思想上念舊，每天都要靠醫生注射大劑量的安眠藥物才能入睡。

這時刻，中共的黨、政、軍大權都落到了周恩來手裡，周恩來的身體更是不妙，一九七二年檢查出了膀胱癌。但周恩來卻抓住了毛澤東的身體與精神的變化，說服毛澤東，解放了一批在文革初期即被罷了官的重要幹部，如陳雲、胡耀邦、王震、譚震林、萬里、余秋里、姚依林等。在各省市自治區，大批獲得解放的老幹部開始抱成一團，結成同盟，對抗文革派，排擠文革派，甚至打擊文革派。據說，毛澤東還問過周恩來、彭真、薄一波這些人可不可以解放？周恩來說，他們的歷史背景較複雜，以後再看吧。周恩來也是個權力的魔術師，他先解放大批歷史上毫無疑點的老幹部，再由這些老幹部去解放他們的同事、同鄉、戰友。

在軍事指揮系統，周恩來下令撤銷了原來由林彪夫婦把持著的「軍委辦事組」，而新成立了「軍委辦公會議」，把除朱德之外的另三位元帥葉劍英、徐向前、聶榮臻都請了出來，而由葉劍英主持中央軍委的日常工作。毛澤東的夫人江青，以及文革派大將王洪文、張春橋、姚文元、紀登魁、吳德、陳錫聯等，失去了他們垂涎已久的兵權。

周恩來最成功的一著棋，是巧妙地安排鄧小平復職。鄧小平文革初期被列為「黨內第二號最大的走資派」。但毛澤東對鄧小平網開一面，允予保留黨籍，並親自批准送鄧小平去江西省新建縣望城崗一座步兵學校裡閉門思過，重新做人。而不像對待劉少奇那樣，宣判為「內奸、叛徒、工賊」，永遠開除出黨，必欲置之於死地而後快。

周恩來摸準了毛澤東的心性。他自己不便出面，而囑咐當過農墾部長、鐵道兵司令員的王震將軍來活動。王震是毛澤東在延安時期的愛將之一，且跟鄧小平在歷史上沒有瓜葛，擺下一付公事公辦的樣子，以免授文革派以口實，令毛澤東生疑。且王震先不去驚動毛澤東，而是給謫居江西「悔過自新」的鄧小平通氣，讓鄧小平給毛澤東寫信，深刻檢討錯誤，保證永不翻案，要求分配做點力所能及的工作。鄧小平連寫了三次信，態度老實，認錯深刻。三次信件均由王震面呈毛澤東。毛澤東很高興鄧小平的「永不翻案」的保證，能夠痛改前非……果然，毛澤東念及井崗山上的舊誼，找來周恩來，詢問對鄧小平回北京後工作安排。周恩來仍然不動聲色，說鄧小平這樣高級別的幹部使用，應當由毛主席親自點將。當然，鄧小平做過十多年的國務院副總理，是個實幹家，是不是先安排他回國務院來做些具體工作？周恩來訴苦說，自己已是個病號了，醫生診斷出癌症，一直要求他早做手術。國務院一大攤子，需要個得力的幫手……

自傳出周恩來患有癌症之後，毛澤東已放鬆了對他的疑慮、警惕。一九七三年二月，鄧小平一家從江西回到北京。三月，根據毛澤東的命令，中共中央恢復了鄧小平的國務院副總理職務。同年十二月，毛澤東更是任命鄧小平為「中國人民解放軍總參謀長」過了幾月，又任命鄧小平為「中共中央軍委副主席」。這一來，真正的躍龍入海、縱虎歸山了。

江青、張春橋、王洪文、姚文元一夥，對於鄧小平的復職，自然是如臨大敵了。他們明白都是周恩來的精心安排。鄧小平回到黨中央，周恩來、葉劍英、李先念們如虎添翼了，他們遇到了一個最強硬的對手。一九七五年一月八日至十日，在周恩來主持下，召開了中共十屆二中全會。全會增選鄧小平為中央政治局常委，黨中央副主席。同年同月的中旬，在「第四屆全國人民代表大會」上，鄧小平被任命為國務院第一副總理。會後，周恩來因病重住進了醫院，而由鄧小平全面主持黨、政、軍日常工作。周恩來在中共元老集團的支持下，以其高超的政治藝術，利用毛澤東當時忽左忽右、患得患失的精神狀況，順利地完成了交權、交班的謀略。

鄧小平主持中央黨、政、軍日常工作之後，立即毫不客氣地在政治局內跟毛澤東的夫人江青（其時已失寵，毛澤東斥責她搞上海幫、四人幫）及其張春橋、王洪文、姚文元一夥展開了針鋒相對的鬥爭。鄧小平甚至主持過幾次政治局生活會，來幫助江青檢討錯誤；同時在全國各條戰線內「展開全面整頓，使國家機器恢復正常運轉。運用的仍然是毛澤東「抓革命、促生產」的口號，但比起文革派的左腔高調來，要實際得多了。

最能說明問題的，是鄧小平發動的關於電影「創業」的爭論。

一九七五年初，中國大陸電影被批判、封殺了近十年之後，由張天民編劇、長春電影製片廠拍攝的彩色故事片「創業」面世。這是一部描述石油工人開發大慶油田的故事片，貫徹的是毛澤東「工業學大慶」的號召，雖然左腔左調甚為厲害，但其藝術性、演員的出色演技、濃郁的生活氣息，在當時確是不可多得的。江青自認領導文藝工作是內行。在文化部審察該片時，他指出該片尚有十個問題，暫不宜公開放映。其實江青大約又犯了八個樣板戲的那種將他人勞動成果拿過來據為己有的「戲癮」，以圖據此題材另組寫作班子修修補補，再搞出一部樣板電影來。該片編劇張天民自然不服氣，不願中江青的圈套，但要告狀都無從告起。且告狀的唯一方式是給毛澤東寫信，信是很難呈送到毛澤東本人手裡的。恰在這時，毛澤東對於長期為他所封殺的文藝工作有所寬容，說八億人口只有八個樣板戲，沒有電影，沒有詩歌，沒有小說，也沒有散文。周恩來立即抓住了時機，通過已故元帥賀龍的女兒賀捷生，找到了張天民。賀捷生讓張天民直接給毛主席寫一封信，然後由她交給鄧小平，再由鄧小平直接呈交毛澤東。張天民知道自己是一名普通作家，捲進最高層的政治鬥爭，要冒坐牢、殺頭的風險。但他還是勇敢地寫了信。

且說一九七五年七月，正是毛澤東最信任鄧小平的時刻，鄧小平拿了張天民的信去找毛澤東，匯報說「創業」是部宣傳「工業學大慶」的好電影，政治局同志們都看過，認為是一部中國工人階級的正氣歌。但現在卡在文化部，說有十大問題，不能公開放映。

毛澤東相信了鄧小平的匯報。因視力大減，也沒有細看張天民的長信，拿過便箋就批示道：此片無大錯，建議通過發行。據說罪名有十條之多，太過分了，不利調整黨內的文藝政策。

鄧小平得到毛澤東的這一批示，勝於拿到了「上方寶劍」。說是他離開毛澤東的書房，立即去到中央辦公廳，布置於當天晚上派出專機，將「偉大領袖毛主席對全國工人階級、文藝工作者的親切關懷」送到東北長春電影製片廠去，連夜直接向全廠數千名職工群眾大會宣讀。結果，在長春電影製廠內引發了徹夜的歡呼、遊行慶祝。

鄧小平是出奇制勝了。他使政治局內分管文藝工作的江青、張春橋十分被動，暗中咒罵他搞陰謀詭計。因為按照正常程序，毛澤東的重要指示，首先應在政治局內學習討論，然後分級別先黨內後黨外、先幹部後群眾地進行傳達。但那一來，毛澤東的這一批示就極有可能停留在政治局內，落在江青手裡，再由江青去找毛澤東請示匯報，勸其丈夫收回批示。

毛澤東的批示，由長春市的廣播電台、通訊社傳遍了中國大陸。於是一夜之間，全國所有的電台、報紙、刊物，都大轟大播了起來，為影片「創業」大唱讚歌。把曾經批評該片的江青等人，打了個迅雷不及掩耳，從而恨殺了鄧小平矮子。

另一部被江青批評而不准放映的電影「海霞」，也大致經歷了上述起死回生的過程。住在首都醫院治病的周恩來通過主持中央工作的鄧小平，利用毛澤東的指示來打擊毛澤東的夫人江青。江青也像其餘的政治局委員那樣，不經特殊安排，已無法跟毛澤東見面。

還有一件事，亦甚有趣味，頗具深意。江青針對當時所謂的「右傾復辟思潮」、「資產階級文藝回潮傾向」，還批評過湖南省湘劇團的一齣小戲：「園丁之歌」，寫的是一位女教師教育小學生認真學習文化的故事，思想性、藝術性都平庸之至。但江青把它斥之為否定文革、否定教育革命的壞戲之後，惹惱了已經調北京工作的原湖南省革委會主任華國鋒，以及華的老友、湖南省委第一書記張平化。他們兩人都曾經公開表揚過這是一齣不可多得的好戲。

一九七五年一月，毛澤東一直住在老家韶山的地下宮殿「滴水洞」裡靜養，並不時欣賞家鄉的地方戲。一天，省委書記張平化帶了幾部新攝製的小戲的舞台紀錄片給毛澤東看。毛澤東因認識主演「園丁之歌」的漂亮女演員，一起跳過舞，吃過飯，看後便拍了拍巴掌。張平化立即請示他對該戲的印象如何？他連說很好，很好。張平化連夜把此事報告給北京的華國鋒。華深得毛的信任，其時已是政治局委員、國務院副總理兼公安部長。華將毛的「最高新指示」在政治局會議上做了傳達，無疑是當眾打了江青一個嘴巴。據說江青事後又哭又鬧；現在是右派們動不動搬出主席指示，來打擊中央文革，打擊無產階級革命派！

第七十六節　張毓鳳陞任政治局機要秘書

從一九七二年至一九七五年，即中共所謂的「文化大革命後期」，整整四年時間，毛澤東都神思恍惚，時左時右，處在了迷惘、困頓的精神狀態中。他再不能龍行虎步，呼風喚雨，叱咤風雲。他已年高八旬，行動需人扶持，講話口齒不清，寫字手指發顫。他有了那種自認尊貴的老人的「嬌氣」。老小老小，他真的老了，像小孩一樣臭淘氣：上午起床後不肯洗臉漱口，不肯戴假牙；晚上睡覺前不肯洗澡、更衣。

唯張毓鳳能以柔聲慢氣勸說他，指使他。上午由張毓鳳哄著他起床，哄著他漱口、洗臉，替他脫下睡衣，換上他喜愛穿的淺灰色中山服；有時還不肯吃飯、服藥，也要由張毓鳳用好話哄著他；晚上再由張毓鳳替他脫下假牙，脫下衣服，替他洗澡，擦身，扶他上床。他常要張毓鳳也脫了衣服陪他小睡一會，除了摸摸捏捏，已經別無所為。他常常通宵不眠，一晚上要把張毓鳳及別的服務員叫醒三次、五次。張毓鳳常常累得滿身香汗。別的服務員可以輪班休息，唯張毓鳳無人可以替換。有時張毓鳳也會噘了小嘴、漲紅臉蛋發脾氣。毛澤東卻很喜歡看到張毓鳳發脾氣似的，總是笑。他很開心，原來這麼溫順的人兒也會鬧脾氣呢。

毛澤東由於視力大減，又不肯佩戴眼鏡——他一生都似乎憎恨戴眼鏡的人，或許他覺得戴眼鏡的人在鏡片後邊藏著陰謀詭計。在他印象裡，凡戴眼鏡的人，陳獨秀、瞿秋白、李立三、王明、博古、張國燾、張聞天、彭德懷、劉少奇、林彪等，都沒有好下場。因之在他身邊的工作人員，也就很少有戴眼鏡的。為了毛澤東的視力減退後的閱讀方便《人民日報》、《紅旗》雜誌都專為他一人出了大字版。一切需要他批示的文件、報告也都印刷成大字本。還把他所喜愛的《全唐詩》、《宋詞選註》，以及長篇小說《水滸》、《紅樓夢》，都排印了大字本。為偉大領袖服務，中共向來不惜任何工本。毛澤東還喜歡坐在寬敞、明亮的衛生間的抽水馬桶上讀書，或是冥想。坐馬桶的時間幾乎要佔去他非睡眠時間的三分之一。說來難以令讀者相信，他有時就坐在馬桶上進食。至今，中南海的「毛澤東同志故居」豐澤園的他的衛生間裡，抽水馬桶前邊放有一張椅子，椅子上放著一疊兩尺高的線裝書，最上邊的一冊是翻卷著的。

一九七三年後，毛澤東覺得讀大字本也太吃力了，便開始由女服務員朗讀給他聽。張毓鳳照料他的飲食起居已十分辛苦，況且她的黑龍江口音也太重。中央辦公廳便從某部隊文工團物色來一個擅長朗頌的青年女演員來替他讀詩詞、讀小說。事屬機密的中央文件、簡報則由張毓鳳親自來讀。

一天，張毓鳳到毛澤東的書房裡收拾文件，見那女演員身上幾乎沒穿甚麼，任由偉大領袖摟在懷裡把玩著，邊朗讀兩報一刊（即《人民日報》、《解放日報》、《紅旗》雜誌，文革期間常常聯合發表社論，傳達毛澤東及中共中央的指示）重要文章。張毓鳳鐵路工人出身，平日最看不慣的就是妖妖調調的「女戲子」，便狠狠地瞪了那女演員兩眼。卻被毛澤東發覺了。毛澤東認作是打狗欺主，一時龍顏大怒，瞪著兇狠的眼睛對張毓鳳罵道：

你嫌我這裡不好，妳滾！我不要妳，妳滾！給老子滾出去！

毛澤東可是從沒對小毓鳳發過這麼大的脾氣。張毓鳳也認真賭了氣。她含著兩泡淚水回到自己的住室，收拾了一點簡單衣物，推了中央辦公廳分派給她休息騎用的自行女車，離了豐澤園，出了中南海，借了一位也是高級幹部的老鄉家裡的一間九平方米的小屋子住下。中央辦公廳自然立即「掌握」了她的這新地址。

沒有了張毓鳳，毛澤東的生活全都亂了套。新來的女服務員人很漂亮，可根本不熟悉毛澤東的起居習慣、生活規律。連衣服、文件、書籍、香煙都找不到。毛澤東沒精打采地過了三天，實在沒有辦法了，只好認輸，把夫人江青找了來：

替我辦件事吧！我罵了毓鳳，她賭氣走了。你去把她接回來。就講，是我請她回來上班……我的氣消了，她的氣也該消了吧？

江青難得毛澤東求她辦甚麼事，自是滿口應承。立即親自坐了「大紅旗」轎車，去接張毓鳳。正宮娘娘屈駕去接一名小嬪妃了。江青接回了張毓鳳，交給了毛澤東：

潤之，這回可別再把小張氣走了啊？

江青走了。她早已經當了「黨和國家領導人」，無須管毛澤東的生活瑣事。

毛澤東見小毓鳳還噘著小嘴在生氣似的，便拉了她的手說：

你真是張飛的後代，脾氣硬得很啊？

張毓鳳忍不住笑了，接著又哭了。

毛澤東把她緊緊摟在了懷裡：

我們倆個，誰也離不開誰啊！我早講過，誰也代替不了你……我可以沒有江青，沒有唐聞生，沒有章含之，沒有盧荻，可不能沒有你……快對我講真的，你想我了嗎？

張毓鳳把一臉的眼淚、鼻涕都擦在毛澤東的偉大胸襟裡：

咱就怕，就怕晚上你要喝水，沒人答應……

經過了這次小小波折，中央辦公廳根據毛澤東的指示，給張毓鳳提了級，從生活祕書陞任政治局機要祕書，部級待遇，名正言順地替毛澤東管理黨和國家的最機密文件，以及著作稿費的存款。毛澤東的許多「最高最新指示」，也由張毓鳳傳達給周恩來、鄧小平及

第七十七節　毛澤東挑揀革命接班人

毛澤東的第一任接班人是劉少奇，被他打倒了，死於獄中了；第二任接班人是林彪，也被他打倒了，嚇跑了，摔死了。稱為「林彪反革命事件」。

林彪事件卻也給毛澤東帶來無法彌補的傷害，更是對江青、康生、張春橋、王洪文等文革派的致命打擊。其實質，是以毛澤東、林彪為首的文革派內部為爭權而你死我活的大分裂。坐收漁利的自然是周恩來、鄧小平、葉劍英這些「右派」、「走資派」了。

一九七二年後的毛澤東，病魔纏身，深知自己來日無多，頗懼怕自己成為中國的斯大林。但他已經成為中國的斯大林。他頗懼怕自己成為中國現代史上的暴君。但他已經成為中國現代史上的暴君。他也深知自己所發動的文化大革命已經失敗。但他又缺乏勇氣面對這最後的失敗。他曾經以懇切的心情、遺囑的口吻對中共著名的「福將」葉劍英元帥①說，他這一輩子只幹了兩件事，一是跟國民黨打了二十八年仗，把蔣委員長打到海島上去了；二是發動了一場文化大革命，防止修正主義上台，資本主義復辟。希望全黨同志不要忘了這兩件大事……

正是毛澤東內心深處的這種自我恐怖，導致了他最後歲月裡的神思恍惚，患得患失。他時而想繼續高舉階級鬬爭的旗幟，時而又想對自己的失敗做些補救。他打敗了所有的政治對手，得到的卻也是最後的失敗。

他已經無力叱咤風雲，重開運動。於是開始玩弄政治平衡術。他時而批左，時而反右；時而批評自己的夫人不要搞「四人幫」，時而指出周恩來、鄧小平等人的右的傾向。為著防備自己死後「天下大亂」，他最後決定讓來自湖南老家的省委書記華國鋒做接班人。他認定，華國鋒是左、右兩大派都可以接受的人物。

在選定華國鋒前，他曾經考慮過黨的副主席王洪文。並於一九七三年至一九七四年的

---

①葉劍英為黃埔軍校早期教官，後投身共軍革命，身經百仗而從未負過傷，因之被稱為「福將」。他於一九八五年病逝北京，算得善終了。

上半年，一度讓王洪文主持過黨中央、中央軍委的日常工作。他還發出過「最高指示」：王洪文同志出身貧苦，做過工、種過地，當過兵，又是上海工人階級中最早湧現出來的革命左派，符合接班人的條件。

當時社會上流傳著一則小道消息：王洪文是毛主席在大革命時期丟失了的兒子毛岸龍，是嫡親的龍種。可是龍種也罷，蛇種也罷，王洪文不學無術，毫無基根，只主持了半年的中共中央，中央軍委的工作，批示個文件都常常鬧的牛頭不對馬嘴，又處處受到業已恢復了工作的老幹部如鄧小平們的掣肘，更受到老紅軍出身的中共軍隊高級將帥們的消極抗拒，根本玩不轉，毛澤東不得不暫時讓他退出，將權柄交給了鄧小平。

這是文革派繼「林彪事件」後又一次大挫折。

在毛澤東最後的「戰略部署」裡鄧小平只是一種過渡。鄧小平曾三次寫信給他保證「永不翻案」，但他對小矮個子的疑心始終沒有解除。他深知，參加過指揮「淮海戰役的鄧矮子」，一當大權在握，是甚麼壞事都幹得出來的。

王洪文之後，毛澤東考慮過的接班人還有：紀登魁，韋國清、吳德，甚至還有自己的親侄兒毛遠新。

他沒有考慮過江青、張春橋、汪東興、姚文元諸人。他在文革初期利用過自己的夫人江青，但又深惡著江青的輕浮、淺薄、歇斯底里。從學識才幹、理論素養上講，張春橋倒是個理想的人選，可惜鋒芒太露，人緣太差，這些年來跟葉劍英、徐向前、聶榮臻、許世友、楊得志、王震等一大批老將帥們鬧的水火不容，結怨太深。汪東興忠心耿耿，長期做保衛工作，指揮中南海警衛部隊，提拔他亦難服眾。至於姚文元，小秀才一個，頂多做個宣傳部長，書記處書記而已。

最後選定身胚高大、處事穩重、才識平庸的華國鋒。據說毛澤東對華國鋒的總評價是四個字：老實，不蠢。毛澤東反了一輩子的「中庸之道」，最後卻選擇了中庸。毛澤東認定華國鋒不會背叛自己，會繼續高舉自己的旗幟。他力圖避免的，是在自己死後，黨不分裂，軍隊不分裂，不出現赫魯曉夫式的人物，來對自己這個中國的斯大林搞焚屍鞭屍。

毛澤東的最後選擇，使「文革派」「走資派」都大感失望又大感慰藉，毛澤東的最高權柄只要不明正言順地交給對方即行。華國鋒畢竟是位容易被掌握、被左右的人物。

華國鋒山西膠城縣人。抗日戰爭時期只是一名地方游擊支隊的政委。一九四九年南下到湖南，任岳陽縣委書記。一九五六年後任毛氏家鄉湘潭地委副書記。一九五九年六月毛澤東回韶山，華國鋒在毛的住處外值了一通夜班，毛聽了匯報後大有好感。不久華國鋒被提拔為湖南省委書記處書記，副省長，主管農業。一九六四年修建韶山灌區工程，華國鋒兼任工程總指揮長。還兼管過全省的商業、文教、政法。他是那類典型的「萬金油幹部」，兢兢業業，正正派派，黨叫做甚麼，就能夠做甚麼，工作絕無突出表現，卻絕不會捅出甚麼大漏子來。

一九六六年夏天，偉大的毛澤東突然發動文化大革命運動，事先並未給各省市的部下們打招呼。只是一夜之間，上上下下，紅衛兵造反，工人農民造反，機關幹部造反，群眾組織如雨後春笋，山頭林立，把鬥爭矛頭對準各級黨政部門的「走資本主義道路的當權派」……華國鋒和湖南省委的其他領導人如張平化、王延春、李瑞山等人不明底細，以為天下大亂，反王四起，竟張皇失措地帶了槍支彈藥，跑到「革命根據地」的平江縣連雲山區，準備重開游擊，重打江山。後經毛澤東直接從北京發出號令，命他們堅守崗位，相信群眾相信黨，在文化大革命運動中接受新的考驗和鍛鍊……華國鋒和他們同事才放了心，返回省城。

華國鋒在省委書記中排行第五，文革初期並未受到紅衛兵造反派的大衝擊。一九六八年省革命委員會成立之時，他做為「革命領導幹部」的代表，出任副主任，不久昇主任。一九六九年春，華國鋒奉調北京，任中南海辦事組組長，離開湖南前，在長沙機場發表了「堅決支持革命左派」的聲明。一九七〇年起兼任公安部部長。原部長謝富治去世後，昇為部長、國務院副總理，執掌了中共安全保衛大權。

一九七六年一月七日周恩來去世。鄧小平被「四人幫」鬥垮，再次成為人人喊打的「落水狗」。華國鋒卻扶搖直上，被毛澤東任命為中共中央第一副主席、國務院總理、中共中央軍委第一副主席，成為毛澤東的正式接班人。

其時毛澤東已臥床不起，言語含混，頭腦卻十分清晰。他顫抖著手，以鉛筆給華國鋒寫下了六個字：你辦事，我放心。

第七十八節　「文革派」利用毛澤東

「走資派」利用毛澤東，「文革派」更利用毛澤東。

由於鄧小平重返中央領導層，重新獲得毛澤東的重用，文革派的江青、張春橋、王洪文、姚文元，不能不感到極大的政治壓力和權力恐懼。他們明白鄧的後台是周恩來、葉劍英。現在是周、鄧、葉等一批元老派在利用毛澤東。文革派才是毛澤東思想的嫡系傳人，為甚麼就不能利用毛澤東的崇高威望，來壓制右傾復辟的總代表周恩來、鄧小平呢？

文革派的實際領袖是張春橋，不是江青。張春橋有理論，懂歷史，卻從來沒有得到過重用，形成為派系的中心。文革派的人馬本來包括了華國鋒、汪東興、韋國清、紀登魁、吳德、陳錫聯等一大批實力派人馬，可惜江青無頭無腦，只顧了頤指氣使出風頭，動輒點名批評這個，斥責那個，造成了內部的大分化。

幸而毛澤東並未忘記自己理論上的主攻方向。從一九七四年初春起，他發起了「批林批孔」運動，通過「評法批儒」，來反右傾、反復辟，以鞏固文化大革命的信譽。毛澤東明白，文化大革命因林彪事件已信譽大損。他一旦離開這個世界，就會有人大鬧翻案，全面復辟劉少奇的資本主義。「批林批孔」運動自然對文革派大大有利。張春橋、江青、姚文元利用他們掌握的宣傳輿論工具，又一次掀起了大批判的狂濤。可是林彪也好，劉少奇也好，孔老二也好，都已是死人。中共歷來的運動都是借了死人整活人。中國古代思想史上，確實存在過法家、儒家的爭論。但是古為今用，變成了：法家主張改革，反對保守；主張進步，反對倒退；主張砸爛舊的框框條條，建立革命的新秩序。文革派就是今日的法家而儒家則主張克己復禮，竭力維護舊觀念、舊傳統、舊習慣、舊秩序。走資派就是儒家的代表了。今日最大的儒家就是周恩來。「批林批孔批周公」，矛頭直接指向周恩來。這是毛澤東妄圖最後一次排除周恩來這個權力隱憂。

薄古厚今，古為今用，毛澤東又一次把中國歷史庸俗化，實用化。實在是對歷史文化的肆意歪曲和褻瀆。

面對著文革派秉承偉大領袖的旨意發起的新一輪全面攻擊，周恩來因癌症日益惡化而住進了醫院。但已有葉劍英、徐向前等人牢牢控制住了中央軍委，鄧小平、李先念等人牢牢控制了國務院，只在黨中央，與文革派維持著平分秋色的局面。使周恩來、鄧小平深深恐懼著的，是一旦毛澤東全力支持文革派，他們便隨時可能失去已有的一切。據傳，是周恩來在醫院裡想出了一著高棋：利用毛主席身邊的人，來改變毛主席發動的「批林批孔」運動的初衷，來動搖「偉大領袖」全面整肅「走資派」的決心。

當時，環繞在毛澤東身邊的，是一批年輕漂亮的女人。除了機要祕書張毓鳳，外姪孫女王海蓉之外，英文教員是章含之，外事助理唐聞生，文學朗讀是蘆荻。其中的王海蓉、章含之、唐聞生三位，平日最看不慣江青嬌揉造作、喜怒無常的作風，而敬愛著平易近人的周恩來總理，同情著日理萬機的鄧小平。一天，毛澤東看過了國務院、中央軍委呈送上來的兩份簡報，憂慮著國民經濟各領域的混亂狀況，以及晉東南地區、河北保定地區、浙江金華地區長年武鬥不息、當地駐軍多有介入的局面，便問了問王海蓉等人的意見。王海蓉等人便坦率地告上毛澤東，問題出在下邊，根子卻在中央，年初時候，江青同志就派人到部隊「燒荒」，號召繼續造反；總理病重住了醫院，小平同志忙得焦頭爛額，江青同志他們還不肯放過……總理說，國庫已經虧空了，還不讓抓經濟，抓生產。但總理不讓我們向您匯報，免得主席擔憂，主席的健康，比甚麼都重要……

毛澤東不禁拉住外侄孫女王海蓉的手問：他們都是誰呀？

王海蓉不肯說。其實毛澤東心裡有數：江青、張春橋、姚文元幾位，有搞小圈子的傾向。王洪文工人出身，可不要捲進去呀。

過了兩天，毛澤東又分別找王震、陳雲、李先念、王洪文等人來匯報情況毛澤東聽了匯報，感到軍心不穩，生產停滯，武鬥不息，情況嚴重。「批林批孔」運動不宜再大張旗鼓地搞下去了。於是他發出了「最高指示」：文化大革命已經搞了八年，現在以安定團結為好，堅持抓革命，促生產。

就在這時，江青跟美國女記者鬧出了「紅都女皇」一事，大量洩露了她和毛澤東的私生活，使得毛澤東十分震怒：這個女人，丟人丟在國內也就算了，竟然丟到外國去了，丟給美帝國主義去了！

一九七四年九月、十月間，毛澤東兩次扶病出席政治局會議，嚴厲批評自己的夫人江青搞上海幫，四人幫，不搞五湖四海，安定團結。毛澤東彷彿忘記了年初發動「批林批孔」運動時，自己發出的號召了：鬥則進，不鬥則退、則修、則垮。如今他轉而念念不忘安定團體，顧全大局，不要搞分裂。

江青、張春橋也覺察出來，眼下毛澤東極端信任的，是在身邊工作而日夕相處的王海蓉、章含之、唐聞生三人，便竭力進行拉攏。江青多次把王海蓉、唐聞生請到釣魚台自己的住處談心，由張春橋介紹全國各地右傾復辟、走資派重新上台，革命群眾革命幹部受走資派迫害打擊的情況。江青要求王、唐二人在毛澤東面前反映鄧小平結黨營私搞陰謀詭計的問題。王、唐二人虛作應對。可是她們於第二天就去到首都醫院周恩來病室，報告了江青、張春橋的言行。

其時中共中央正在籌備四屆人大會議，決定全國人大以及國務院領導人選。籌備工作由周恩來、王洪文負責，周恩來癌症動了手術，實際上是由王洪文一人負責。一九七四年十二月中旬，王洪文背著周恩來，單獨飛往長沙，向住在韶山滴水洞的毛澤東匯報四屆人大的籌備情況，並趁機告下周恩來、葉劍英、鄧小平的狀。並提出由江青或張春橋組閣的設想。毛澤東是信任和愛護王洪文的，一直把王視為接班人。但對自己的夫人江青卻十分反感、厭惡。毛澤東告誡王洪文說：江青有野心，你不要跟了她跑。你也不要搞四人幫，不要搞小宗派，搞小宗派要摔跤子的。

過了幾天，周恩來拖著病危之身，艱難萬分地坐了飛機，到了長沙，去韶山滴水洞晉見毛澤東，看著周恩來的病容，知其不久於人世，不禁動了憐憫惻隱之心。周恩來自延安整風之後這二、三十年來，對自己忠誠不貳，對黨鞠躬盡瘁……這時，毛澤東不再感到周恩來是自己的威脅，也不再忌恨周恩來，彷佛宿怨全消了。兩人相談甚洽，當即決定：周恩來仍做總理，由鄧小平出任第一副總理，兼任軍隊總參謀長，主持黨、政、軍日常事務。

由於毛澤東的反覆無常，患得患失，也由於周恩來的廣結善緣得人心，江青、張春橋、王洪文等人失去了在人大常委會、國務院組閣的機會。

一九七五年一月五日召開的第四屆全國人大會議上，周恩來、葉劍英、鄧小平、李先念一派獲得重大勝利，佔據了權力中樞。江青、張春橋、王洪文、姚文元一派，則暫時失勢了，由全面攻勢轉為全面守勢。其實毛澤東真正信賴並倚重著的，是另一股文革派實力人物：華國鋒、汪東興、韋國清、紀登魁、吳德、陳錫聯等。最耐人尋味的是，王海蓉、唐聞生、章含之三位年輕漂亮的女士，均被任命為「中華人民共和國外交部」副部長。

在這場權力角逐中，值得提到的是張毓鳳作為毛澤東最親近的人，倒能秉公處事，政治上沒有倒向任何一方。她一如既往，心中只有毛澤東，一切服從毛澤東。

一九七五年年初起，矮個子鄧小平挾黨中央副主席、國務院第一副總理、中央軍委副主席兼總參謀長重威，開始著手軍隊、工業農業、文化教育各行各業的全面整頓。他大量起用自己的舊部屬，執掌黨、政、軍要害部門。他提出安定團結、全面整頓、提高生產的三項方針，力圖恢復生產、生活的正常秩序。他竟然忘記了毛澤東的階級鬥爭、反修防修、文化大革命。

一九七五年七、八月間，毛澤澤東跟他的文學朗讀人蘆荻小姐談起了古典小說《水滸傳》和《紅樓夢》。《水滸》是毛澤東青少年時期的革命教科書，從小羨慕書上描寫的綠林豪傑，打家劫舍，殺富濟貧。如今，他卻極力讚揚《紅樓夢》，稱為一部階級鬥爭的書，書裡有三十二條人命。他於三年前就號召全黨的高級幹部都要讀《紅樓夢》，要讀五遍，還在政治局會議上問草莽英雄出身的許世友讀了《紅樓夢》沒有？要讀五遍才能懂。

這天，年老的毛澤東撫挲著蘆荻小姐柔嫩的手，說：

《水滸傳》藝術上不及《紅樓夢》，寫了一批大男子主義的英雄，沒有寫出一個像樣的女人。孫二娘、一丈青也都是男性化的女人，只有個淫婦潘金蓮還算是個女人。

毛澤東說：《水滸傳》露骨地寫了男女性事，西門慶跟潘金蓮，楊雄的妻子和禿和尚，只有色，沒有情。比《紅樓夢》差遠了。你看《紅樓夢》寫賈寶玉自己的小嬸娘秦可卿的那段亂倫情事，寫得多麼的詩情畫意？安排賈寶玉游太虛幻境，跟一個像秦可卿的仙子似夢非夢地雲雨一場，貫徹色空思想，色而不淫，真是妙極。

毛澤東說：水滸這本書，好就好在寫投降。做反面教材，使人民知道投降派。水滸只反貪官，不反皇帝。摒晁蓋於一百零八人之外。宋江搞投降，搞修正主義，把晁蓋的聚義廳改為忠義堂，讓人招安了。宋江同高俅的鬥爭，是地主階級內部這一派反對那一派的鬥爭。宋江投降了，就去打方臘……

毛澤東確是老了，卻仍然充滿性意識，且念念不忘他的階級和階級鬥爭學說。他用了左傾實用主義的觀點來批判《水滸》。《水滸》是一部經歷了時間的考驗、進入了世界文學寶庫的輝煌巨著。毛澤東視它為反面教材，是桀犬吠日，不自量力了。

毛澤東的文學朗讀人蘆荻頗有心計，她每天記錄下毛的談話。她原是北京大學中文系的一名講師，十分喜愛姚文元的文學評論文章。一九七五年八月十四日，蘆荻將毛澤東有關《水滸》的談話整理成文，送給姚文元看。當日，姚文元寫信給毛澤東，表示擁護毛的指示，並就解放以來有關《水滸》的評論情況談了自己的看法，提議利用報刊重新開展對《水滸》的討論。毛澤東閱信後，隨即批示，同意。

於是借助毛澤東的批示，文革派的江青、張春橋、王洪文、姚文元等，利用手中控制著的宣傳輿論大權，在全國範圍內掀起一場評《水滸》、批投降派的運動。宋江架空晁蓋，周恩來、鄧小平架空毛澤東。周、鄧是宋江式陰謀家，是搞修正主義的投降派。

文革派在經歷了一系列的挫折之後，利用毛澤東的又一次的左傾指示，漸漸抬頭。他們更於當年的九月間，走出了關鍵性的一腳高棋，巧妙地安排毛澤東的親侄兒毛遠新，來到毛的身邊工作，擔任毛澤東與周恩來、毛澤東與政治局之間的聯絡員。毛遠新是毛澤東兄弟毛澤民的兒子，一九四〇年出生於新疆烏魯木齊市。毛遠新三歲那年，父親被反覆無常的軍閥盛世才殺害，母親不久即改了嫁，他被送到延安，由江青撫養長大。文化大革命前夕，毛遠新畢業於哈爾濱軍事工程學院，是東北地區著名的紅衛兵造反派領袖。一九七五年九月調來毛澤東身邊工作時，已經當了遼寧省委書記、瀋陽軍區政委，是新一代的東北王了。他認江青、張春橋、王洪文、姚文元等為文化大革命的親密戰友，視鄧小平、葉劍英、李先念等人為死不悔改，正在走著的走資派，是文化大革命最危險的潛在敵手。據說鄧小平曾經極力反對調毛遠新進京，但毛澤東本人點了頭，江青又跑去醫院請求周恩來出面和稀泥，鄧小平才沒有阻擋成功。

驍勇好鬥的矮個子鄧小平遇上了政治剋星。周恩來已經奄奄一息，再無力給他以保護。加上他重返權力舞台之後，大量提拔重用親信，日益顯露出專斷獨行、排除異己的本性，跟文革派一直鬧得水火不相容。以致毛澤東再次對他起了疑心：自己去世後，矮個子可能成為獨攬大權、否定文革的大野心家，他的永不翻案的保證是假的，他是個愛講謊話的人！

一九七五年九月後的毛澤東，已經不良於行。他不再離開自己的住處。他十分偏愛、器重自己的侄兒毛遠新，認毛遠新為毛家年輕有為的傳人。毛澤東因一直病著，手已不能握筆，講話口齒不清，語音含混。他對黨中央政治局所作的一切指示，只得由毛遠新、張毓鳳記錄下來，交毛本人核准後，再由毛遠新去向政治局做傳達。政治局討論的結果亦由毛遠新向毛澤東轉呈。毛遠新成了真正的「龍的傳人」。一時間，所有的政治局成員，包括江青、張春橋、鄧小平、葉劍英等人在內，無不對三十六歲的毛頭小伙子毛遠新畢恭畢敬，奉獻各自的笑容。

由於毛遠新有著鮮明的文革激進派色彩，他向毛澤東匯報的情況，提供的情報，自然是大大不利於鄧小平們。十一月初，毛澤東開始就清華、北大的教育革命問題嚴厲斥責鄧小平，指出：一些同志，主要是老同志的思想還停留在資產階級民主革命階段，對社會主義革命不理解，有牴觸，甚至反對。對文化大革命有兩種態度，一是不滿意，二是要算帳，算文化大革命的帳。

這無疑又一次敲響了鄧小平的政治喪鐘。文革派大員們則如獲至寶，開始在全國上下佈置「反擊右傾翻案風」運動。

一九七六年一月八日，周恩來癌症不治逝世。中共高層統治集團派系之間，又陷落進新一輪的無情爭鬥的臭泥沼中。左派和右派均磨刀霍霍，準備大打出手。毛澤東作為一代政治偉人，痛苦地輾轉於病榻之上，頭腦卻十分清醒。他決定採取平衡術，右派、左派各打四十大板。一月二十一日，毛澤東指定華國鋒為國務院代總理，主持中央日常工作；一月二十八日，毛澤東又指定毛遠新的上司——瀋陽軍區司令員陳錫聯取代葉劍英，負責中央軍委的工作。以上兩項指示，均立即獲得中央政治局一致通過。二月二日，中共中央正式頒布文件，將上述兩項決議公諸於世。

毛澤東的決定，看似不偏不倚，中間路線，實際上卻是走資派的大挫敗，文革派的大勝利，毛遠新的大勝利。鄧小平、葉劍英等人被解除了已經到手的黨、政、軍大權。而文革派則從未掌握過控制黨、政、軍的巨大權力。此時刻，毛澤東發出了他最後的英明指示：搞社會主義革命，不知道資產階級在哪裡。就在共產黨內，走資本主義道路的當權派。走資派還在走。

於是以批判鄧小平為目標的「反擊右傾翻案風」運動立刻興起。經歷了近十年的文化大革命運動；中國知識分子中已經不乏清醒者，痛恨中共高層的又一輪狗咬狗鬥爭，工人、農民、士兵則天天開會痛打落水狗，聲討鄧小平的滔天罪行。

一九七六年四月初，中國人民傳統的祭祀節日——清明節前後，全國各地均有軍民自發地悼念周恩來。在北京的天安門廣場，更醞釀成一場聲勢浩大的抗議活動。抗議活動的初衷，是一般民眾對中共年復一年的政治鬥爭的厭棄。卻很快被中共元老派們所利用，變為一場替鄧小平鳴枉叫屈的抗議活動，一場有計畫有組織的反文革派示威。這場示威很快被華國鋒和文革派以革命的名義施以鎮壓。四月五日凌晨，數萬名手持棍棒的郊區民兵對天安門廣場實施了血腥清理。據事後透露，有上千人被毆傷，數十人死亡。中共出動了上百部消防車沖洗廣場上的血汙。

四月七日，中共中央同時頒發了兩個重要文件。第一個是：「根據偉大領袖毛主席的提議，中共中央政治局一致通過，華國鋒同志任中國共產黨中央委員會第一副主席、中華人民共和國國務院總理。」

第二個是：中共中央關於撤銷鄧小平黨內外一切職務的決議。

毛遠新初嚐權力禁果，表現出了他的野心和膽識。他明白，不將鄧小平這些對手關入牢籠，到手的果實隨時可能丟失。他曾經多次對叔父大人毛澤東建議，批准他從瀋陽部隊調來一師機械化部隊控制北京。毛澤東卻讓他去找主持軍委工作的老上級陳錫聯。陳錫聯卻臨陣膽怯，去請示華國鋒。華國鋒卻求穩怕亂，含糊其詞。毛遠新急的跳腳、罵娘。再次試圖說服叔父大人直接下令調兵。叔父大人卻對北京衛戍區、中南海警衛師的負責人汪東興十分放心：從井崗山起就跟著我了，跟了幾十年了，汪東興是大忠臣，忠心耿耿。

就在這時刻，鄧小平這隻久經風浪的政治老狐狸，卻趁著毛澤東久病臥床，對於軍隊的控制已有所鬆弛，而偷偷跑到廣州，被他的老友、廣州軍區司令員許世友保護了起來。據說，王洪文、江青、張春橋，通過毛遠新又力圖說服毛澤東，下令廣州軍區將鄧小平押解回北京。毛澤東猶豫了好些天。他又一次對矮個子動了惻隱之心，始終沒有首肯。毛澤東還下令汪東興，要保住黨中央安定團結的局面，不要抓人。北京的駐軍要嚴守紀律，不要被任何人利用。

毛澤東是清醒的，又是糊塗的，他不願為了一個被剝去了權力的鄧小平，而冒激起軍隊公開對抗的風險。他卻也就斷送了自己夫人江青、侄兒毛遠新及其戰友們的前程。

第七十九節　奉陪到底　周旋到死

在毛澤東政權裡，周恩來是唯一的跟毛氏奉陪到底，周旋到死的人。

周恩來的去世，使中共黨內失去了一根富於智慧的支柱。後世的人對於周恩來能夠跟反復無常、老謀深算而又懷疑成狂的毛澤東共事到底，沒有像王明、博古、李立三、張聞天、彭德懷、劉少奇、林彪們那樣遭受不測之禍，真要嘆為觀止了。誰都沒有像周恩來這樣善於生存。

當然，也不乏人指周恩來為中國當代儒家的總代表，政治機會主義的典範，毛澤東的幫兇，助紂為虐者。在毛澤東面前愚忠到了奴顏卑膝的地步。以上指責自然都不是空穴來風。

應當說，在中共黨的歷史上，周恩來、毛澤東是結怨最深的一對。周的神奇本領在於，直至他七十七歲臨終之前，毛澤東都未能找到口實，或是未能下定決定，跟他撕破一張維繫了數十年的虛浮不實的面皮。

周恩來祖籍浙江紹興，一八九八年出生於江蘇准安一個書香世家，或稱為大官僚地主家庭。一九一七年留學日本。一九二〇年隨「勤工儉學團」赴法留學。一九二一年組織中共旅歐支部，屬下的成員有鄧小平、李富春、蔡和森、陳毅、聶榮臻、李維漢、劉伯承等，後來都成為中共的重要人物、軍事將領，亦是他在黨內的權力基礎。一九二二年更在德國柏林介紹朱德入黨。一九二四年回國，時值國共兩黨合作，周出任黃埔軍校政治部主任，與軍校教官葉劍英結為知交。一九二六年起，出任中共中央軍事部長，開始執掌中共軍事指揮權力，成為中共早期的實力人物。一九二七年八月一日，跟朱德、賀龍一起組建「中國工農紅軍」，發動南昌起義，成為中共紅軍的創始人。中共後來把「八一」定為建軍節，它比毛澤東領導的湖南秋收起義時間上早了一個多月。

周、毛結怨在井崗山上。井崗山根據地是毛澤東率秋收起義農軍創立的。第二年朱德、陳毅率南昌起義部隊轉戰廣東、湘南後上山與毛澤東會師。其時毛澤東尚是中共一名地方領導人，卻拒不執行設在上海的黨中央的指揮，實際上是抗拒中央軍事部長周恩來的領導。一九三〇年，中共中央即開始派人到井崗山主持工作。一九三一年，周恩來上了井崗山，挾莫斯科共產國際之重威，與朱德、陳毅、張聞天、彭德懷一起，解除了毛澤東軍事指揮權，而被迫去掛名做「中央蘇區主席」。之後，由於毛澤東仍不忘爭奪紅軍指揮權，又兩次被撤銷了一切職務，在「富田事件」中還差點被抓起來「執行革命紀律」。

在井崗山上三次整肅毛澤東的人，為首的便是中央軍委主席周恩來，加上共產國際代表李德，加上朱德、陳毅、彭德懷等。毛澤東深恨著的周恩來。周恩來喝過洋墨水，自己是個土包子；周恩來為人謙和，好涵養，廣結善緣；自己性情暴躁，拗脾氣，四面樹敵；周恩來深獲共產國際的信賴，自己卻被共產國際的代表李德所不恥；周恩來的所有長處也都是他的短處。周恩來是他在黨內、軍內的頭號剋星。工農紅軍在李德、博古、周恩來「三人團」的指揮下，於一九三四年初的「第五次反圍剿」戰役中失敗，決定撤離井崗山根據地，開始「二萬五千里長征」，實為一次大潰退、大逃亡。一九三五年一月，中共政治局於長征途中，在貴州遵義舉行擴大會議，周恩來在會上檢討了軍事指揮上的失誤，蘇俄顧問李德被解除了軍事指揮權。周恩來仍然保住了負總責的軍委主席的職務，而由毛澤東做他的軍事助手。這便是中共黨史上著名的「遵義會議」。後來的中共黨史謊稱此次會議確立了毛澤東在全黨的領導地位，完全是對周恩來、朱德的惡意貶謫，竄改了歷史事實。

周、毛權力易位，發生於一九三六年底的「西安事變」期間，中共重組中央軍委會，毛澤東才成為軍委主席。其時周恩來正奉了莫斯科共產國際之命，代表中共赴西安，全力投入事變的處理而無暇他顧，致使他的中央軍委主席職務被毛澤東佔去，而降格為副主席。此後，他基本上脫離了中共軍事領導崗位，離開了延安，而成為一名談判代表，長期住在重慶。他在大後方廣羅人才，把大批知識精英吸引到自己周圍，然後保送去延安接受革命洗禮。這些知識精英，後來大部分都成為他主理的中共國務院的高級骨幹。

周恩來是個政治上能伸能屈、職務上能上能下的領袖人物，富於文化教養、政治智慧；且頗有人情味。他從毛澤東的領導人降格為毛澤東的助手之後，雖然也有過不快，但總體來說，他能適時轉換自己的位置，全力擁戴毛澤東。加上其時毛澤東羽翼未豐，言行尚知收斂，在布置自己的親信骨幹大量入主黨、政、軍各個領域的同時，儘量表現得謙和、虛心、團結、納諫。周恩來自然是他需要團結、借重的人物之一。

周恩來受制於毛澤東，應當說是從一九四二年毛氏發動「延安整風」運動開始。那時，毛氏已經為獲取中共最高領導地位作好了組織準備和理論準備。毛氏已經與中共的另一名領袖劉少奇結成了神聖同盟，而由劉少奇出面發明了「毛澤東思想」一詞，提出了「以毛澤東思想作為全黨全軍工作的指針」。「延安整風」的主要目標是徹底清除王明、張國燾兩大派勢在中共黨內軍內的勢力，稍帶著的目標是壓服周恩來俯首稱臣。

毛澤東所以不能利用「延安整風」一併清除掉周恩來，在於周氏在中共黨內、軍內有著難以動搖的基礎。周氏是中共軍隊的創始人，其親信部屬如陳毅、賀龍、聶榮臻、葉劍英、劉伯承、徐向前等等皆是軍中舉足輕重的風雲人物。他還是朱德總司令的入黨介紹人。且周氏為人甚具親和力，在黨內軍內均有著毛澤東無可取代的影響力。毛澤東雖然結記著舊的怨恨，也只好強吞下這個苦果了。

一九四三、四四兩年，長住重慶當談判代表的周恩來多次被召回延安做檢討，劃清歷史上與王明路線的界線。周恩來檢討過了關。在一九四五年召開的中共第七次代表大會上，他參與了劉少奇帶頭發起的造神運動，尊毛澤東為全黨全軍的偉大領袖。周氏在大會發言中高呼了「毛主席萬歲」，「永遠跟著毛澤東同志前進」！儘管當時大多數代表聽了還不習慣，覺得肉麻，由此，他保住了自己在中共黨內軍內的領袖地位：毛、劉、朱、周，排行第四，卻仍是四巨頭之一。

一九四五年夏秋之間，由於美國友人的熱心撮合，毛澤東親赴重慶跟蔣介石和談。周恩來做為毛澤東的談判副手，對毛澤東極盡關心愛戴之能事，如在宴會上代毛氏喝酒，代毛氏試嚐食物等等，有人譏之為到了做戲的地步。毛澤東心裡自是十分受用。

一九四九年十月一日，中共建政北京，周恩來出任國務院總理，做了毛澤東手下的「宰相」，或可稱之為「政治賢媳婦」。

但是，毛澤東坐上了高於一切、大於一切、君臨一切的帝王寶座之後，卻不能忘懷歷史上的怨恨。中共領袖們遵循鬥爭哲學，幾乎個個喜歡記恨。不管周恩來如何表現出忠誠、謙恭、任勞任怨，但毛澤東處心積慮地不時給他小鞋穿，讓他在國務會議上做檢討，並力圖借機會迫他辭職。

一九五三年底至一九五四年初，毛澤東曾經授意高崗反周恩來，並許諾日後為國務院總理。高崗野心勃勃，自恃有毛澤東支持，便肆無忌憚地進行倒周活動。但其時中共霸業初定，中共其他領袖如劉少奇、朱德、陳雲、李富春、董必武、鄧小平等，都希望高層團結穩定。大家反將矛頭對準了高崗。關鍵時刻，毛澤東撒手，出賣了高崗。這是高崗不久即自殺身亡的真正原因。經過了「高、饒事件」，周恩來不露痕跡地鞏固了自己的陣地，並擴充了自己的實力：將心腹元帥陳毅、賀龍從外地調進北京，均出任國務院副總理、中央軍委副主席。

一九五六年秋天，周恩來、陳雲率領一個陣容龐大的「中國黨政經濟考察團」，赴兄長之邦的蘇聯考察經濟工作，一次學習取經活動。「考察團」成員深入到工廠、農莊各行業訪問，聽取情況介紹，最後集中到莫斯科，拜會蘇共黨和國家領導人，並聆聽「教誨」。蘇共領導人倒是出於自己在經濟工作中所走過的彎路、所得到的教訓，提醒並告誡「中國同志」；從事和平建設，要頭腦冷靜，尊重人才，尊敬知識，不要重犯蘇聯曾經付出過沉痛代價的左傾急躁病。抓經濟工作不同於打仗，一切均應分步驟、按比例、有計畫地來進行。社會主義經濟就是計畫經濟，云云。

周恩來、陳雲回到北京後，首先在中央政治局會議上作了匯報，轉述了蘇共領導人的忠告。毛澤東本人出席了會議，肯定了周、陳的匯報。會議決定將周、陳的匯報做成文件，發至全黨。後又由劉少奇指示中宣部，替《人民日報》撰寫了一篇一九五七年元旦社論，號召全黨反左傾，反冒進，穩步地進行國民經濟建設。相信毛澤東也同意了元旦社論的基本精神。這本是一件好事。

但毛澤東內心裡卻像吃了一隻蒼蠅，總覺得周恩來執掌著經濟大權，佔據著最高行政機關國務院，跟他格格不入。一九五六年因為有蘇共二十大反對斯大林個人迷信，中共也召開了八大強調集體領導，毛澤東的狂思妄想不能不有所收斂。到了一九五七年發起反右派份子運動，毛氏「橫掃千軍如捲席」的權力慾又空前膨漲起來。他在「引蛇出洞」大抓右派的同時，對年初的「元旦社論」耿耿於懷，開始在大會小會上批評周恩來、陳雲的「反左傾、反冒進」。一九五八年一月，毛澤東在廣西自治區首府南寧召開中央工作會議，指名道姓地批評周恩來：

不要提「反冒進」這個名詞好不好？這是政治問題……右派一攻，把我們一些同志拋到距離右派只有五十米遠了。右派來了個全面「反冒進」，甚麼「今不如昔」，「冒進」比保守損失大等等。研究一下，究竟哪個大？「反冒進」六億人民洩了氣……

在中央工作會議上，在抓右派分子的高潮中，毛澤東當著國務院各部委員負責人、各省市自治區負責人的面，指名道姓地批評紅軍創始人、黨中央副主席、國務院總理周恩來

「離右派只有五十米遠了」，這不能不是對周恩來人格當眾羞辱。因為毛澤東握有隨時把周的總理職務「掛起來」的至高無上的權力。

周恩來面紅耳赤、吶吶無言。毛澤東並不罷休，接著言辭尖刻地衝著周氏冷嘲熱諷：

關於向人代會的報告①，我兩年沒有看了。為照顧團結，不登報聲明，我不負責。章伯鈞說國務院只給成品②，不讓參加設計，我很同情。不過他是想搞資產階級的政治設計院，我們是無產階級的政治設計院。有些人一來就是成品，明天就開會，等於強迫簽字。政治局成為一個表決機器，像杜勒斯的聯合國，給你十全十美的文件，不通過不行。象唱戲一樣，已經打了牌子，非登台演出不可。文件上又不講究考據之學，義理之學，又有洋文。我有一個手段，就消極抵抗，不看。你們的文件，我兩年不看了，今年還準備不看……

周恩來侍奉著的就是這樣一位蠻不講理、形同村婦的惡婆婆，山大王。他和陳雲只好

---

①即周恩來一年一度在全國人代大會上所作「政府工作報告」。

②章伯鈞於一九五七年鳴放中提出「政治設計院」，由中共和民主黨派輪流執政，後被劃為頭號右派分子。

委屈求全，在會上、會後一次又一次認錯、作檢討。

毛澤東卻不肯放過，同年三月又在成都會議上點名批評周恩來犯了「反冒進的右傾錯誤」，離右派只有五十米遠了。事情何時算了？周恩來決定在不久後即召開的黨的八大二次會議上，面對全體代表作出公開檢討。周恩來的發言稿寫了十幾天之久，最後呈交中央政治局、書記處傳閱、提意見、再修改定稿。

毛澤東卻對周恩來在八大二次會議的公開檢討仍不通過。他接著在不久後的鄭州會議、北戴河會議，第二次南寧會議、直至一九五九年夏季批鬥彭、黃、張、周的廬山會議上，不斷指責周恩來、陳雲反冒進、攻其一點不及其餘的錯誤。有人統計過，毛澤東就「反冒進」問題在黨的中央工作會議上點名批評周恩來，達十三次之多。毛澤東是在逼迫周恩來遞辭呈。只要周自己表示放棄國務院總理職位，其餘的都好說。

周恩來卻在毛澤東的尖酸指責聲中，表現出驚人的韌性與毅力。他只作檢討，不遞辭呈。而毛澤東結記著井崗山上三次挨整肅的舊恨，需要的是他的辭呈。已經有了現成的總理接位人——鄧小平，或是彭真、李富春。但周恩來忍辱負重，工作競競業業，處事小心謹慎，黨內黨外廣結善緣，毛澤東還真找不到藉口來解除他的職務。周恩來真是個絕頂聰明的人，不跟毛澤東鬥勇，而鬥智，鬥韌勁。他決意不讓黨主席的意願得逞。

因之周恩來活的真不輕鬆。用他晚年的話來說：半輩子如履薄冰。而使周恩來最感痛苦的，莫過於一次又一次遵從毛澤東的旨意修改國民經濟計畫指標。他和他的助手們夜以繼日，於一九五七年忙了大半年，編列好了一九五八年開始執行的國民經濟建設「第二個五年計畫草案」，亦已獲得中央政治局討論通過。可一九五八年初毛澤東在南寧會議上一通劈頭蓋腦的批判，「二五計畫」尚未執行，即成為廢紙。

以鋼鐵生產指標為例。一九五七年鋼產量為五百三十五萬噸。為了不受毛的斥責，又不太離譜，周恩來咬了咬牙，把一九五八年的鋼鐵生產指標調高至六百二十萬噸。可是到了全國開始大躍進的八月分，在北戴河召開的中央工作會議上，他屬下的冶金部也是一派昏熱大唱高調，吹成九百萬噸，無形中造了周恩來的反。周恩來又右傾了。毛澤東根本不知鋼鐵生產為何物，竟在會上睜著眼睛瞎指揮說：

乾脆點吧！翻一番嘛。何別拖拖拉拉呢？搞一千一百萬噸。鋼鐵尚未成功，同志仍需努力。七億人口需要多少鋼啊？我看一人一噸，搞它七億噸。糧食比鋼少一半，搞三萬五千億斤！

接著毛澤東大氣磅礴，湖吹海誇，甚麼「公共食堂，吃飯不要錢，就是共產主義」啦，「三至七年之內建成一個工業大國，十五年超過英國，趕上美國」啦，「每個省搞幾百架飛機，每個鄉兩架飛機」啦，「搞一個地球委員會，全國就是一個大公社，搞十幾億人口也不要緊」啦……希特勒式的狂言浪語，歇斯底里叫囂，卻贏得中共中央委員們一陣陣熱烈的掌聲、歡呼聲，一派法西斯式的癲狂症。

從此，鋼鐵不是出產在煉鋼廠裡，而出產在「偉大領袖」的嘴裡。結果是九千萬勞動力上陣，全民煉鋼煮鐵，大面積破壞森林，破壞資源，損失達數百億人民幣。

糧食產量更是在毛澤東的斥責下一再提高。他要求糧食部門搞三萬五千億斤，實現全國吃飯不要錢。沒有人告訴毛澤東不行，包括劉少奇、周恩來、鄧小平、彭真，都只是熱烈擁護，堅決執行。一種極端自私的農民心理主宰著他們，只要保得住自己的祿位及其家室安寧，何惜國計民生。而實際的糧食產量，一九五九年僅為四千億斤，大飢荒的一九六〇年只有二千八百億斤，結果緊急進口了五百萬噸糧食度荒，全國餓死人口五、六千萬。

除了「彭德懷反黨集團」在廬山會議上向毛澤東提了意見被罷了官之外，周恩來對於毛澤東的胡作非為，只是一次又一次作檢討，以圖自保。他跟劉少奇、鄧小平等人一樣，可以出賣天理良心，背叛整個社會，而順從一個領袖，而保有自身的特權利益。為此，委曲求全，甚至忍辱負重都在所不惜。

周恩來做為國務院總理，日子稍好過一點的時候是三年大飢荒。毛澤東退居第二線，暫不過問國民經濟。周恩來有沒有設想過把毛澤東趕下台？但他已做慣了小媳婦膽識不足，且乏人合作。毛澤東名曰退居第二線，但通過林彪牢牢控制住軍隊，通過康生、謝富治、王震牢牢控制住情報系統。要趕毛澤東下台，關鍵是三個人物：一是國家主席劉少奇，一是書記處總書記鄧小平，一是北京市委的彭真。劉少奇唯毛澤東之命是從，他的國家主席的權力一直附生在毛氏的黨主席的胯下，又一味地講究修養，甘當「二把手」。周恩來和劉少奇關係從來很淡，還相互防範著；鄧小平則學得越來越滑頭了，每天除了批批文件，開開會、聽聽匯報，就是抽烟打橋牌，常常通宵達旦樂此不疲。且自井崗山時候起，鄧小平就跟周恩來拉開了距離；北京的彭真呢？眼下正在毛澤東面前走動最勤，紅得發紫。廬山會議上，毛澤東捨其他政治局常委於不顧，指定由彭真主持政治局會議，即是證明。

一九六二年之後，周恩來敏銳地感覺到，毛澤東對他的忌恨，已經轉移到了劉少奇身上。他鬆了一口氣。他等著劉少奇來趕毛澤東下台，或是毛澤東趕劉少奇下台。兩虎相鬥必有一傷。他要小心翼翼地窺視、規避著黨內這兩隻最大的老虎。

毛澤東雖然把劉少奇看作頭號對手，卻仍然不忘警戒他，作難他。最傷他顏面的一次是一九六五年下半年開始的中、日共兩黨會議。日共建議跟中共一起聯合北韓、北越組成反美戰線；中共則提出反美帝必須同時反蘇修。結果談不攏。但日共的主張得到了北韓、北越兩黨的讚同，發表了聯合公報。一九六六年三月，日共代表團從河內回到北京中共由周恩來、彭真負責再與日共談判。礙於兄弟之邦的北韓、北越的面子，也是出於國際統戰的目的，周、彭二人代表中共做了妥協，不再堅持反美必須同時反修，擬好了兩黨聯合聲明。在送別晚宴上，周恩來講了話，彭真講了話，盛讚了兩黨會議談成功。但兩黨聯合聲明須在日共總書記宮本一行赴上海拜會了毛澤東之後才公開發表。宮本一行到了上海。毛澤東一看聯合聲明就大為惱怒，提筆就加上了反蘇修的內容。否則，兩黨會談就算破裂。宮本也是一條硬漢，表示不能接受他的修改，而率領代表團回了日本。

毛澤東蠻橫地踢翻了周恩來代表中共中央與日共總書記所達成的協議，對周恩來的人格的羞辱和蔑視到了何種地步，可想而知。真是人無人格，黨無黨格，國無國格。

一九六六年夏季，毛澤東調兵遣將，對北京市實施全面軍事接管之後，發動文化大革命運動，最初的布置是先打倒周恩來，後收拾劉少奇。毛澤東住在杭州西子湖邊遙控著北京的運動，命劉少奇、鄧小平去發動對周恩來的批判。但劉、鄧這時已經明白了唇亡齒寒的道理，不肯動手。劉少奇甚至說：批判恩來同志，等毛主席自己回來辦吧！毛澤東得知劉的這一意向後，老羞成怒，咬牙說：好，回來先從你劉少奇辦起。

一九六六年七月二十三日，毛澤東從南方回到北京。劉少奇趕到火車站去接駕，毛澤東不與見面。晚上，通知政治局成員到大人會堂浙江廳開碰頭會，竟然不准通知劉少奇與會。周恩來獲知後大為吃驚，立即給劉少奇的中南海家裡打電話。接電話的是王光美。周恩來只說了一句話：光美啊，請少奇同志保重身體。

毛澤東的文革鐵拳雖然是砸在劉少奇、彭真頭上，但周恩來的日子也越來越險惡了。首先是他的心愛的私人祕書許小姐被捕，因不願揭發他而自殺身亡；接著是他和鄧穎超自井崗山一手養大的烈士遺孤孫維世被江青投入牢房，折磨至死，戲劇家女婿金山自殺；再接著是他未能保護下與他有著生死之誼的賀龍元帥……

一九六六年冬天，心疲力竭的周恩來曾在人民大會堂暈倒，醫生檢查出他心臟心血管皆有患病。

一九六七年夏天，毛澤東在打倒劉、鄧之後，進而要收拾周恩來。周恩來避開正面攻擊，而竭盡全力來跟毛澤東周旋。也就在這時，他身邊形成了一個強力軍人對抗集團，主要骨幹是「三總四帥」。「三總」是三位軍人出身的國務院副總理：譚震林、李先念、李富春；「四帥」是四位任中央軍委副主席的元帥：陳毅、葉劍英、徐向前、聶榮臻。他們的親信部下大多為全國各大軍區的司令員和政委。所謂的「二月逆流」案，就是「三總四帥大鬧懷仁堂」，名義上是跟中央文革小組鬧對抗，實際上是跟毛澤東、林彪鬧對抗。中央文革的後台是毛澤東，「三總四帥」的後台是周恩來。毛澤東不能不有所顧忌了。他最怕軍人起來造他的反。

同年七月中旬，武漢軍區爆發了逮捕中央文革大員謝富治、王力的兵變事件，更是一次實力軍人對抗文革的堅定行動。事件由周恩來出面平息下去了。毛澤東感到了來自周恩來的威脅。他比較容易地打倒了劉、鄧、彭，要打倒周，卻十分棘手。周恩來真是隻老狐狸，他借重實力軍人來保存自己。

但毛澤東整肅周恩來的決心未動搖，只是要更為注重策略，由中央文革去組織狂熱的紅衛兵來發難。中央文革的方針是：周恩來已患心臟病，整不垮他，要拖垮他，累死他！當然，為著發動群眾，必須有偉大領袖的「最高指示」做理論依據，或稱為銳厲武器。

同年七月二十一日，毛澤東發出「最高指示」，矛頭直指周恩來及其國務院：

南京新華社被包圍，我看可以包圍三天不出報，有甚麼了不起，你不革命就要革命到你頭上來，為什麼不准包圍省市委、報館、國務院？……工作組撤出來後，有些要復辟，復辟也不要緊。我們有的部長就那樣可靠嗎？有些部長、報館是誰掌握呀？

七月二十二日，毛澤東又發出「最高指示」，公然號召造反派包圍國務院。

……工作組阻礙革命勢必變成反革命。西安交大不讓人打電話，不讓人家派人到中央，為甚麼怕人到中央？讓他們來包圍國務院。文件要寫上，可以打電話，也可以派人。那樣怕能行嗎？所以西安、南京報館被圍三天。嚇得魂不附體，就那麼怕？你們這些人呀，你們不革命，就革到自己頭上了。有的地方不准包圍報館，不准到省委、不准到國務委。為甚麼這麼怕？到了國務院接待的又是無名小將說不清。為甚麼這樣？你們不出面我就出面……這幾天康生、陳伯達、江青都下去了……

毛澤東煽風點火之後，預料到北京將有更為激烈的紅衛兵造反浪潮之後，又坐了他的專列，帶上張毓鳳，以及張春橋、楊成武、汪東興等人南巡去了。他把周恩來留在北京，交給了狂熱的紅衛兵。北京街頭出現了「打倒大叛徒周恩來」、「揪出兩面派周恩來」的大字報。不久，在中央文革的幕後操縱下，北京市五十萬紅衛兵包圍了中南海、人民大會堂。周恩來被包圍在人民大會堂。他發揮了他的談判天才，跟一批又一批紅衛兵小將辯論了三天三晚。這三天三晚的時間裡，除了人民大會堂警衛連還守衛著他，沒有任何人來替他這國務院總理解圍，近在咫尺的北京衛戍區、中南海警衛師、中央文革、中央軍委都沒有任何人出面，任由紅衛兵輪番上陣找他激辯……直到第三天晚上，竟是他以驚人的毅力、韌勁，說服了紅衛兵小將，撤除了對他的包圍，讓他回了中南海的家裡……他總算熬過了文革中最危險的時刻。

周恩來不垮不病，據說毛澤東聽了匯報感到十分驚奇，十分欣賞周恩來的生命毅力，要整垮周恩來還真不容易，尤其他身後站著大批實力軍人。劉少奇的失敗在於他的軟弱，在於他的不抗爭，聽天由命，在於鄧小平的陣前倒戈、出賣；周恩來的不敗在於他的不屈不撓，在於實力軍人的支持，在於他的政治智慧和韌性戰術，也在於劉少奇等人已經承受了運動的第一打擊波。

一九六九年四月召開的中共「九大」上，周恩來退居政治局常委的第四位。前三位是主席毛澤東，唯一的副主席林彪，常委陳伯達。或許，毛澤東鑒於自己的接班人林彪系統的權力膨脹過快過大，而留下周恩來做緩衝，做平衡。「九大」開過不久，毛澤東就與接班人林彪展開了新一輪權力決鬥，周恩來才又稍稍緩了一口氣。在某種程度上，是他利用了毛澤東的多疑症，來促成毛、林矛盾的激烈化。比如說，毛澤東找他談工作、了解情況時，他只要不動聲色地順便提到：現在總參、總後，空軍、海軍，全部成了「四野」的人馬，不大利於團結其他三個野戰軍的幹部；我擁護主席、林副主席撤銷中央軍委常委辦公會議的決定，用軍委辦事組來代替。但葉群同志當軍委辦事組組長，指揮軍隊，搞成了一家子，恐怕不大妥當，對林副主席也影響不好吧？

一九七一年九月十三日林彪刺殺毛澤東失敗之後，毛澤東受到了巨大的精神打擊，身體明顯地垮了下來，黨、政、軍大權實際上落到了周恩來手裡。周恩來立即抓住了歷史性契機，借了揭批林彪集團罪行，將林彪的政變綱領「五一七工程紀要」作為中共中央文件的附件，轉發給全國軍民。林氏「紀要」中，稱毛澤東為現代秦始皇，大獨裁者，懷疑狂，迫害狂，他的副手、祕書，沒有一個有好下場，「紀要」更指毛氏的「知識青年上山下鄉」為變相失業，「幹部進五七幹校」為變相勞改，城市職工十幾年不長工資，鄉下農民吃苦受累等等。這正是周恩來反擊、貶謫毛澤東的最妙一筆，且不擔關係，不露痕跡。自此，毛澤東的神話開始破產，威信掃地。

接著是中美恢復關係，尼克松訪問北京。決策人是毛澤東，周恩來卻當仁不讓地做了大英雄。事後毛澤東很為光火。一九七二年夏天，尼克松又訪問蘇聯，與蘇共領袖勃列涅日夫在海參威見面。周恩來讓外交部給毛澤東呈送了「重要外事簡報」。毛澤東在「重要外事簡報」上批示道：

大事不報告，小事天天送，周恩來及其外交部，如果不改正，必然變修正。

批示不像批示，順口溜不像順口溜。但周恩來已經立於不敗之地了。此時周恩來身上已檢查出癌症。他直拖了兩年才入院手術治療。他比文革派棋高一著的是讓葉劍英、徐向前主持中央軍委工作，並讓王震等人去勸說毛澤東，批准鄧小平出來工作，從而堵住了文革派權力接班的路。

毛澤東最後一次試圖搞掉周恩來，是一九七四年春天的批林批孔運動。文革派的四員主將王、張、江、姚秉承毛澤東的旨意，將「批林批孔」加上「批周公」。但這場運動首先受到了來自中共高級將領們的抵制，人民群眾也缺乏熱情。加上周恩來的癌症進入晚期，住進了醫院；加上毛澤東本人也身患重病，進行大規模的鬥爭已力不從心。「批林批孔批周公」只雷大雨小地搞了半年，便虛應了故事，草草收兵了。

周恩來生命最後的日子，飽受癌症折磨。先後動了三次手術。殊不知，他最痛苦的不是肉體，而是心靈，他為了順從毛澤東，保全自己，出賣了多少原則？喪失了多少良知？甚至犧牲了多少人的性命？包括自己的養女孫維世，包括心愛的女祕書小許……

他身邊的醫護人體對他克制痛苦的毅力表示由衷的敬佩。有天，大家要求跟他合影留念。他知道自己已來日無多。合影洗印出來了，大家要求他簽名。一向親切待人的他，竟悽惶地說：簽名可以，日後再有運動，你們不要在我的臉上打叉叉啊……

一九七六年一月八日清晨，周恩來最後一次本能地保護了自己。痛苦中，他呼喚著夫人鄧穎超：詩詞，給我毛主席詩詞，讀給我聽，我聽……說畢，他像一個偉大的演員，合上了眼睛。

終年七十七歲。他一定去世得甚為安祥：毛澤東沒有能夠打倒他，他卻拖垮了毛澤東。

第八十節　毛澤東走在最後

一九七六年，中國古曆龍年。這是中國現代歷史上十分神奇的一年，鬼氣森森的一年。只可惜世界上的各種門道的星象家們，皆未能事先預言到這一年裡在東方古國裡所發生的一系列大變數：

一月八日，紅色中國最善於生存的領導人、中共國務院總理周恩來去世，中共政權失去平衡力，內鬥升級；

二月中旬，天外來客——一顆重達數噸的碩石，帶著一道巨大的火龍，降落在東北吉林省。自古以來，磒石落地，即預示著皇上駕崩，改朝換代，新帝登基；

三月中旬，毛澤東數度中風，昏迷不醒。毛夫人江青又哭又鬧，問毛氏要兩萬元人民幣，以備不測。一天，毛氏醒來，流著眼淚指示愛姬張毓鳳開保險櫃，給江青兩萬元，並說：她來要這樣多錢，是怕我靠不住了，留後路了……

四月五日，清明節，天安門廣場百萬人自發祭祀周恩來，發生「反革命暴亂」，遭到中共的武裝警察及「首都民兵」的血腥鎮壓；

五月下旬，毛澤東最後一次接見外賓，從此臥床不起。他已經第二次把矮個子鄧小平逐出權力舞台，指定華國鋒為革命接班人，並顫著手指，以鉛筆寫下他平生的最後的六個字：你辦事，我放心；

七月六日，中共最高齡的元老、中共軍隊總司令朱德謝世，享年九十一歲。半個世紀以來，「朱毛」、「朱毛」，兩人既相鬥相爭，又相互聯盟。一九四九年後，毛澤東完全削去他的實權，只把他當成一尊傀儡供養；

七月二十八日，距北京東北方向三百餘公里的工業城市唐山，發生有史以來最強烈地震，整座城市夷為廢墟，一百一十萬人口中，傷亡達七十餘萬。地震還波及天津，倒塌房屋數萬間，數十萬人無家可歸。地震還波及北京市區，繁華的王府井大街上，鋼筋水泥的市百貨大樓震裂了東南角；

九月九日凌晨零時，毛澤東去世。死前兩小時，他仍睜開眼睛問守候在病榻前、已經回天乏術的醫生們：我還有希望嗎？他一直清醒著，很不情願地離開他掌握著的最高權力，去另一個世界見甚麼馬克思。他倒是早就預言過，自己大約上不了天堂，而極有可能下地獄。他終年八十三歲。

在古老的多災多難的神州大地上，在歷時半個多世紀的權力逐鹿中，他可算是一位大贏家。黨內外，他戰勝了所有的對手，並且是死在最後。至於鄧小平、彭真之流，他從來視為兒輩，視為「只要動一根指頭就可以捅倒的小人物」。

他痛恨的是王明、張國燾，他輕蔑的是李立三、瞿秋白，他作賤的是張聞天、秦邦憲，他畏懼的是彭德懷、劉少奇，他容忍了朱德，他嘆服而沒可奈何的是周恩來。他最討嫌自己的夫人江青，他最信賴的是張毓鳳。他最喜愛的是權力和美女。

十月六日凌晨，毛澤東屍骨未寒，他的革命接班人華國鋒卻在中共元老軍人的脅迫下，下令逮捕了他的夫人、中央常委江青，同時被軍人誘捕的還有他革命思想的傳人中央常委張春橋，中央副主席王洪文，政治局委員姚文元，親侄兒毛遠新。

歷史真是無情啊！毛澤東打倒了所有的對手，最後也打倒了自己。

尾　聲：北京最後的愛姬

從一九五八年八月初，至一九七六年九月九日，張毓鳳陪伴毛澤東十八年零一個月。也就是說張毓鳳從十八歲到三十六歲，人生最美好的歲月都奉獻給了「偉大領袖毛主席」，從白天到晚上，從書房到臥室，從感情到肉體。毛澤東去世不久，香港的報刊曾經載過一張照片：毛澤東與張毓鳳合影，中間坐了兩位「小紅太陽」。

張毓鳳成了中國大陸鐵血政治最具權威的見證人。張毓鳳忠心耿耿。毛澤東活著時，她對毛澤東忠心耿耿。毛澤東死了，她力圖對黨中央忠心耿耿。

可是黨中央沒有按她跟毛澤東同居十八年的事實婚姻給她定位。黨中央有黨中央的難處。婚姻法上明文規定了一夫一妻制，怎麼偉大領袖就行一夫多妾制，或一后多妃制？再說給她張毓鳳定了位，那些李毓鳳、趙毓鳳們怎麼辦？不能開這個先例。毛主席生前詩人氣質，浪漫氣習，性好出巡，南方佳人，北國美女，多如過江之鯽。若還一一的抖露開來，跟從前的皇上何異？罷了罷了，為著領袖威望，全黨利益，這些小女子們應當服從大局，永遠地替黨和國家保守機密。況且十億臣民也不能接受這一事實。

在向毛澤東主席遺體的告別儀式上，在其後舉行的追悼大會上，張毓鳳不是作為領袖家屬，跟夫人江青，跟女兒李敏、李納跟兒子毛岸青、兒媳韶華、孫子毛新宇站成一列；她只能跟多達五十餘人的毛澤東醫療小組的人員站在一起。

黨中央掌握全盤，明察秋毫。張毓鳳對於黨十足的重要。要重點保護。她比故宮博物院珍寶館裡的國寶還要重要，真正的無價之寶。你道是為甚麼？因為她掌管著毛澤東私人保險櫃的鎖匙，還有順時針五位數字、轉逆時針四位數字、再轉順時針五位數字的密碼。是福爾摩斯也不能識別、開啟的密碼。

毛澤東的私人保險櫃裡裝著些甚麼稀世之寶？

私也，公也，大致上可分為兩大類：

首先是毛澤東的十幾本存摺支票——主要來源為《毛澤東選集》四卷的稿費。說出來你不要吃驚，《毛選》四卷、篇目單行本、選讀本、《毛主席語錄》等，總印數肯定超過了西方世界的聖經，最保守的估計也在四十億冊以上。雖然中國大陸實行的是低稿酬制度，雖然從一九六五年至一九七七年間中國大陸取消了稿酬，但毛澤東一人卻獨享有稿酬。他的稿酬存款是怎樣一個天文數字，相信毛澤東本人並不清楚，他也不會有興趣搞清楚。對於經濟問題，他至死都是一名糊塗蛋。張毓鳳心裡是有數的，但她把那數字看作為黨和國家的神聖財富。

毛澤東生前並不會花錢，只會享受。他也無須花錢。衣、食、住、行、游，天上人間，一切都由人民無償供給。他念念不忘供給制，應有盡有，省時省事。在錢的問題上，他有時大方到揮金如土，有時又節儉到穿襯衫都要打補丁，睡涼蓆也要打補丁。當然考慮到了身後要做為紀念物、展覽品，以教育天下蒼生。

一九五〇年，他的一個原湖南第一師範的老同學寫信給他，要求前來北京拜望。他沒有忘記舊誼，給老同學回了一封短信：北京門庭若市，先生不宜遠行。隨信奉送了五百元人民幣；

一九五二年，老家湘潭縣一個八竿子都打不著的親戚寫信給他，說家裡如何困難。他沒有回信，只囑咐祕書給當地的鄉政府匯去四百元錢，囑為代轉照顧；

來自湖南老家的這類信件還真不少。毛澤東初坐金鑾殿，當了朱元璋，的確尚能念及鄉誼。他用終生不改的湘潭鄉音說：我是進城做了大官了，鄉下親友們打打秋風，也是應該的咿！

一九六〇年，毛氏發動大躍進運動和反右傾運動之後，爆發了全國大飢荒，各省市都在大批地餓死人，北京城裡也食物供應短缺。毛澤東是為這場大飢荒的禍首，卻甚麼都不缺。他也沒有忘記他的以師長相稱的老友章士釗。除了每月接章士釗到中南海豐澤園裡來打打牙祭，還按月開給章士釗一仟元支票。支票一直開到一九六三年才了結。毛澤東在償還一筆舊債：一九一九年秋天，年輕的毛澤東打算隨「勤工儉學團」赴法國留學。已經到了上海，但身上沒有錢，幾位湖南同學如蔡和森、向警予、李立三、何叔衡、李維漢等等也湊不起旅費。毛澤東斗膽去向客居上海的大闊老同鄉章士釗借款。章士釗十分仗義，慷慨解囊，一張銀票就開給了兩萬塊袁大頭，做為支助同鄉晚輩赴法求學的路費。正是有了這兩萬塊袁大頭的緣分，一九四九年國民黨元老章士釗才沒有去台灣，而北上京華，歸順了新朝廷。至於一九六〇年時候，毛澤東怎樣將一九一九年的袁大頭跟四十年後的人民幣做的折算，有無利息，就不得而知了。

六十年代末七十年代初，由於連年的運動，加上全國各地永無休止的武鬬，中國大陸的經濟已陷入嚴重危機。但毛澤東要做世界革命的領袖，做第三世界的代言人。於是支援亞洲、非洲、拉丁美洲人民的革命鬬爭，成為全國臣民的國際主義義務。國務院總理周恩來，每次都將無償援助款項的清單交毛澤東過目。毛澤東則常常在數字後面添一個「〇」，把十五萬元變成一百五十萬元，兩百萬元變成兩仟萬元，把三仟萬元變成三億元，使得周恩來頭冒冷汗，暗自叫苦不迭。但偉大領袖的「最高指示」又只能字字照辦，堅決執行。

一九七二年九月，中國大陸跟日本正式恢復邦交，日本國首相田中角榮率領日本政府代表團訪問北京，據說準備了四十億美元的戰爭賠款。周恩來向毛澤東匯報。毛澤東不耐煩地揮了揮手：要甚麼戰爭賠款？日本人不侵略中國，我們早叫蔣介石吃掉了。我早就對日本公明黨、社會黨的朋友們講過了，作為共產黨，我們要感謝日本軍國主義呢……

一九七四年春天，福建省莆田縣有個中學教員叫李慶霖的，因文革初期造過走資派的反，後來走資派重新上了台，他被打成「牛鬼蛇神」，被縣教育局作了開革處理，下放農村勞動，以致一家老小衣食無著。他通過某種特殊關係，七轉八轉才將一封告狀信呈送到毛澤東手裡。毛澤東不久即回信道：慶霖同志，信收到。全國此類問題甚多，擬統籌解決之。寄上人民幣二百元，聊備無米之炊。

一九七六年春天，毛澤東重病在床，夫人江青又哭又鬧，問他要二萬元。毛澤東也傷心得哭了。過去，江青以買各式攝影器材為名，不時問毛澤東要個四仟六仟的，被毛澤東斥為「玩物喪志」。這最後一次，卻是從毛澤東的私人存款裡，要走了他生平最大的一筆款子。

如此這般，恕不一一記述。

除了毛澤東的私人存摺，保險櫃裡還鎖著一批真正的黨和國家的特級絕密：自中共建政以來，中央政治局以上負責幹部寫給毛澤東的各式各樣的檢討書、保證書、認罪書，還有各式各樣的檢舉信、告密信、求饒信！

這些特級絕密材料，可真是些好寶貝，代表著中共領袖們的人格和品行。對於死去的人如劉少奇、周恩來、康生等等，已經不構成威脅；對於活著的人，如江青、鄧小平、彭真等等，卻構成最嚴重的政治威脅。可以毫不誇張地說：誰掌握了這批「特級絕密」，誰就有了致對方於死地的政治殺手鐧，誰就有了控制黨、政、軍領導人物的大權。

張毓鳳一時成為了黨中央最最要害的人物之一。

首先來鬧事的是毛澤東的夫人江青。因為她心裡有數，起碼有兩樣能遺禍於她的材料鎖在丈夫的私人保險櫃裡：一是一九七四年下半年她給黨中央主席及政治局寫的關於不搞「四人幫」、「上海幫」的書面檢討；一是一九七五年十月康生臨死前（自己尊敬了大半輩子的康老師啊），向毛澤東主席告發江青歷史上是國民黨特務的談話記錄。

江青以毛澤東夫人的名義，要求清理毛澤東的私人財物，向張毓鳳索取保險櫃的鎖匙及密碼。當然，她不單是著眼於有關自己的兩份材料而已，她更有興趣的是政治對頭們的那些見不得人的祕密。張毓鳳卻對她說，毛主席留下來的一切，都是黨和國家的寶貴財富，要清理，也要由華主席批准，黨中央行文，派辦公廳保密局的人來進行。江青大為光火，連一個名不正、言不順的陪睡丫頭似的人兒也敢頂撞她了！她恨不能衝上去就搧張毓鳳兩個嘴巴。但她強忍下了。她明白事關重大，巴掌搧過去，雖能解一時之氣，但事情就更難辦了。

江青當即打電話找黨主席華國鋒，要求華國鋒下命令，讓張毓鳳交出她丈夫的私人保險櫃的鎖匙和密碼。華國鋒請江青息怒，他先跟張毓鳳談談。於是張毓鳳到了另一房間裡，跟華主席通話。張毓鳳抽泣著說：不能交呀，保險櫃裡除了主席的存摺支票，還有一批政治局以上領導同志的檢討書、檢舉揭發信呀！文化大革命初期，中央領導同志互相揭發，幾乎人人有份……洩露了出去，不成體統呀……

華國鋒只好又跟江青通話，說毛主席的財物，一律交由中央保密局管理，任何人無權索取。這是黨的紀律……江青又氣又恨，在電話裡哭鬧了起來：主席屍骨未寒，你們就這樣對待他的未亡人……江青哭鬧了一個小時不肯放下電話。華國鋒先是好說歹說地勸慰，後來也氣惱了，說：江青同志！毛主席是全黨全軍的主席，是無產階級的偉大領袖，不是你的家庭問題！

沒過多久，十月六日清晨，江青就跟她的親密戰友——黨中央副主席王洪文，黨中央常委張春橋，政治局委員姚文元，毛澤東的親侄兒、瀋陽軍區政委毛遠新等等，被中南海警衛部隊逮捕了，投入了大牢，稱為「隔離審查」。江青也就永遠地失去了向張毓鳳索討毛澤東私人保險櫃鎖匙和密碼的權利。

但是，正是為了毛澤東的這隻私人保險櫃裡鎖著的那批中共元老們幾乎人人有份的絕密材料，這批威脅著鄧小平、陳雲、彭真、李先念、楊尚昆、王震、薄一波等大人物政治生命、身後名節的絕密材料的去留問題導致了不久後華國鋒的下台，也埋下了十年後胡耀邦下台的禍根。那是後話。

且說黨中央礙於張毓鳳了解的機密太多，待她向中央保密局首長交出毛氏私人保險櫃的鎖匙和密碼之後，她被解除了中央政治局機要祕書職務，而給予他國務院副部級的生活待遇。不久，又因保密工作的需要，悄悄地把她安排住到上海的一所與世隔絕的小院子裡去，做了「賀子貞第二」。當年江青最怕成為「賀子貞第二」，她卻坐穩了夫人的寶座，而在毛澤東死後才當了階下囚，進了秦城監獄。鬼使神差，如今倒輪著名不正、言不順的牡丹江女子張毓鳳來做了「賀子貞第二」。

一九八〇年秋天，為著公審王洪文、江青、張春橋、姚文元「四人幫反黨集團」，張毓鳳被悄悄地接回北京，參予揭發江青等人罪行的材料，並做為證人，出席過公審大會。

張毓鳳這時卻天真地認為，江青成了罪犯，自然不會再被承認為毛主席夫人；而她正好有了要求黨中央為自己和孩子正名的機會。她給黨中央打了三次報告，並要求中央負責人接見。

桃花有意，流水無情。其時華國鋒的主席位置已岌岌可危，黨、政、軍大權已悉數落到了鄧小平、胡耀邦手裡。胡耀邦倒是好說話，表示同情張毓鳳和孩子的命運。問題最後到了鄧小平手裡。鄧小平開口了：

這類人兒太多。我們不要管甚麼李玉鳳、蕭玉鳳，不要開這個例。郭沫若同志去世後，也有許多女子領了孩子來提要求。統統不能承認。

張毓鳳「晉身」的路被鄧小平堵死了。胡耀邦是甚有人情味的，覺得總應該跟人家談一談，做做思想工作。進一步，要安排張毓鳳跟原先那丈夫復婚，過正常人家的生活，才四十歲的女同志嚒，她本身有甚麼錯？是毛主席要了她十八年嚒。

代表黨中央跟張毓鳳談話的任務，落到了胡耀邦的好友、中共中央辦公廳主任馮文彬同志身上。馮文彬知識分子出身，還是胡耀邦的老上級。一九四九年後出任共青團中央第一書記，胡耀邦為第二書記。後來他調任天津市委書記兼市長，胡耀邦才昇任第一書記。幾十年來兩人關係甚為密切。一九八一年，胡耀邦在中共十一屆六中全會上取代華國鋒，當上了黨中央主席（不久中共取消主席制，胡氏轉任總書記），便把老友馮文彬調來出任至為要害的中共中央辦公廳主任。

馮文彬代表黨中央找張毓鳳個別談話，倒是動了憐香惜玉之心。張毓鳳其時年近四十，膚色皙白，明眸大眼，風韻猶存。就是這個牡丹江女子，陪伴偉大的毛澤東度過了中年、晚年。而毛澤東的中年、晚年，玩賞過多少國色天香？享用過多少沉魚落雁？青年的、中年的、北方的、南方的，大都是一夕之娛……唯獨她，在長達十八年的歲月裡，毛澤東不棄不厭。她身上，一定有其特殊的魅力了。

馮文彬年輕時候本是個風流才子，此時刻不禁聊發少年狂了。當張毓鳳眼含淚花，一付無依無靠、哀怨動人的嬌憨，向馮文彬主任吐露自己的滿腹酸楚時，馮文彬這黨中央的代表，卻正在思考著她身上那特殊的魅力，使得毛澤東主席都不棄不厭的特殊魅力……一定是其樂無窮，其妙無比。

接下來，張毓鳳哭成了淚人兒。馮文彬答應一定全力幫助她，以取得她和孩子應當得到的合法權利。並告訴她，一切由中央作主。中央會實事求是，尊重客觀事實。實踐是檢驗真理的唯一標準嘛，孩子是毛澤東同志的親骨肉嘍。當然，中央也有中央的難處，中央首先要考慮大局，考慮安定團結各種因素。事情還是分步驟來辦，先把你調回北京，落實你的副部級的政治待遇和生活待遇，好不好？由中央辦公廳出面，替你安排住進副部長樓，好不好？莫哭了，莫哭了，再哭，就叫人心疼了……。

張毓鳳對這位文質彬彬、氣度儒雅的中央辦公廳主任充滿了感激之情。自己遇上了好人了。在中南海裡生活了近二十年；她知道中辦主任的權力有多麼大……自己是個弱女子，如今遇上了好人，無以相報啊。毛澤東去世後，再沒有接觸過男人……因之在談話過程中，馮主任不知不覺中拉住了她的手，她沒有抽回；馮主任替她擦臉蛋上的淚水，她也沒有拒絕；馮主任的手指撫著她的頭髮，她也沒有躲閃；後來，馮主任一親芳澤時，她也只是半推半就……人真是個容易動情的生物。而她又是一座不設防的城。

事後，馮文彬主任滿足了自己的巨大的好奇心，玩賞了偉大領袖長期佔有過的妙可愛姬，卻後悔了。他知道自己惹了大禍，碰撞了那神聖的、自己絕不應當碰撞的先皇愛姬。

張毓鳳癡癡地住在一所不得見人的中央辦公廳小招待所裡，一等三個月。馮主任不再露面。開始還能通電話，後來電話也不通了。張毓鳳才曉得自己上當了，受騙了。中南海裡也養著些烏龜王八蛋！激憤之下，她給中央紀律檢查委員會的首長寫了一封上訴信，指名道姓、如實反映中央辦公廳主任馮文彬，利用個別談話的機會，玩弄了自己。

這是件不大不小、可大可小的案子，叫人哭笑不得的案子。從大處著眼，事關黨中央體面、威信；從小處著眼，只是馮文彬同志的生活作風問題。中央紀律檢查委員會明白馮文彬跟胡耀邦總書記的關係。也是看著總書記的面子，便將張毓鳳的告狀信轉呈胡耀邦總書記處理。胡耀邦看了信，氣得半天講不出話來，這馮文彬也太不像話了，惹下這號不尷不尬的風流案子，叫他胡耀邦都難以下台！若還鬧到小平、陳雲同志那裡去，怎麼做交代？早就有人告狀了，說他胡耀邦自當上了黨的總書記，一味地提拔、重用老團中央的人馬！

還是大事化小吧。胡耀邦辦事從來爽快，當機立斷。先把馮文彬的中央辦公廳主任撤了再說，免得授人以柄。他通知馮文彬來做自我檢討，當面斥責道：

馮老九！你可真是幫我的大忙了。你要搞甚麼樣的女人沒有？偏偏去碰一個張毓鳳！那是毛主席留下的人，是貴妃娘娘，你都敢？你想沒想到有多麻煩？

馮文彬被撤銷了中央辦公廳主任職務。又由於胡耀邦的關照，調他去中央高級黨校任副校長，不久去世，享年六十九歲。

當時中南海內悄悄流傳著一則笑話：毛主席英靈永在，誰進犯了張毓鳳的金玉之軀，必定會提前去見馬克思。

中共中央顧及全黨利益，政治大局，一直沒有為張毓鳳和她的孩子正名。她住在北京一座禁衛森嚴的高級公寓裡，過著衣食無愁卻是與世隔絕的日子，做了當代封建道統的犧牲品，也是在做著毛澤東的活的殉葬人。

但願她是北京唯一的也是最後的一位愛姬。

一九八九年十月四日完稿

毛澤東和他的女人們

1990年12月初版
2021年5月初版第四十三刷
定價：新臺幣400元

著　者　京　夫　子

出版者	聯經出版事業股份有限公司	副總編輯	陳逸華
地址	新北市汐止區大同路一段369號1樓	總編輯	涂豐恩
叢書主編電話	(02)86925588轉5305	總經理	陳芝宇
台北聯經書房	台北市新生南路三段94號	社長	羅國俊
電話	(02)23620308	發行人	林載爵
台中分公司	台中市北區崇德路一段198號		
暨門市電話	(04)22312023		
郵政劃撥帳戶第	0100559-3號		
郵撥電話	(02)23620308		
印刷者	世和印製企業有限公司		
總經銷	聯合發行股份有限公司		
發行所	新北市新店區寶橋路235巷6弄6號2F		
電話	(02)29178022		

行政院新聞局出版事業登記證局版臺業字第0130號

本書如有缺頁，破損，倒裝請寄回台北聯經書房更換。　ISBN 978-957-08-0520-8 (平裝)
聯經網址 http://www.linkingbooks.com.tw
電子信箱 e-mail:linking@udngroup.com

國家圖書館出版品預行編目資料

毛澤東和他的女人們 / 京夫子著．初版．新北市．
聯經．1990年．576面．14.8×21公分．
ISBN 978-957-08-0520-8 (平裝)
[2021年5月初版第四十三刷]

1.毛澤東-傳記

782.886 79001496